Vorlesebuch für die Grundschule

Hanna Bogdahn

Vorlesebuch für die Grundschule

Claudius

Bild- und Textnachweis:
S. 278: © Martin Potoradi, Hebertshausen
S. 268 f: aus: Missio aktuell für die Schule 2/1985.
Rechte bei Missio aktuell, München

Bibliografische Information Der Deutschen Nationalbibliothek
Die Deutsche Nationalbibliothek verzeichnet diese Publikation
in der Deutschen Nationalbibliografie; detaillierte bibliografische
Daten sind im Internet über http://dnb.d-nb.de abrufbar.

© Claudius Verlag München 2010
Birkerstraße 22, 80636 München
www.claudius.de
Das Werk einschließlich aller seiner Teile ist urheberrechtlich geschützt.
Jede Verwertung außerhalb der engen Grenzen des Urheberrechtsgesetzes
ist ohne Zustimmung des Verlags unzulässig und strafbar. Das gilt
insbesondere für Vervielfältigungen, Übersetzungen, Mikroverfilmungen
und die Einspeicherung und Verarbeitung in elektronischen Systemen.

Umschlaggestaltung: Büro für Konzept und Gestaltung von Briel, Tübingen
Satz: Utesch Media Processing GmbH, Hamburg
Druck: Ebner / Spiegel, Ulm

ISBN 978-3-532-71182-8

Inhalt

Einführung 15

SICH SELBST WAHRNEHMEN 19

Wer bin ich?
Fragen in der Nacht* 20
Das kleine Schwein will anders sein* 21
Ich bin's doch!* 24
Der Mensch ist wie eine Banane 26
Auf Bestellung 28
Eine Runde Bus fahren 30
Allein auf der Welt 33
Als ob zwei Tiere streiten 35
Fantasiereisen* 35
Meine fünf Sinne – eine Fantasiereise* 37
Weitere Geschichten:
Das Sandkorn-Gefühl 414

Fröhlichkeit und Traurigkeit
Was ich mag, was ich nicht mag (Kinderaussagen) 38
Sina und der Regenbogen* 41
Ein Igel-Tag* 44
Urlaubskarten* 45

Angst und Mut
Wovor hast du Angst? Was hilft, wenn du Angst hast?
(Kinderaussagen) 46
Marvin allein daheim 50
Das Treppenhaus* 52
Die Bank im Park 54
Eine von zehn 57

ZEIT, LEBEN 59

Freizeit
Was machst du in deiner Freizeit? (Kinderaussagen) 60
Langeweile 62
Avantina und Lentimo 65
Obstsalat 67
Informationstext: Steinzeitmensch und Playstation* 70
Georgs Goldenes Kalb* 71
Weitere Geschichten:
Ausreden 315

Zukunft
Was wünschst du dir für deine Zukunft?
(Kinderaussagen) 73
Was ich werden möchte 75
Der Hochzeitswalzer 77
Der kleine Marienkäfer* 78
Weitere Geschichten:
Die Schule der Zukunft 152

Lebensgestaltung
Mädchen / Jungen (Kinderaussagen) 79
Albert und Helene Schweitzer* 81
Mutter Teresa* 83
Anne Frank* 85
Martin Luther King* 88
Weitere Geschichten:
Franz von Assisi 364
St. Martin 377

FAMILIE 93

Eltern
Mama (Kinderaussagen) 94
Meine Mama 95
Muttertag 98

Papa (Kinderaussagen) 99
Mein Papa 100
Mami und Mama 104
Familienrat* 108
Tomatensoße 111
Joschis Garten* 113
Sonntagnachmittag* 115
  Weitere Geschichten:
  Nicht lieber Papa! 179
  Obstsalat 67
  Georgs Goldenes Kalb 71
  Ist das gerecht? Das ist gerecht! 341
  Die drei Töchter 174
  Püppi 232

Geschwister
  Geschwister (Kinderaussagen) 117
  Das neue Baby 119
  Der Teddybär* 121
  An der Haltestelle 125
  Weitere Geschichten:
  Zum Streit gehören zwei 215

Oma und Opa
  Oma und Opa (Kinderaussagen) 128
  Nonna und Apo 129
  Ein bisschen Dankbarkeit 131
  Weitere Geschichten:
  Rosen im Pflegeheim 171
  Nichts ist in Ordnung 263
  Vor drei Jahren 260

SCHULE 133

Der erste Schultag 134
Mein Name 135
Die Neue aus Afrika* 138

Frau Volkmann 140
2, 66 143
Das etwas andere Zeugnis 146
Beim üblichen Treffpunkt 149
Die Schule der Zukunft 152
   Weitere Geschichten:
   Felix und die „Helfenden Hände" 313
   Im Hort und in Dubai 265
   Notruf 11c 202
   Mami und Mama 104

REGELN, DIE ZEHN GEBOTE **155**

Das Sommer-Zeltlager* 156
Die Goldene Regel* 159
Gott im Schulhof* 161
Eine kleine Zeitungsmeldung* 163
Wir wollen noch kundenfreundlicher werden! 165
Immer wieder sonntags* 168
Rosen im Pflegeheim* 171
Die drei Töchter 174
Der Abschiedsbrief 175
Amoklauf 177
Nicht lieber Papa! 179
Der rote Schal* 180
Lügen sind wie Federn* 184
Die Bergers 186
Alle gehen ins Kino* 188
Sag die Wahrheit! 189
   Weitere Geschichten:
   Georgs Goldenes Kalb 71

ICH UND DIE ANDEREN ... 193

Freundschaft, Helfen
Freundschaft – Was ist dir an deiner Freundin /
deinem Freund wichtig? (Kinderaussagen) ... 194
Mein Freund Paolo ... 196
Sanni* ... 199
Notruf 11c ... 202
Du bist ein Engel!* ... 204
Marina ist nicht blind* ... 205
Die sieben Söhne ... 207
Du bist so frei* ... 209
Weitere Geschichten:
Beim üblichen Treffpunkt ... 149
Ausreden ... 315
Die Sammelaktion ... 357
Felix und die „Helfenden Hände" ... 313
Eine von zehn ... 57

Streit, Außenseiter
Die Brücke* ... 212
Zum Streit gehören zwei ... 215
Falsche Antwort ... 217
Zehn Jahre später ... 218
Und Friede auf Erden* ... 222
„Voll schwul" ... 224
Neue Nachbarn ... 226
Weitere Geschichten:
Der Teddybär ... 121
Der Abschiedsbrief ... 175
Die Neue aus Afrika ... 138
Elena und die Prinzessin ... 334
Die barmherzige Aylin ... 348
Die Rettung der Meerschweinchen ... 329
AG Schulgarten ... 352

Schuld und Verzeihen
Ich bin schuld (Kinderaussagen) ... 230

Püppi* 232
Zucker für das Pferd* 236
Tante Bettis Fußball* 237
Weitere Geschichten:
Der WM-Pokal 343
Ich kenne sie kaum 377
...der werfe den ersten Stein! 336
Käpt'n Kokosnuss 319
Das Rechenquiz 317
Die verlorene Tochter 360

DUNKLE SEITEN DES LEBENS 241

Behinderung, Krankheit
Der Schachklub* 242
Die blinde Beate einladen?* 244
Lotte – die beste Lehrerin, die man sich vorstellen
kann 246
Weitere Geschichten:
Mein Freund Paolo 196

Abschied und Tod
Abschied nehmen* 247
Nala ist nicht da! 250
Der Tsunami 252
Himmel und Hölle 255
Großtante Hildes Beerdigung* 257
Vor drei Jahren* 260
Opa Theo* 262
Nichts ist in Ordnung 263

Armut und Arbeitslosigkeit
Im Hort und in Dubai 265
Eine Stunde Arbeit für ein Brot?* 268
Die Geschichte von Cecilia, einem Mädchen aus
San Salvador* 270
Das Transfair-Zeichen* 273

Inhalt 11

Weitere Geschichten:
Ausreden 315

SCHÖPFUNG 275

Schöpfungsgeschichte
Wie die biblische Schöpfungsgeschichte entstand* 276
Das kann kein Zufall sein* 280
Ein Unfall* 283
Fantasiereise ins Paradies* 284

Umweltschutz
Der Schulhof* 285
Die Umweltsau 287
Tim und der Kastanienbaum* 289
Informationstext: Nachhaltigkeit* 291

Tierschutz
... denn es fühlt wie du den Schmerz* 292
Munter wie ein Fisch im Wasser* 295

JESUS 299

Leben zur Zeit Jesu
Judit und Amos* 300
Die jüdische Religion (geeignet für 1./2. Klasse)* 302
Das Reinheitsgebot (geeignet für die 3./4. Klasse)* 304
Das Sabbatgebot (geeignet für die 3./4. Klasse)* 306
Der Dolch* 307

Jesus damals und heute
Der Fischzug des Petrus* 309
Aus der Bergpredigt* 311
Vaterunser: Dein Reich komme –
Felix und die „Helfenden Hände"* 313

Vaterunser: Unser tägliches Brot gib uns heute –
Ausreden* 315
Vaterunser: Und führe uns nicht in Versuchung –
Das Rechenquiz* 317
Vaterunser: Vergib uns unsere Schuld –
Die Geschichte von Käpt'n Kokosnuss* 319
Die Speisung der 5000* 325
Der Zöllner Zachäus* 327
Die Rettung der Meerschweinchen* 329
Levi* 332
Elena und die Prinzessin* 334
... der werfe den ersten Stein!* 336
Das Gleichnis vom Festmahl 338
Kinderbibeltag* 338
Das Gleichnis von den Arbeitern im Weinberg 340
Ist das gerecht? Das ist gerecht!* 341
Das Gleichnis vom unbarmherzigen Knecht 343
Der WM-Pokal* 343
Der barmherzige Samariter* 346
Die barmherzige Aylin* 348
Das Gleichnis vom Senfkorn* 350
AG Schulgarten* 352
Das Gleichnis vom vierfachen Acker* 356
Die Sammelaktion* 357
Das Gleichnis vom verlorenen Sohn 359
Die verlorene Tochter* 360
Das Gleichnis vom Schatz im Acker 364
Franz von Assisi* 364
Wenn Jesus heute käme* 366

KIRCHLICHE FESTE 369

Passion und Ostern
Jesus in Jerusalem: Die letzten Tage, Tod und
Auferstehung* 370
Was halten Sie von Jesus?* 375
Ich kenne sie kaum* 377

Sankt Martin
Sankt Martin* 377
Die schönste Laterne* 380

KONFESSIONEN, RELIGIONEN 383
Martin Luther* 384
Mittwoch, 5./6. Stunde: Reli (Teil 1)* 393
„Mama, ich will katholisch werden."* 394
Theresas Erstkommunion* 396
Halleluja-Gottesdienst* 400
Lea kann am Freitag nicht* 404
Mittwoch, 5./6. Stunde: Reli (Teil 2)* 406
Besuch in der Moschee* 407
Unterschriften für die Moschee 411
Das Sandkorn-Gefühl* 414
Jenny betet* 416
Gebet bei den Muslimen* 418
Christen beten* 420
Der Rosenkranz* 423
„Wir haben ein großes Haus geerbt"* 424

Stichwortverzeichnis 425

---

* Zu diesen Geschichten finden sich Stundenentwürfe in „Relifix". Genauere Angaben finden Sie bei den jeweiligen Geschichten und auf S. 432.

Einführung

Die Zeiten ändern sich – aber etwas wird sich niemals ändern: Kinder lieben Geschichten!

Nicht nur in meiner eigenen Klasse und im Religionsunterricht, auch in den nicht wirklich beliebten Vertretungsstunden vor einer fremden Klasse hören die Kinder gespannt zu, wenn ich eine Geschichte vorlese.

Die Zeiten ändern sich – aber auch das wird sich nicht ändern: Kinder brauchen Erziehung!

Wir – die Lehrkräfte und natürlich auch Eltern – haben die „lebenswichtige" Aufgabe, unseren Kindern Werte zu vermitteln und Orientierung zu geben. Auch dafür sind Geschichten gut. Ob die Akteure sich beispielhaft verhalten oder eben gerade nicht: Es bietet sich die Möglichkeit, Inhalte zu thematisieren und Stellung zu nehmen.

Die Zeiten ändern sich, und viele der bekannten Vorlesebücher sind nicht mehr aktuell und zum Teil auch schwer erhältlich.

Aus diesem Grund habe ich für die Neuauflagen meiner „Relifix"-Bände mit Stundenentwürfen für den evangelischen Religionsunterricht viele Erzählungen neu geschrieben. Das vorliegende Vorlesebuch ist also ursprünglich entstanden als „Ergänzungslieferung" für diejenigen, die alte „Relifix"-Bände benutzen und gerne die neuen Geschichten haben möchten.

Die nächste Idee war dann, noch weitere Geschichten zu schreiben. Denn zu vielen sicher nicht nur mir wichtigen Themen gibt es bislang nur wenige Erzählungen:
- Zunehmend besuchen muslimische Kinder die Schule; das gegenseitige bereichernde Kennenlernen ist Thema der Geschichten „Besuch in der Moschee" „Unterschriftensammlung für die Moschee" „Gebet bei den Muslimen".
- Trennungen und Alleinerziehende sind keine Ausnahme mehr: „Joschis Garten", „Sonntagnachmittag", „Nicht lieber Papa".
- Nicht mehr lange, und in meinem Bekanntenkreis kommt das erste Kind eines lesbischen Elternpaares in die Schule: „Mami und Mama".
- Um über einen verantwortungsvollen Umgang mit den neuen Medien zu diskutieren, eignen sich die Kinderaussagen „Was

machst du in deiner Freizeit", die Geschichten „Georgs Goldenes Kalb" und „Langeweile" oder der Sachtext: „Steinzeitmensch und Playstation".

- Der Begriff „Ausländer" wird inzwischen nicht mehr benutzt; er ist politisch nicht korrekt und auch sachlich nicht mehr zutreffend, seit – nach neuem EU-Recht – hier geborene Kinder die deutsche Staatsbürgerschaft erhalten. Gleichwohl ist und bleibt die Integration ein wichtiges Thema. Geschichten findet man unter den Stichwörtern „Migration", „Integration", „Ausländerfeindlichkeit".
- Auch finden Sie nicht den Begriff „Dritte Welt", sondern „Armut", „arme Länder".

Ein Blick ins Inhaltsverzeichnis macht deutlich, dass mein christlicher Glaube in vielen Erzählungen zum Ausdruck kommt. Trotzdem haben wir im Verlauf der Arbeit festgestellt: Das ist kein Vorlesebuch nur für den Religionsunterricht, sondern für die Grundschule! Sehr viele Geschichten sind auch für den Ethikunterricht geeignet oder können im Rahmen des Heimat- und Sachunterrichtes der ganzen Klasse vorgelesen werden. Ganz abgesehen von den oben erwähnten Vertretungsstunden.

Im ersten Teil des bayerischen Lehrplans wird in den „Grundlagen und Leitlinien" der Bildungsauftrag der Grundschule beschrieben, beginnend mit dem Artikel 131 der Bayerischen Verfassung. Dass die Schule „nicht nur Wissen und Können vermitteln, sondern auch Herz und Charakter bilden" soll, wird präzisiert unter anderem in den Zielen: Entwicklung der Persönlichkeit, Wertorientierung, interkulturelle Erziehung. Hierzu können die Erzählungen einen Beitrag leisten.

Die Arbeit mit dem Buch

Unser Anliegen ist, Ihnen zu bestimmten Themen Geschichten zur Auswahl anzubieten. Daher finden Sie sowohl kurze Inhaltsangaben als auch ein Stichwortverzeichnis. Erzählungen, die zum Thema passen, aber schwerpunktmäßig einem anderen Kapitel zugeordnet sind, erscheinen im Inhaltsverzeichnis in kursiver Schrift.

Falls die Geschichten zu einer Unterrichtsstunde aus „Relifix" passen, wird im Inhaltsverzeichnis mit * und bei den Texten mit ⅢⅢ➤ darauf verwiesen.

Immer wieder tauchen „Kinderaussagen" auf, die vorgelesen werden können. Sie dienen dazu, in ein Thema einzusteigen und regen die Kinder an, selbst Gedanken dazu zu äußern oder aufzuschreiben.

Ein kleiner praktischer Hinweis: Falls ein Kind in Ihrer Klasse so heißt wie eine Person in der Geschichte, empfiehlt es sich, einen anderen Namen zu verwenden.

Passend zu diesem Vorlesebuch wird, voraussichtlich im Frühjahr 2011, eine Arbeitshilfe mit Gestaltungsideen erscheinen: Kopiervorlagen, Bilder, Anregungen zur Weiterarbeit, für Hefteinträge usw.

Ausgespart ist in diesem Buch der große Themenbereich „Advent und Weihnachten", der ein eigenes Buch füllen wird; auch das ist in Planung.

Wenn ich von „uns" rede, meine ich neben mir selbst vor allem Frau Heidrun Barth vom Claudius Verlag: Danke für die wunderbare Zusammenarbeit! Auch meinen Kolleginnen und Kollegen in der Schule und in der Kirche möchte ich danken, meinen „Lieblingskatholiken" für die Korrekturen und meinen muslimischen Gesprächspartnerinnen und Gesprächspartnern für die Aufgeschlossenheit.

Das Schönste ist, zu spüren, dass die Geschichten „ankommen". Basti, der bestätigt, dass sein Papa dasselbe findet wie ich; Maja, die in der folgenden Woche das Gehörte fast wörtlich wiedergibt; Domenico, der nach der (Vertretungs-) Stunde bittet, die Geschichte kopiert zu bekommen; die aufmerksamen Augen, die gespitzten Ohren, und hinterher die leicht enttäuschte Stimme von hinten: „Ist die Geschichte schon aus?"

Viele solcher innigen Momente wünscht Ihnen
Hanna Bogdahn, im Juni 2010

Sich selbst wahrnehmen

Fragen in der Nacht

Inhalt: *Das Kind kann nicht schlafen, weil ihm große Fragen durch den Kopf gehen. Die Mutter versucht zu antworten. Sie fühlt sich in Gottes Hand geborgen.*

Stichworte: *Große Fragen, Sinn des Lebens, einschlafen, Mama, Zukunft, Lebensweg, Geborgenheit, Gott*

➡   *Relifix 4, S. 90 und S. 92*

„Mama!"
„Mein Schatz, was ist denn? Es ist schon nach zehn! Kannst du nicht schlafen?"
„Mama, warum gibt es Menschen auf der Welt?"
Die Mutter setzt sich an den Bettrand und streicht dem Kind die Haare aus dem Gesicht.
„Mama, wozu leben wir?"
Die Mutter denkt nach.
„Mama, warum müssen wir sterben?"
„Mein liebes Kind, es ist schon spät, und deine Fragen sind nicht leicht zu beantworten. Hat das nicht Zeit bis morgen?"
„Nein, Mama. Ich kann nicht einschlafen. In der Nacht muss ich nachdenken. Wie wird das sein, wenn ich groß bin?"
„Du musst in der Nacht nachdenken? Stell dir vor: Das kenne ich auch."
„Wirklich, Mama?"
„Ich glaube, das ist bei jedem Menschen so."
„Warum ist das bei jedem Menschen so, Mama?"
„Rutsch mal ein bisschen", sagt die Mutter, legt sich zum Kind ins Bett und nimmt es in den Arm. „Ich werde mal versuchen, dir zu antworten. Wozu lebe ich? Na, vor allen Dingen, um meinen Schatz hier großzuziehen. Dich zu versorgen und dir beizubringen, wie du später selbstständig dein Leben gestalten kannst, das ist das Wichtigste für mich. Dann hab ich den Beruf und meine Hobbys. Du kennst doch das wichtigste Gebot?" „Du sollst deinen Nächsten lieben wie dich selbst?!" – „Genau: Da steckt eigentlich alles drin: Ich möchte etwas für die anderen tun, für dich und meine Schulkinder, und auch Dinge tun, die mir Spaß machen, zum Beispiel singen."

Das Kind verzieht das Gesicht: „Das ist peinlich, wenn du singst", findet es. „Aber mich macht es glücklich", antwortet die Mutter.
„Und da siehst du schon: Ich kann dir die Frage nicht endgültig beantworten. Dein Papa würde etwas anderes sagen; und wenn du die Tante Sabine fragst, wozu sie lebt, was würde sie wohl antworten?" – „Dass sie auf ihren Reisen andere Länder kennenlernen will und im Krankenhaus in der Notaufnahme Verletzte versorgt", meint das Kind. „Als ich klein war, wusste ich nicht, dass ich später Lehrerin werden würde und dich bekommen würde. Ich musste es selber herausfinden, wozu ich lebe, und du musst es auch. Das ist nicht ganz einfach, manchmal stößt man auf Schwierigkeiten. Du weißt, ich hätte fast keine Arbeit in der Schule bekommen. Gerade hat meine Note gereicht. Aber dann ist doch alles gut geworden. Weißt du, da gibt es einen Spruch, der mich immer wieder beruhigt hat: ‚Wohin Gott uns führt, wissen wir nicht. Wir wissen nur, dass er uns führt!'" –
Doch das Kind antwortet nicht mehr. Es schläft friedlich.

Das kleine Schwein will anders sein

Inhalt: Das Schwein möchte anders aussehen, es beneidet die anderen Tiere. Es wird aber so geliebt, wie es ist.

Stichworte: Selbstbewusstsein, anders sein wollen, Aussehen, Unzufriedenheit, Neid, angenommen werden, Zuneigung

⇒ Relifix 1, S. 19

Es war einmal ein kleines Schwein, das hieß Anton. Es lebte auf dem Bauernhof, zusammen mit vielen anderen Tieren: Da gab es Kühe, einige Pferde, einen Hahn und eine Schar Hühner, ein Taubenhaus voller Tauben, ein paar Gänse, die Katze Mauz und den Hund Wauz. Und natürlich gehörte auch die Bauersfamilie dazu: Mama, Papa, Marion und Peter. Die Kinder kannten und liebten jedes Tier auf dem Bauernhof, aber besonders gern mochten sie die kleinen Schweine, weil sie geholfen hatten, sie großzuziehen. – Eines Tages saß das kleine Schwein Anton in der Tür des Schweinstalls und sah sich unzufrieden um. „Warum muss ich nur ein kleines hässliches Schwein sein?", seufzte es. „Alle anderen Tiere sind so schön und so nützlich! Alle können etwas, was ich nicht kann!" Gerade kam das Pferd vorbei. „Ach Pferd, ich hätte gerne eine so schöne Mähne wie du!", sagte das Schwein. „Ach geh, wozu brauchst du denn eine Mähne?", fragte das Pferd verwundert. „Die wäre dir bei deinen kurzen Beinen doch ständig im Weg!" Kopfschüttelnd trabte es weiter. Da landete eine Taube in der Nähe. „Ach Taube, ich hätte gerne Flügel wie du! Es muss wunderbar sein, fliegen zu können!", meinte Anton. „Du bist ja lustig", kicherte die Taube. „Du kannst doch nicht fliegen, du bist viel zu dick und zu schwer!" „Oh nein! Du hast recht! Zu dick bin ich auch!", stöhnte Anton verzweifelt und war noch unglücklicher als vorher. Als Nächstes kam laut bellend der Hund Wauz um die Ecke. Er hatte den Postboten gewittert und wollte die Bauersfamilie warnen. „Wauz, gib Ruhe! Das ist doch nur der Postbote!", tönte von innen die Stimme der Bauersfrau. Der Postbote beeilte sich, wieder auf sein Fahrrad zu steigen, nicht ohne einen ängstlichen Blick auf den kläffenden Hund zu werfen. „Ach Wauz, ich möchte auch so gefährlich sein wie du, eine große Schnauze und scharfe Zähne haben und beißen können!" Bewundernd schaute das Schwein zu dem großen Hund auf. „Vor mir hat keiner Angst." „Tja, das stimmt!", antwortete Wauz spöttisch; er war ein bisschen eingebildet. Ohne weiteres Gebell drehte er sich um und verschwand wieder um die Ecke. Kurz darauf hörte man ihn wieder: „Wau, wau!" „Ganggang-gang!" Laut schnatternd floh die Gans vor dem Hund. Doch Wauz war zu faul, um die Gans weiter zu verfolgen. „Gang-ganggang! Auf den Schreck muss ich eine Runde schwimmen gehen", beschloss die Gans. „Ach Gans, so gemütlich auf dem Wasser schwimmen, das muss schön sein!" Neidisch betrachtete Anton die Füße der Gans mit den Schwimmhäuten. „Ich hätte auch gern solche Füße wie du!" „Meine Füße brauche ich aber noch", wandte die Gans ein und watschelte weiter, in Richtung des Teiches. Nun machte sich ein anderer Bewohner des Bauernhofes bemerkbar: „Kikeriki! Kikeriki!", schallte es und der Hahn stolzierte vorbei. „Ach Hahn, du bist so wichtig! Du weckst alle in der Früh! Ich kann bloß grunzen", grunzte Anton. „Kikeriki! Ganz abgesehen davon, dass meine wunderschönen prächtigen bunten Schwanzfedern viel schöner sind als dein albernes kleines Ringelschwänzchen!", prahlte der Hahn, der noch ein größerer Angeber war als Wauz. Anton wusste nicht, was er darauf antworten sollte. „Ph! Mein Fell ist viel weicher als dein Federkleid! Und mit deinem prächtigen bunten Federschwanz kannst du überhaupt nicht klettern und springen", miaute die Katze Mauz, die den Hahn gehört hatte. „Ach Mauz! Ich hätte auch gern ein so weiches Fell wie du! Mit Streifen!" Niedergeschlagen ließ sich Anton auf der Türschwelle nieder. Er fühlte sich nutzlos und hässlich. Warum konnte er nicht wie die anderen sein? Plötzlich merkte das kleine Schwein, dass es liebevoll zwischen den Ohren gekrault wurde; Marion hatte sich zu ihm gesetzt. „Na, Anton? Wie geht es dir?", erkundigte sie sich. „Ach, Marion!", jammerte das Schwein. „Ich will anders aussehen! Ich möchte gern ein schönes weiches gestreiftes Fell haben wie Mauz. Dazu einen bunten Schwanz wie der Hahn, Schwimmfüße wie die Gans zum Schwimmen, eine große Schnauze mit gefährlichen Zähnen zum Beißen wie der Hund, Flügel zum Fliegen wie die Taube und eine schöne lange Mähne wie das Pferd!" „Das alles willst du haben?", fragte Marion, die sich das Lachen verbeißen musste. Dann hatte sie eine Idee und bat Anton, einen Moment zu warten. Sie holte ihren Zeichenblock und die Farbstifte aus dem Haus, gesellte sich wieder zu Anton und begann zu malen ...

Was meint ihr, wer am Ende am meisten lachte? Anton natürlich! Er lachte und lachte und lachte und lachte – so komisch sah das Tier aus, das Marion gemalt hatte. „Okay, okay!", schnaufte er, als er wieder Luft bekam. „Ich glaube, ich bleibe lieber so, wie ich bin!" „Das will ich doch hoffen!" Marion umarmte Anton. „Ich mag dich genau so, wie du bist!"

Ich bin's doch!

Inhalt:	Ein Junge, der bei einer Rauferei unterlegen ist, verkleidet sich im Fasching als starker Rächer. Doch die kleine Schwester hat Angst und er gibt sich zu erkennen.
Stichworte:	Streit, Prügelei, sich wehren, Verlierer (Loser), verspotten, Beleidigung, anders sein wollen, Rache, Wut, Geschwisterliebe
⇒	Relifix 1, S. 20

Nils kann sich nicht entscheiden: Mit seiner Mama und seiner kleinen Schwester Nora steht er in der Faschingsabteilung des Kaufhauses; beide dürfen sich ein Kostüm aussuchen. „Das schaut hübsch aus!" Nils bewundert Noras Schmetterlingsflügel. Lächelnd schaut er auf seine kleine Schwester, die sich eifrig vor dem Spiegel dreht. „Findest du?", fragt Nora glücklich. „Dann will ich es haben!" Für Nora ist es immer am wichtigsten, was ihr großer Bruder sagt und meint. Das Verkleiden macht ihr großen Spaß. Auch Nils mag den Fasching gern. „Mal jemand ganz anderes sein", überlegt er, während er an den Regalen vorbeischlendert. „Mal ganz anders sein. Zum Beispiel stark!" Nils ist nicht besonders stark. Einige Kinder aus der Klasse sind ein ganzes Stück größer und stärker als er. Nils ist kein Schlägertyp, er geht einem Streit lieber aus dem Weg.

Aber kürzlich war er doch in eine Rauferei verwickelt gewesen. Eine blöde Geschichte: Dennis hatte ihm seine Mütze weggenommen. Natürlich war Nils sofort wütend hinter ihm hergerannt, um die Mütze wieder zu bekommen. Das war ihm auch gelungen, aber nur, weil er Dennis einen Stock zwischen die Füße geworfen hatte. Das war natürlich verboten, eigentlich hätte er so etwas nie gemacht. Aber der Stock lag gerade da und da hatte er nicht lange überlegt. Tatsächlich hatte er getroffen! Dennis war gestolpert und hingefallen. „Spinnst du, Mann?", hatte Dennis gebrüllt. Außer sich vor Zorn war er mit den Fäusten auf Nils losgegangen. Er war stärker als Nils: Bei der Prügelei hatte es nicht lange gedauert, bis Nils am Boden lag. Dann hatte sich Dennis auch noch über ihn lustig gemacht. „Tja, das ist wohl keine gute Idee, sich mit mir anzulegen, wenn man so ein Schwächling ist!", höhnte er. „Du hast angefangen! Du hast mir die

Mütze weggenommen!", schrie Nils. Er strampelte und versuchte mit allen Kräften, sich loszumachen, aber vergeblich. „Du Loser! *(Anmerkung: Gemeint ist das englische Wort für Verlierer, gesprochen „luser".)* Da, der kleine Loser kriegt seine Loser-Mütze wieder!" Und lässig war Dennis aufgestanden und weggegangen. „AHH!" Nils war so sauer, dass er fast geplatzt wäre. Am liebsten hätte er Dennis in Stücke gehauen und ihm die schlimmsten Ausdrücke nachgerufen. Aber er wusste genau, dass er am Ende wieder den Kürzeren ziehen würde. Zu einem Erwachsenen konnte er auch nicht gehen, weil er ja den Stock geworfen hatte. Er ballte die Fäuste ...
Das macht Nils im Kaufhaus jetzt wieder, wenn er daran denkt. Er fühlt die Wut in sich aufsteigen. Wenn er sich nur an Dennis rächen könnte! Da fällt sein Blick auf ein Zorrokostüm. Zorro, ja, der hat sich nichts gefallen lassen! Der hat sich gerächt und war immer der Sieger! Der war mutig und stark und wurde nicht ausgelacht! Das ist das richtige Kostüm für Nils! Nils zieht sich die Maske und den Hut auf, hängt sich den Umhang um und nimmt das Schwert in die Hand. Dann springt er zwischen den Regalen hervor und ruft: „Hier kommt Zorro! Mich kann keiner besiegen! Meine Rache wird fürchterlich!" – Mit schreckgeweiteten Augen und zitternder Unterlippe steht Nora da. Sie fängt bitterlich zu weinen an und schluchzt: „Nils! Hilfe! Nils, komm schnell!" „Ach, Nora!" In Windeseile lässt Nils das Schwert fallen, reißt sich die Maske vom Gesicht und nimmt seine kleine Schwester tröstend in die Arme. „Ich bin's doch!"

Der Mensch ist wie eine Banane

Inhalt: Zwei Mädchen schwärmen für eine Sängerin/Schauspielerin. Es wäre toll, so berühmt zu sein wie sie. Aber ein Bericht über einen Star, der mittlerweile „abgestürzt" ist, zeigt ihnen: Ruhm und Geld machen nicht glücklich.

Stichworte: reich, berühmt, glücklich, Fan, Star bewundern, Absturz, Alkohol, Freundschaft, angenommen werden, anders sein wollen, Zufriedenheit

„Hast du schon gehört?", Julia kann es kaum erwarten, ihrer Freundin Tanja die neusten Nachrichten zu berichten: „Curly Martin kommt ins Kino!!" „Was? Echt! Ist ja irre!!" Tanja ist begeistert. „Wann?" „Das dauert noch. Ich hab bloß gelesen, dass sie mit den Dreharbeiten schon angefangen haben." Jedenfalls ist es jetzt schon beschlossene Sache, dass sie ins Kino gehen. Mindestens zweimal! – Julia und Tanja sind die größten Curly-Martin-Fans, die man sich denken kann. Sie lassen keine Sendung aus, kennen alle Songs auswendig, und mittlerweile hat sich die ganze Familie darauf eingestellt, dass die Mädchen um 19.15 Uhr nicht zu sprechen sind. Meistens sitzen sie zu zweit vor dem Fernseher und fiebern mit, wenn Anny Fantasy, so heißt sie im Film, ihre neusten Abenteuer erlebt. Sie geht ganz normal zur Schule; was aber die meisten nicht wissen, ist: Anny führt ein Doppelleben und ist nebenbei ein Popstar!
„Curly ist wirklich total nett!" „Und sie sieht so gut aus!" „Schau nur, ihre Frisur!" „Das T-Shirt gefällt mir total gut!" „Solche Schuhe möchte ich auch haben!" Die zwei schwärmen sich gegenseitig vor. Ihr ganzes Taschengeld geben sie für Curly-Martin-Sachen aus: Zeitschriften, Poster, T-Shirts, Taschen, Schmuck, Kissen, Tassen. „Schau mal, ich habe ein Curly-Martin-Freundschaftsbuch bekommen!" Tanja zeigt es ihrer Freundin. „Schreibst du mir was rein?" „Na klar! Ich kleb dir auch die schönsten Curly-Martin-Sticker dazu!" „Ach, wenn ich nur singen könnte wie Curly Martin!" „Es muss einfach irre sein, auf der Bühne zu stehen, und alle jubeln einem zu!" „Ich möchte auch berühmt sein!" „Sie ist so reich! Sie kann sich die chicsten Klamotten kaufen!" „Und sie kennt so viele tolle Leute!" „Wenn ich so wäre wie sie, dann wäre ich immer glücklich und zufrieden!" Eigentlich reden

Tanja und Julia von kaum etwas anderem, wenn sie im Kaufhaus bummeln und nach den neusten Dingen suchen. Sie denken kaum noch etwas anderes, wenn sie im Freibad auf den Curly-Martin-Handtüchern liegen. Sie träumen kaum noch von etwas anderem, wenn sie sich am Abend in ihre Curly-Martin-Bettwäsche kuscheln. „Hör mal, was da steht." Tanja hält eine Zeitschrift in der Hand und liest Julia vor: „Curly Martin – Superstar mit 15! Curly hat in der Beliebtheit inzwischen Terry Brown überholt und ist somit die unangefochtene Pop-Prinzessin! Bewacht von vier Leibwächtern erschien sie zur Verleihung der diesjährigen Pop-Awards, wo sie strahlend den Preis für die beste Sängerin in Empfang nahm. – Sie ist einfach die Beste", stellt Tanja fest. „Kein Wunder, dass sie gewinnt!" „Vier Leibwächter! Das stelle ich mir aber unangenehm vor", meint Julia. Tanja lässt die Zeitschrift sinken. „Stell dir mal vor: Da kann sie ja gar nicht, so wie wir, im Kaufhaus bummeln! ... oder ins Freibad gehen! Nee, da wär was los! Alle würden ein Autogramm von ihr wollen und drängeln und schreien und glotzen!" Julia schüttelt sich, als sie sich das ausmalt. „Wieso, das ist doch toll, wenn dich jeder erkennt! Und sie sieht perfekt aus! Da können die anderen doch glotzen!" „Na ja", Julia ist nicht überzeugt. „Und was steht da noch?" Tanja liest weiter: „Im Interview dankte Curly ihren Eltern, weil sie immer an sie geglaubt hätten. Ihre Eltern seien ihre besten Freunde, versicherte sie." „Hat sie denn keine ‚richtigen' Freunde, ich meine: Gleichaltrige?", überlegt Julia. „Das ist schon blöd: Wenn du so berühmt bist, dann kannst du ja nie wissen, ob das echte Freunde sind, die dich gern mögen, so wie du bist." „Wieso, ihre Freunde sind halt auch Stars und schauen auch toll aus", wendet Tanja ein, aber Julia bezweifelt das sehr: „Na ja. Ob die alle nett sind? Ich denke mir, dass die ziemlich eingebildet sein können! – Und was steht da noch?" „Ihr Einkommen wird mittlerweile auf mehrere Millionen Dollar geschätzt", liest Tanja weiter. „Oh Mann, mir würde eine Million schon reichen!" „Meinst du denn, dass Geld glücklich macht?", wendet Julia ein. „Meinst du das denn etwa nicht? Lieber reich und erfolgreich als arm und unbeliebt", erwidert Tanja. „Glück kannst du jedenfalls nicht kaufen!" Da ist sich Julia ganz sicher. „Und eigentlich kommt es doch nicht auf das Äußere an. Es ist doch nicht automatisch der mit den teureren Klamotten der Zufriedenere, oder? Du bist jedenfalls meine Freundin, auch wenn dein Fahrrad schon etwas rostig ist und wenn du mal einen Pickel hast oder zwei." Da muss Tanja grinsen. „Zeig mal, da ist doch noch ein Artikel, über Terry Brown; was steht denn da?" Tanja liest: „Terry Brown – Am Ende mit 25? Vor ein paar Jahren war sie noch die Pop-Prinzessin und Gewinnerin des Pop-Awards – mittlerweile geht es mächtig bergab mit Terry Brown. Im Zuge der zweiten Scheidung wurde ihr das Sorgerecht für die beiden Kinder entzogen. Ein Skandal jagt den anderen, die Probleme mit Alkohol und Tabletten nehmen kein Ende, und von ihrem Vermögen soll auch nicht mehr viel übrig sein ... Ist ja krass!" „Tja, siehste mal", meint Julia nachdenklich. „Und vor ein paar Jahren war sie genauso reich und berühmt und ‚glücklich' wie jetzt Curly!"

Am Abend liegt Tanjas Freundschaftsbuch vor Julia. Sie füllt alles aus, bei „Fan von" natürlich „Curly Martin" mit vier Rufzeichen. Aber am Schluss schreibt sie einen Spruch, den sie kürzlich gehört hat, der zu ihrem Gespräch und zu ihrer Meinung passt: „Der Mensch ist wie eine Banane: Die Schale ist nicht das Wichtigste!"

Auf Bestellung

Inhalt: *Sandra ist unzufrieden mit ihrem Äußeren und ihrem Gewicht, die Mitschülerin dagegen ist schlank und sportlich, aber zickig; die Eltern lieben ihre Tochter so, wie sie ist.*

Stichworte: *anders sein wollen, schlank, dick, unsportlich, auslachen, angenommen werden, Elternliebe, Neid, Zufriedenheit, Selbstwertgefühl, Mobbing*

„Mir hat der Film sehr gut gefallen!" Die Eltern waren gestern im Kino gewesen. „Erzähl doch, worum es ging", bittet Sandra. „Es war ein Science-Fiction-Film, also ein Film, der in der Zukunft spielt", beginnt die Mama. „In diesem Film sind alle perfekt. Denn: Wenn Eltern ein Kind haben wollen, dann können sie es ‚bestellen': Die Augenfarbe und Haarfarbe, die Größe; natürlich, ob es ein Mädchen oder ein Junge werden soll, ob es sportlich oder musikalisch ist und auch die Intelligenz kann man bestimmen. Diese perfekten Menschen leben in einem abgeschlossenen Bereich, während in der ‚Unterwelt' normale Menschen die ganze Drecksarbeit erledigen. Der Film handelt von einem normalen jungen Mann, der sich verbotenerweise in den Bereich der Super-Menschen einschleicht ... – Doch, ein toller Film! Und ein ziemlich krasser Gedanke: Kinder bestellen?! Stell dir doch mal vor, das ginge ..." Die Mama schüttelt den Kopf bei diesem absurden Gedanken. „Manchmal wär das nicht schlecht ...", seufzt Sandra. „Na sag mal, was ist los?" Die Mutter fasst Sandra an den Schultern: „Was hättest du denn bestellt?" „Ich möchte schlank sein! Und hübsch! Und sportlich!", platzt Sandra heraus. „Was ist los?", fragt die Mutter noch einmal und setzt sich hin, um Sandra in Ruhe zuzuhören. „Ach, nichts; doch ... na ja: Die anderen Mädchen in der Klasse machen sich oft über mich lustig", rückt Sandra leise heraus. „Weil ich nicht so sportlich bin und nicht so schnell laufen kann. Wenn sie die Mannschaften wählen für ‚Ball-über-die-Schnur', bin ich immer die Letzte, die gewählt wird, und dann stöhnt noch irgendjemand: ‚Nicht die lahme Ente!'" „Ach Kindchen", meint die Mutter teilnahmsvoll. „Das kommt mir irgendwoher bekannt vor ..." „War es bei dir genauso?", will Sandra wissen. „Na, schau mich doch an! Wir sind ja beide nicht direkt dünn", lacht die Mutter. „Dick zwar auch nicht, aber zu den Schnellsten und Sportlichsten gehören wir nun mal nicht. Also: Das hast du von mir, da musst du dich bei mir beschweren." „Was hast du gemacht, wenn dich die anderen ausgelacht haben?", will Sandra wissen. „Am Anfang war ich genauso unglücklich wie du", berichtet die Mutter, „aber später hab ich mir ein paar passende Antworten ausgedacht. Wenn mich jemand ‚dicke Kuh' genannt hat, dann hab ich geantwortet: ‚Muh! Aber jedenfalls haut mich nichts um!'" Sandra lacht: „Das ist gut, das muss ich mir merken!" „Und dann hab ich noch einen Tipp für dich, da helfe ich auch gerne mit: Beim ‚Ball-über-die-Schnur' muss man flink und schnell sein, einerseits. Aber: Noch nützlicher für die Mannschaft ist es, wenn du gut fangen und werfen kannst. Ich habe trainiert: Am Ende konnte ich so sicher fangen, fest werfen und so gut zielen, dass ich sogar oft Mannschaftsführerin war." „Meinst du, ich könnte das auch schaffen?", fragt Sandra. „Na klar! Nur musst du dich wirklich anstrengen dafür", erwidert die Mutter. „Jetzt lass dir aber noch etwas erzählen: Ein Mädchen aus meiner Klasse, die Jacqueline, die hat mich am meisten geärgert. Sie war natürlich schlank und hübsch und sportlich. Es verging kaum ein Tag, an dem sie nicht auf mir herumhackte oder irgendeine dumme Bemerkung machte. Ich beachtete sie dann gar nicht mehr und irgendwann wurde es ihr zu langweilig. Nun stell dir vor: Als wir in die Abschlussklasse kamen, tauchte plötzlich ein neuer Schüler auf. Und: Wir verliebten uns alle beide in ihn! Die schlanke, hübsche Jacqueline und ich. Und weißt du, wen er genommen hat?" „Meine liebste Franzi, an der etwas dran ist!", ruft der Papa, der gerade zur Tür hereingekommen ist, und gibt der Mama und Sandra einen dicken Kuss. „Die schöne schlanke Jacqueline war nämlich eine ziemliche Zicke!", erklärt er. „Was? So war das, echt?" Diese Story gefällt Sandra sehr. Fast ist sie schon überzeugt. Trotzdem fragt sie noch einmal den Papa: „Wenn du jetzt ein Kind bestellen könntest, wie würde es aussehen?" „Ach so, du hast Sandra von dem Film erzählt", folgert der Papa. Dann schaut er Sandra an und tut so, als ob er auf der Tastatur eingibt: „Bestellung: Ein Mädchen: braune Haare, braune Augen, ca. 1,40 m groß und mittelschwer. Bitte nicht zu sportlich, sonst besiegt sie mich beim Federball! Bitte auf keinen Fall zickig, sondern nett!" Dann spielt er weiter und macht die Klingel nach: „Ding-dang-dong. Oh, ein Paket! Meine Bestellung! Ja, danke!" Er tut so, als ob er das Paket annimmt, hinstellt und aufpackt. Dann ruft er begeistert: „Ja, genau so habe ich mir meine Tochter gewünscht!" Die Mama und Sandra lachen vergnügt. „Alles klar, mein mittelschwerer Schatz?" Mama drückt Sandra an sich. „Ein Umtausch kommt gar nicht in Frage!"

Eine Runde Bus fahren

Inhalt: *Ein Mittel gegen das Gefühl, dass es alle anderen besser haben als man selbst: Bus fahren und die Leute betrachten: Mit wem möchte man tauschen?*

Stichworte: *Selbstbewusstsein, anders sein wollen, Neid, hübsch, Magersucht, glücklich, Zufriedenheit*

„Mama, das ist gemein! Julia hat immer gute Noten! Bernadette kann so toll malen, viel besser als ich! Henriette hat viel schönere Kleider an als ich! Und Leon ..." „Schon gut, ich weiß, was du mir sagen willst: Alle haben es besser als du", unterbricht die Mutter und nimmt Tina an den Schultern. „Vielleicht liegt das aber auch daran, dass du immer auf die Leute starrst, die du bewunderst und beneidest. Vielleicht solltest du mal deinen Blickwinkel ändern? Weißt du was, du bekommst eine Aufgabe von mir. Dafür brauchst du deinen großen Bruder, Block und Bleistift und eine Fahrkarte für den Bus: Ihr nehmt den 140er-Bus, steigt ein, fahrt bis zur Endstation, bleibt sitzen, fahrt bis zur anderen Endstation, bleibt wieder sitzen, fahrt weiter, bis der Bus wieder hier ist. Und in dieser ganzen Zeit beobachtest du die Leute, die mit dem Bus fahren, aber unauffällig, bitte. Dann schreibe bei jedem auf: Möchtest du mit ihr oder ihm tauschen? Sehen sie hübsch, reich, zufrieden, glücklich aus? Oder nicht? Womöglich wirst du eine Menge Leute sehen, denen die Sorgen ins Gesicht geschrieben stehen, die nicht nach der neuesten Mode gekleidet sind und ..." „Schon gut, Mama, ich weiß, was du mir sagen willst: Alle haben es schlechter als ich", mault die Tochter. „Mal sehen. Ich mache das wirklich, wenn Tom mitkommt, weil ich neugierig bin und die Idee ganz witzig finde. Aber ich bin nicht so sicher, ob ich zu dem Ergebnis komme, das du dir vorstellst."

Am Nachmittag stehen die Geschwister an der Haltestelle. Als der Bus kommt, erklärt Tom dem Busfahrer, dass sie nun eine ganze große Runde drehen und an der Endhaltestelle sitzen bleiben werden. „Na dann, viel Spaß!", wünscht ihnen der Busfahrer, bevor es sich die beiden auf ihrem Lieblingsplatz in der hintersten Reihe bequem machen.

Fünf Leute sitzen im Bus, drei Frauen, zwei Männer; die sehen eigentlich ganz normal aus. Tauschen? Nein, tauschen würde sie nicht wollen, denkt Tina und macht fünf Striche bei „Nein". Bis zum Scheidplatz sind es 15 Stationen. Eine Mutter mit Kinderwagen und zwei Kindern steigt ein. Das größere Kind, das nicht im Kinderwagen sitzt, quengelt, weil es etwas Süßes will, und fängt schließlich zu schreien an, um seinen Willen durchzusetzen. Als es den Mund aufmacht, sieht man, dass es ganz schlechte Zähne hat. Die Mutter wirkt total genervt. Tina macht zwei Striche bei „Nein". Eine ältere Frau steigt zu, die sich auf einen Stock stützt und schon ganz krumm geht. Dazu ein Jugendlicher, der unheimlich dick ist. „Mama sagt immer, dick ist man nur, wenn man gleichzeitig unsportlich ist", flüstert Tina Tom zu. „Der *ist* dick", stellt Tom fest. Zwei dunkelhäutige Männer steigen ein, die sich in einer fremden Sprache unterhalten und immer lachen. Eine Frau und ein junges Mädchen kommen dazu, beide tragen ein Kopftuch. Das Mädchen steuert auch auf die letzte Bank zu und spricht Tina und Tom an: „Darf ich bitte da sitzen?" „Klar!", antwortet Tina und lässt sie durch. Beim Euro-Industriepark steigen viele Leute ein, die eingekauft haben und Taschen schleppen. Männer, Frauen, Junge, Alte; aber eigentlich niemand, der hübsch, reich und glücklich aussieht. Tina hat nun schon über 20 Striche gemacht, aber noch niemanden gefunden, mit dem sie tauschen würde. „Was machst du denn da?", erkundigt sich plötzlich das Mädchen neben Tina. „Äh, tja ..." – aber weil sie ziemlich nett aussieht, erzählt ihr Tina einfach die ganze Geschichte. „Und?", lacht das Mädchen, das Meryem heißt, „mit mir willst du wohl auch nicht tauschen?" „Na ja, die Sache mit dem Kopftuch und den langen Ärmeln und Hosen, die fände ich, glaub ich, im Sommer etwas umständlich", gibt Tina ehrlich zu. „Nun, du bist ja auch keine Muslima. Ich bin das gewöhnt und trage das Kopftuch gern, als Zeichen meines Glaubens", erklärt Meryem. „Und ich möchte auch nicht mit dir tauschen! Ich finde mein Leben schön, selbst wenn es manchmal Probleme gibt." „Na ja. Ich finde mein Leben auch schön", erwidert Tina. „Eigentlich. Aber wenn ich dann manchmal andere sehe, die total viel Geld haben oder toll aussehen, dann ..." „Psst", macht Meryem und deutet mit dem Kopf auf eine junge Frau, die gerade vor ihnen Platz nimmt. Das ist eine echte Schönheit! Sie sieht wie ein Model aus – ach, bestimmt *ist* sie eins! Bei der Figur! So schlank! Lange blonde Haare und ein Gesicht wie gemalt. Minirock, Jacke, Schuhe, Schmuck, alles passt zusammen. Puh! Tina zückt den Stift. Die junge Frau hat ein Handy in der Hand und telefoniert. Tom, Tina und Meryem verstehen jedes Wort: „... nein, Mam, es hat keinen Zweck, dass du nochmal da anrufst. Er sagt, es sei wirklich ernst. Ich muss nächste Woche ins Krankenhaus. Er sagt, ehe ich nicht mindestens 50 Kilo wiege, lässt er mich nicht wieder gehen. Und vor allem lässt er mich keinen Job machen! Mam, er sagt, wenn ich der Agentur nicht die Krankmeldung schicke, ruft er da an! ... Ja – es ist wirklich schrecklich! Du, ich bin gleich daheim, ja, bis dann, tschau!" Dann steigt sie aus.

Die Kinder sehen ihr nach. „Die hat wohl Magersucht?", vermutet Tom. „Habt ihr gesehen, wie dünn die war?" „Die Arme", meint

Meryem. „Mit der möchte ich nicht tauschen, so hübsch sie ist!" Vorn im Bus hört man nun die Stimme eines aufgebrachten Vaters, der offenbar seinen Sohn von der Kindertagesstätte abgeholt hat. „Schon wieder eine Vier! Du lernst einfach nicht genug! Wie stellst du dir das vor? Willst du in die Hauptschule kommen? Nein? Wie gut, ich will das nämlich auch nicht! Dann streng dich doch endlich mehr an! Lern mehr! Jeden Tag musst du lernen!", redet er auf den Jungen ein, der mit gesenktem Kopf neben ihm steht.

Tina seufzt. „Hat Mama das vorher gewusst, was ich hier im Bus erleben werde?", fragt sie sich. „Kein Einziger, mit dem ich tauschen wollen würde!" „Mach das doch einfach jedes Mal, wenn du unzufrieden bist", schlägt Meryem vor. „Vielleicht treffe ich dich dann wieder, das wäre nett! Wir sind beim Scheidplatz, ich muss aussteigen! Tschüs!" Tina und Tom winken ihr nach. „Weißt du was, Schwesterlein", meint Tom und grinst. „Ich bin eigentlich ganz froh, dass du niemanden zum Tauschen findest!"

Allein auf der Welt

Inhalt: *Frank ärgert sich über das ewige Warten und Anstellen. Wenn er allein auf der Welt wäre, wäre er immer der Erste und Beste. Aber die Freunde und die Familie würden ihm doch fehlen.*

Stichworte: *Allein, zurückstecken, warten, Freundschaft, Unzufriedenheit*

„Immer bin ich der Letzte! Immer!" Die Lehrerin hat das Bastelmaterial ausgeteilt und Frank, der hinten links sitzt, muss wieder einmal warten, bis alle anderen ihre Sachen bekommen haben. „Na und?", meint Angi, die neben ihm sitzt. „Ist doch wurscht, ob du als Erster oder als Letzter dran bist. Jeder bekommt etwas." Sie lässt sich nicht stören und beginnt eifrig, die Narzisse zu basteln, so wie es die Lehrerin gezeigt hat. Frank steigert sich jetzt aber in seinen Ärger hinein und lässt nicht locker. „Klar bekommt jeder etwas. Aber warum immer ich zuletzt?" „Weil du zufällig hinten sitzt?" Angi weiß immer noch nicht, warum Frank sich so aufregt, und Frank gibt es auf, es ihr erklären zu wollen. „Beim Melden ist es genauso blöd", denkt er sich. „Ich kann mich hundert Mal melden und komme vielleicht zwei Mal dran. In der Garderobe gibt es immer Gedränge, und Michael ist meistens schneller und am Morgen der Erste im Klassenzimmer. Ach, manchmal wünschte ich, ich wäre allein auf der Welt! Es nervt wirklich, dass man sich immer anstellen muss und warten, warten. Ich würde den Klassenfußball bekommen, ohne dass ich mich dafür anmelden muss, und die blöden Viertklässler, die ihr Zimmer gleich neben dem Ausgang zum Pausenhof haben, würden nicht immer das Tor besetzen. Ah, und das Beste: Auch beim Sport müsste ich mich nicht ständig anstellen; so wie gestern, als wir an den Ringen geturnt haben. Endlich mal Ringe-Turnen, das macht so Spaß! Und was ist? Ich komme nur drei Mal dran und muss auch gleich nach ein paar Sekunden wieder dem Nächsten Platz machen. Ah, nein, das Allerbeste wäre: Es gäbe niemanden, der eine bessere Note hätte als ich. Ich wäre der Schlaueste, der Schnellste, der Stärkste, überhaupt der Beste der ganzen Klasse! Allein auf der Welt zu sein, wäre wirklich toll! Moment mal: Dann bräuchte ich ja eigentlich gar nicht zur Schule zu gehen! Keine Hausaufgaben machen! Dann könnte ich immer daheim sein, und keiner würde mir Vorschriften machen, wann ich ins Bett gehen und dass ich den Fernseher ausschalten muss. Keine Regeln, keine Verbote!"

Da knurrt plötzlich sein Magen. „Wann ist denn Pause?", fragt Frank flüsternd Angi. „Bald, in ein paar Minuten", antwortet sie. Angi hat eine Narzisse fertig gebastelt und zeigt sie Frank. „Schau, meine ist schon fertig! Soll ich dir bei deiner helfen, damit du es vor der Pause noch schaffst?" Das ist nett von Angi, und zu zweit ist schnell eine hübsche Blume fertig; für die Mutter zum Muttertag soll sie sein. Es gongt zur Pause, Frank nimmt schnell seine Brotbox und seine Trinkflasche aus der Tasche und saust in die Pause. „Ah! Käsebrot mit sauren Gurken! Mhm! Die Mama weiß einfach, was ich gern mag!" Mit Appetit beißt Frank in sein Pausenbrot. Auf dem Sportplatz warten schon Michael und die anderen mit dem Fußball. „Komm, spiel mit!", rufen sie Frank zu. Klar, da ist Frank dabei! Noch schnell ein großer Bissen vom leckeren Brot, und los geht's!

Später, mitten im Spiel, da fallen Frank wieder seine Gedanken von vorhin ein. „Ob es wirklich so schön wäre, allein auf der Welt zu sein?", überlegt er. „Angi hilft mir; meine Mama macht die Brotzeit für mich; Michael spielt mit mir ... na ja, vielleicht wäre es doch etwas langweilig!"

Als ob zwei Tiere streiten

Inhalt: *Jeder Mensch spürt zwei Seiten in sich.*

Stichworte: *freundlich, ehrlich, böse, Aggression, Zwiespalt*

Ein alter und ein junger Mann saßen am Abend am Feuer und schauten in die Flammen. Schließlich gestand der Junge: „Manchmal kämpft es in mir. Es fühlt sich an, als ob zwei Tiere in meinem Inneren miteinander streiten: Das eine ist böse, neidisch, gewalttätig und hochmütig, das andere Tier ist freundlich, mitfühlend, liebevoll und ehrlich. Und ich frage mich: Welches Tier wird gewinnen?"
Der Alte antwortete: „Das Tier, das du fütterst."

Fantasiereisen

Inhalt: *Die Vorstellungskraft des Menschen erleben*
Stichworte: *Fantasie, Vorstellungskraft*

⟹ *Relifix 3, S. 44*

Beschreibe das Klassenzimmer!
(Schüleräußerungen)
Nun schließe die Augen und beschreibe den Schulhof!
(Schüleräußerungen)

Das könnt ihr, selbstverständlich. Denn: Der Mensch kann sich etwas vorstellen. Er hat die Fähigkeit, mehr zu sehen, als man mit den Augen sieht. Das Wort: „Fantasie" kommt von dem griechischen Wort „phantasia" und bedeutet Bild, Vorstellung. Fantasie ist also genau das, was ihr habt: die Fähigkeit, sich etwas vorzustellen, Bilder im Kopf entstehen zu lassen, mehr zu sehen als das, was die Augen wahrnehmen. Fantasie haben nur Menschen, Tiere nicht. Fantasie ist etwas sehr Schönes, sie macht uns reich. Wer keine Fantasie hat, ist arm dran. Mit der Fantasie ist es wie mit den Muskeln: Wenn man sie niemals benutzt, verkümmert sie. Sie wird mehr, wenn sie trainiert wird. In meiner Fantasie kann ich fliegen, die ganze Welt sehen, Abenteuer bestehen. Die Fantasie kann Freude bereiten, trösten und ablenken. Sie kann auch gefährlich sein – wenn jemand in einer Fantasiewelt lebt und den Bezug zur Wirklichkeit verliert.

Fantasiereise mit Wolle
Anmerkung: Dafür braucht man Wollreste und evtl. meditative Musik
Du hältst die Wolle in der Hand. Schließe die Augen. Stelle dir etwas vor, was aus dieser Wolle gemacht ist: vielleicht einen Pulli, der aus dieser Wolle gestrickt ist. Oder du denkst dir ein Kätzchen, das mit der Wolle spielt. Vielleicht liegst du auf dem Sofa in einem Zimmer und deckst dich mit einer Wolldecke zu ... Lasse deine Gedanken wandern!

Fantasiereise zu den Blumen
Anmerkung: Dafür braucht man Sonnenblumenkerne oder etwas Ähnliches und evtl. meditative Musik
Du hältst den Blumensamen in der Hand. Schließe die Augen. Stelle dir vor, wie die Blume wächst. Wie sieht die Blume aus? Die Sonne scheint. Wo wächst die Blume? Steht sie in einem Garten und wird gerade gegossen? Oder wächst sie irgendwo, am Wegrand oder auf einem Feld? Sitzt ein Schmetterling darauf? Vielleicht wird diese Blume gerade verschenkt. An wen? Lasse deine Gedanken wandern!

Ein kleines Fantasie-Spiel
Du schließt die Augen, ich nenne ein Wort, und bestimmt erscheint ein Bild in deinem Kopf! Die Wörter heißen: Weihnachten, Schnee, Mama, Wasser, Urlaub, Natur, Nacht ...

Meine fünf Sinne – eine Fantasiereise

Inhalt: Meine Sinne; was ich gerne rieche, schmecke, fühle, sehe, höre

Stichworte: Sinne

➠   Relifix 1, S. 63

Du hast deine Augen. Was schaust du gerne an?
Ein grün-blauer Bergsee im Sonnenschein …
Es ist Nacht, und ein prachtvoller Sternenhimmel erstreckt sich über den Horizont …
Eine Blumenwiese im Frühling …
Schaust du gerne in die Flammen des Lagerfeuers?
Wenn beim Sonnenuntergang der Himmel rot, orange, blau und gelb leuchtet?
Oder ist es vielleicht ein Foto von deiner Familie?
Was schaust *du* gerne an?

Du hast deine Ohren. Was hörst du am liebsten?
Das Plätschern eines Baches oder das Rauschen des Meeres?
Vogelgezwitscher
Den Regen auf dem Dach, wenn es drinnen warm und gemütlich ist?
Musik?
Wenn dir jemand vorliest.
Was hörst *du* am liebsten?

Du hast deine Nase. Was riechst du gerne?
Wenn gerade ein Kuchen gebacken wird?
Wenn im Advent die Kerzen duften?
Wenn beim Sonntagsfrühstück der Kaffee duftet?
Die Würstchen auf dem Grill riechen lecker oder die Hähnchen im Biergarten.
Magst du es auch, wie der Waldboden bei Regen riecht?
Rosen duften fein.
Was riechst *du* so gern?

Du hast deinen Mund, deine Zunge; mit der kannst du schmecken.
Was schmeckt dir gut?
Mhm, ganz frisches Brot schmeckt fein.
Erdbeeren
Lecker: Pizza
Was ist dein Lieblingsessen?
Was schmeckt *dir* am besten?

Du hast deine Hände; mit deiner Haut, fast mit dem ganzen Körper kannst du fühlen.
Was fühlt sich schön an?
Auf einem weichen Lammfell oder einer Decke zu liegen.
Der warme Wind im Sommer auf der Haut
Das erfrischende Wasser beim Baden im Sommer
Mich abends mit meinem Lieblingstier ins gemütliche Bett zu kuscheln.
Wenn mir die Mama den Kopf krault
Barfuß durch das Gras zu gehen
Eine glatte Kastanie
Was fühlst *du* gerne?

Was ich mag, was ich nicht mag (Kinderaussagen)

Stichworte: gern mögen, nicht mögen, Freude, Traurigkeit, Ärger, Wut, Streit, Gewalt

Was ich gerne mag

Meine Familie!

Ich mag meine Freundinnen. Aber sie sollten ehrlich sein und zu mir halten.

Mich mit Freunden treffen.

Fußball / Judo / Hip-Hop / Breakdance / Sportverein / Turnen.

Ich mag Tiere, eigentlich alle. Aber Katzen sind meine Lieblingstiere.

Ich liebe Pferde; mein Traum wäre es, in die Schule zu reiten.

Ich mag meinen Hund, Picasso.

Ich mag spielen. / Ich male sehr gern. / Ich lese immer.

Am Nachmittag darf ich rausgehen, das mag ich am liebsten.

Ich höre gern Musik.

Ich singe gern, am liebsten Karaoke.

Schwimmen! (Mama sagt, ich bin ein Wassertier)

Pizza / Eis / Spagetti / Pfannkuchen.

Ich spiele gern am Computer oder surfe im Internet. Es macht mir Spaß, etwas herauszufinden. Mir hat das Lied vom Kirchentag „Damit ihr Hoffnung habt" so gut gefallen. Das habe ich heruntergeladen.

Ich liebe Ferien. Ausschlafen!

Ich gehe gern in die Schule. Ich mag Frau Sommer.

Gute Noten haben.

Ich gehe gern in die Kindergruppe, da machen wir tolle Sachen.

Ich bin gern Ministrant.

Meine Religion ist mir wichtig. Ich bin Muslim.

Was ich nicht mag

Streit.

Gewalt.

Ich mag nicht, dass mich jemand schlägt.

Geärgert werden.

Ich mag es nicht, wenn ich ausgelacht werde.

Die anderen lassen mich immer nicht mitspielen.

Gemeinheiten.

Ich mag nicht angeschrien werden.

Krieg!!

Hausaufgaben.

Ich mag die Schule nicht, weil ich schlechte Noten habe.

Ich mag es nicht, dass andere in der Klasse immer stören und laut sind.

Die Sportstunden sind ätzend, besonders, wenn Noten gemacht werden.

Ich verabscheue Lügen und falsche Freunde.

Ich mag es nicht, wenn die Eltern streiten. Das hasse ich am meisten.

Spinnen / Ameisen / Stechmücken.

Spinat / Bohnen / Fleisch.

Mädchen *(das schrieben drei Jungs)*.

Buben sind blöd *(das schrieb ein Mädchen)*.

Ich mag nicht allein sein.

Ich finde Tierquälerei schlimm.

Atomkraftwerke.

Sina und der Regenbogen

Inhalt: *Sina ist unglücklich, weil alles schief läuft: schlechte Noten, der Freund ist beleidigt, die Eltern streiten. Der Opa tröstet sie: So wie nach dem Regen wieder die Sonne kommt, so kommen nach schlechten auch wieder gute Zeiten.*

Stichworte: *Unzufriedenheit, Traurigkeit, schlechte Zeiten, Noten, Versagen, Freundschaft, Versöhnung, Streit der Eltern, Opa, Hoffnung, Trost*

➡ *Relifix 2, S. 68*

Nein, es ist keine gute Zeit für Sina. Schon seit Wochen läuft alles schief. Nichts gelingt ihr, und immer wieder geschehen Sachen, die sie ärgern oder traurig machen.
 Sina seufzt. Sie sitzt am Fenster und schaut in den Regen hinaus. Vorhin ist ihr beim Essen versehentlich das Glas umgefallen. Ihre Mama hat sie angeschrien: „Pass doch auf!" Da hat ihr Vater gesagt: „Mach doch nicht so ein Theater. Das kann doch jedem mal passieren!" Das hat die Mutter nur noch wütender gemacht: „Ja, du kannst gut reden! Wer putzt es denn weg? Wer wäscht denn die Tischdecke? Du? Also misch dich nicht ein!" – „Ich finde, du darfst die Kinder nicht so anschreien." – „Du hast mir überhaupt nichts zu sagen!"...
 Nun streiten sie. Schon wieder.
 Sina ist hinausgeschlichen. Es tut ihr ja leid. Sie will nicht, dass die Eltern wegen ihr streiten. Sie hat das Glas doch nicht mit Absicht

umgeworfen. Sie hat an etwas anderes gedacht. Sie hat daran gedacht, wie sie es den Eltern beibringen soll, dass sie im Diktat schon wieder eine Fünf hat. Bald gibt es Zeugnisse, und es schaut nicht gut aus mit ihrer Deutschnote. Das bedrückt sie. Irgendwann muss sie es den Eltern sagen. Aber das geht jetzt nicht. Das ist aber noch nicht alles. Ihr Freund Tim hat im Diktat eine Zwei. „Was hast du?", hat er Sina gefragt. Freundlich hat er gefragt; trotzdem hat sie ihn angefaucht: „Das geht dich überhaupt nichts an!" Nun ist Tim natürlich beleidigt. Obwohl sie den gleichen Schulweg haben, ist Tim vorgelaufen und nicht mit ihr heimgegangen. Weil Sina nur auf Tim geschaut hat, wäre sie auch noch fast mit einer Radfahrerin zusammengestoßen. Die konnte gerade noch bremsen und hatte geschimpft, weil Sina so unvorsichtig gewesen war. – Alles geht schief. Was für ein bescheuerter Tag! Und das geht schon die ganze Zeit so! Immer, immer wieder: Streit, schlechte Noten und einfach alles ... Da kommt ihr Opa herein. „Grüß dich, Sina! Na, ist das ein Regen draußen! Aber es sieht so aus, als ob die Sonne bald wieder durchkommt. Wie geht es dir?" „Schlecht!", brüllt Sina. „Schlecht, schlecht, schlecht! Die Eltern streiten, ewig miese Noten, Tim ist beleidigt und ich habe fast einen Unfall gehabt. Also: schlecht." „Au weia!", meint der Opa. Und er setzt sich zu ihr ans Fenster. „Einen Vorteil hat das ja, wenn es dir so schlecht geht: Es kann nur besser werden." „Was soll denn besser werden?", brummt Sina. „Ich kann ja gar nichts dafür, dass die Eltern streiten. Und warum sollten die Diktate besser werden?" „Ich übe mit dir", schlägt der Opa vor. „Das nutzt doch nichts", jammert Sina. „Es ist einfach alles blöd. Am liebsten würde ich weg sein. Abhauen. Irgendwas. Ich halte es nicht mehr aus!"

Der Opa schaut zum Fenster hinaus und denkt nach. Sina hockt neben ihm und lässt den Kopf hängen. „Sina", sagt er schließlich. „Nach dem Regen kommt Sonne. Manchmal regnet es wochenlang. Es ist nicht zum Aushalten! Aber: Irgendwann kommt die Sonne wieder. Manchmal kommt sogar ein Regenbogen. Der zeigt dir dann: Auch die Sonne ist da! – Und bei den Menschen ist es doch eigentlich genauso: Manchmal gibt es schlechte Zeiten. Wochenlang. Du hältst es fast nicht mehr aus. Aber du kannst dich darauf verlassen: Auch da kommt irgendwann wieder eine gute und schöne und sonnige Zeit. Manche Sachen kommen von allein, bei anderen kannst du dazu helfen. Das ist sogar noch besser als beim Wetter, da kann man gar nichts machen ... Schau mal! Schau mal hinaus! Und, was sag ich?" „Ein Regenbogen!", staunt Sina. „Was für ein schöner Regenbogen!" Jetzt scheint die Sonne. Der Opa freut sich: „Sina, jetzt glaubst du es mir doch bestimmt: Nach dem Regen kommt die Sonne!" Sina schaut den Opa zweifelnd an, aber bevor sie etwas antworten kann, klingelt es. „Es ist Tim", meldet die Mutter vom Flur. „Ob du mit Fußball spielen willst?" „Klar!", ruft Sina. „Darf ich? In fünf Minuten!" Sie dreht sich zum Opa um und lächelt ihn an. Er grinst zurück. „Was meinst du: Um 5 Uhr diktiere ich dir die Lernwörter?", schlägt er vor. „Okay! Danke, Opa, bis nachher. Ich muss noch etwas erledigen." Sina zieht sich an, dann geht sie in die Küche, wo immer noch die Eltern sitzen. Sina holt Luft: „Hört mal! Ich muss euch zwei Sachen sagen: Erstens: Ich habe im Diktat eine Fünf, aber ich übe ab heute mit Opa. Zweitens: Ich kann es nicht leiden, wenn ihr streitet! Hört auf damit! Könnt ihr nicht stattdessen den Kleiderschrank anschimpfen?" Die Eltern schauen beide Sina an. Dann schauen sie sich an. Und dann lachen sie beide los. Sie lachen und lachen. „Guter Vorschlag", prustet der Vater. „Zum Angriff! Auf zum Kleiderschrank!" „Und wenn wir den fertiggemacht haben, kommt der Wäscheständer dran", kichert die Mutter. „Aber ruiniert nicht die Wohnung", mahnt Sina. „Ich bin um fünf wieder da. Tschüs!" „Keine Angst, wir boxen nur die Sessel", lacht die Mutter hinter ihr her.

Sina springt die Treppe hinunter. „Hallo Tim!", begrüßt sie ihren Freund. „Nett, dass du mich abholst! Entschuldige, ich war blöd zu dir heute Vormittag!" „Schon vergessen", sagt Tim versöhnlich. „Komm, ich freu mich aufs Spiel!" „Jawoll, toll!", ruft Sina. Und sie sausen los. Über ihnen leuchtet der Regenbogen.

Ein Igel-Tag

Inhalt: *Manchmal gibt es Tage, an denen alles nur nervt.*

Stichworte: *Unzufriedenheit, Ruhe haben wollen, schlechte Laune, Traurigkeit*

▶ *Relifix 5, S. 19*

Ein Igel-Tag.
Bin nicht zu sprechen.
Am liebsten würde ich nichts hören und nichts sehen.
Am besten wäre, ich würde im Bett bleiben.
Aber nein, ich muss aufstehen und in die bescheuerte Schule gehen.
Wo ich wahrscheinlich die bescheuerte Probe herauskriege.
Wo ich mich anstrengen soll, und jeder etwas von mir will.
Lasst mich doch einfach alle in Ruhe!
Einen Tag lang wenigstens.
Wenigstens heute.
Gleich wird meine Mama kommen: „Aufsteh'n, hopphopp, es ist schon spät!"
Nerv!
Und meine Schwester sitzt sicher schon am Frühstückstisch, hat gute Laune und einen ekeligen Kakaobart.
Ich hab jedenfalls keine gute Laune.
Wenn ich jetzt ein Igel wäre, dann würde ich mich zusammenrollen.
Einigeln, sodass keiner mir zu nahe kommen kann.
Wenn einer was von mir will, dann piekst er sich an meinen Stacheln.
Und das geschieht ihm recht, denn ich will meine Ruhe.
Warum muss das Leben so sein?
So ...
Weiß kein passendes Wort.
Und will mir auch keins ausdenken.
Igel müssen das auch nicht.
Heut ist ein Igel-Tag.

Urlaubskarten

Inhalt: *Schöne und traurige Erlebnisse im Urlaub*
Stichworte: *Urlaub, Tierliebe, gern mögen, nicht mögen, Freude, Ärger, Traurigkeit, Eltern, Oma*

▶   *Relifix 1, S. 21*

„Und bitte, schreib mir eine Karte!", ruft Oma zum Abschied. „Klar, das vergess ich nicht!" Lea winkt der Oma zum Abschied. Oma hat die Familie zum Bahnhof gebracht. Alle freuen sich auf den Urlaub auf der Insel Hiddensee. Dort haben die Eltern ein gemütliches Ferienhäuschen gemietet; drei Wochen werden sie dort Urlaub machen.

„Ich freu mich so sehr auf den Urlaub!" Leas Bruder Lars reibt sich die Hände. „Worauf freut ihr euch am meisten?", will Mama wissen. „Auf das Meer! – Auf den Sand! – In Ruhe ein Buch lesen! – Kein Telefon! – Fahrradfahren! – Reiten! – Muscheln sammeln! – Fisch und Pommes essen!" Der ganzen Familie fällt eine Menge ein. „Und der Oma Postkarten schreiben!" Das sagt Lea. Oma liebt nämlich ihre Postkartensammlung. In der Küche hat sie eine Pinnwand aufgehängt, die über und über mit Ansichtskarten bedeckt ist. Lea hat sich vorgenommen, der Oma jede Woche eine Karte zu schreiben.

„Liebe Oma! Ich bin total sauer!", schreibt Lea auf die erste Karte. „Hier gibt es eine süße Katze! Sie kommt jeden Tag. Aber Mama will sie nicht ins Haus lassen! Gemein! Aber die Katze hat gar keine Flöhe, wie Mama behauptet!"

„Liebe Oma, es geht mir gut!!!", schreibt Lea auf die zweite Karte und setzt drei Rufzeichen dahinter. „Die Katze kommt jeden Tag zu Besuch und lässt sich füttern und streicheln. Ich habe von meinem Taschengeld Futter gekauft. Sie darf zwar nicht hinein, aber ich kann ja raus! Die Katze ist sooo lieb! Sie heißt Mabelle."

„Liebe Oma, ich bin traurig. Morgen fahren wir wieder ab und was wird dann aus meiner Katze? Ich darf sie nicht mitnehmen, sagen Mama und Papa. Natürlich nicht! Als ob das so klar wäre. Ich weiß schon, dass sie jemand gehört, aber die Leute kümmern sich ja nicht gut um sie, sonst würde sie nicht immer zu mir kommen. – Und außerdem ist der Urlaub vorbei. Schade!" Lea liest die Karte noch einmal durch; dann quetscht sie noch eine Zeile dazu: „PS: Aber auf dich freu ich mich!"

Wovor hast du Angst?
Was hilft, wenn du Angst hast? (Kinderaussagen)

Stichworte: Angst, Mut

Wovor hast du Angst?

Räuber / Diebe / Einbrecher.

Ungeheuer / Gespenster / Aliens / Zombies.

Ich habe Angst im Dunkeln.

Ich habe Angst, wenn meine Mama nicht da ist. / Vor dem Alleinsein.

Dass einer mich entführt.

Ich habe Angst, dass ich meine Mama verliere und mich verirre.

Vor Proben / vor schlechten Noten / dass ich den Übertritt nicht schaffe.

Ich habe Angst, mich zu blamieren, und dann lachen alle über mich. In der ersten Klasse hat einmal einer in die Hose gemacht. Hoffentlich passiert mir das nie.

Dass ich zu dick werde.

Dass ich geschimpft werde.

Manchmal habe ich Angst vor meinem Papa; wenn er wütend ist.

Vor schlimmen Krankheiten / Spritzen / Zahnarzt / Blut / gelähmt zu sein.

Dass die Jugendlichen mich schlagen oder mir etwas wegnehmen.

Ich habe gelesen von einem Mädchen, das sich umgebracht hat, weil jemand über sie ganz eklige Gerüchte im Internet verbreitet hat. Davor habe ich Angst.

Vor der Mutprobe.

Vor den anderen in meiner Klasse. Ich werde gemobbt. Sie schlagen mich nicht – noch nicht, aber sie lachen mich aus und …

Ich habe Angst vor dem besoffenen Mann, der immer auf der Bank im Park sitzt.

Ich habe Angst, dass mein Papa arbeitslos wird.

Wenn meine Eltern streiten. Ich habe Angst, dass sie sich trennen. Was soll dann aus mir werden?

Ich habe Angst beim Schwimmen, vor dem tiefen Wasser. Am schlimmsten ist es, wenn ich im See den Grund nicht sehe, aber sogar im Schwimmbad fürchte ich mich vor dem Ertrinken.

Gewitter / Sturm / Hurrican / Erdbeben.

Haie / wilde Tiere / Schlangen / giftige Tiere.

Ich habe Angst vor großen Hunden, weil mich einmal einer gebissen hat.

Vor brutalen Filmen.

Wenn ich an den Tod denke / Dass meine Mama stirbt.

Vor Selbstmordattentätern / Jedes Mal, wenn ich fliege, habe ich Angst vor einem Terroranschlag und dass das Flugzeug abstürzt.

Krieg / Atombombe / vor echten Waffen fürchte ich mich.

Fernsehberichte machen mir Angst, wenn ein Unglück geschehen ist.

Die Ölpest im Golf von Mexiko und so etwas, auch die Zerstörung des Regenwaldes.

Dass die Natur so verschmutzt und zerstört wird, dass uns die Luft ausgeht.

Was hilft, wenn du Angst hast?

Ich geh zu Mama / Papa.
Bei meiner großen Schwester brauche ich keine Angst zu haben.
Mein Bruder passt auf mich auf.
Meine Familie gibt mir Sicherheit.

Wenn ich in der Nacht Angst habe, dann kuschle ich mich unter die Decke.

Ich halte mein Kuscheltier ganz fest.

Wenn mich jemand bedroht, dann helfen mir meine Freunde.

Meine Vernunft: Mama sagt, das Wichtigste ist, einen klaren Kopf zu behalten und die Gefahr richtig einzuschätzen. Und dann Hilfe suchen.

Ich brauche ein Nachtlicht, im Dunkeln ist es mir unheimlich.

Das Haus schützt uns vor dem Wetter und vor dem Sturm – und auch vor Räubern.

Wenn ich Angst habe, versuche ich, mich abzulenken oder zu beschäftigen. Malen hilft auch.

Es sagen. Darüber reden, mit meiner Freundin. Das hilft meistens.

Papa sagt, die Angst ist wichtig, weil sie mich warnt. Er meint, ich soll auf meine Angst hören.

Nichts. Gegen meine Angst vor Proben hilft nichts. Wir haben schon alles versucht: Lernen natürlich, und meine Eltern reden immer mit mir, dass es nicht so schlimm ist, wenn die Probe nicht gut ausfällt. Mama passt auf, dass ich ausgeruht bin und gut frühstücke, Glücksbringer sitzen auf meinem Tisch. Mama hat mir sogar schon so Kügelchen verschreiben lassen – aber nichts hilft. Sobald die Lehrerin das Blatt austeilt, habe ich alles vergessen, was ich gelernt habe. Totale Mattscheibe. Ich weiß nicht, was ich tun soll.

Zum Glück habe ich zwei Freundinnen, die zu mir halten. Auch Frau Sailer ist nett. Sonst würde ich nicht mehr in die Schule gehen.

Diesem besoffenen Typen im Park kann ich aus dem Weg gehen. Vor allem aber sagt die Lehrerin, dass wir niemals den Schulweg allein gehen sollen.

Mein Handy. Für den Notfall habe ich das dabei, und wenn die Jugendlichen mich bedrohen, kann ich Hilfe holen. Die Nummer von meiner Mama ist eingespeichert, ich brauche nur eine bestimmte Taste zu drücken, und sie sagt, ich kann auch die Polizei verständigen, 110. Aber ich weiß nicht, ob ich mich das trauen würde.

Wer Angst vor brutalen Filmen hat, braucht sie doch einfach nicht anschauen?

Ich bete, wenn ich Angst habe. Ich weiß, dass Gott mich beschützt.

Marvin allein daheim

Inhalt: Die Eltern sind weg, Marvin hat Angst im Dunkeln, er hört Geräusche und meint, ein Einbrecher kommt. Als sein kleiner Bruder wach wird, überwindet er seine Angst und tröstet ihn.

Stichworte: Angst, Angst überwinden, Dunkelheit, Einbrecher, Mut, Geschwisterliebe, Trost, beschützen

„Was war das?" Plötzlich war Marvin hellwach. Da war doch ein Geräusch gewesen? Er horchte. Das Zimmer war dunkel, die Mutter hatte die Rollläden heruntergelassen, als sie die Kinder ins Bett gebracht hatte. Marvin konnte nur schlafen, wenn es dunkel war. „Mama?" Schlaftrunken versuchte Marvin, seine Gedanken zu sortieren. Irgendetwas hatte er geträumt, etwas Scheußliches. Ganz langsam kam ihm das Traumbild wieder in den Sinn, und plötzlich durchfuhr es ihn heiß und kalt. Natürlich! Er hatte von Einbrechern geträumt! Räuber, die versucht hatten, das Fenster des Kinderzimmers zu öffnen. Oh nein! Räuber, die wussten, dass die Eltern nicht da waren! Und, oh nein, oh nein! Das war gar kein Traum! Das Geräusch kam vom Fenster! Da war wirklich ein Geräusch, davon war Marvin ja aufgewacht! Und dass die Eltern nicht da waren, war auch kein Traum! Eine Welle der Angst überlief Marvin. Er lag in seinem Bett und konnte sich vor Angst nicht rühren. Der Papa hatte doch gestern aus der Zeitung vorgelesen, dass in der Schellingstraße eingebrochen worden war. Und dass es schon eine ganze Serie von Einbrüchen in der Umgebung gegeben hatte. Dass aber die Polizei von dem Täter keine Spur hatte und alle Bewohner bat, wachsam zu sein. Das hatte er alles vorgelesen. Angestrengt lauschte Marvin in die Dunkelheit. Waren da nicht leise Schritte? Ein Rascheln? So als ob jemand durchs Zimmer schlich? Marvin hielt die Luft an vor Schreck. Aber nein, wenn er die Luft anhielt, musste er ja dann ausatmen, und wenn ein Einbrecher im Zimmer war, würde er das hören und sofort ... Oh nein! Ganz vorsichtig atmete Marvin aus und wieder ein und aus ... lautlos, um sich nur ja nicht bemerkbar zu machen. Aber sein Herz klopfte so laut! Das konnte der Fremde doch auch hören! Bestimmt hatte er vorher, am Tag, durch das Fenster ausspioniert, wo das Bett stand, und nun wollte er als Erstes die Zeugen unschädlich machen, die schreien und ihn verraten könnten. Entsetzt dachte Marvin an seinen kleinen Bruder, der im Kinderbett unter ihm schlief. Warum hörte er ihn nicht atmen? Warum hörte er überhaupt nichts von ihm? Hatte der Verbrecher ihn schon mit einem Kissen erstickt? Der kalte Angstschweiß lief ihm den Rücken hinunter. Los, er musste um Hilfe rufen! Einfach nur losschreien! Die Eltern hatten doch das Babyfon eingeschaltet, und die Nachbarn, Christa und Rudi, hörten alles, was in diesem Zimmer vorging. Aber ... es ging nicht, er brachte keinen Ton heraus. Er konnte sich überhaupt keinen Zentimeter bewegen. Er war vor Angst wie gelähmt. Und außerdem – wenn er sich bemerkbar machte, würde der Einbrecher sich sofort auf ihn stürzen und ihn erwürgen, ehe die Nachbarn reagieren konnten. Oh nein, nein, er musste sich ganz still verhalten. Wenn es Räuber waren und keine Mörder, dann hatten sie es nur auf Wertgegenstände abgesehen und würden sich nicht lange im Kinderzimmer aufhalten. Da! Da war doch wieder ein Geräusch, ein Kratzen und Knacken, und da, plötzlich – „Mama!", rief Marvins kleiner Bruder. Er war aufgewacht und begann zu weinen. „Mama! Komm!"

Wie eine Lawine vom Berg stürzte, so fiel mit einem Mal die Angst von Marvin ab. „Julian", flüsterte er. „Die Mama ist nicht da. Warte, ich komme!" Erleichtert merkte er, dass er sich doch bewegen konnte. Er richtete sich auf und schnaufte vor Erschöpfung. Puh – es war ja kein Räuber da! Er musste jetzt seinen kleinen Bruder trösten, denn der hatte Angst. Marvin kletterte vom Hochbett herunter und schlüpfte unter Julians Decke. „Die Eltern sind doch weggegangen, und ich passe auf dich auf", sagte er beruhigend und streichelte dem schluchzenden Julian über den Kopf. „Hast du schlecht geträumt?" „Mhm", nickte Julian, aber er hörte schon wieder auf zu weinen. Er kuschelte sich an seinen großen Bruder, steckte den Daumen in den Mund und war schon fast wieder eingeschlafen. „Du brauchst keine Angst haben", flüsterte Marvin. „Ich bin ja da!" „Mhm", nickte Julian müde. Marvin drückte den Kleinen an sich.

Doch – da war ein Geräusch! Jemand schloss die Tür auf und öffnete leise die Kinderzimmertür. Ein Lichtstrahl fiel ins Zimmer. Es war Christa, die nach den Kindern schauen wollte. „Hey, nicht erschrecken, ich bin's", sagte sie leise, „Marvin, du bist ja bei Julian im Bett. Wir haben drüben gehört, dass er geweint hat. Aber du hast ihn schon wieder getröstet? Ist ja super! Was war denn los?" „Da war ein Geräusch und wir sind beide aufgewacht. Und Julian hat schlecht geträumt und Angst gehabt", erklärte Marvin. „Und du? Hast du keine Angst gehabt?", wollte Christa wissen. „Doch", gab Marvin zu, „aber jetzt nicht mehr. Jetzt beschütze ich meinen kleinen Bruder!"

Das Treppenhaus

Inhalt: *Silke hat Höhenangst und traut sich nicht, alleine lange Treppen zu gehen. Schließlich überwindet sie sich und schafft es doch.*

Stichworte: *Angst, Angst überwinden, Mut*

▅▅▶   *Relifix 1, S. 70*

„Mami, darf ich heute Nachmittag zu Georgios? Bitte!", ruft Silke, als sie aus der Schule kommt. „Klar, Mäuslein", sagt die Mutter, „das passt heute gut. Ich bringe dich hin, dann kaufe ich auf dem Rückweg ein. Wo wohnt er denn?" „In der Heideckstraße 76", Silke hat es extra auf einen Zettel aufgeschrieben. „Ich weiß, wo das ist", meint die Mutter. „Das sind die alten Häuser in der kleinen Straße, die von der Dachauer Straße abzweigt." Sie zögert und schaut etwas bedenklich: „Du, da gibt es bestimmt Treppen." „Keinen Lift?", fragt Silke ängstlich. „Ich weiß nicht – wir werden es sehen."

Es ist nämlich so: Silke hat Höhenangst, und zwar ziemlich schlimm. Treppen, bei denen man weit nach unten sieht, kann sie nicht alleine gehen. Die langen Rolltreppen der U-Bahn sind ihr ein Graus. Nicht einmal auf dem Spielplatz rutschen will sie. Niemals in ihrem Leben würde sie auf den Olympiaturm fahren oder mit einer Gondel auf einen Berggipfel. Sie bekommt schon weiche Knie, wenn sie eine normale Brücke überquert, an der Hand von Mama oder Papa. Erst neulich war wieder so eine Situation: „Silke, die Brücke stürzt nicht ein! Schalte deinen Kopf und deine Vernunft ein, schau nicht nach unten und geh einfach! Das ist doch albern! Wir können doch nicht dein ganzes Leben Händchen halten, wenn du über eine Brücke oder eine Treppe gehen musst!", murrte der Vater ungeduldig, weil Silke sich verkrampft an seiner Hand festhielt, als sie die Tierpark-Brücke überquerten. „Andere Kinder schaffen das doch auch!" „Ich kann doch nichts dafür, dass ich Höhenangst habe", jammerte Silke weinerlich. „Aber du könntest etwas dagegen tun", stellte der Vater fest. „Trau dich! Los, den zweiten Teil der Brücke gehst du allein!" Und er machte seine Hand los, obwohl Silke sie verzweifelt umklammerte. „Papi! Nein! Mami! Bitte nicht!" Silke brach in Tränen aus. Die Leute auf der Brücke schauten, aber das war Silke egal. Sollen sie doch sehen, dass die Eltern hier ein Kind gemein im Stich lassen! Die Mutter seufzte, der Vater schüttelte genervt den Kopf. Beide packten Silke an der Hand und zogen sie wortlos weiter.

So war das. Und nun stehen sie vor dem Haus in der Heideckstraße und klingeln. „Wir sind im vierten Stock!", ruft Georgios durch die Sprechanlage. Der Türöffner summt, sie treten ein und ... „Oh!", entfährt es beiden. Das schlimmstmögliche Treppenhaus! Es ist riesig, die Treppen laufen außen herum und es gibt keinen Lift. „Also, dann gehen wir wieder", schlägt Mutter vor. „Da kommst du doch nie hoch, und wenn, dann nicht mehr herunter." Silke steht und schaut, ein flaues Gefühl breitet sich in der Magengegend aus. Aber sie will Georgios besuchen, sie will es ganz unbedingt. Also macht sie es, wie sie es immer macht, geht auf der Wandseite und hält Mamas Hand ganz fest. „Du holst mich dann nachher ab?", versichert sich Silke. „Das muss ich wohl, wenn ich dich wiederhaben will", erwidert die Mutter. Endlich sind sie oben. Die Mütter begrüßen sich herzlich und Silke und Georgios verschwinden sofort im Kinderzimmer.

Eine Weile später steckt Georgios' Mutter den Kopf durch die Tür: „Kommt, Kinder, das Wetter ist so schön, lasst uns hinunter in den Hof gehen!" „Ja, zum Spielplatz", freut sich Georgios. Silke fährt der Schreck in alle Glieder. Hinuntergehen? Ohne die Mama? „Geht schon vor", schlägt die Mutter vor. „Ich packe noch Brotzeit und etwas zu trinken ein und komme gleich mit Jannis nach. „Ich helfe gern beim Brotzeit-Machen", bietet Silke an. Sie möchte wenigstens mit Georgios' Mama die Treppe gehen. „Dann bis gleich!", ruft Georgios und saust los. Etwas später ist der Korb mit den Esssachen gepackt und Georgios' Mama schnappt sich den kleinen Jannis. Sie stutzt, schnüffelt und bemerkt dann. „Oha, da muss einer aber dringend gewickelt werden!" „Ich warte solange", meint Silke. Die Mutter verschwindet mit dem Kleinen im Badezimmer. Kurz darauf hört Silke ihre Stimme: „Silke, das wird hier eine größere Aktion. Ich muss den kleinen Kerl duschen und komplett neu anziehen. Das dauert zu lange. Nimm bitte den Korb und geh alleine hinunter zu Georgios!" „Was?!" Silke durchfährt es heiß und kalt. Nein, das geht nicht; sie muss gestehen, dass sie nicht alleine die Treppe gehen kann. Aber das ist doch zu peinlich. Vielleicht würde Georgios' Mutter sie auslachen. Und … sie hat mit Jannis und dem Korb gar keine Hand frei für sie. Das alles geht Silke durch den Kopf – und da fasst sie einen Entschluss: Sie wird es allein versuchen! Und zwar jetzt sofort! Silke holt tief Luft. Sie zieht Jacke und Schuhe an, nimmt den Korb, ruft: „Okay, bis gleich!", öffnet die Wohnungstür, schaut nicht nach unten und hält sich ganz fest am Treppengeländer nahe der Wand fest. Schritt für Schritt, Stockwerk für Stockwerk arbeitet sie sich nach unten. Und sie schafft es! Ihre Füße machen mit, ihr wird nicht schwindelig und auch die Treppe hält. Schon im ersten Stockwerk breitet sich eine unbändige Freude in ihr aus, und als sie unten angekommen ist, bricht sie in Jubelgeschrei aus. „Was ist denn los?", fragt Georgios erstaunt, als Silke lachend und strahlend auf den Spielplatz gelaufen kommt. „Ach, nichts", weicht Silke grinsend aus. „Komm, lass uns rutschen!"

Die Bank im Park

Inhalt: *Kinder fürchten sich vor einem betrunkenen Obdachlosen auf der Parkbank. Die Lehrerin bespricht das richtige Verhalten: nicht hingehen, nicht provozieren; den Schulweg nicht allein gehen.*

Stichworte: *Angst, Betrunkener, Alkohol, Fremder, Verhalten Fremden gegenüber, Schulweg, Provokation*

„Der Penner flippt aus!", brüllte Franz und raste über den Sportplatz zur Aufsicht. „Frau Lindner, komm schnell!" Die Lehrerin war gerade damit beschäftigt, mit zwei streitenden Kindern zu reden, aber alle drei horchten auf, weil Franz gar so laut schrie. Er zog die Lehrerin an der Hand und erklärte ihr im Laufen: „Der Penner, der da immer auf der Bank im Park sitzt, der tobt und droht, uns zu verprügeln!" Eine Traube von Kindern stand am Zaun, der an die Grünanlage grenzte. Aber sie kamen zu spät; der Mann war gegangen. „Der hat Angst, dass die Polizei kommt", stellte Onur verächtlich fest. „Was war denn los?", wollte die Lehrerin wissen. Viele Kinder begannen aufgeregt zu erzählen: „Der saß da auf der Bank und hat geschimpft." – „Er hat uns beleidigt und bedroht!" – „Der ist total besoffen!" – „Er ist an den Zaun gekommen und wollte Onur schlagen!", riefen sie durcheinander. Natalie weinte. „Wenn ich nachher Schule aus habe, muss ich da vorbei. Ich habe Angst!", schluchzte sie. „Moment mal, der Reihe nach", bestimmte Frau Lindner. „Wer hat etwas gesehen? Onur, fang mal an zu erzählen!"

Es kam heraus, dass der Mann, der, immer wieder aus einer Schnapsflasche trinkend, auf der Bank saß, vor sich hingebrabbelt und dabei auch die Schulkinder mit bösen Worten bedacht hatte. Onur und einige andere hatten ihm daraufhin einige schlimme Ausdrücke zugerufen und ihn damit so provoziert, dass er wütend zum Zaun gekommen war und versucht hatte, die Jungen durch den Zaun zu packen. Da war Franz losgelaufen, um Hilfe zu holen. „Kinder, das müssen wir unbedingt nach der Pause in Ruhe besprechen", entschied die Lehrerin. „Da gibt es einige Regeln, die ihr wissen und beachten solltet. Ich sage auch den anderen Lehrerinnen Bescheid. Und jetzt geht erst einmal hier vom Zaun weg!" Nach der Pause schrieb sie ein paar Zeilen und schickte zwei Kinder ins Büro. Sie bat die Schulleiterin, den Vorfall dem Kontaktbeamten der örtlichen Polizei zu melden und die Kolleginnen zu informieren, damit sie mit den Kindern über richtiges Verhalten in so einem Fall sprechen konnten.

Natalie, die in Frau Lindners Klasse ging, drückte sich ängstlich an die Lehrerin, als sie sich zur Besprechung im Sitzkreis trafen. „Ihr habt gehört, dass es Ärger mit einem Betrunkenen gab, der in der Grünanlage neben dem Sportplatz auf der Bank saß", begann die Lehrerin. „Bitte hört zu, was ich euch jetzt sage, es ist wichtig: Es gibt leider Menschen, die ein Problem mit Alkohol haben. Das ist schlimm, wie eine Krankheit. Und leider werden solche Menschen dann oft aggressiv, sie schimpfen, grölen laut herum oder machen sogar Dinge kaputt. Merkt euch, Kinder: Mit denen kann man nicht normal reden. Sie können leider für Kinder gefährlich sein, weil sie sich nicht im Griff haben. Bitte: Geht ihnen aus dem Weg! Wenn du einem Betrunkenen begegnest, dann beachte ihn nicht! Schau nicht hin, gehe nicht hin, reagiere nicht, wenn er dich anspricht und vor allem: Provoziere ihn nicht! – Wisst ihr, was das Wort ‚provozieren' bedeutet?" Michael erklärte: „Wenn man einen anderen immer mehr ärgert und ärgert." „Genau!", stimmte die Lehrerin zu. „Natürlich hat der Mann heute angefangen. Aber er hat geschimpft, weil er besoffen war. Onur und die anderen hätten sich auf keinen Fall davon ärgern lassen dürfen! Wenn der da noch einmal sitzt, dann lasst ihn in Ruhe, unbedingt, meldet es aber sofort der Aufsicht, okay?" Die Kinder nickten.

„Ihr kennt doch die Regeln für den Schulweg. Wie heißen die?", fragte Frau Lindner. „Wir sollen zügig gehen, nicht rennen und nicht trödeln", wusste Fredrik. „Wir achten beim Zebrastreifen auf die Schulweghelfer", fügte Neslihan hinzu. Auch Gabi meldete sich: „Wir gehen nicht allein." „Und *das*", betonte Frau Lindner, „das ist besonders wichtig, wenn du einem Betrunkenen begegnest!" Sie wandte sich an Natalie: „Mit wem gehst du nach Hause?" „Mit Ben und Korinna", antwortete das Mädchen. „Und manchmal ist auch Bens Mutter dabei." „Ist das in Ordnung für dich?", will die Lehrerin wissen. „Dann brauchst du keine Angst zu haben, oder?" Seufzend nickte Natalie.

„Und wenn wir schon dabei sind, zum fünfzigsten Mal: Wie verhält man sich Fremden gegenüber?", erkundigte sich die Lehrerin. Das wussten die Kinder: „Nicht mitgehen!" „Nicht ins Auto einsteigen!" „Keine Süßigkeiten oder etwas anderes annehmen!" „Nichts glauben, auch wenn er Geld verspricht!" „Um Hilfe rufen, wenn er mich packt!" Frau Lindner war zufrieden: „Ihr wisst Bescheid, zum Glück. Wenn ihr euch an das alles haltet, dann kann euch eigentlich nichts passieren. Hoffentlich!"

„Frau Lindner, aber wenn er krank ist oder erfroren?", meldete sich nun Basti zu Wort. „Einmal lag der auf der Bank und rührte sich nicht und da dachten wir, er sei tot." „Eine gute Frage", lobte Frau Lindner. „Ich ermahne euch ja immer, hilfsbereit zu sein. Was ist nun in diesem Fall zu tun? Helfen oder nicht helfen?" Gespannt warteten die Kinder auf die Antwort. „Es kommt darauf an, wer du bist", erklärte die Lehrerin. „Wenn du ein Kind bist, oder auch eine Frau, und womöglich allein, dann hilfst du nicht ... selber! Aber du nutzt die nächste Gelegenheit, um Hilfe zu holen: Du sagst einem Erwachsenen Bescheid oder informierst die Polizei. In ein paar Jahren werdet ihr wahrscheinlich ein Handy haben, dann wählst du die 110. Du hast schon recht, Basti: Ihn einfach liegen lassen, wenn er vielleicht Hilfe braucht, das geht nicht."

Eine von zehn

Inhalt: *Zwei greifen einen an, zehn schauen zu. Erst helfen sie nicht, aber ein Mädchen traut sich dann doch, verteidigt den Angegriffenen und mobilisiert die anderen.*

Stichworte: *Zivilcourage, helfen, verteidigen, Angst, Mut, Angst überwinden*

„Spagettifresser! Hau doch ab!", brüllt Andi. „Genau! Verschwinde! Hier ist kein Platz für dich!" Ali hebt drohend die Faust. – Luigi steht mit geballten Fäusten da, er ist blass vor Wut; aber Andi und Ali sind stärker. Luigi wehrt sich nicht. Er gehorcht aber auch nicht; er bleibt stehen.

Zehn Kinder der 4b stehen dabei und sehen zu.
Elif denkt: „Das ist gemein, was Andi und Ali sagen."
Milan denkt: „Ist das ein Schimpfwort? Ich mag Spagetti."
Fine denkt: „Ich sag lieber nichts, sonst ist Andi auch auf mich wütend."
Lisa denkt: „Ich halte mich heraus. Mama sagt, ich soll weggehen, wenn es Streit gibt."
Henry denkt: „Zum Glück gehen sie auf Luigi los und nicht auf mich."
Igor denkt: „Zwei auf einen, das ist unfair."
Stipan denkt: „Wir sollten die Aufsicht holen."
Bedia denkt: „Andi und Ali sind blöd. Ich mag Luigi."
Johanna denkt: „Jungen müssen immer streiten. Immer."
Yasemin denkt: „Eigentlich sollten wir Luigi helfen."

Keiner sagt etwas, um Luigi zu verteidigen. Nun geht Andi auf Luigi los und versetzt ihm einen Schlag in den Bauch. Ali schimpft: „Selber schuld, warum stehst du hier im Weg rum?" Er schubst Luigi.

Die zehn Kinder stehen dabei und sehen das.

Elif denkt: „Das geht zu weit! Das dürfen sie nicht!"

Milan denkt: „Hoffentlich gibt es mal wieder Spagetti!"

Fine denkt: „Vielleicht sollte ich doch etwas sagen, auch wenn Andi dann auf mich wütend ist."

Lisa denkt: „Ich habe nichts damit zu tun."

Henry denkt: „Wer weiß, ob sie nächste Woche auf mich losgehen?"

Igor denkt: „Solche Feiglinge!"

Stipan denkt: „Wo ist denn die Aufsicht?"

Bedia denkt: „Andi und Ali sind wirklich blöd. Mit denen will ich nichts mehr zu tun haben."

Johanna denkt: „Ich würde niemals so etwas tun!"

Yasemin ruft laut: „Hört auf damit! Lasst Luigi in Ruhe!"

Andi und Ali halten überrascht inne.

Igor ruft: „Es ist feige, wenn ihr zu zweit auf einen losgeht!"

Fine ruft: „Igor hat recht! Das macht man nicht!"

Johanna ruft: „Außerdem hat euch Luigi gar nichts getan!"

Bedia ruft: „Luigi gehört zu uns, und wir halten zu ihm!"

Elif ruft: „Ihr dürft das nicht, einfach jemanden schlagen, der sich nicht wehren kann!"

Henry, Lisa und Milan nicken zustimmend: „Genau! Wir wollen keinen Ärger!"

Stipan sagt: „Wenn ihr nicht aufhört, hole ich die Aufsicht."

Yasemin sagt: „Komm, Luigi! Die haben Unrecht. Komm mit uns, wir beschützen dich!"

Die Kinder der 4b nehmen Luigi in die Mitte und lassen Andi und Ali stehen.

Zeit, Leben

Was machst du in deiner Freizeit? (Kinderaussagen)

Stichworte: Freizeit, Freizeitgestaltung, Zeit haben

Rausgehen.

Ich bin jeden Nachmittag mit meinem Rad unterwegs, im Park oder auf dem Spielplatz ist immer jemand.

Spielen / mit meinen Freunden spielen / mit meiner Schwester / Bruder spielen.

Oft besuche ich meine Oma, wir spielen Uno und Rummicub.

Mit meinem Hund spielen und rausgehen. / Ich kümmere mich um meine zwei Hasen, Schnucki und Flocki, und suche Löwenzahn für sie. / Ich habe eine Schlange.

Fast jeden Tag gehe ich in die LOK *(ein Freizeitheim)*.

Lesen.

Ich male sehr gern. / Schule der Fantasie.

Computer / Computerspiele / Playstation 3 / Nintendo / X-Box 360 / DSi-XL

Computer, aber keine Spiele, sondern ich suche im Internet. Die Pharaonen interessieren mich und auch das Weltall / Facebook / chatten mit meinen Freundinnen.

Fernsehen.

Sport! Alles mögliche / Fußball spielen / Fußballverein / Handball / Judo / Taekwondo / Später will ich Capoeira machen, das ist ein brasilianischer Kampftanz. / Boxen / Sportverein / Ballett / Hip-Hop / Rudern / Hockey / Rope Skipping, das ist wie Seilspringen, aber mit einem speziellen Seil, schneller und mit Figuren. / Tennis / Inline Skaten / in der Halfpipe / Im Winter fahre ich Ski. / Schlittschuhlaufen / Ich bin im Schwimmverein. / Wir gehen oft ins Schwimmbad. / Ich darf bald einen Tauchkurs machen.

Musikschule / Ich bin im Kinderchor. / Klavierunterricht / Ich lerne Blockflöte. / Geigenunterricht, ich spiele auch in einem Orchester. / Ich spiele E-Gitarre, ich will mal eine Band gründen. / Schlagzeugunterricht.

Singen / Karaoke-Singen find ich am besten. / Ich singe die Hannah-Montana-Songs, ich kann sie alle auswendig. / rappen / Musik hören, am liebsten Lady Gaga / Ich höre klassische Musik, am liebsten Tschaikowski – da bin ich wahrscheinlich die Einzige.

Ich verkleide und schminke mich und mache mit meiner Freundin Modenschau.

Mein Vater ist schon ewig in einem Motorsportklub, und ich mache bei Gocartrennen mit.

Westernreiten.

Schlafen / am liebsten nichts tun.

Ich gehe am Freitag zu JOJO *(das ist ein Kinderzirkus-Projekt)*, da fahre ich Einrad und balanciere auf dem großen Ball.

Freizeit? Erst mache ich Hausaufgaben, dann wird gelernt, dienstags ist auch noch Nachhilfe.

Langeweile

Inhalt: Maxi hat viele Spielsachen und langweilt sich trotzdem. Im Urlaub denken sich die Kinder draußen ohne Spielsachen tolle Spiele aus.

Stichworte: Werbung, Spielsachen, Überfluss, Langeweile, Fantasie, Urlaub, draußen, Freizeit, Freizeitgestaltung, Zeit haben, Feriengestaltung

Samstagmorgen, um acht Uhr, daheim: „Was soll ich nur spielen? Mit der Lego-Ritterburg? Ach nein, mit der habe ich letzte Woche gespielt. Mit dem Playmo-Flugzeug? Ach nein, das ist ja schon alt. Mit dem Technikbaukasten? Ach nein, das ist zu kompliziert! Mit den Autos und dem Parkhaus? Ach nein, das macht allein sowieso keinen Spaß. Mit der Holzeisenbahn? Ach nein, keine Lust. Mit dem großen Kran? Ach nein, das ist so ein Trumm. Ein Lernspiel? Ach nein, das ist ja anstrengend. Mit Wasserfarben malen? Ach nein, das muss ich ja nachher wieder aufräumen. Mit Knete? Ach nein, da werden die Hände so klebrig. Mit der Kugelbahn? Ach nein, da müsste ich erst die Murmeln suchen. Ein Buch lesen? Ach nein, das Lesen ist so mühsam. Mit der Playstation? Das erlaubt die Mama nicht, so früh am Morgen. Eine CD hören? Ach nein, die habe ich alle schon zehn Mal gehört ... Mama! Mir ist langweilig! Spielst du mit mir?", ruft Maxi. „Kind, es ist Samstag früh! Lass mich doch bitte noch eine Stunde schlafen!", brummt Mama, etwas genervt. „Mama, mir ist so langweilig! Darf ich fernsehen, bitte?", quengelt Maxi. „Meinetwegen, aber dann gibst du Ruhe!", stöhnt die Mutter verschlafen. Maxi schaltet den Fernseher ein. Da kommt gerade Werbung: „Schenken Sie Ihrem Kind Spaß! Schenken Sie Ihrem Kind Freude! Mit dem neuen Hokuspokus-Zauberkasten wird Ihr Kind glücklich sein! 111 Teile! 111 spannende Zaubertricks! 111 zauberhafte Ideen! Zaubern sie die Langeweile weg! Den Hokuspokus-Zauberkasten muss Ihr Kind haben!" Maxi ist begeistert: „Mama, schenkst du mir den Hokuspokus-Zauberkasten? Bitte! Dann ist mir nicht mehr langweilig! Dann kannst du jeden Samstag bis 11 Uhr schlafen!"

Eine Woche später: Samstagmorgen, um acht Uhr, daheim: Maxi

probiert gerade den siebten Zaubertrick. „Mama! Der Trick funktioniert nicht! Hilfst du mir?", ruft er. „Nein! Du wolltest mich doch bis 11 schlafen lassen!", beschwert sich die Mutter. „Aber das macht nicht so viel Spaß! Mir ist langweilig", jammert Maxi. „Darf ich fernsehen?" „Oh Mann", schimpft die Mutter. „Du hast so viele Spielsachen, und trotzdem ist dir ständig langweilig? Es ist nicht zu fassen!"

Zwei Wochen später, Samstagmorgen, acht Uhr, im Urlaub: „Was soll ich nur spielen? Hier habe ich ja nichts! Gar nichts! Nur ein Buch und die Malstifte!" Maxi ist furchtbar schlecht gelaunt: „Keinen Fernseher, keine Autos, keine Eisenbahn! Ich werde vor Langeweile sterben! Mama! Was kann ich spielen?", brüllt er. „Geh raus!", brüllt die Mutter zurück. „Raus?? Was soll ich denn da machen?" Maxi ist verblüfft. Doch gerade da hört er draußen ein Geräusch. Er geht zum Fenster. Draußen stehen zwei Kinder, sie gehören zu der Familie, die im Nebenhaus Urlaub macht. Beide haben einen Rucksack auf dem Rücken und verabschieden sich gerade von ihrer Mutter. Das Mädchen sieht Maxi am Fenster stehen und winkt ihm zu. Maxi öffnet das Fenster und fragt: „Was ist?" „Magst du mitkommen? Wir spielen im Wald", schlägt das Mädchen vor. „Okay!" Maxi hat ja nun wirklich nichts Besseres vor. Er zieht sich schnell an und verzieht sich. „Hallo!", begrüßen ihn die beiden freundlich. Sie heißen Marie und Michel und sind sehr nett. „Als Erstes müssen wir ein Lager bauen", schlägt Michel vor. Eine ganze Weile dauert es, bis sie einen geeigneten, geschützten Platz finden. „Jetzt brauchen wir viele Äste und Zweige! Aber nichts von den Bäumen abreißen! Wir nehmen nur das, was sowieso auf der Erde liegt", sagt Marie. Sie holt eine Schnur aus ihrem Rucksack und bindet die Äste zusammen. Zu dritt bauen die Kinder ein Lager. „Toll!" Maxi wischt sich die Hände ab und betrachtet stolz das Dach, das er gebaut hat. Marie packt eine alte Decke aus und breitet sie aus. Alle setzen sich im Lager auf die Decke und beratschlagen: „Was machen wir jetzt?" „Als Nächstes müssen wir Waffen haben, zum Jagen!" Das ist Michels Idee. Für Pfeil und Bogen müssen sie schöne, gerade Stöcke suchen; einen großen für den Bogen und kleine für die Pfeile. Die beiden anderen haben ihre Taschenmesser dabei; sie erklären Maxi, wie man damit schnitzt, ohne sich zu schneiden, und wechseln sich mit dem Messer ab. Der halbe Vormittag ist rum, als sie schließlich alle drei mit Pfeil und Bogen ausgestattet sind. „Leute, wir brauchen etwas zu essen! Kommt, wir gehen auf Hasenjagd!", ruft Michel. „Im Spiel", flüstert er, als er Maxis erstauntes Gesicht sieht. Die großen Blätter des Haselbusches werden mit Pfeilen beschossen, und schließlich schleppen sie ihre Beute zum Lager. Hier packen die Geschwister eine Brotzeit aus den Rucksäcken, während Maxi Zweige für ein Feuer aufschichtet. „Natürlich dürfen wir im Wald kein echtes Feuer anzünden, aber wir spielen einfach, dass unsere Brötchen Fleischstücke sind, die wir am Lagerfeuer braten", erklärt Marie und spießt ein Brötchenstück auf einen angespitzten Stock auf. Großzügig geben beide Maxi etwas ab, aber satt sind sie alle drei nicht. „Wir müssen das Haus am Waldrand überfallen", verkündet Maxi und grinst: „Mir nach!" Sie schleichen zurück zum Ferienhaus und spähen durchs Fenster. Drinnen sitzt die Mutter, die gerade frühstückt. „Überfall! Sofort aufmachen! Her mit dem Essen, aber schnell!", schreit Maxi, und die anderen zwei heulen wie Indianer. „Nanu?" Erst erschrickt die Mutter, aber dann lacht sie und rückt ohne Widerstand drei Brötchen, ein großes Stück Käse, zwei Äpfel, eine Gurke und eine große Flasche Apfelschorle heraus. Zufrieden machen sich die Räuber auf den Rückweg zum Lager und lassen es sich schmecken. „Und was machen wir jetzt?", fragt Michel, als sie alles verspeist haben. „Wir könnten einen Kletterbaum suchen", schlägt Marie vor. „Oder wir gehen weiter bis zum Bach", meint Maxi. „Dann bauen wir einen Damm und schnitzen Angeln, damit wir etwas zum Abendessen haben!" „Au ja!", stimmen die Geschwister zu. Gleich geht es los. „Du hast tolle Ideen", stellt Marie anerkennend fest. „Dir ist bestimmt nie langweilig, oder?"

Avantina und Lentimo

Inhalt: *Übertriebene Darstellung eines Ferientages: Bei Avantina läuft er hektisch und stressig ab, Lentimo hingegen ist antriebslos und langweilt sich fürchterlich.*

Stichworte: *Urlaub, Feriengestaltung, Hektik, Stress, Langeweile, fernsehen, Computer, Freizeit, Freizeitgestaltung, Zeit haben*

Avantina schläft noch, aber gleich läutet der Wecker. Der Papa stürzt herein: „Schnell, Avantina, aufstehen, es ist schon acht Uhr! Zieh dich an und komm zum Frühstück, ich renne derweil zum Bäcker und hole Brötchen." Avantina hat gerade ein halbes Brötchen gegessen, da schaut der Papa auf die Uhr: „Verflixt, die Straßenbahn geht in sieben Minuten! Beeil dich, wir wollen doch heute in den Zoo!" Rennen, rennen, rennen, uff! Straßenbahn erwischt. Umsteigen am Sendlinger Tor. „Husch! Wenn wir uns beeilen, erwischen wir noch die U-Bahn!" Rennen, rennen, rennen, uff! U-Bahn erwischt. In Thalkirchen: „Auf geht's, schnell, dann sind nicht so viele Leute vor uns an der Kasse!" Los, los, los! Im Zoo: „Komm, zu den Affen!" – „Komm, zu den Schlangen!" – „Komm, zu den Pinguinen! Bleib doch nicht so lange stehen!" – „Komm, zu den Eisbären!" – „Komm, zum Spielplatz!" – „Komm jetzt endlich, wir müssen doch was essen! Wenn wir uns beeilen, sind wir vor dem großen Ansturm im Restaurant." – „Iss auf, los, wir wollten doch noch zu den Fledermäusen." – „Wenn wir uns beeilen, sind wir zur Fütterungszeit bei den Raubtieren." – „Jetzt gehen wir aber schleunigst heim, die Oma wartet mit dem Kaffee auf uns! Schnell noch ein paar Blumen kaufen." – „Hallo Oma, na, wie geht's? Wir haben leider nicht viel Zeit." Kuchen essen, Kaffee trinken. „Wie war's im Zoo?" „Schön, aber jetzt müssen wir weiter! Tschüs, Oma!" „Mist, wir müssen ja noch einkaufen. Schnell, der Laden macht bald zu." Rennen, rennen, rennen, uff! Gerade noch rechtzeitig! „Nach Hause jetzt, aber fix!" Abendessen. „Komm, du bist doch schon satt! Höchste Zeit, ins Bett zu gehen!" – „Zähne schon geputzt? Gut! Vorlesen? Nein, zu spät! Gute Nacht!"

Lentimo schläft noch, aber gleich läutet der Wecker. Er läutet, aber Lentimo schaltet ihn aus und schläft weiter. Er schläft, bis neun, und schläft, bis zehn. Da wird er wach, aber er mag noch nicht aufstehen. Er bleibt liegen, bis elf. Seine Mutter ruft: „Guten Morgen! Steh doch auf, Lentimo!" „Nur noch ein bisschen im Bett bleiben, es sind doch Ferien!" „Na gut, wenn du willst." Er bleibt liegen, bis zwölf. „Lentimo, steh auf, es gibt Mittagessen!" „Bekomm ich das Essen ans Bett?" „Nein, du bist doch nicht krank!" Lentimo steht auf. „Lentimo, du bist ja noch im Schlafanzug. Zieh dich an!" „Ach bitte, jetzt nicht. Dann ist das Essen kalt." „Na gut." Mittagessen. „Mama, was kann ich machen?" „Zieh dich erst einmal an!" „Und dann?" „Dann könntest du rausgehen." „Raus? Bei dem Wetter? Keine Lust! Was könnte ich sonst noch machen?" „Spiel doch in deinem Zimmer!" „Was denn, das kenne ich doch alles schon! Darf ich fernsehen?" „Aber nur eine halbe Stunde!" Lentimo sieht fern. Nach einer Stunde ist ihm wieder langweilig. „Mama, was kann ich machen?" „Lies doch etwas!" „Was denn, das kenne ich doch alles schon!" „Oder du rufst einen Freund an?" „Nö, keine Lust!" „Du kannst natürlich auch gerne aufräumen oder mir helfen!" „Immer soll ich arbeiten! Aber ich habe Ferien und will mich ausruhen!" „Dann denke dir selber etwas aus!" „Was denn? Mir ist langweilig!" „Jedenfalls lässt du mich mal in Ruhe, ich hab nämlich genug zu tun!" „Mama, darf ich ein Computerspiel spielen?" „Nein, deine Bildschirmzeit hast du schon aufgebraucht. Sag mal, bist du etwa immer noch im Schlafanzug?" „Mama, was kann …" „Du, ich bin fertig mit meiner Arbeit. Ich habe jetzt Zeit: Wollen wir in den Zoo gehen?" „Nein, ich mag nicht immer etwas unternehmen, ich habe Ferien und will mich ausruhen!"

Obstsalat

Inhalt: Die Mutter von Marius und Tina hat am Nachmittag Zeit für die Kinder. Um mehr Geld zur Verfügung zu haben, lässt sie sich überreden, per Telefon Bücher zu verkaufen.

Stichworte: Zeit für die Kinder, Berufstätigkeit, Geld, sich um die Kinder kümmern, Zeit haben, Mama, Stress

„Wer hat Hunger auf Obstsalat?", will die Mutter wissen. Alle Kinder sind begeistert: „Ich! Ich! Mhm, lecker! Bärenhunger!", rufen sie durcheinander. „Na, dann geht's gleich los", sagt die Mutter und teilt das Obst aus: „Hier, Michael, du schneidest die Bananen klein. Sabine, könntest du bitte die Äpfel waschen und schneiden? Tina, die Birne bekommst du. Marius, du bist mein Kiwi-Spezialist …" Eifrig machen sich die Kinder ans Werk. „Obstsalat ist mein Lieblingsessen", meint Marius, und Tina stimmt ihm zu: „Meins auch!" „Wir machen daheim nie Obstsalat", berichtet Sabine, und ihr Bruder Michael erklärt: „Mama sagt, das dauert so lange." „Das stimmt", findet Marius. „Es dauert immer viel zu lange, bis er endlich fertig ist!" „Aber es macht Spaß, Obstsalat zu machen", entgegnet Tina. Sabine ist auch ihrer Meinung: „Stimmt, das macht wirklich Spaß!" „Und selbstgemachter Obstsalat schmeckt hundert Mal leckerer als gekaufter", meint Michael. „Kann man Obstsalat kaufen?", fragt Marius erstaunt. „Ja, im Feinkostgeschäft, in Plastikschälchen, aber er ist sehr teuer", antwortet Michael. „Echt? Wann und wie wird der denn hergestellt?", will Tina wissen. „Na ja, wahrscheinlich am Tag davor", vermutet Sabine. „Aber Michael hat recht: Er ist nicht so frisch und lecker wie dieser!" In diesem Moment klingelt in Michaels Tasche ein Handy. „Oh, das ist bestimmt Mama", sagt Michael. „Verflixt, und ich hab Bananen-Hände und kann nicht rangehen." „Ich habe saubere Hände. Soll ich es dir halten?", bietet die Mutter an. „Ja, das wäre nett", erwidert Michael. Die Mutter holt das Handy aus Michaels Tasche und hält es ihm ans Ohr. „Hallo Mama!", meldet sich Michael. „Ja, wir machen grade Obstsalat. Ja, dann bis später, tschüs! – Mama holt uns um halb sechs ab", berichtet er dann. „Du hast ja ein tolles Handy", stellt Tina fest. „Ist das neu?" „Ja", bestätigt Michael. „Mama hat es mir letzte Woche geschenkt." „Du hattest doch gar nicht Geburtstag?", wundert sich Marius. „Nein, unsere Mutter kauft uns oft Sachen einfach so", erklärt Sabine. Geschenke ohne Geburtstag; das findet Tina gut: „Mama, ich will auch ein Handy!", sagt sie. „Tina, du brauchst doch gar kein Handy", widerspricht ihr Bruder, und auch die Mutter wendet ein: „Tina, das ist zu teuer; dafür reicht das Geld nicht. Dein Vater und ich, wir verdienen nicht so viel. Aber genug: Wir haben doch alles, was wir brauchen!" „Und dafür hast du am Nachmittag Zeit für uns!", bekräftigt Marius. „Eben", lächelt die Mutter. „Unsere Mama geht nicht mit auf den Spielplatz und sie macht auch keinen Obstsalat mit uns", bestätigt Michael: „Sie hat viel zu viel zu tun. Aber dafür hat sie viel Geld." „Aber ich hätte so gern ein Handy!", jammert Tina. „Alle in meiner Klasse haben ein Handy, nur ich nicht. Geld haben ist wichtiger als Zeit haben!"

Um sechs holt Frau Schmid Sabine und Michael ab. „Guten Tag, Frau Müller", begrüßt Frau Schmidt die Mutter. „Tut mir leid, dass es später geworden ist. Ich hatte so viel zu erledigen. Sie wissen: Die Arbeit ruft!" „Das ist nicht schlimm", erwidert die Mutter. „Ich bin ja da und wir hatten einen sehr netten Nachmittag miteinander. Wir waren auf dem Spielplatz und haben dann einen Obstsalat gemacht." „Dass Sie so viel Zeit haben", stellt Frau Schmidt kopfschüttelnd fest. „Sagen Sie, Frau Müller: Meine Firma sucht noch freie Mitarbeiterinnen. Das ist ein Callcenter und Sie können sogar von daheim aus arbeiten. Sie brauchen nur zu telefonieren, das ist alles. Es geht um Kochbücher. Sie müssen einfach Leute dazu bringen, dass sie die Kochbücher kaufen. Wenn die ein Kochbuch bestellen, bekommen Sie Geld." „Na ja", meint die Mutter, „etwas mehr Geld wäre nicht schlecht; da würde sich Tina freuen." „So am Nachmittag zwei, drei Stunden?", schlägt Frau Schmid vor. „Das könnte ich schon machen", stimmt die Mutter zu. Frau Schmid ermutigt sie: „Es ist leicht, Zeit zu sparen. Lassen Sie einfach die Kinder allein auf den Spielplatz gehen. Wozu stundenlang einen Obstsalat machen, wenn man einfach eine Banane essen kann? Zeit ist Geld, Frau Müller. Wenn man es zu etwas bringen will, dann muss man sich schon entscheiden, wofür man seine Zeit verwendet: ob man auf dem Spielplatz Kindern zuschaut oder etwas Sinnvolles macht."

„Die Kinder freuen sich, wenn ich etwas mit ihnen zusammen unternehme", wendet die Mutter ein. „Ach was, das merken die Kinder doch gar nicht", behauptet Frau Schmid. „Und außerdem profitieren die Kinder auch davon, wenn Sie etwas dazuverdienen. Sie können den Kindern und sich jeden Wunsch erfüllen! Je mehr Sie arbeiten, desto schneller werden Ihre Träume wahr!" „Nicht auf jeden Euro achten! Den Kindern mal etwas außer der Reihe kaufen! Sich etwas Schönes leisten können!" Die Mutter seufzt und beschließt dann: „Frau Schmid, Sie haben recht: Ich mache das!"

Zwei Wochen später in der Küche von Familie Müller: Die Mutter hat den Telefonhörer in der Hand. Tina, Michael und Sabine sitzen am Küchentisch und spielen, jeder für sich, mit ihren Handys. Marius steht daneben.

Die Mutter spricht übertrieben freundlich ins Telefon: „Guten Tag, hier Müller, Firma Zeitlos. Wir haben ein Geschenk exklusiv für Sie: eine Original-Tasse mit Unterschrift der weltberühmten Angelika Hübsch! Sie erhalten sie gratis, wenn Sie das sensationelle Kochbuch ‚Kochen wie die Stars' bestellen, zum Sonderpreis von nur 15 Euro! ... Nein? Auf Wiederhören!" Sie wählt erneut: „Guten Tag, hier Müller, Firma Zeitlos. Wir haben ein Geschenk exklusiv für Sie: eine Original-Tasse mit Unterschrift der weltberühmten Angelika Hübsch! Sie erhalten sie gratis, wenn Sie das sensationelle Kochbuch ‚Kochen wie die Stars' bestellen ... Nein?" Wieder wählt sie eine Nummer: „Guten Tag, hier Müller, Firma Zeitlos. Wir haben ein Geschenk exklusiv für Sie ... Nein?" Wütend knallt sie den Hörer aufs Telefon: „Aufgelegt! He, Ihnen entgeht die Original-Tasse mit Unterschrift der weltberühmten Angelika Hübsch! Gratis!", schimpft sie.

Vorsichtig macht sich Marius bemerkbar: „Mama?" „Ja, was ist denn?", fragt die Mutter ungeduldig. „Mir ist langweilig", jammert Marius. „Gehst du mit uns auf den Spielplatz?" „Marius, du siehst doch, dass ich keine Zeit habe! Ich muss heute noch zehn Kochbücher verkaufen, sonst stimmt die Kasse nicht", antwortet die Mutter unwillig. „Geht doch alleine!" „Ich bleib hier", meint Michael. „Ich bin gleich auf dem siebten Level." Auch Tina ist vertieft: „Das neue Handy ist echt toll. Was man damit alles machen kann!" „He, seid doch leise", beschwert sich Sabine. „Ich kann mich nicht konzentrieren!" „Genau. Ich kann mich auch nicht konzentrieren", stimmt die Mutter zu und greift wieder zum Telefonhörer: „Guten Tag, hier

Müller, Firma Zeitlos. Wir haben ein Geschenk exklusiv für Sie ... Nein?"

„Mama, ich hab Hunger! Ich hätte so gern Obstsalat", bittet Marius. „Stör mich nicht die ganze Zeit", weist ihn die Mutter ab. „Dann mach dir halt einen Obstsalat!" „Aber allein macht das keinen Spaß! Es ist viel schöner, wenn du Zeit hast", klagt Marius. „Und woher soll ich die Zeit nehmen?", braust die Mutter auf. „Zeit ist Geld! Das musst du doch einsehen, Marius! Wenn genug Geld da ist, dann fahren wir in den Urlaub, so richtig toll und weit weg! Dann ist Zeit. Dann!"

Es klingelt; Frau Schmid kommt, um Sabine und Michael abzuholen. „Guten Tag, Frau Müller! Tut mir leid, dass es später geworden ist. Ich hatte so viel zu erledigen. Sie wissen: Die Arbeit ruft! Kommt, Kinder!" Sabine und Michael stehen auf. Sabine sagt: „Mama, ich hab Hunger. Ich hätte so gerne Obstsalat!" „Kein Problem", meint Frau Schmid. „Da fahren wir schnell beim Feinkostgeschäft vorbei ..."

Traurig murmelt Marius: „Geld haben ist wichtiger als Zeit haben?"

Informationstext: Steinzeitmensch und Playstation

Inhalt: *Warum spannende Bildschirmspiele aggressiv machen*

Stichworte: *Computerspiele, Playstation, fernsehen, Aggression, spielsüchtig*

⇒ *Relifix 5, S. 74*

Vor vielen tausend Jahren mussten die Steinzeitmenschen auf die Jagd gehen, um etwas zu essen zu haben. Das war nicht einfach: Man musste sich sehr konzentrieren, musste schnell laufen, mit viel Kraft den Speer werfen, kurz: Der Körper musste Höchstleistungen bringen. Es konnte aber auch passieren, dass das Tier plötzlich auf den Jäger losging – stell dir einen wild gewordenen Büffel vor; das war lebensgefährlich! Ganz abgesehen davon, dass man auf ein Raubtier treffen konnte. Dann musste der Steinzeitmensch fliehen und um sein Leben rennen. Sein Körper war dafür ausgestattet: Für beides, für die Jagd und für die Flucht, ist ein Stoff im Körper zuständig, ein Hormon, das Adrenalin; bestimmt hast du das schon einmal gehört. Stößt der Körper Adrenalin aus, dann ist das wie „Vollgas" im Auto. Eine tolle Einrichtung für die Jagd und die Flucht.

Nun sitzt du vor dem Fernseher, vor der Playstation oder spielst ein Computerspiel. In vielen dieser Sendungen oder Spiele geht es darum, dass der Held jemanden verfolgt oder aufpassen muss, dass er von seinen Feinden nicht erwischt wird. Dasselbe wie beim Steinzeitmenschen! Und: Es passiert auch dasselbe in deinem Körper! Der stößt Adrenalin aus, wenn es spannend wird. Nun hättest du genug Kraft, um einen halben Kilometer zu rennen – egal, ob hinter deinem Gegner her oder vor ihm weg. Du rennst aber nicht! Denn du *sitzt* ja vor dem Bildschirm und brauchst eigentlich überhaupt keine Kraft, außer das Bisschen in den Fingern, um die Konsole zu bedienen. Was passiert? Das Adrenalin staut sich, du hast überschüssige Kräfte. Du wirst total zappelig, reizbar und streitest mit deinen Geschwistern – stimmt's? Das Adrenalin ist dasselbe Hormon, das uns wütend und aggressiv macht. Dass zu viel vor dem Bildschirm sitzen, vor allem in Verbindung mit zu wenig Bewegung, aggressiv macht, ist eine Tatsache, die mit den Vorgängen im menschlichen Körper zu tun hat.

Georgs Goldenes Kalb

Inhalt: *Georg ist süchtig nach Computerspielen und hat deswegen ständig Streit mit der Mutter. Er umgeht ihre Vorschriften und Verbote.*

Stichworte: *Computerspiele, Playstation, spielsüchtig, Mama, Freizeit, Freizeitgestaltung, Taschengeld, Pubertät, Vorwürfe*

▶   *Relifix 4, S. 27*

„Mama, BITTE! Gib mir das Geld!" Georg lässt nicht locker. Aber die Mutter bleibt hart. „Georg, ich habe ‚nein' gesagt, laut und deutlich, oder? Außerdem hast du schon genug Spiele, du brauchst nicht noch ein neues." „Es ist kein neues Spiel, es ist die neue Version! Alle in meiner Klasse haben das, und wenn ich die neue Version nicht habe, kann ich nicht mitspielen." „Und überhaupt verbringst du viel zu viel Zeit vor dem Bildschirm", beginnt die Mutter, und Georg denkt genervt: „Oh no, jetzt geht das wieder von vorne los!" „… raus an die frische Luft und bewege dich. Fahr doch mit dem Fahrrad, hol den Nino ab", schließt die Mutter ihren Vortrag, den Georg schon hundert Mal gehört hat. „Mama", erklärt er. „Die Zeiten haben sich geändert! Ich weiß schon: Als du klein warst, gab es drei Fernsehprogramme, ihr habt am Vorabend ‚Daktari' und ‚Dick und Doof' gesehen und wart den ganzen Tag draußen. Aber inzwischen sind die Computer erfunden worden, das hast du doch mitbekommen, oder? Du benutzt ihn doch auch?" „Georg, das ist etwas ganz anderes: Ich nutze den PC, wenn ich Informationen brauche oder unseren Urlaub buche. Du *nutzt* ihn nicht, du spielst doch nur!" „Warum denn ‚nur'?? Die Unterhaltung ist doch auch wichtig! Ich würde mich doch entsetzlich langweilen ohne den Computer!" Beide werden immer lauter, beide hassen diese Diskussionen wie die Pest. Beide sind sich sicher, im Recht zu sein. Noch braucht Georg seine Eltern – er ist elf Jahre alt, aber er sehnt den Tag herbei, an dem er endlich machen kann, was er will: nämlich 24 Stunden am Tag Computerspiele. „Hast du denn überhaupt schon deine Hausaufgaben gemacht?", will die Mutter nun wissen, und Georg verdreht die Augen. „Wir haben nichts auf", behauptet er. „Frag Nino!" Die Mutter ist nahe daran, vollends die Geduld zu verlieren: „Du kümmerst dich überhaupt nicht um die Schule! Du gehst nicht raus, du drückst dich darum, mir zu helfen – du hast nur immer, immer, immer diese blöden Computerspiele im Kopf und willst Geld!" „Ich will doch nur Geld, das mir zusteht!", brüllt Georg. „Nur zwei Monate Taschengeld im Voraus, damit ich mir meinen einzigen Wunsch erfüllen kann! Aber: Ist gut! Ich krieg's nicht! Hab verstanden! Und jetzt reicht's mir! Du verstehst einfach nicht, was mir wichtig ist! Da kann ich reden, was ich will – völlig aussichtslos. Ich geh jetzt raus, mit dem Fahrrad, zu Nino – bist du jetzt zufrieden? Ich kann dein ewiges Gerede nicht mehr ertragen!" Wutentbrannt packt er Jacke und Schlüssel und stürmt aus der Wohnung. Die Mutter bleibt zurück, hilflos und erschöpft. „Oh nein", murmelt sie vor sich hin. „Zufrieden bin ich nicht."

Zufrieden ist allerdings Georg; ihm ist nämlich etwas eingefallen. Er ist draußen, mit dem Fahrrad, mit Nino – so wie die Mutter meint. Was sie nicht weiß und nicht wissen muss, ist, wohin die beiden fahren: schnurstracks zum Kaufhaus, wo nämlich in der Elektroabteilung die neusten Spiele zum Ausprobieren bereitstehen …

Was wünschst du dir für deine Zukunft? (Kinderaussagen)

Stichworte: *Zukunft, Lebensweg, Lebensgestaltung, Noten, Angst, Schule, Hauptschule, Realschule, Gymnasium, Berufswünsche*

Dass ich das Gymnasium schaffe.

Später eine Lehrstelle und einen guten Job.

Gute Noten haben.

Ich wünsche mir, dass ich in der neuen Schule gut zurechtkomme.

Ich wünsche mir einen Beruf, der mir Spaß macht.

Eine gute Ausbildung; mein Vater sagt, das ist das Wichtigste.

Gesundheit.

Dass es mir und meiner Familie gut geht.

Mit Oma und Opa und meiner ganzen Familie und vielen Tieren auf einem Bauernhof leben.

Mein Wunsch ist, dass meine Eltern zusammenbleiben.

Ich wünsche mir, dass die Freundschaft hält, auch wenn meine Freundin und ich nicht mehr in die gleiche Schule gehen.

Ich will Fußballprofi werden.

Ich möchte einmal ein schönes Haus haben und mit meiner Familie dort wohnen.

Ich will reich werden und nicht arbeiten.

Wenn ich groß bin, möchte ich Tierärztin werden.

Ich wäre gern Millionär.

Viel Geld haben und eine Villa mit Swimmingpool.

Einen guten Beruf, eine Familie und Kinder.

Ich möchte auf der Bühne stehen, singen, tanzen.

Ich möchte einen Pferdehof eröffnen.

Am liebsten würde ich Lehrerin werden.

Dass die Politiker sich besser um die Umwelt kümmern.

Ich wünsche mir vor allem Frieden.

Kein Krieg!

Was ich werden möchte

Inhalt: *Die Kinder einer Klasse erzählen ihre Berufswünsche und diskutieren über Frauen- und Männerberufe.*
Stichworte: *Zukunft, Lebensweg, Lebensgestaltung, Berufswünsche, Gleichberechtigung, Geschlechter, Männerberufe, Frauenberufe, Mädchen, Jungen, Rollen*

„Was ich werden möchte ..." steht an der Tafel; das ist das Thema. Gleich sollen die Kinder etwas aufschreiben, aber zuerst ist eine Erzählrunde dran. Tim möchte Meeresforscher werden, Vera Kindergärtnerin. Jan und Marcel hoffen, Profifußballer zu werden, und Jessica träumt davon, einmal als Sängerin auf der Bühne zu stehen. Sarah liebt Tiere, deswegen stellt sie sich den Beruf der Tierärztin vor. Feyzullah möchte zur Polizei gehen und Mahsa hat sich vorgenommen, Lehrerin zu werden. Nun ist Lilly an der Reihe: „Ich möchte gerne etwas mit Technik machen", sagt sie, „Flugzeuge bauen oder Autos entwickeln oder so etwas." „Das ist doch ein Männerberuf", wendet Henry ein. Mit dieser Reaktion hat Frau Tessbach, die Lehrerin, gerechnet. „Aha; Henry meint, das sei nichts für Frauen; was sagen die anderen dazu?" „Es soll doch jeder machen, was er will und was er gut kann", findet Tim. „Ja eben", verteidigt Henry seine Meinung, „und Männer kennen sich besser mit Technik aus." „So kannst du das doch nicht behaupten", entgegnet Lilly. „Meine Eltern arbeiten beide in der gleichen Abteilung; willst du etwa sagen, meine Mama kann das nicht so gut wie mein Papa?" Bevor die beiden ernsthaft streiten, mischt sich die Lehrerin ein: „Ich möchte euch beiden recht geben", sagt sie. „Es ist eine Tatsache, dass es mehr Jungs in die technischen Berufe zieht und Mädchen oft soziale Berufe ergreifen. Seht mich an; ich bin auch Lehrerin und nicht KFZ-Mechanikerin, weil ich sehr gerne mit Kindern umgehe. Wenn ich ein Problem daheim mit meinem Computer habe, dann bitte ich meinen Sohn um Hilfe, der sich besser damit auskennt als seine Schwester. Also, Henry: Oft trifft das zu, und da ich hundertprozentig Tim zustimme, der sagt, jeder soll das machen, was ihm liegt, deswegen kann ich als Frau ruhig einen sogenannten Frauenberuf ergreifen, wenn ich das will. Aber das heißt doch nicht, dass das für alle Frauen gelten muss! Und genauso kann ein Mann, der gerne mit Kindern arbeitet, Lehrer werden; wie mein Sohn übrigens." „Ja? Ihr Sohn wird auch Lehrer? Ist ja lustig", meint Jessica. „Wie mein großer Bruder!" „Meine Mutter sagt, die Hauptsache ist, *dass* ich einen Beruf lerne", sagt Laila. „Sie sagt, in unserem Land war das nicht üblich; da haben nur die Männer einen Beruf gehabt und die Frauen haben geheiratet und sich um die Kinder gekümmert. Aber sie will, dass ich auch mein eigenes Geld verdiene, wenn ich groß bin." „Bravo!", entfährt es Frau Tessbach. „Das finde ich toll, was deine Mutter sagt! Übrigens war das vor nicht langer Zeit hier in Deutschland genauso. Hausfrau zu sein, ist ja auch ein guter und wichtiger Beruf und ganz schön anstrengend, gerade wenn die Kinder klein sind. Aber er reicht nicht fürs ganze Leben, denke ich. Viele Frauen sehen das ebenso, machen eine Ausbildung, üben einen Beruf aus und steigen dann nach der Erziehungszeit später wieder ein. Seit es das Elterngeld gibt, machen das übrigens auch nicht wenige Männer. – Aber jetzt habe ich genug geredet, Kinder! Nun habt ihr noch 15 Minuten Zeit zum Schreiben, und danach ist Sport, wisst ihr, was dran ist?!" „Ja!" – „Fußball!" – „Trainieren fürs Turnier!", rufen die Kinder freudig durcheinander.

Später wird die Mannschaftsaufstellung festgelegt, und Henry steht neben Frau Tessbach. „Da sind auch mehr Jungen", stellt er fest, „weil Jungen lieber Fußball spielen." „Aber nicht alle", bemerkt Lilly spitz, „denn es gibt auch Jungen, die nicht gern Fußball spielen, und Mädchen, die gern und gut spielen!" „Geht das schon wieder los?", ruft Frau Tessbach lachend. Mahsa spricht ein Machtwort: „Egal, ob Beruf, Sport, Spielen oder überhaupt: Jeder darf machen, was ihm Spaß macht!"

Der Hochzeitswalzer

Inhalt: *Die Mutter singt das Lied „Que sera" und erklärt Sandra den Text: Was die Zukunft uns bringt, wissen wir nicht.*

Stichworte: *Zukunft, Lebensweg, Lebensgestaltung, Zuversicht, Berufswünsche*

„Que sera, sera, whatever will be, will be, the future's not ours to see ...", singt die Mutter vor sich hin. Sandra kennt das Lied, es ist ein richtiger Ohrwurm. „Mama, was ist denn das für ein Lied?", fragt sie. „Das ist ein ganz besonderes Lied", antwortet die Mutter. „Das war nämlich unser Hochzeitswalzer! Und vorhin kam das doch glatt im Radio; seitdem geht es mir nicht mehr aus dem Kopf!" „Ach, daher kenne ich das!" Sandra hat einmal mit den Eltern und ihren Geschwistern die Fotos und Filme von der Hochzeit angeschaut. Es hat ihr gut gefallen, ihre Eltern tanzen zu sehen; die Mama im wunderschönen weißen Kleid, der Papa im feinen Anzug, und alle Leute lachen und freuen sich. „Und was heißt das? Que sera, sera?", will Sandra wissen. „Was wird sein, wird sein. – In dem Lied geht es darum, dass wir nicht wissen, was die Zukunft uns bringt", erklärt die Mutter. „Soll ich dir den Text übersetzen?" „Au ja, bitte!" „Warte einen Augenblick", überlegt die Mutter. „Wie ging gleich wieder die erste Strophe ... When I was just a little girl ... genau: Als ich ein kleines Mädchen war, fragte ich meine Mutter: Was wird sein? Werde ich hübsch sein? Werde ich reich sein? Das ist, was sie mir sagte: Was wird sein, wird sein, was immer sein wird; wir können nicht in die Zukunft sehen!" „Ach so!", das findet Sandra spannend. „Darum geht es!" „Zweite Strophe: Als ich erwachsen war und mich verliebte, fragte ich mein Süßherz ..." „Süßherz??", prustet Sandra los. „Das heißt ,Sweetheart' übersetzt, aber es klingt wirklich komisch", gibt die Mutter zu. „Also besser: ... fragte ich meinen Schatz: Was wird sein? Wird es Regenbogen geben jeden Tag? – Damit ist gemeint: lauter schöne, zauberhafte Tage. – Das ist, was mein Sü...", sie grinst. „Mein Schatz sagte: Que sera und so weiter." „Hast du das den Papa eigentlich auch gefragt?" Sandra schaut ihre Mama fragend an. „Na klar! Ich glaube, bei der Hochzeit machst du dir jedenfalls Gedanken über die Zukunft. Ob man gesund bleibt, was man für einen Beruf macht, ob man nette Kinder bekommt ..." Sie kitzelt Sandra ein bisschen. „Jetzt hast du sogar drei nette Kinder!", ruft Sandra fröhlich. „Dritte Strophe: Als ich selber Kinder hatte, fragten sie ihre Mutter: Was wird sein? Werde ich hübsch sein? Werde ich reich sein? Ich erklärte ihnen liebevoll: den Refrain." „Das passt aber gut", stellt Sandra fest. Während sich die Mutter summend wieder an die Arbeit macht, sitzt sie am Tisch, stützt den Kopf in die Hände und lässt ihre Gedanken wandern. Ob sie mal eine Familie haben wird, wenn sie groß ist? Was sie wohl für einen Beruf haben wird? Es fällt ihr schwer, sich das vorzustellen. Fast macht es ihr ein bisschen Angst: Ohne Mama und Papa – wie soll denn das gehen? „Mama", sagt sie schließlich. „Was ist, wenn ich groß bin? Werde ich hübsch sein und heiraten?" Statt einer Antwort nimmt Mama sie auf den Arm und tanzt mit ihr durchs Zimmer: „Que sera, sera, whatever will be, will be, the future's not ours to see, que sera, sera, what will be, will be ...?"

Der kleine Marienkäfer

Inhalt: *Der Marienkäfer macht sich keine Gedanken darum, was als Nächstes passiert.*

Stichworte: *Zukunft, Lebensgestaltung, Zuversicht*

▶ *Relifix 5, S. 23*

Eines Morgens schlüpft ein kleiner Marienkäfer aus. Vorsichtig streckt er die Fühler aus. Die Sonne scheint. Der kleine Marienkäfer läuft los.
  Ob er etwas zu fressen sucht?
  Oder will er nur die Welt entdecken?
  Bald wird er feststellen, dass er fliegen kann.
  Vielleicht findet er schöne Blätter und Blumen.
  Vielleicht landet er in einem Garten und frisst viele Läuse.
  Vielleicht begegnet er zum ersten Mal einer Biene.
  Vielleicht kommt am Nachmittag ein Gewitter und er muss sich verkriechen.

Vielleicht landet er auf der Hand eines Kindes, das sich freut und ihn seinen Eltern zeigt.
Er weiß nicht, was als Nächstes passiert.
Er weiß nicht, ob er vielleicht bald gefressen oder zertreten wird.
Er weiß nicht, wie gefährlich das Leben sein kann.
All das weiß der Marienkäfer nicht.
Der kleine Marienkäfer denkt nicht daran, dass sein Leben irgendwann zu Ende sein wird.
Er rennt einfach los.

Mädchen / Jungen (Kinderaussagen)

Stichworte: Geschlechter, Mädchen, Jungen, Frauen, Männer, Rollen

Ich bin gern ein Mädchen. / Ich bin froh, dass ich ein Junge bin.

Mama sagt, Mädchen und Frauen haben es im Leben schwerer. Das finde ich aber nicht. In meiner Klasse werden öfter die Jungen geschimpft.

Ich finde, es gibt keine Sachen, die nur Mädchen mögen oder nur Jungen. Jeder soll doch machen, was ihm Spaß macht. Fußballspielen oder Hannah-Montana-Songs hören. Wir haben einen in der Klasse, der gern tanzt. Die Jungen lachen ihn immer aus.

Mädchen müssen immer rumzicken.

Jungen sind brutal. Jedenfalls viele.

Mädchen sind schlauer als Jungen.

Jungen sind jedenfalls stärker als Mädchen.

Wir haben eine Lehrerin, die Mädchen bevorzugt. Weil sie braver sind und schöner schreiben.

Ich wäre lieber ein Junge. Ich mag das Getue nicht, das manche Mädchen veranstalten, wer die Hübscheste ist und so. Ich werde mich niemals schminken oder so aufgeputzt herumlaufen.

„Jungen weinen nicht", sagt mein Papa. Mama sagt, auch Jungen sollen Gefühle zeigen.

Einige Mädchen in unserer Klasse sind echt in Ordnung, aber andere sind ätzend. Sie verbreiten Lügen, so richtig falsch und hintenrum. Wehe, wenn sie sich vorgenommen haben, eine andere fertig zu machen. Die hat keine Chance.

Es läuft so: Die Mädchen ärgern uns. Dann werden wir sauer und fangen sie oder wehren uns und schlagen. Und sie: petzen. Sie ziehen eine Show ab und jammern. Wenn die Lehrerin fragt, was vorher war, behaupten sie: „Wir haben nichts getan!"

Mit Leonie bin ich schon seit dem Kindergarten befreundet und sie ist echt nett. Aber jetzt sagen die anderen immer, wir sind verliebt. Sie sollen aufhören!

Ich bin nicht so dünn wie andere. Und wenn ich etwas nicht will, dann ist es: Magersucht kriegen. Aber es ist ganz schön schwer, wegzuhören, wenn die anderen „Fettkloß" sagen.

Ich bin ein Junge und mag Fußball nicht. Na und?

Beim Fasching sind immer die meisten Mädchen Prinzessin. Die meisten Jungen sind irgendetwas, was mit Kämpfen zu tun hat, Spiderman, Ninja, Ritter oder so.

Mein Papa ist mein Vorbild. Ich möchte so sein wie er.

Die Jungen interessieren sich nur für die Mädchen, die hübsch und schlank sind. Schade.

Ich bin ein Junge, aber ich lese gern und versuche, Schlägereien aus dem Weg zu gehen.

Albert und Helene Schweitzer

Inhalt: Helene und Albert Schweitzer gründen das Urwaldkrankenhaus Lambarene (Lebensgeschichte).

Stichworte: Lebensgestaltung, Berufung, Sinn des Lebens, selbstlose Hilfe, Afrika, Armut

▆▶ *Relifix 3, S. 20*

Albert Schweitzer wurde im Jahr 1875 geboren, im Elsass, das damals zu Deutschland, später zu Frankreich gehörte. Er wuchs in einer christlichen Familie auf: Sein Vater war evangelischer Pfarrer, seine Mutter eine Pfarrerstochter. So waren ihm das Leben, das Jesus führte, und seine Grundsätze von klein auf vertraut. Albert war ein eher schwaches und kleines Kind; die Energie, die er in seinem Leben entwickeln würde, war aber dennoch früh spürbar. Er war dickköpfig: Wenn er sich etwas in den Kopf gesetzt hatte, ließ er sich nicht davon abbringen. Es war unmöglich, ihn zu etwas zu zwingen, was er ablehnte: Zum Beispiel mochte er nicht den Anzug anziehen, wie es seine Mutter verlangte, obwohl er zur Strafe in den Keller gesperrt wurde. Das Gute an dieser Eigenschaft war die Ausdauer: Wenn Albert Schweitzer etwas wirklich wollte oder für richtig erkannt hatte, dann stand er unbeirrbar dazu und scheute keine Mühe und Arbeit, um es zu erreichen. Er machte sich schon als Kind Gedanken und wollte alles genau wissen: So wird erzählt, dass er sich wunderte, warum Jesus arm war – obwohl doch die Weisen aus dem Morgenland ihm Geschenke gebracht hatten …?

In der Schule zeigte er wenig Bereitschaft, sich anzustrengen. Er galt als mäßiger Schüler und hatte Probleme beim Lesen und Schreiben. Dafür war er besonders musikalisch und lernte das Orgelspiel so gut, dass er den Musiker vertreten durfte, der am Sonntag in der Kirche den Gesang begleitete.

Nach der Schule ging er zur Universität, und nun arbeitete er mit doppeltem Fleiß. Er studierte Philosophie und Theologie – das ist die Lehre von Gott und von der Bibel. Er wurde Prediger, arbeitete als Dozent – das ist ein Lehrer – an der Universität, schrieb zwei Doktorarbeiten, mehrere Bücher und wurde Professor. Auch ein ausgezeichneter Musiker und Organist wurde er „nebenbei". Um das alles zu schaffen, arbeitete er Tag und Nacht. Für all das war er berühmt, bevor er 30 Jahre alt wurde. Aber er sagte: „Ich mache das nur bis zu meinem 30. Geburtstag – dann gehe ich nach Afrika und helfe armen Menschen!" 1904 hatte er in einem Heft gelesen, dass in Afrika Ärzte gesucht wurden. Dort ging es den Menschen schlecht; es fehlten Ärzte, Krankenhäuser und Medizin. Das beeindruckte ihn so sehr, dass sein Entschluss feststand. Was machte er? Er begann noch einmal zu studieren! Diesmal Medizin – er wollte Arzt werden, um helfen zu können. Seine Freunde und seine Mutter versuchten, ihn davon abzubringen, und fragten: „Warum machst du das? Du hast nicht nur einen Beruf, sondern drei! Du kannst das gut und bist erfolgreich! Das alles hinzuwerfen und noch einen neuen Beruf zu lernen – das muss doch nicht sein!" Aber – wie gesagt: Albert Schweitzer war ein Dickkopf und ließ sich nicht von seinem Entschluss abbringen. Obwohl er wieder viel lernen und viel arbeiten musste. Es dauerte bis 1913, dann war er fertig mit der Ausbildung und nun auch noch Arzt. Sein Ziel hat er in der ganzen Zeit nicht aus den Augen verloren. Ein Jahr zuvor hatte er Helene Bresslau geheiratet, die Krankenschwester war. Beide zusammen brachen nun auf, um in Afrika zu arbeiten. Sie gründeten das Krankenhaus Lambarene mitten im Urwald, in Gabun, in der Mitte Afrikas. Das war allerdings weniger ein Krankenhaus als ein kleines Dorf aus lauter einfachen Holzhütten. Es gab weder Strom noch Wasserleitungen. Mit einfachster Ausrüstung wurde gearbeitet, geheilt und operiert. Medikamente und Verbandsstoffe musste er selbst kaufen und aus seiner Heimat mitbringen. Albert Schweitzer war der einzige Arzt im Umkreis von 150 Kilometern. Unzählige warteten jeden Tag auf die Behandlung: Die Kranken kamen mit Malaria, Darmkrankheiten, Knochenbrüchen, entzündeten Wunden und anderen Leiden. Albert und Helene Schweitzer behandelten sie, obwohl niemand dafür bezahlen konnte und obwohl sie beide selbst mit Krankheiten kämpften. – Die Schweitzers waren Deutsche, das Land, in dem sie arbeiteten, gehörte aber zu Frankreich. Da im Ersten Weltkrieg Frankreich gegen Deutschland kämpfte, wurden beide inhaftiert und nach Europa gebracht. Nach ihrer Freilassung widmeten sie sich der Aufgabe, Geld für Lambarene zu beschaffen, denn alle Ersparnisse waren verbraucht und sie hatten sogar Schulden. Deswegen schrieb Albert Schweitzer weitere Bücher und gab Orgelkonzerte. Es dauerte aber

einige Jahre, bis sie genug verdient hatten. Als sie 1924 dann endlich zurückkehren konnten, fanden sie Lambarene zerstört vor – sie begannen wieder von vorn. Helene vertrug das Klima aber immer schlechter, sodass sie später allein in Europa blieb. Albert Schweitzer jedoch wusste, dass er dort seine Lebensaufgabe gefunden hatte: Er wollte armen, kranken Menschen helfen. Das Wichtigste im Leben war für ihn, was Jesus gesagt hatte: „Liebe deinen Nächsten wie dich selbst!" Er nannte das, was ihn antrieb: „Ehrfurcht vor dem Leben".
– Für seine Arbeit bekam Albert Schweitzer 1953 den Friedensnobelpreis. Am 4. Dezember 1965 starb er, 90 Jahre alt, in Lambarene.

Mutter Teresa

Inhalt: *Mutter Teresa kümmert sich um arme Kinder in Kalkutta (Lebensgeschichte).*

Stichworte: *Lebensgestaltung, Berufung, Sinn des Lebens, selbstlose Hilfe, Armut, Indien, Tod*

⏵ *Relifix 4, S. 49*

„Niemand denkt an den Füller, wenn er einen Brief liest", hat Mutter Teresa einmal geschrieben. Sie wollte damit ausdrücken, dass sie selbst ganz unwichtig ist. Doch so unwichtig war sie nicht.

„Mutter Teresa" ist ihr Ordensname. Getauft wurde sie auf den Namen Gonxha Agnes Bojaxhiu, als sie am 26. August 1910 in Skopje, das zu Jugoslawien gehörte, geboren wurde. Ihre Familie stammte aus Albanien. Sie hatte eine glückliche Kindheit und erlebte, dass ihre Eltern armen und bedürftigen Menschen halfen, wo sie nur konnten. Ihr Glaube an Gott gab ihnen die Kraft dazu. Diesen Glauben vermittelten sie auch Agnes. Bereits mit 12 Jahren hatte sie die Idee, ins Kloster zu gehen und Nonne zu werden. Sie setzte das in die Tat um, als sie 18 Jahre alt war, und verabschiedete sich von ihrer Familie, um sich den Loretoschwestern in Irland anzuschließen. Bald ging es weiter nach Indien, wo sie, nun unter dem Namen Schwester Teresa, zu arbeiten begann. Ihre Aufgabe war es, in einer Mädchenschule in Kalkutta zu unterrichten. Schon in dieser Zeit war sie erschüttert von der Armut, die sie dort vorfand. 1946 traf Mutter Teresa einen weitreichenden Entschluss: Sie wollte das Kloster verlassen, um bei den Armen Kalkuttas zu leben und sich um sie zu kümmern. Doch die Klostergemeinschaft zu verlassen war nicht vorgesehen. Mutter Teresa jedoch war so hartnäckig, dass sie sich durchsetzte. 1948 tauschte sie ihre Nonnentracht gegen den einfachen weißen Sari, ein indisches Gewand, das noch heute das Kennzeichen ihrer Schwestern ist. Im Elendsviertel richtete sie eine Schule ein, die aber nicht mehr war als ein freier Platz zwischen den Hütten. Sie schrieb Buchstaben in den Boden, da es weder Tafel noch Hefte gab. Am Nachmittag ging sie zu den Kranken. Nach kurzer Zeit war sie so anerkannt, dass sie von vielen Seiten Hilfe erhielt. Sie mietete zwei Hütten. Die eine diente als Schule, wo die Kinder am Mittag Milch bekamen und Seife, um sich zu waschen. In der anderen Hütte richtete sie das erste Heim für Kranke und Sterbende ein. Helferinnen fanden sich ein, die sich Mutter Teresa zum Vorbild nahmen.

Im Jahr 1950 gründete sie schließlich ihre eigene Gemeinschaft, die sie „Missionarinnen der Nächstenliebe" nannte. Der Zulauf war so groß, dass sie sich bald nach neuen Räumen umsehen mussten. Die Schwestern bettelten um Essen und hatten oft nicht einmal selbst Sandalen, aber sie opferten mit Hingabe ihre Zeit, um den Ärmsten der Armen zu helfen. Doch keine war so unermüdlich auf den Beinen wie Mutter Teresa.

Sie erlebten immer wieder, dass Gott ihnen Hilfe schickte; so erzählte Mutter Teresa folgende Begebenheit: Eine Schwester brauchte eine Matratze. Genau an diesem Tag stand ein Mann vor der Tür, der eine Matratze übrig hatte und sie abgeben wollte. Es kam sogar vor, dass die damalige Premierministerin Indira Gandhi Mutter Teresa anrief, ob die Schwestern sich die Reste eines Staatsbanketts, bei dem nicht alles aufgegessen worden war, holen möchten. Sie bekamen einen weiteren großen Raum zur Verfügung gestellt, den sie mit einfachen Feldbetten ausstatteten. Von den Straßen wurden Kranke, Sterbende geholt, in ihr Haus gebracht und gepflegt. Wenn die Hilfe zu spät kam, konnten Menschen hier wenigstens in Würde und Frieden sterben.

Das Misstrauen, das einige Anwohner gegenüber der „Ausländerin" hatten, wandelte sich in Bewunderung. Die „Missionarinnen der Nächstenliebe", waren bald über die Grenzen Kalkuttas hinaus bekannt, was zur Folge hatte, dass immer mehr Menschen sie unterstützten. So konnte ein Haus für die Kinder eröffnet werden, von denen Tausende verwahrlost auf den Straßen lebten, oft auch starben. Mutter Teresa und ihre Schwestern sorgten für sie und kümmerten sich darum, dass die Größeren eine Ausbildung bekamen. Viele Menschen übernahmen eine Patenschaft oder adoptierten Kinder. Auch eine Klinik für die vielen Leprakranken wurde eingerichtet. Mutter Teresa bemühte sich, die Medikamente dafür zu bekommen. Ein Arzt erinnerte sich an ihren Anruf: „Können Sie mir sagen, wo ich eine Million Dapson-Tabletten kaufen kann?" Bald darauf arbeitete dieser Arzt selber in Mutter Teresas Krankenhaus mit.

Für ihre Barmherzigkeit wurde sie im Jahr 1979 mit dem Friedensnobelpreis ausgezeichnet. Inzwischen gibt es in 80 Ländern fast 500 Pflegeheime für Kinder, Kranke und Sterbende. Mutter Teresa hat etwa 300.000 Mitarbeiterinnen und Mitarbeiter. Sie starb 1997 in hohem Alter, doch die „Missionarinnen der Nächstenliebe" führen ihre Arbeit weiter, im Sinne eines Ausspruchs von ihr: „Wenn es Arme auf dem Mond gibt, so werden wir auch dorthin gehen."

Anne Frank

Inhalt: *Annes Familie versteckt sich vor den Nazis; sie wird jedoch verraten und deportiert (Lebensgeschichte).*

Stichworte: *Judenverfolgung, Drittes Reich, Hitler, Nationalsozialismus, Holocaust, Konzentrationslager*

⟶ *Relifix 4, S. 48*

Am 12. Juni 1942 wird Anne Frank dreizehn Jahre alt. Darüber freut sie sich sehr. Es ist Krieg, doch heute denkt sie nicht daran. Sie freut sich über das Geburtstagsgeschenk ihrer Eltern: ein rot-weiß kariertes Buch zum Hineinschreiben. Anne weiß sofort, dass das ihr Tagebuch werden soll. An diesem Tag schreibt sie zum ersten Mal hinein; alles, was passiert, alles, was sie denkt. Mehrere Bücher füllt sie im Lauf der Zeit. Sie ahnt nicht, dass später Millionen von Menschen ihr Tagebuch lesen werden.

Anne lebt mit ihrer Familie in Amsterdam. Geboren wurde sie 1929 in Frankfurt. Dort verlebte sie mit ihren Eltern und der älteren Schwester Margot eine glückliche Zeit, bis 1933 Hitler Reichskanzler wurde. Ihre Familie und sie waren Juden. Hitler hasste die Juden und machte sie für alles Schlechte verantwortlich. Es begann eine Zeit, in der die Juden benachteiligt, schikaniert, später gefangen genommen und ermordet wurden. Annes Eltern machten sich große Sorgen und bereiteten alles vor, um Deutschland zu verlassen. So zog die Familie 1934 um nach Amsterdam. Dort fühlte sich Anne wohl. Sie lernte Niederländisch, fand Freundinnen, ging in den Kindergarten und in die Schule. Sie wohnten nicht weit weg vom Meer und fuhren am Wochenende oft an den Strand. Doch sie waren nicht in Sicherheit vor Hitler, wie sie gehofft hatten. Im Mai 1940 marschierte die deutsche Armee in den Niederlanden ein und besetzten sie. Von nun an galten Hitlers Gesetze auch dort: Anne durfte nicht mehr in ihre Schule gehen. Juden mussten den gelben Judenstern tragen und ihre Fahrräder abgeben. Sie durften nur von 3 bis 5 Uhr einkaufen und nur zu einem jüdischen Friseur gehen. Doch es kam noch schlimmer, denn im Jahr 1942 begannen die Nazis, die Juden abzuholen und in Konzentrationslager zu bringen. Von dort war niemals jemand zurückgekehrt.

Das ist gerade zu der Zeit, als Anne ihren 13. Geburtstag feiert, und wenige Tage später ist es soweit. Der Vater eröffnet ihr seinen Plan: Sie müssen sich vor den Nazis verstecken. Er hat alles vorbereitet: Im Hinterhaus des Gebäudes, in dem er arbeitet, sind, hinter einer geheimen Tür, einige Zimmer. Dorthin wollen sie fliehen. Mitnehmen können sie nicht viel, denn sie dürfen weder mit Koffern noch mit verdächtigen Taschen gesehen werden. Doch ihr Tagebuch nimmt Anne mit. Schon monatelang haben die Eltern Sachen in das Versteck gebracht: Decken, Bettzeug, Bücher, Geschirr. Einige Freunde, Kollegen des Vaters, die im Vorderhaus arbeiten, werden sie mit Essen versorgen. Noch vier andere Personen kommen dazu; sie teilen sich zu acht vier kleine Zimmer. Es ist eng. Doch alles ist besser, als von den Nazis festgenommen zu werden. Anne schreibt viel in ihr Tagebuch: wie sie versucht, sich einzugewöhnen, wie schwer es ist, immer ganz leise zu sein, damit die Leute, die im Vorderhaus arbeiten, sie nicht hören. Sie können tagsüber weder den Wasserhahn aufdrehen noch die Toilette benutzen und dürfen sich nie am

Fenster zeigen. Doch das Schlimmste ist die ewige Angst, entdeckt zu werden. Einmal steigen nachts Einbrecher ins Vorderhaus ein. Am nächsten Tag kommt deswegen die Polizei und durchsucht das Haus nach Spuren. Ob sie die Geheimtür entdecken würden? Die Versteckten wagen kaum zu atmen. Doch die Gefahr geht vorüber. – Wie lange müssen sie im Versteck bleiben? Wie lange wird Hitler noch an der Macht sein? Monate vergehen. Anne wächst, ihre Kleider passen nicht mehr. Sie nutzt die Zeit, um zu lernen, in der Hoffnung, dass bald alles vorbei ist und sie wieder die Schule besuchen kann. Das Essen wird knapp; inzwischen braucht man Lebensmittelmarken, um einzukaufen. Nachts fliegen die Flugzeuge der Engländer über Amsterdam, Anne hat große Angst vor dem Lärm. Und doch schreibt sie in ihr Tagebuch, dass sie dankbar ist, am Leben zu sein. Im Juni 1944 sind Anne und die anderen schon fast zwei Jahre lang in ihrem Versteck, als die Nachricht kommt, dass die Alliierten, die Feinde Hitlers, in Frankreich gelandet sind und die deutsche Armee zurückdrängen. Sollte der ersehnte Moment der Befreiung endlich nah sein?

Aber es reicht nicht: Am 4. August kommt die deutsche Polizei. Sie sind verraten worden, man weiß nicht, von wem. Alle werden verhaftet und in ein Konzentrationslager gebracht.

Anne, Margot und die Mutter sterben. Der Vater ist noch dort, als die Russen das Konzentrationslager befreien; er überlebt.

Als er nach Amsterdam zurückkehrt, übergeben ihm die Freunde Annes Tagebücher, die sie im Hinterhaus sichergestellt haben. Der Vater entschließt sich, sie zu veröffentlichen. Das Tagebuch wird weltberühmt, denn in kaum einem anderen Buch ist das Schicksal einer jüdischen Familie so lebensnah beschrieben. Das Haus, in dem sie sich versteckt hatten, ist heute das Anne-Frank-Museum. Es mahnt daran, dass so etwas nie wieder passieren darf.

Martin Luther King

Inhalt: *Mit gewaltlosen Aktionen erkämpfen sich die Schwarzen, ihnen voran Martin Luther King, Bürgerrechte in den USA (Lebensgeschichte).*

Stichworte: *Lebensgestaltung, Berufung, Sinn des Lebens, Bürgerrechtsbewegung, Schwarze, Diskriminierung, Hautfarbe*

▮▮▶ *Relifix 4, S. 50*

Am 4. April 1968 wurde er ermordet: Martin Luther King, ein Pfarrer und Familienvater, der ungefähr hundertzwanzig Mal im Gefängnis war, aber 1964 den Friedensnobelpreis bekam, der beim Präsidenten von Amerika empfangen wurde und doch nicht sicher sein konnte, ob er, wegen seiner schwarzen Hautfarbe, im Geschäft an der Ecke überhaupt einkaufen durfte, der 300 Auszeichnungen und Ehrungen bekam und gleichzeitig als „dreckiger Nigger" beschimpft wurde.

Doch von vorn. Der Anfang der Geschichte ist, dass vor ungefähr 500 Jahren Amerikaner begannen, nach Afrika zu fahren, um sich Schwarze als Sklaven zu holen. Afrikaner wurden mit Gewalt auf die Schiffe geschleppt und über das Meer nach Amerika geschafft. Dort mussten sie ohne Lohn für ihre weißen Herren 15 Stunden am Tag schwere Arbeit verrichten. Sie hatten keine Chance zu entfliehen; wenn sie es versuchten, wurden sie hart bestraft.

Die Sklaverei wurde in Amerika im Jahr 1860 abgeschafft. Die Schwarzen waren nun zwar frei, aber sie blieben Menschen zweiter Klasse, die bei weitem nicht alles machen konnten, was für die Weißen selbstverständlich war. Sie durften viele Gebäude nicht oder nur durch einen hinteren Eingang betreten, öffentliche Toiletten und Trinkbrunnen nicht benutzen und nicht die gleichen Schulen wie die Weißen besuchen. Schwarze Arbeiter bekamen für die gleiche Arbeit weniger Gehalt als ihre weißen Kollegen.

In dieser Zeit wurde im Jahr 1929 Martin Luther King in Atlanta, im Süden der Vereinigten Staaten von Amerika, geboren. Er erlebte, dass er als Schwarzer im Bus, im Kino und im Wartezimmer nur den abgetrennten hinteren Teil benutzen durfte. An diese Ungerechtigkeiten konnte er sich nie gewöhnen. – Seine schulischen Leistungen waren ausgezeichnet; er übersprang die neunte und zwölfte Klasse und war schon mit fünfzehn Jahren mit der Schule fertig. Er wurde Pfarrer, und es zeigte sich bald eine hervorragende Begabung: Wenn Martin Luther King sprach, waren die Menschen von dem, was er sagte und der Art, wie er es sagte, tief beeindruckt. Schon in dieser Zeit war er überzeugt von der Idee der Gewaltlosigkeit. Wenn man die Menschen ändern wollte, dann nur mit friedlichen Mitteln, so wie es auch Jesus getan hatte. 1952 lernte Martin Luther King Coretta Scott kennen, sie heirateten ein Jahr später. 1954 trat er die Pfarrstelle in Montgomery an, die Tochter Jolanda kam zur Welt.

Dann kam 1955; das Jahr, in dem alles begann. Es war der Anfang einer großen Veränderung. Rosa Parks, eine 42-jährige schwarze Näherin, weigerte sich, ihren Sitzplatz im Bus an einen weißen Fahrgast abzugeben. Der Fahrer rief die Polizei, und Rosa Parks wurde verhaftet. Die Nachricht verbreitete sich wie ein Lauffeuer in der Stadt. Jetzt war es genug! Es war höchste Zeit, sich die Demütigungen nicht weiter gefallen zu lassen! Doch was konnte man tun? Den Busfahrer verprügeln, die Polizeistation überfallen und Rosa Parks mit Gewalt befreien? – Am nächsten Abend wurde in der Kirche eine Versammlung einberufen, und nun zeigte sich die Stärke von Martin Luther King. Die Anwesenden waren sich einig, keine Gewalt anzuwenden. Sie beschlossen eine Maßnahme, die einfach, wirksam und friedlich war, nämlich: die Busse nicht mehr zu benutzen! Das begann am 5. Dezember 1955: Die schwarze Bevölkerung boykottierte die Busse. Sie gingen zu Fuß, sie fuhren mit dem Rad, sie bildeten Fahrgemeinschaften; sogar mit dem Esel oder dem Pferdewagen waren einige unterwegs. Aber nicht mit dem Bus. Rosa Parks kam am selben Tag gegen die Zahlung von zehn Dollar frei, aber die Forderungen von Martin Luther King gingen weiter: 1. Die Busunternehmer garantieren eine höfliche Behandlung. 2. Wer zuerst da ist, darf sich hinsetzen. 3. Es werden auch schwarze Busfahrer eingesetzt. – Diese Forderungen wurden von der Stadt Montgomery abgelehnt. Und so ging der Boykott weiter. Die Weißen hofften, dass die Schwarzen am ersten Regentag ihren Widerstand aufgeben würden, aber das war nicht so. Über ein Jahr lang fuhr kein Schwarzer mit dem Bus! Weltweit berichteten die Zeitungen über diese Aktion. Die Busgesellschaften verloren zwei Drittel ihrer Einnahmen. Martin Luther King wurde sogar auf Schadensersatz verklagt. Aber schließlich war es soweit: Das Oberste Gericht gab den Schwarzen recht.

Doch die Lage war schwierig: Viele fanatische Weiße wollten sich nicht gefallen lassen, dass die schwarze Bevölkerung gleichberechtigt war. Auf das Haus von Martin Luther King wurde eine Bombe geworfen. Doch zum Glück wurde niemand verletzt. Eine große Menge versammelte sich um das Haus, aufgebracht und wütend, bereit, zurückzuschlagen. Doch Martin Luther King sprach zu ihnen: „Wir müssen unsere weißen Brüder lieben, egal, was sie uns antun. Jesus sagt: Liebet eure Feinde! Wir müssen Hass mit Liebe vergelten!" – Die Leute beruhigten sich. Man hörte die Stimme eines weißen Polizisten: „Ohne ihn wären wir jetzt alle tot."

So ging es weiter: In vielen Städten schlossen sich die Schwarzen zu gewaltlosen Aktionen zusammen. Martin Luther King reiste umher, 780.000 Meilen im Jahr 1957, und hielt über 200 Ansprachen. Seine Botschaft: Wir lassen uns die Benachteiligung nicht länger gefallen, aber wir wenden keine Gewalt an!

Als Schwarze in einem Kaufhaus nicht bedient wurden, setzten sie sich dort hin. Am nächsten Tag waren es 150 Menschen, Schwarze und Weiße, die sich aus Protest vor das Geschäft setzten. Oder sie demonstrierten und zogen singend durch die Straßen.

Martin Luther King und viele andere wurden bei solchen Gelegenheiten unzählige Male festgenommen. Er überlebte zwei weitere Bomben und ein Attentat, bei dem ihm eine Frau ein Messer in die Brust stieß. Manchmal ging die Polizei mit Wasserwerfern gegen die Demonstranten vor. Doch der Protest blieb gewaltlos. Da die Gefängnisse aus allen Nähten platzten, weil sich so viele Menschen verhaften ließen, wurden sie bald wieder freigelassen.

Und es gab Erfolge auf dem Weg zur Gleichberechtigung: In vielen Städten wurde die Rassentrennung in Restaurants und Geschäften aufgehoben. Es begannen auch Verhandlungen über die Gleichstellung im Beruf. Der damalige Präsident John F. Kennedy setzte sich für die Schwarzen ein.

Die größte Aktion war der Marsch auf Washington, bei dem sich 250.000 Menschen, darunter viele Weiße, versammelten. Dort hielt Martin Luther King seine berühmteste Rede:

„Ich habe einen Traum: ... dass alle Menschen gleich erschaffen sind. Ich habe einen Traum, dass ... die Söhne früherer Sklaven und die Söhne früherer Sklavenhalter miteinander am Tisch der Brüderlichkeit sitzen können ... Ich habe einen Traum, dass meine vier kleinen Kinder eines Tages in einer Nation leben werden, in der man sie nicht nach ihrer Hautfarbe, sondern nach ihrem Charakter beurteilen wird …"

Neue Gesetze, die die Rechte der schwarzen Bevölkerung verbesserten, wurden 1964 unterzeichnet. In diesem Jahr wurde Martin Luther King der Friedensnobelpreis verliehen. Doch der gewaltlose Kampf war noch nicht zu Ende: Im gleichen Jahr wurde er wieder verhaftet, weil er sich dafür einsetzte, dass die Schwarzen eine Badeanstalt benutzen durften. Er wurde nicht müde, sich für die Gleichberechtigung einzusetzen.

Dann kam der 4. April 1968. Für den Abend war in Memphis eine Versammlung geplant. Martin Luther King stand auf dem Balkon eines Hotels, als ein Schuss fiel und ihn tödlich traf. Ein bezahlter Killer hatte ihn ermordet. Er wurde gefasst und verurteilt, doch wer ihm den Auftrag gegeben hatte, wurde niemals bekannt.

Familie

Mama (Kinderaussagen)

Stichworte: Mama

Mama ist lieb. Mama liebt mich und meine Geschwister. Und Papa natürlich.

Mama kümmert sich um mich. Wenn es sie nicht gäbe, würde ich verhungern und hätte nichts zum Anziehen.

Mama passt auf mich auf. Manchmal wird es mir sogar zu viel, dann sage ich: „Lass mich, ich kann das alleine!"

Am Abend, im Bett, liest Mama mir vor. Das mag ich gern!

Meine Mutter ist für die Versorgung zuständig.

Meine Mama kann so gut kochen. Am liebsten mag ich ihre selbstgemachte Lasagne. Mhm.

Ich liebe es, wenn meine Mama bügelt. Wir hören nebenbei Radio und unterhalten uns. Besonders gern mag ich, wie die frische, gebügelte Wäsche duftet.

Eins gibt es, was mich an meiner Mama nervt: Der ständige Kampf ums Aufräumen.

Meine Mama ist manchmal ganz schön gestresst: Kinder, Haushalt, ihre Arbeit. Da hat man es als Frau ganz schön schwer, finde ich.

Meine Mama ist froh, dass es mich gibt.

Fürs Schimpfen ist bei uns die Mama zuständig. Papa hält sich da raus.

Manchmal habe ich Angst, dass meine Mama sterben könnte.

Meine Mama

Inhalt: *Anna bewundert die berühmte Mutter ihrer Freundin und blickt auf ihre eigene, eher unauffällige Mutter herab. Erst als sie krank ist, lernt sie, ihre Mutter zu schätzen.*

Stichworte: *Mama, reich, berühmt, Neid, sich um die Kinder kümmern, Krankheit, Pflege, selbstlose Hilfe*

Meine Mama ist nett. Sie kümmert sich um uns, liebt uns, erzieht uns, wie es Mütter so tun. Sie kümmert sich um Haus und Garten, wäscht, kocht, putzt und hat einen Teilzeitjob in der Hausverwaltung, um etwas Geld dazuzuverdienen. Das macht sie alles gut, keine Frage. Ach ja, und ein Hobby hat sie auch: Sie töpfert. Damit ist aber auch schon alles gesagt. Sie ist eher unauffällig, unsere Mutter.

Ganz anders die Mutter meiner besten Freundin Janet Joice. Janet Joice! So geht es schon los! Ich heiße Anna, wie Millionen andere. Janet Joice, das ist ein ungewöhnlicher Name, cool, echt was Besonderes. Das kommt daher, dass ihre Mutter ein Star ist: Cora Son. Kennt ihr Cora Son? Hier kennt sie jeder: Sie singt, hatte – ich weiß nicht wie viele – Top Ten Hits, Goldene Schallplatten hängen rum; vor drei Jahren hat sie ihren ersten Film gedreht und damit auch noch eine Schauspielkarriere begonnen. Ein Star, und zu Recht! Wenn sie singt – Janet Joice hat mich zu einem Konzert mitgenommen –, dann kannst du nur noch hören und staunen und jubeln und klatschen. Der Wahnsinn! Diese Stimme! Und die Bühnenshow! Tanzen kann sie natürlich auch. Und sie sieht einfach top aus. Dass sie zwei Kinder hat, kann man nur glauben, wenn man die Kinder sieht – die sehen ihr nämlich total ähnlich. So, und jetzt kommt das Beste: Cora, stellt euch vor, so darf ich sie nennen, und „du" sagen, zu Cora Son (!); also jedenfalls: Cora benimmt sich zu Hause überhaupt nicht wie ein Star! Sie ist eine Mutter, kümmert sich um die Kinder, liebt sie, erzieht sie. Sie hat ihre olle Jeans an, spielt mit uns, tobt im Garten herum und liest uns vor. Wisst ihr, man könnte denken, so jemand sei eingebildet und meint, etwas Besseres zu sein. Aber nicht Cora! Sie ist natürlich und lustig und dermaßen nett!

Meine Mutter erlaubt es nicht, dass wir den Garten unter Wasser setzen und im Matsch spielen. Cora schon. Sie lässt uns Verstecken spielen im Haus und sucht uns! Absolut genial ist natürlich Karaoke-Singen, denn im Keller gibt es ein Studio mit Mikrofonen und riesigem Spiegel und allem. Und wenn wir Hunger haben, dürfen wir uns eine Höhle unter dem Hochbett bauen, und dort serviert Cora uns Butterbrezeln und Apfelschorle mit Strohhalm. Meine Mutter hingegen: „Essen gehört auf den Tisch und nicht ins Kinderzimmer! Blablabla." Na gut, ich muss jetzt zugeben: Mamas Argument ist, dass es krümelt und etwas umkippen könnte. Und bei Janet Joice *ist* auch prompt der Becher umgefallen. Aber Cora hat natürlich eine Haushälterin, ein Kindermädchen, einen Chauffeur, eine Köchin und eine Putzfrau; die hat die Sauerei aufgewischt, nicht Cora.

Deswegen hat Cora auch mehr Zeit für die Kinder als meine Mutter, die ja den ganzen Haushalt alleine macht. Cora sagt, sie will was von ihren Kindern haben. Und so ist es natürlich jedes Mal ein Riesenspaß, wenn ich bei ihr bin. Ziemlich oft besuche ich Janet Joice. Meine Mutter meint, ich soll Janet Joice doch auch zu uns einladen. Das habe ich auch gemacht, einmal war sie da, aber, na ja, wir haben dann den CD-Player laut gedreht und gesungen und getanzt, und natürlich stand eine Minute später meine Mutter in der Tür und erinnerte uns an die Nachbarn und Rücksicht und geht doch nicht in der Lautstärke und so. Das war's dann mit Janet Joice bei mir zu Besuch.

Einmal kam meine Mutter strahlend zur Tür herein und berichtete voll Stolz, dass sie beim Weihnachtsbasar unserer Gemeinde ihre Töpferwaren verkaufen dürfe. Toll, echt. Nur: Genau am gleichen Tag war Cora auf dem Cover von „Stars" zu sehen. Die Zeitschrift hatte ich gleich gekauft, sie lag auf dem Tisch, als Mama kam. Ihr Blick fiel darauf – und ihr verging das Lachen. Tut mir leid. Aber sie muss einfach akzeptieren, dass sie gegen Cora keine Chance hat. Das wäre genauso, als ob eine graue Maus gegen ein weißes, geschmücktes Zirkuspferd zum Wettrennen antritt.

So, nun habe ich euch so viel erzählt und ich denke, ihr merkt, dass ich von Cora richtig begeistert war. Nicht, weil sie ein Star war, gut aussah und im Fernsehen zu sehen war. Sondern weil sie so eine super Mama war. Mann, habe ich Janet Joice beneidet! Und doch kam der Tag, an dem sich alles mit einem Mal änderte, an dem mein Idealbild von der Super-Mama Cora zusammenbrach. Das war, als die Schweinegrippe kam. In den Herbstferien war Cora mit allen in

New York gewesen, und als sie zurückkamen, stellte sich heraus, dass das Kindermädchen an Schweinegrippe erkrankt war. Und Janet Joice und ihre Schwester waren ja jeden Tag mit ihr zusammen gewesen! Es klingelte also das Telefon, und Cora war dran und wollte meine Mutter sprechen und Cora war total panisch, weil in zwei Wochen ein Fernsehauftritt geplant war und sie durfte sich auf keinen Fall mit der Schweinegrippe anstecken und deswegen könne sie die Töchter nicht pflegen und das Kindermädchen auch nicht, weil die ja eben selbst krank war. Kurz und gut, sie fragte, ob wir Janet Joice und ihre Schwester vorübergehend bei uns aufnehmen würden!

Meine Mama. Sie hat das gemacht. Sie hat sofort ja gesagt. Eine halbe Stunde später wurden die zwei Mädchen vom Chauffeur gebracht und in unserem Gästezimmer einquartiert. Als später mein Vater kam und nicht begeistert war, hat sie erklärt, dass Cora so oft für mich gesorgt hätte und sie sich nun revanchieren könnte. Und dass man die armen Kinder doch nicht hängen lassen könnte und sie sich vielleicht gar nicht angesteckt hätten. Sie *hatten* sich aber tatsächlich angesteckt. Ein paar Tage später lagen sie mit Fieber im Bett. Mutter kümmerte sich rührend um sie und nahm sogar Urlaub von ihrer Arbeit! Gebt euch das mal! Für die eigenen Kinder bekommt man ja frei von der Arbeit, aber natürlich nicht für fremde. Und für die eigenen Kinder frei, das musste sie dann auch noch in Anspruch nehmen, denn mich erwischte es als Nächstes. Mann, war ich schlecht beieinander! Ich glaub, ich hab mich noch nie so elend gefühlt! Ich schlief und dämmerte vor mich hin, alles tat mir weh, ich hatte so hohes Fieber, dass ich gar nichts mehr so richtig mitbekam. Aber eins bekam ich mit: Ich war daheim, in meinem Bett, und meine Mutter kümmerte sich um mich.

Meine Mama!

Muttertag

Inhalt: *Eine Familie feiert den Muttertag. Die Kinder haben gebastelt, Papa hat Blumen gekauft, der Frühstückstisch ist gedeckt – aber schon beim Abräumen ist der Eifer verflogen.*

Stichworte: *Muttertag, Mama, helfen*

„Mama, aufgewacht: Alles Gute zum Muttertag!", ruft Melanie. „Schau, was ich für dich gebastelt habe!" Eifrig zeigt Maxi die hübsche Pappschachtel, die er beklebt hat. Mama freut sich riesig, auch über die Karte, die Melanie ihr überreicht. „Danke, dass du alles für uns tust! Ich hab dich lieb!", hat sie hineingeschrieben, und Mama umarmt ihre Große gerührt. „Der Kaffee ist fertig! Ein wunderbares Extrafrühstück wartet auf dich, mein Schatz!" Der Papa gibt ihr einen Kuss und reicht ihr den Morgenmantel. „Komm mit, es lohnt sich!"

„Das schaut aber hübsch aus!" Tatsächlich klatscht die Mutter begeistert in die Hände, als sie den Frühstückstisch erblickt: Frische Brötchen und Brezeln, Honig, Marmelade, Käse, Wurst, Jogurt, Müsli, sogar Obstsalat ist da, und alles schön hergerichtet und mit passenden Servietten geschmückt. Ein rotes Herz liegt auf Mamas Teller, und ein großer bunter Blumenstrauß prangt in der Mitte des Tisches. Gut gelaunt lassen es sich alle schmecken. „Mal so richtig ausgiebig frühstücken ... herrlich!", seufzt Mama. Melanie und Maxi sind schon im Kinderzimmer verschwunden. Die Eltern lesen Zeitung und unterhalten sich. „Na so was", meint die Mutter, „da steht: Der Tierpark hat vor fünf Jahren seine Flusspferde verkauft, um nicht ein neues Haus für sie bauen zu müssen. Und nun wird überlegt, stattdessen Zwergflusspferde anzuschaffen, weil viele Leute den Wunsch haben, Nilpferde im Zoo zu sehen ... Woher wissen sie das? Haben sich Leute beschwert und wollten ihr Geld zurück, weil keine Nilpferde da waren?", fragt sie grinsend. Der Vater lacht auch. „Zwergflusspferde – hab ich noch nie gehört. Wo gibt es denn die?" „Na, wahrscheinlich auch am Nil, nur da, wo der Nil noch ein kleiner Fluss ist?", schlägt die Mama vor. „Du, das interessiert mich jetzt. Ich schau es schnell im Internet nach", sagt Papa und verschwindet. „In West-Afrika gibt es die, aber sie sind selten und gar nicht so klein", meldet er kurze Zeit später aus dem Arbeitszimmer; dann fügt er hinzu: „Du, da ist eine wichtige Mail von Dieter. Auf die möchte ich noch schnell antworten, okay?" „Passt schon", erwidert die Mama. „Ich geh schon mal ins Bad." Doch als sie eine halbe Stunde später wieder in die Küche kommt, ist der Frühstückstisch unverändert; alles steht herum. Mama beginnt, den Tisch abzuräumen. Sie stellt Milch und Butter in den Kühlschrank und ruft: „Wer hilft mir?" „Gleich, Schatz!", entgegnet der Vater. Die Mutter schaut ins Kinderzimmer. „Wir spielen grad so schön", mault Maxi, und Melanie meint: „Tisch abräumen? Das machen wir doch nie ..."

Papa (Kinderaussagen)

Stichworte: Papa

Papa hat nicht oft Zeit für mich. Aber wenn, dann ist es lustig mit ihm.

Wenn mein Papa aus der Arbeit kommt, dann muss ich ihn erst einmal eine Weile in Ruhe lassen. Das weiß ich schon.

Papa hat einen guten Job, er baut Sonnenkollektoren. Ich denke, ich werde das auch machen, wenn ich groß bin.

Mein Papa hat mich lieb.

Papa kann gut kochen. Er macht es nicht oft, und Mama sagt, danach muss sie eine Stunde die Küche putzen. Aber es lohnt sich, finde ich.

Mein Papa ist Hausmann. Ich finde es schön, dass er immer da ist, wenn wir aus der Schule kommen. Aber manche Leute oder Nachbarn machen dumme Bemerkungen.

Ich mag es, wenn Papa mich an der Hand nimmt. Papa hat starke Hände. Ich fühle mich sicher, wenn er da ist.

Früher hatte Papa ein Motorrad. Aber seit wir Kinder da sind, fährt er nicht mehr.

Papa sorgt für die Familie, er geht immer zur Arbeit.

Wenn Mama mal wegfährt und ich mit Papa allein bin, dann darf ich ganz lang aufbleiben. Das verraten wir Mama nicht.

Mein Papa hat noch ein anderes Kind von seiner früheren Frau. Die hat er wegen Mama verlassen. Manchmal denke ich: Ob er meine Mama und mich auch einmal verlässt?

Meinen Papa kenne ich gar nicht.

Mein Papa ist nicht zuverlässig. Wenn wir etwas ausmachen, kommt er zu spät. Wenn er versprochen hat, anzurufen, vergisst er es.

Mein Papa

Inhalt: *Benni hat Zweifel, ob sein Vater wirklich Interesse an ihm hat. Bis er in eine dumme Geschichte verwickelt ist und sein Vater sich für ihn einsetzt.*

Stichworte: *Papa, falsche Freunde, Bande, schlechter Einfluss, Diebstahl, Einbruch, Schule, Verdacht*

Ein Brief von der Schule! Dann machte der Timmer also seine Drohung wahr. Oh je! Jetzt steckte er aber wirklich bis zum Hals in Schwierigkeiten. Was sollte er nun tun? Den Brief verschwinden lassen? Aber das war höchstens für heute eine Lösung. Benni seufzte tief. Hätte er doch nur auf seinen Vater gehört!

Angefangen hatte es eigentlich ganz harmlos: Die Familie Fendermann war zwei Häuser weiter eingezogen. Jakob, genannt Jacky, war in Bennis Klasse gekommen. Dann gab es da noch einen großen Bruder, Kurt, der war schon 16. Sie hatten vorher auf der anderen Seite der Bahn gewohnt, also nicht weit weg, und so brachten sie ihre

Freunde mit in die Steinstraße. Freunde kann man es nennen, es war aber schon eher eine Bande. Einige hatten Mofas, einer hatte immer einen Getto-Blaster dabei, und dann setzen sie sich in die Grünanlage, hörten Musik, rauchten, tranken Bier und prügelten sich auch schon mal.

Weil sie Nachbarn waren und es einfach nahe lag, gingen Benni, Jacky und Kurti gemeinsam in die Schule, und Benni und Jacky freundeten sich auch an. „Jacky ist in Ordnung!", verteidigte ihn Benni, denn die Mutter sah es gar nicht gern, dass Benni mit den Fendermanns Kontakt hatte. „Das mag ja sein", erwiderte die Mutter, „aber es ist so offensichtlich, dass diese Bande irgendwann kriminell wird – wenn sie es nicht schon ist. Und ich will nicht, dass du da hineingezogen wirst. Ich glaube dir sogar, dass Jacky in Ordnung ist", fügte sie hinzu. „Kurti und seine Freunde sind das Problem. Das ist einfach nicht der richtige Umgang für einen Zwölfjährigen."

Am Abend berichtete sie es dem Vater. Aber der sagte immer das Gleiche: „Erziehung ist deine Sache. Mit der Schule und Bennis Freunden will ich nichts zu tun haben. Hauptsache, er lernt was und bringt ordentliche Noten heim. Ich will keinen Ärger!" „Ja eben! Und mit den Fendermann-Buben wird es Ärger geben! Ist es denn zu viel verlangt, dass du auch einmal mit Benni sprichst?", entgegnete die Mutter gereizt. „Lieselotte! Du weißt, was ich in der Firma um die Ohren habe! Kannst du das vielleicht anerkennen?! Ich kann mich nicht um alles kümmern! Lass mich jetzt bitte in Ruhe, ich bin müde!" Benni hörte die Eltern im Wohnzimmer reden. So sehr er nachvollziehen konnte, wie hart sein Vater arbeitete, fühlte er trotzdem die Wut in sich aufsteigen. Interessierte sich der Vater denn überhaupt für ihn?

Was Jacky und Kurti betraf: Die Mutter hatte schon recht. Aber es war einfach verdammt schwer, Jacky aus dem Weg zu gehen. Eigentlich unmöglich. Weil sie doch in der gleichen Klasse waren und den gleichen Schulweg hatten! Was sollte er denn machen? Wie hätte er es begründen sollen, dass er nicht mit Jacky zusammen heimging?

Dann kam der erste Vorfall: An einem Donnerstagmittag waren alle beim Lehrer-Essen. Alle, also auch der Hausmeister. Das Schulhaus war zwei Stunden lang verwaist, keiner war mehr da. Und genau in dieser Zeit wurde versucht, in die Schule einzubrechen, über ein gekipptes Fenster. Das war natürlich kein Zufall. Nachbarn alarmierten die Polizei. Die kam, und ziemlich schnell waren die Täter gefasst, die beobachtet worden waren. Die Beschreibung traf auf die beiden Fendermann-Brüder zu. Ein dritter war noch dabei gewesen, aber der wurde nicht erkannt; und weder Jacky noch Kurti gaben seinen Namen preis. War das eine Aufregung! Die beiden wurden zur Rektorin Schremberger zitiert, bekamen einen Rektoratsverweis und drei Tage Schulausschluss. „Und ich warne euch! Wenn noch einmal so etwas passiert, wenn ihr euch das Geringste zuschulden kommen lasst, dann fliegt ihr von der Schule!" Als Kurti die Rektorin nachäffte und dabei lachte, war Benni etwas komisch zumute. Das ging doch jetzt zu weit! Sollte er sich nicht doch besser fernhalten, auch von Jacky? Dieser Ansicht war natürlich die Mutter, als sie die Geschichte hörte. Sie war so entsetzt, wie Benni sie noch nie erlebt hatte. Und diesmal mischte sich sogar der Vater ein: „Benni, es ist mir ernst: Gehe den beiden aus dem Weg! Hörst du?! Im Klassenzimmer geht es nicht, da kann ja auch nichts passieren. Aber vor der Schule, nach der Schule, hier in der Steinstraße: Rede nicht einmal mit ihnen. Sag ihnen, ich hätte es verboten. Du weißt: Ich will keinen Ärger! Ich will keinen Ärger!", wiederholte er noch einmal nachdrücklich. Benni nickte: „Okay, ich hab's verstanden."

Und dann kam der Tag, drei Wochen später, an dem alles schief lief und so schnell ging und die Katastrophe ihren Lauf nahm. Es war nach der Schule, Benni stand vor dem Eingang, wollte gerade heimgehen, da traten plötzlich Kurti und Jacky zu ihm und begrüßten ihn: „Hallo Benni!" „Hallo", antwortete Benni, ohne nachzudenken. Da raunte Jacky ihm zu: „Kannst du das für mich einstecken, schnell!" Und er schob einen Schlüssel in Bennis Jackentasche. „Was, aber? Äh!?" Benni wusste nicht, wie ihm geschah. Da kam außer Atem Herr Timmer gelaufen, der Musiklehrer. „Halt!", schrie er, „Kurti! Der war's! Haltet ihn!" Die Brüder blieben stehen und taten, als ob nichts wäre. Jetzt war der Lehrer da und packte Kurti am Kragen. „Du hast meinen Schlüssel geklaut! Gib ihn her! Sofort!", brüllte er. „Ich hab ihn nicht!", schrie Kurti und wehrte sich. „Lassen Sie mich los!" „Zeig deine Taschen!", befahl der Lehrer. Grinsend gehorchte Kurti. „Alle drei!", kommandierte Herr Timmer wütend. Benni griff in seine Tasche – immer noch unfähig, ein Wort herauszubringen. Und in der Hand hielt er – den gesuchten Schlüssel! „Das hat Konsequenzen! Und ihr wisst, welche!", schimpfte der Lehrer außer sich. „Das ist nicht zu fassen! Was ihr hier veranstaltet! Aber damit ist Schluss! Ihr hört von mir und Frau Schremberger!" Mit dieser Drohung verschwand er wieder im Haus.

Benni wusste später nicht mehr, wie er heimgekommen war. Wie im Traum war er den Weg gegangen; wie in einem bösen Traum. Er war doch völlig unschuldig! Das musste Herr Timmer wissen! Welche Konsequenzen meinte er? Aber – nein! Es konnte eigentlich nichts passieren. Es wurden doch nur Kurti und Jacky verdächtigt. Schließlich stand er vor der Wohnungstür. „Nein, ich sage nichts", beschloss er. „Ich habe nichts getan, und deswegen kann ich auch für nichts bestraft werden. Wenn ich es erzähle, gibt es nur Aufregung um nichts."

Und nun hielt er den Brief in der Hand. „Mama, bitte glaub mir: Ich bin unschuldig!", stammelte Benni, als er ihr den Brief hinhielt. „Wieso? Was ist los?", fragte die Mutter erschreckt und riss eilig den Umschlag auf. „Um Himmels willen!", stieß sie aus und ließ sich leichenblass auf den Stuhl fallen. „Sie wollen dich von der Schule werfen!" „Was?", schrie Benni und riss ihr das Schreiben aus der Hand „... hat einer Lehrkraft den Schlüssel entwendet ... wird darüber hinaus verdächtigt, bei einem Einbruchsversuch beteiligt gewesen zu sein ... bedauern wir, Ihnen mitteilen zu müssen ..." Die Buchstaben begannen sich vor Bennis Augen zu drehen. Das war doch nicht möglich! Das warf man ihm vor? Es dauerte lange, bis die Mutter wieder sprechen konnte. „Also Benni, dann werde ich zu dieser Anhörung gehen am Montag. Vielleicht lässt sich das ja doch aufklären." „Anhörung? Stimmt, davon stand etwas in dem Schreiben." In diesem Moment hörten sie den Schlüssel im Schloss – der Vater kam heim. Auch das noch! Benni machte sich auf das schlimmste Donnerwetter gefasst, das er je erlebt hatte. Aber das war jetzt auch schon egal.

„Was ist denn hier los?", wollte der Vater wissen, als er die Mutter und Benni so elend sitzen sah. Er erblickte den Brief, nahm ihn und begann zu lesen. Benni duckte sich. Aber es kam kein wütendes Gebrüll. Kein Aufschrei. Der Vater sagte nur: „Das muss ein Irrtum sein. Du klaust doch keine Schlüssel und brichst auch nicht ein, oder, Benni?" Hoffnungsvoll sah Benni zu seinem Vater auf. „Ja! Also: Nein!", stotterte er. „Ich war es wirklich nicht! Beides nicht!" Und er erzählte seinem Vater die ganze Geschichte. Tat das gut! Er fühlte sich um zehn Kilo leichter. „Hhm, also, was machen wir jetzt? Bei der Sache mit dem Schlüssel steht es schlecht, da können wir nicht das Gegenteil beweisen", überlegte der Vater. „Wie steht es mit dem sogenannten Einbruch? Was hast du denn in der Zeit gemacht? Hast du da vielleicht ein Alibi?" „Du liebe Zeit, was haben wir am Donnerstagmittag vor drei Wochen gemacht?", fragte die Mutter und schaute im Familienkalender nach. „Nichts. Da wird er hier daheim gewesen sein. Das war übrigens der Tag, wo du am Mittag mit Herrn Doll verabredet warst." „Ach? Tatsächlich? Mit dem war ich doch bei Luigi, unserm Italiener! Und ich habe, wie immer, die Quittung aufgehoben. Ich könnte doch sagen, ich sei mit Benni dort gewesen! Der Luigi wird das bestimmt bestätigen, wenn wir ihm die Sache erklären." Entgeistert schauen die Mutter und Benni den Vater an: „Du würdest lügen für mich?", fragt Benni. „Willst du am Montag etwa selber zur Anhörung gehen? Du musst doch in die Arbeit?" Auch die Mutter kann kaum fassen, was der Vater da sagt. „Na ja", meint der. „Mein Sohn ist in Schwierigkeiten. Da ist es doch die Sache des Vaters, ihm zu helfen."

Mami und Mama

Inhalt: *Kind eines lesbischen Paares kommt in die Schule, die Familie wird nach anfänglicher Irritation akzeptiert.*

Stichworte: *Homosexualität, lesbisches Elternpaar, Familie, Mama, Diskriminierung*

Die ganze Turnhalle war voll von Leuten: Mütter, Väter, Omas, Opas – vor allem aber 72 Kinder, die mit bunten Schultüten, roten Backen und großen Augen vorne auf den Bänken saßen. War das aufregend! Die Rektorin rief die Namen auf: „In die Klasse 1a zu Frau Holzmann gehen: Sophie Degner, Miriam Deichmann ..."

Sophie und Miriam standen auf, um sich zu ihrer Lehrerin zu stellen. Zufällig hatten sie nebeneinandergesessen. Weil Sophie vor nicht langer Zeit umgezogen war, kannte sie kein anderes Kind. Aber die Miriam sah nett aus. „Du, magst du neben mir sitzen?", fragte Sophie. „Ja", stimmte Miriam gleich zu. Auf dem Weg zum Klassenzimmer stellte sich heraus, dass sie auch neu in diesem Stadtteil war. So ein Glück, dass sie sich gefunden hatten! Alle anderen Kinder hatten scheinbar schon Freundinnen und Freunde aus dem Kindergarten.

Nun waren sie da. Die Eltern durften noch ins Klassenzimmer kommen und Fotos machen, dann mussten sie sich verabschieden. „Tschüs, Mami! Tschüs, Mama", rief Miriam. Frau Holzmann stand vorn und sah die Kinder erwartungsvoll an. Es ging los! Der erste Schultag begann! Wie lange hatte Sophie diesem Tag entgegengefiebert! Und doch war sie nun mit etwas anderem beschäftigt: „Wieso Mami und Mama? Hast du zwei Mütter?", flüsterte sie. „Ja, aber ich erkläre es dir später!" Miriam wollte sich nicht ablenken lassen.

Nachher durften alle Kinder ihre Schultüten auspacken. Miriam und Sophie zeigten sich gegenseitig, was sie gefunden hatten: Wachsmalkreiden, ein Springseil und Sophies Lieblingskekse. „Erzähl doch: Hast du denn keinen Papa?", wollte Sophie wissen. „Nein, einen Papa habe ich nicht. Meine Mama hat meine Mami lieb, und deswegen haben sie geheiratet." „Eine Frau kann eine Frau heiraten?" Nun war Sophie restlos verblüfft. „Ja, das geht", erklärte Miriam geduldig. Es war nicht so, dass sie diese Frage zum ersten Mal hörte. „Aha. Das wusste ich nicht." Sophie musste das erst einmal verdauen. Und am Mittag ihren Eltern erzählen. Jetzt war aber doch die Schultüte wichtiger. Sie sollten nun alles wieder einpacken, und das war gar nicht so einfach. Zum Glück half Miriam: Sie hielt die Tüte fest, während Sophie die Schleife band. Miriam war wirklich nett.

„Ich habe eine Freundin gefunden! Sie heißt Miriam und hat zwei Mütter!", verkündete Sophie am Mittagstisch. „Tatsächlich?", wunderte sich die Mama. „Aber stimmt, mir ist das vorhin schon aufgefallen, dass da zwei Frauen bei ihr waren." „Ich wusste nicht, dass zwei Frauen heiraten dürfen, aber Miriam hat gesagt, dass das geht." „Ja, auch zwei Männer können heiraten. Es heißt etwas anders – ‚eingetragene Partnerschaft'; seit ein paar Jahren ist das möglich", erklärte der Vater. „Aber was ich tatsächlich nicht wusste, ist, dass ein homosexuelles Paar Kinder bekommen kann. Ich dachte immer, dazu braucht man eine Frau und einen Mann?" Fragend sah er seine Frau an. „Na ja, dank der modernen Medizin ist das wohl machbar", antwortete sie. Sie tätschelte Papas Hand und scherzte: „Mit anderen

Worten: Wir Frauen brauchen euch Männer gar nicht mehr!" Papa ging auf das Spiel ein, schaute ganz bekümmert und jammerte: „Schnief. Dann bin ich wohl hier unnötig?" „Aber nein! Wir sind froh, dass du da bist!" Sophie und die Mama umarmten den Papa lachend.

„Ich muss Ihnen ehrlich sagen, dass ich noch nie mit einem lesbischen Elternpaar zu tun hatte", gestand Frau Holzmann in der Sprechstunde. „Also Sie sind Frau Deichmann. Und Ihre Frau? Heißt sie auch Frau Deichmann?" „Ja, wir haben uns für den gemeinsamen Familiennamen entschieden", antwortete Miriams Mutter. „Aber ich kann Ihnen versichern, dass wir eine ziemlich normale Familie sind. – Und: Wie geht es Miriam in der Schule?" „Alles bestens", antwortete Frau Holzmann. „Sie hat sich sehr gut eingewöhnt! Mit den anderen Kindern kommt sie gut zurecht, besonders mit Sophie. Und die ersten Buchstaben hat sie ohne Mühe gelernt. Sie lesen ihr wohl viel vor?" „Ja, jeden Tag, schon seit Jahren", erwiderte die Mutter. „Das merkt man: Sie kann sich sprachlich sehr gut ausdrücken!", lobte Frau Holzmann und dachte: „Eigentlich wirklich eine nette Familie!"

Beim Elternstammtisch ein paar Wochen später ergriff Miriams Mutter das Wort: „Liebe Eltern! Da es vermutlich etwas gewöhnungsbedürftig für Sie ist, dass ein Kind zwei Mütter hat, wollten wir uns hier vorstellen: Wir sind die Eltern von Miriam. Wir haben uns sehr eigene Kinder gewünscht und den Weg der künstlichen Befruchtung gewählt. Der Vater ist nicht bekannt. Wir bemühen uns, unsere Kinder – Miriam hat noch einen kleinen Bruder – liebevoll zu erziehen und vermissen den Mann im Haus eigentlich nicht." Grinsend wandte sie sich zu ihrer Lebensgefährtin um. „Ich vermisse ihn wohl, den Mann im Haus", seufzte da eine Frau, „obwohl ich einen Mann habe. Er muss so viel arbeiten, dass er die Kinder unter der Woche gerade mal beim Frühstück zu Gesicht bekommt." Eine andere Frau meinte: „Ich bin alleinerziehend. Mein Freund hat mich sitzen lassen, als Tobi noch ganz klein war. Ich muss auch ohne Vater zurechtkommen, und das geht auch. Es hilft ja nicht: Ich kann den Vater nicht herbeizaubern!" „Ja, seid ihr denn alle miteinander verrückt geworden?", polterte da plötzlich ein Vater los. „Zu einer Familie gehören Vater *und* Mutter! *Das* ist normal! Was für eine verkehrte Welt ist denn das, wenn ihr mir hier weiß machen wollt, dass es für Kinder keinen Unterschied bedeutet, ob ein Vater da ist oder nicht?" Erschrocken angesichts dieses Ausbruchs sahen alle zu dem Mann hin. Man hörte auch von einigen beifälliges Gemurmel: „Stimmt genau! Recht hat er!" Die alleinerziehende Mutter ließ sich aber nicht beeindrucken, sie stand auf und wiederholte: „Wie gesagt: Ich kann den Vater nicht herbeizaubern! Er will sich nicht um seinen Sohn kümmern! Was soll ich Ihrer Meinung nach tun?" „Weiß ich doch nicht! Das ist Ihr Problem!", erwiderte der Mann unwirsch. „Heutzutage muss man die ‚normale Familie' neu definieren", ergriff jetzt Sophies Papa das Wort. „Früher war das einfach: Hochzeiten wurden arrangiert, und dann gab es Vater, Mutter, Kinder. Es gab keine Scheidungen und natürlich keine eingetragenen Partnerschaften. Wenn eine ledige Frau ein Kind bekam, wurde sie verstoßen und die Sache war erledigt. Vielleicht wünscht sich der eine oder andere diese klaren Verhältnisse zurück – ich aber nicht. Ich finde es gut, dass ich mir aussuchen konnte, ob und mit wem ich eine Familie gründen möchte. Ich finde es auch richtig, dass man sich trennt, wenn man nur noch streitet. Meine Schwester hat ihr Glück in der zweiten Ehe gefunden, das ist nun so eine der typischen ‚Patchwork'-Familien. Wir können die Zeit nicht zurückdrehen. Es ist nun einmal so, dass die Familien heutzutage sehr unterschiedlich aussehen. Und das Wichtigste dabei sollte doch sein, ob es den Kindern gut geht!" „Genau! Besser eine Familie mit erwünschten, geliebten, zufriedenen Kindern als eine Familie, in der die Kinder nicht gut behandelt werden – egal, wie viele Mütter und Väter es nun sind", meinte Sophies Mutter und fügte hinzu: „Unsere Sophie ist ja mit Miriam gut befreundet, und wir treffen auch ihre Mütter, Stephie und Bianca, oft. Ich kann Ihnen sagen: Miriam ist ein entzückendes Mädchen, und das hat sie ihrer wunderbaren Familie zu verdanken!"

Es vergehen Monate; es vergehen zwei Jahre. Miriam ist ein Mädchen wie jedes andere. Sie lernt, spielt mit den anderen, freut sich, ärgert sich, wächst und gedeiht. Keines der Kinder findet es mehr ungewöhnlich, dass sie eine Mami und eine Mama hat. Manche der Eltern haben noch Vorbehalte, aber das kann Familie Deichmann wegstecken.

Frau Holzmann trifft sich mit der Kollegin, die ihre Klasse im nächsten Schuljahr weiterführen wird. „Es ist eine liebe Klasse", versichert sie und berichtet von den Kindern: „Ferdinand hat Probleme, sich zu konzentrieren, den solltest du auf jeden Fall nach vorn setzen, und am besten neben Sara. Sie trägt eine Brille, darf auch nicht hinten sitzen und versteht sich sehr gut mit Ferdinand." So gehen sie die Klassenliste durch und Frau Schmidt macht sich ein paar Notizen. „Sonst noch was?", fragt sie am Ende. „Mal sehen", überlegt Frau Holzmann und überfliegt noch einmal die Namen: Sophie Degner, Miriam Deichmann ... „Ach ja, fast hätte ich es vergessen: Miriam hat zwei Mütter!" „Ein lesbisches Paar mit Kindern?", staunt Frau Schmidt. „Ja", antwortet ihre Kollegin, „aber sonst ist das eine ganz normale Familie!"

Familienrat

Inhalt: *Im Familienrat werden Angelegenheiten der Familie besprochen.*

Stichworte: *Zusammenleben, Familie, Familienrat, Mitbestimmung*

▉▶ *Relifix 2, S. 29*

Ingrid erzählt eigentlich selten etwas von der Schule. Wenn Mama oder Papa beim Abendessen fragen: „Wie war es in der Schule?", bekommen sie immer dieselbe Antwort: „Schön." Ihr älterer Bruder Fabian, der in die vierte Klasse geht, findet die Schule nicht mehr so schön wie Ingrid. Der antwortet auf dieselbe Frage immer: „Normal." So oder so, jedenfalls erzählen sie nicht viel, sodass kürzlich die Mutter schon lachend sagte: „Wenn eure Schule abbrennen würde, würde ich es wahrscheinlich in der Zeitung lesen und nicht von euch erfahren ..."

Doch heute kann es Ingrid kaum erwarten, bis alle da sind, denn sie hat im Unterricht etwas gehört, das sie unbedingt den anderen erzählen will. „Ich habe etwas zu sagen!", verkündet sie. „Wir machen einen Familienrat!" – Mama, Papa und Fabian schauen sie an. Alle drei sind verblüfft, weil sie ihre kleine Ingrid so gar nicht kennen. „Ich lese euch das vor", sagt Ingrid. „Hört mal zu!"

Familienrat

1. *Wer? – Die ganze Familie ist dabei!*
2. *Wann? – Der Familienrat findet einmal in der Woche statt, z. B. am Wochenende.*
3. *Wo? – Der Familienrat trifft sich an einem gemütlichen Ort, wo alle sitzen können und es einen Tisch gibt.*
4. *Was? – Besprochen wird alles, was für die Familie wichtig ist. Zum Beispiel: Was unternehmen wir am Wochenende? Es muss etwas Neues angeschafft werden, zum Beispiel ein Sofa. Wo wird es gekauft? Wie wird Geburtstag/Weihnachten gefeiert? Aber auch: Probleme in der Schule oder mit Freunden, Ärger in der Familie und so weiter.*
5. *Wie? – Die Vorschläge werden die Woche über gesammelt, aufgeschrieben und an eine Pinnwand gehängt. Als Erstes erzählt jeder eine Sache, die ihn besonders gefreut hat in der Woche. Danach sagt jeder etwas, was ihm in dieser Woche nicht gut gefallen hat. Dann werden die Vorschläge besprochen. Jeder kommt dran. Jeder darf ausreden! Beleidigen ist verboten. Der Familienrat dauert so lange, bis eine Lösung gefunden ist, mit der alle einverstanden sind.*

Mama, Papa und Fabian schauen sie immer noch an und staunen. Schließlich sagt Papa: „Alle Achtung! Ich wusste gar nicht, wie gut du schon lesen kannst." „Papa! Das ist ja nett, dass du mir das sagst, und es stimmt auch, aber das ist doch jetzt nicht wichtig", wendet Ingrid ein. „Los, sagt schon! Wie findet ihr die Idee? Machen wir das?" „Ich bin dafür!", sagt Mama. „Das hört sich doch gut an!" „Mir gefällt die Idee auch", stimmt Papa zu. „Ich weiß auch schon ein Thema: Der Opa hat doch bald Geburtstag, und ich weiß nicht, was wir ihm schenken sollen." „Familienrat. – Ich weiß nicht", Fabian ist nicht begeistert. „Muss ich da früh aufstehen? Ist das nicht komisch? In einer Familie trifft man sich doch sowieso, da muss man doch keine Uhrzeit ausmachen." „Gerade weil man sich sowieso oft sieht, nimmt man sich doch nie Zeit, um etwas in Ruhe zu besprechen", meint die Mutter. „Lasst es uns doch einfach probieren! Und damit Fabian ausschlafen kann, schlage ich vor, dass wir uns am Samstag nach dem Mittagessen um 14 Uhr treffen. In Ordnung, Ingrid?" Ingrid strahlt. Dass die Familie sich für ihren Vorschlag interessiert, freut sie riesig. „Man braucht noch eine Pinnwand dafür", erklärt sie, „wo man die Zettel hinhängen kann." „Da habe ich eine übrig", sagt Fabian und holt sie gleich. Mama hängt sie auf, sodass sie jeder sehen kann, und Ingrid befestigt ihren Zettel daran. Vorher hat sie noch mit großen bunten Buchstaben ‚Familienrat' darüber geschrieben.

Nun kann Ingrid den Samstag kaum erwarten. Jeden Tag sieht sie an die Pinnwand. Vaters Zettel hängt schon da, mit der Aufschrift: „Was schenken wir Opa zum Geburtstag?" Dann ist von Fabian ein Zettel da, auf dem steht: „Ich will ein neues Fahrrad!" Und schließlich, am Samstagmorgen, o weh, kommt noch von der wütenden Mama ein Zettel dazu, auf den sie nur ein Wort mit fetten Buchstaben geschrieben hat: „AUFRÄUMEN!!!" – „Das kann ja was werden!", seufzt Fabian, als er es liest.

Aber auch er ist pünktlich am Samstag um 14 Uhr zur Stelle. „Der Familienrat geht los!", ruft Ingrid. „Denkt an die Regeln! Jeder kommt dran! Jeder darf ausreden! Beleidigen ist verboten! Alles klar?" „Ja!" – Im ersten Durchgang soll jeder etwas Schönes sagen. Ingrid findet es natürlich am besten, dass ihre Idee mit dem Familienrat so gut angekommen ist. Papa findet das auch. Mama hatte sich am meisten darüber gefreut, dass sie das Buch, in dem sie gerade liest, wiedergefunden hat. „Eine Woche habe ich es gesucht", berichtet sie. „Und es war hinter dem Nachtkästchen eingeklemmt. Vielleicht hat es die Katze dahinter gestoßen." Fabian hat vergessen, sich etwas auszudenken. „Das ist aber schade", sagt die Mama, „denn das finde ich gerade schön, dass der Familienrat gut anfängt." „Du sagst halt später etwas", schlägt Ingrid vor. „Und nun beginnt die Meckerrunde: Was war blöd?" – „Die Arbeit", brummt der Vater. „Aber da könnt ihr nichts dafür." „Die Schule", brummt Fabian und rückt damit heraus, dass er eine Vier in der Matheprobe hatte. Mama sagt nichts, sie tippt nur mit finsterer Miene auf ihren Zettel. Ingrid beschwert sich: „Aufräumen! Das hat mich auch am meisten geärgert. Ich finde es doof, dass du immer über die Unordnung schimpfst!" – „Das ist wahr", stimmt ihr Fabian zu. „Die Mama hat einen Putzfimmel!" „Moment mal, keine Beleidigungen!" Jetzt schreitet der Vater ein. „Ihr werdet doch wohl einsehen, dass sauber gemacht werden muss, oder?" „Ja, schon, aber nicht so oft", mault Ingrid. „Wie oft würdet ihr denn aufräumen?", fragt die Mama. „Euer Zimmer ist doch schon wieder ein Saustall ...!" – „Keine Beleidigungen!", rufen

Fabian und Ingrid wie aus einem Mund. Da muss die Mama grinsen. Nach einer Weile einigen sie sich aber tatsächlich: Unter der Woche dürfen Fabian und Ingrid machen, was sie wollen, und am Samstagvormittag helfen sie zusammen und räumen auf. Damit sind alle zufrieden. Noch schneller finden sie ein Geschenk für den Opa. Ingrid hat vorgeschlagen, ihn auf einen gemeinsamen Ausflug mit dem Schiff einzuladen, und davon sind alle begeistert. Nun fehlt noch das Rad für Fabian, und das ist schwierig, denn Geburtstag und Weihnachten sind noch weit, aber sein Rad ist ihm wirklich zu klein.

„Aber so ein neues Rad ist teuer, das können wir nicht einfach so nebenbei kaufen", meint Mama. „Das musst du leider einsehen." „Wie wäre es, wenn wir nach einem gebrauchten Rad Ausschau halten?", schlägt Papa vor. „Wir kaufen so eine Zeitung mit Kleinanzeigen, und am nächsten Wochenende kümmern wir uns darum." „Mann, Papa, das wäre super!", freut sich Fabian. So geht der erste Familienrat zu Ende. „Halt!", sagt Ingrid. „Fabian, du musst noch etwas Gutes sagen!" Da muss Fabian nicht mehr lange überlegen: „Der Familienrat war klasse!"

Tomatensoße

Inhalt: *Die Eltern führen ein feindseliges, erbittertes Gespräch unter gegenseitiger Missachtung, beteuern aber, nicht zu streiten. Die Tochter leidet darunter.*

Stichworte: *Streit der Eltern, Beleidigung, Verzweiflung, Vorwürfe*

„Essen kommen!", ruft die Mutter und die Familie versammelt sich um den Tisch. „Mhm, Nudeln mit Tomatensoße!", freut sich Dorit. „Ich hab Hunger!", sagt ihr Bruder. „Hunger hab ich auch!", bestätigt der Vater. Die Mutter stellt die dampfenden Nudeln auf den Tisch und dazu den Topf mit der Tomatensoße. „Guten Appetit!", wünscht sie und beginnt, die Nudeln zu verteilen. Vater sieht suchend auf dem Tisch herum und fragt: „Was gibt's dazu?" „Wie meinst du das? Was soll es dazu geben?", fragt die Mutter, Böses ahnend. „Na, was Ordentliches, Fleisch zum Beispiel. Das ist doch kein Essen." „Natürlich ist es Essen", erwidert die Mutter spitz, „denn man kann es essen. Wusstest du das nicht?" Und demonstrativ führt sie eine Gabel mit Nudeln zum Mund. „Beim Italiener ist das eine Vorspeise", bemerkt der Vater. „Vorspeise bedeutet, dass man danach nicht satt ist." „Wir sind aber nicht beim Italiener und auch nicht in einer Gastwirtschaft, wo man für teures Geld ein Menü mit drei Gängen bestellt", entgegnet die Mutter. „Und ich habe auch einen guten Tipp, wie du satt wirst: Nimm dir einfach ein zweites Mal." „Ich mag aber nicht zwei Teller voll Nudeln essen, das ist doch langweilig, immer das Gleiche zu essen." „Nun, dann isst du nur einen Teller voll Nudeln und nutzt die gute Gelegenheit, um abzunehmen", schlägt die Mutter bissig vor. „Ich will gar nicht abnehmen. Du bist das, die immer abnehmen will", antwortet der Vater im gleichen Ton und fügt hinzu: „Und es auch nötig hat." Die Mutter presst die Lippen zusammen und holt tief Luft. Sie würdigt ihren Mann keines Blickes und wendet sich an die Kinder: „Mögt ihr noch Soße? Extra nach Kinder-Art gekocht!" „Kinder-Art heißt wohl, dass sie nicht gewürzt ist?", lässt sich da wieder der Vater vernehmen, der verdrießlich an seinem Teller geschnuppert hat. „Exakt: Nur mit Salz und etwas Traubenzucker, so wie die Kinder es mögen!", erklärt die Mutter, sich mühsam beherrschend. „Oregano? Basilikum? Majoran?" Der Vater lässt nicht locker. „Nein, keins davon. Wie ich bereits sagte: Die Kinder mögen das Gewürz nicht", verteidigt sich die Mutter. „Pfeffer?", erkundigt sich der Vater. Nun wird die Mutter ironisch: „Ach, doch, natürlich: Pfeffer ist drin, die halbe Dose, frisch gemahlen, und Tabasco und Chili dazu! – Sag mal: Wieso stehst du eigentlich nicht einfach auf, holst dir die Gewürze und würzt nach?" „Weil das nicht geht. Gewürze müssen mitgekocht werden, nur so entfalten sie ihr Aroma! Aus dem ‚ABC des Kochens'. Wenn du das nicht weißt, dann wundert mich nichts mehr. Außerdem frage ich mich, wozu du die ganzen Gewürze überhaupt hast, wenn du sie nicht verwendest?" „Hörst du denn überhaupt zu?", braust die Mutter auf. „Ich möchte, dass es den Kindern schmeckt! Nur deswegen verzichte ich auf die Gewürze!" „Und dass es mir nicht schmeckt, ist wohl egal?", beschwert sich der Vater. „Ja und was meinst jetzt du: Soll ich zwei verschiedene Soßen kochen oder eine Soße, wie du sie magst, die dann kein anderer isst?", will die Mutter nun wissen. „Ich sehe schon, ich muss mich selbst kümmern. Ich genieße scheinbar kein großes Ansehen in dieser Familie", knurrt der Vater, steht auf und holt die große Ketchupflasche aus dem Kühlschrank. „Nudeln mit Ketchup. Hab ich als Student immer gegessen. Hatte eigentlich gehofft, die Zeiten seien vorbei." Feindselig schaut die Mutter zu und säuselt: „Guten Appetit!"

Die Kinder haben schweigend gegessen und alles mit angehört. „Könnt ihr nicht endlich zu streiten aufhören?", bricht es schließlich aus Dorit heraus. „Wir streiten doch nicht!", stellt der Vater empört fest. Ausnahmsweise ist die Mutter seiner Meinung: „Das würden wir nie tun, erst recht nicht vor euch Kindern. Waren wir laut? Nein! Haben wir ein Schimpfwort gesagt?" „Nein", seufzt Dorit gequält, „schlimmer."

Joschis Garten

Inhalt: *Die Eltern haben sich getrennt, aber inzwischen geht es Joschi und seiner Mutter wieder gut; er tröstet Elisabet, die das gerade durchmacht.*

Stichworte: *Trennung, Scheidung, alleinerziehend, Streit der Eltern, Patchwork-Familie, neuer Freund der Mutter, Trost*

⁣⁣➡   *Relifix 2, S. 30*

„Was ist los?" Joschi steht vor Elisabet, die wie ein Häufchen Elend vor der Schule hockt. „Warum gehst du nicht nach Hause?" „Ich will nicht heim." Elisabet murmelt das leise und traurig. „Warum, nun sag schon!" Joschi lässt nicht locker. „Es ist ..." – Elisabet kämpft mit den Tränen. „Weil, meine Eltern haben sich getrennt! Mein Papa ist weg, und meine Mama heult den ganzen Tag nur. Und ich mag es nicht, wenn sie heult. Ich bin ja selbst so traurig. Ich kann sie nicht trösten und sie kann mich nicht trösten. Und Papa kann uns auch nicht trösten, denn der ist ja nicht mehr da." Nun ist es heraus. Elisabet schluckt. Den ganzen Tag kann sie an nichts anderes denken, und immer muss sie fast weinen. Wie soll das bloß weitergehen?

„Oh, deswegen sitzt du da", sagt Joschi mitfühlend und setzt sich neben Elisabet. „Das ist blöd. Das ist wirklich blöd. – Weißt du, warum ich das gut verstehen kann?" Elisabet schaut Joschi an und nickt: „Bei dir war das auch so, oder?" „Mhm, vor zwei Jahren. Mein Papa hatte eine neue Freundin und hat meine Mama verlassen. Das war auch nicht schön, wirklich nicht. Aber, ehrlich, noch viel schlimmer war die Zeit davor. Meine Eltern haben fast jeden Tag gestritten. Oh, wie ich das gehasst habe! Ich war im Kinderzimmer und habe versucht, mir die Ohren zuzuhalten. Dann bin ich zu ihnen in die Küche gelaufen und habe sie angebrüllt, dass sie aufhören sollen zu streiten. Aber sie haben nicht auf mich gehört. Ehrlich: Als mein Papa weg war, war ich auch traurig. Ich habe ihn vermisst. Aber: Das Streiten und Herumschreien, das habe ich nicht vermisst, echt nicht! Da gibt es doch so einen Spruch: ,Lieber ein Ende mit Schrecken als ein Schrecken ohne Ende!'" Joschi muss grinsen, weil der Spruch gar so gut passt. Auch Elisabet lacht, fast, ein bisschen.

„Und noch etwas: Heute ist das wirklich gut", erzählt Joschi weiter. Meiner Mama geht es wieder gut, sie hat auch einen neuen Freund, der ist echt nett. Und er hat einen Sohn. Das ist jetzt mein Halbbruder, und wenn der zu Besuch kommt, freu ich mich wirklich, weil man mit dem tolle Spiele machen kann. Meinen Papa seh' ich oft am Wochenende, und dann hat er richtig Zeit für mich und wir unternehmen etwas Schönes miteinander. Doch, wirklich: Heute ist das alles wieder gut. Anders halt, aber eigentlich ... sogar besser als früher, weil eben das Streiten vorbei ist. Haben deine Eltern auch gestritten?" „Und ob!" Elisabet verdreht die Augen. „Ich habe es, genau wie du, mit Ohrenzuhalten versucht, aber die waren zu laut. Ich musste es immer mit anhören, und ich hab es auch gehasst! Es war nicht zum Aushalten!"

„Weißt du, mir hat meine Oma geholfen. Meine Oma hat einen Garten, ganz in der Nähe. Da bin ich oft zu Besuch gewesen. He, Elisabet, komm doch du auch in den Garten! Da ist es schön! Es gibt ein Häuschen und eine Schaukel, zwei Apfelbäume, einen Kletterbaum, ein Beet ..." Joschi zieht aus seiner Schultasche den Rechenblock und das Federmäppchen heraus und beginnt, den Garten zu zeichnen. „Und das Beste ist: Meine Oma hat einen Hund, eine Dackel-Dame, die Miss Suri!" „Ich mag Tiere total gern", sagt Elisabet und schaut Joschi beim Malen zu. „Aber egal, ob mit Hund oder ohne: Ich wäre tatsächlich froh, wenn ich ab und zu zu Besuch kommen könnte, ... wenn daheim zu viel geheult wird." „Am besten gleich heute!'", lädt Joschi sie ein, reißt das Blatt ab und gibt es Elisabet. „Schau: ‚Joschis Garten' hab ich darüber geschrieben und die Adresse!" „Danke! Vielen Dank!", lächelt Elisabet. „Ja dann: Bis später!"

Sonntagnachmittag

Inhalt: *Silvia freut sich auf jeden Sonntag, den sie immer mit Papa verbringt. Doch dann verlässt er die Mutter und sie. Silvia ist verzweifelt. Wochen später meldet er sich endlich wieder: Er vermisst die Sonntage genauso wie die Tochter.*

Stichworte: *Streit der Eltern, Trennung, Papa, sich um die Kinder kümmern, Traurigkeit, vermissen, Verzweiflung, alleinerziehend, Sonntag*

➡ *Relifix 2, S. 63*

„Schreibe etwas zu den Wochentagen! Welches ist dein Lieblingstag und warum? – Dazu fällt euch doch sicher eine Menge ein", meint der Lehrer, Herr Huber. „Allerdings!" Silvia lächelt und beginnt zu schreiben ... Ihr Lieblingstag ist der Sonntag, genau gesagt: Sonntagnachmittag. – Das schrieb sie am Freitag.

„Hallo Silvia! Alles in Ordnung?", begrüßt Judy am Montag ihre beste Freundin. „Wie war dein Wochenende? Hast du schon gesehen, dass der Huber heute ..." Doch dann bricht sie mitten im Satz ab, denn sie hat Silvias gequälten Gesichtsausdruck bemerkt. „Was ist?", fragt sie erschrocken. Doch eigentlich weiß Judy, was los ist: „Oh nein, sag bloß – jetzt ist es passiert?" Silvia nickt nur und murmelt: „Nichts ist in Ordnung."

Schon seit Monaten streiten sich Silvias Eltern immer wieder. „Ich hab so Angst, dass sie sich trennen!", hatte Silvia Judy schon vor einiger Zeit erzählt. „Das ist kein normaler Streit. Mama schreit immer wieder: ‚Ich halte das nicht mehr aus!', und Papa schreit zurück: ‚Das passt ja, ich nämlich auch nicht!' Und früher, da haben sie sich wenigstens am nächsten Tag ordentlich versöhnt, da hat Papa Blumen gebracht oder so, aber jetzt, jetzt reden sie manchmal tagelang nur noch das Nötigste miteinander."

Und jetzt war es passiert. Am Sonntagnachmittag. Silvia war mit ihrem Fahrrad draußen gewesen und freute sich schon auf daheim. Weil der Papa unter der Woche nicht so viel Zeit hatte, nahm er sich am Sonntagnachmittag immer extra Zeit für Silvia. Das war die „Spielzeit": Sie durfte sich das Spiel aussuchen oder einen Vorschlag machen. Ab und zu gingen sie auch ins Kino miteinander. Zum Abendessen gab es in der Imbissbude einen Döner oder Pommes. Und am Abend las dann der Papa ihr und sie ihrem Papa vor: „Vorlesewettbewerb" nannten sie das. Die Mama hatte am Nachmittag frei und ging ins Fitnessstudio und in die Sauna. Ohne Zweifel, Silvia liebte auch ihre Mutter, aber diese Zeit allein mit dem Papa genoss sie besonders, das war immer das Schönste in der Woche! ... Das hatte sie auch alles geschrieben zum Thema „Lieblingstag".

Aber jetzt war es passiert. An diesem Sonntagnachmittag, als Silvia ihr Fahrrad in den Schuppen stellte, hatte sie schon so ein komisches Gefühl. Warum stand eigentlich das Auto nicht vor der Tür? In dem Moment, als sie die Tür aufsperrte, wusste sie, dass etwas nicht stimmte. Sie schlich zur Küche, und da saß die Mutter, ganz ruhig, verdächtig ruhig. „Mama?", sagte Silvia leise. Die Mutter bemerkte Silvia und sah sie mit einer Traurigkeit an, die Silvia das Herz zusammenzog. „Es tut mir so leid. Er ist weg. Dein Papa." Hilflos hob sie die Schultern: „Es tut mir so leid, Silvia. Es ging nicht mehr."

„Keine Spielzeit, kein Kino mehr? Und der Döner, und der Vorlesewettbewerb?", so nach und nach wurde Silvia bewusst, was das bedeutete. „Wo ist Papa?", heulte sie. „Er muss sich doch um mich kümmern!" „Oh Kind, ich weiß nicht, wo er ist. Er hat seine Sachen in die Taschen gestopft und ist mit dem Auto weg. Er war so wütend, wir haben gestritten ..." „Ich ruf ihn an!" Silvia war schon auf dem Weg zum Telefon. „Silvia, das ist vielleicht keine gute Idee jetzt ..." Aber Silvia ließ sich von Mama nicht abhalten und hatte schon Papas Handynummer gewählt. Doch da hörte sie es im Wohnzimmer klingeln. „Er hat sein Handy vergessen!", durchfuhr es Silvia, und sofort danach der schreckliche Gedanke: „Dann ... kann ich ihn nicht erreichen ...! Aber er ist doch mein Papa! Er muss sich doch um mich kümmern!" Silvia weinte und weinte und sagte das immer wieder. „Silvia – er wird sich kümmern, bestimmt! Er liebt mich nicht mehr, aber dich wird er immer lieb haben!" Aber Silvia ließ sich nicht trösten.

Das war dieser Sonntagnachmittag. Immer war der Sonntagnachmittag Silvias Lieblingstag gewesen. Und mit einem Mal wurde es der schlimmste Tag. Er rief nicht an. Jeden Sonntagnachmittag konnte sie an nichts anderes denken, als dass jetzt die Zeit mit Papa wäre, und sie vermisste ihn so sehr, dass ihr das Herz wehtat. Mama versuchte ihr Bestes, sie versuchte, Silvia abzulenken, backte ihren Lieblingskuchen und ging sowieso nicht mehr ins Fitnessstudio. Auch sie ließ Silvia das Spiel aussuchen, schlug vor, ins Kino zu gehen, und lud sie zum Döner ein. Aber es war nicht das Gleiche, es war einfach nicht „richtig". Mama konnte Papa nicht ersetzen, so sehr sie sich bemühte.

Sonntag um Sonntag verging, einer schlimmer als der andere. Zwei, drei, vier Sonntage. Doch am fünften Sonntag, da klingelte am Nachmittag das Telefon. „Silvia, gehst du bitte hin! Ich hab die Hände voll Teig", rief Mama. Silvia nahm den Hörer und meldete sich. „PAPA?!", schrie sie plötzlich. Und dann: „JAAA!" Sekunden später stand sie in der Tür: „Papa will mich abholen, jetzt gleich! Und immer am Sonntag. Und er will sein Handy holen, damit ich ihn anrufen kann! Mama, darf ich?" Mama stieß ein ‚Gottseidank!' aus und umarmte Silvia, so gut es mit den Teig-Händen ging: „Was hab ich dir gesagt, mein Schatz: Er hat dich lieb! Er hat eure Spielzeit bestimmt genauso vermisst wie du. Klar, geh nur, viel Spaß an deinem Lieblingstag!"

Das war am Sonntagnachmittag.

Geschwister (Kinderaussagen)

Stichworte: Geschwister, Bruder, Schwester, Streit, Geschwisterrivalität

Wir streiten oft. Das nervt Mama total. Wenn wir sie auf der Treppe kommen hören, dann schreien wir „Alarm!"

Meine Schwester teilt mit mir und ich mit ihr.

Meine Schwester und ich gehen zusammen in die Schule. Nächstes Jahr geht sie in eine andere Schule, dann muss ich allein gehen.

Meinem Bruder ist es peinlich, wenn wir uns in der Schule treffen. Er tut so, als ob er mich nicht kennt. Aber wenn mich in der Pause einer angreift, dann verteidigt er mich doch.

Ich habe keine Geschwister und finde das ziemlich langweilig.

Ich mag meine Schwester gern. Aber nicht immer.

Wenn ich in der Nacht Angst habe, gehe ich zu meiner großen Schwester ins Bett.

Mein Bruder ist mein Vorbild. Ich bewundere ihn sehr. Ich möchte auch so sein wie er.

In der Pause spiele ich immer mit meiner Schwester.

Meine Schwester ärgert mich immer. Wenn ich dann wütend werde und sie haue, werde ich geschimpft. Dann heißt es: Du bist die Größere, du musst vernünftig sein.

Mein kleiner Bruder geht an meine Sachen. Ich kann das nicht leiden, aber er kapiert das nicht, weil er zu klein ist. Ich muss alles wegsperren und verstecken. Ich hoffe, das wird mal besser.

Ich habe zwei Schwestern und einen Bruder und bin froh, dass ich nicht allein bin.

Mein Bruder hält zu mir.

Mein Papa hat keine Geschwister und er sagt, das fand er immer langweilig. Deswegen habe ich eine Schwester.

Ich habe eine ältere Schwester, die darf alles, weil sie schon groß ist. Und ich habe einen kleinen Bruder, der darf alles, weil er noch klein ist. Ich bin in der Mitte, darf nichts und finde das ziemlich bescheuert.

Das neue Baby

Inhalt: Nino kommt nicht zurecht mit den Veränderungen, die die Geburt des Geschwisterchens mit sich bringen.

Stichworte: Geschwister, Baby, Neugeborenes, Geschwisterrivalität, sich um die Kinder kümmern, Mama, Oma, Eifersucht

„Guten Morgen, Frau Neuss", begrüßt Frau Grandl im Zeitschriftenladen Ninos Mutter. „Wie geht es Ihnen?" „Es wird allmählich ziemlich mühsam", seufzt die Mutter und packt die Zeitung in ihre Tasche. „Aber sonst geht es uns gut, danke der Nachfrage!" „Wann ist es denn soweit?", will Frau Grandl wissen. „Drei Wochen fehlen noch!" „So, drei Wochen." Die Ladenbesitzerin beugt sich zu Nino hinunter, der im Kinderwagen sitzt. „Dann bekommst du ein Geschwisterchen, Nino! Freust du dich?" „Ja", behauptet der dreijährige Nino. Er kann sich zwar nicht genau vorstellen, was auf ihn zu kommt, aber er hat schon begriffen, dass die Erwachsenen es toll finden, wenn er sagt, dass er sich freut. „Na, du bist ja wirklich ein lieber Bub!", lobt jetzt auch Frau Grandl und zieht hinter ihrem Rücken einen Lolli hervor. „Hier! Für dich! Aber nur als …?" „Nachspeise!", antwortet Nino und vergisst auch nicht, sich zu bedanken.

Als Nächstes gehen sie zum Obstgeschäft. Auch da ist die Mutter Stammkundin und plaudert ein bisschen. „Wie werden Sie das eigentlich machen mit dem Baby, wenn Nino noch im Kinderwagen sitzt?", erkundigt sich Herr Binder. „Ich weiß es selbst noch nicht", gibt die Mutter zu. „Er läuft ja so ungern! Und ich will ihn nicht gerade jetzt zwingen, allein zu gehen, sonst meint er vielleicht, das neue Baby ist schuld daran. Später kann ich sie beide in den Fahrradanhänger setzen, aber dafür muss das Kleine eben erst einmal sitzen können. Ich hoffe, wir kriegen das halbe Jahr irgendwie rum."

Später besuchen sie, wie jeden Freitag, die Oma. Dort legt sich die Mama nach dem Essen ein Stündchen aufs Sofa, und die Oma geht derweil mit Nino auf den Spielplatz. Nino backt ungefähr fünfzig Sandkuchen für die Oma, die sie alle brav aufisst. „Mama kann schlafen", denkt Nino. „Oma hat Zeit!" So ist Nino das gewöhnt, und so ist es gut.

Aber einen Monat später ist gar nichts mehr so, wie Nino es gewöhnt ist. Das Baby ist da! Ein kleines Brüderchen, Armin. Schlimm genug, dass die Mama tagelang im Krankenhaus war! Nino hat gewartet und gewartet, bis sie endlich wieder bei ihm daheim war. Aber seitdem war sie zu fast gar nichts mehr zu gebrauchen. „Kümmert euch um mich!", dachte Nino verwirrt. „So wie immer!"

„Guten Morgen, Frau Neuss", begrüßt Frau Grandl im Zeitschriftenladen Ninos Mutter. „Wie geht es Ihnen?" „Es wird schon", antwortet die Mutter. „Aber die Hauptsache ist, der kleine Armin ist gesund! Und das ist er." „Lassen Sie doch sehen!" Mama hatte das kleine Baby im Tragetuch. „Wie süß! Wie klein!", schwärmt Frau Grandl entzückt. „Ist es nicht unglaublich, dass wir alle mal so klein angefangen haben? Wie viel wiegt er denn?" „Zu viel!", antwortet die Mutter und lacht ein bisschen. „Frau Grandl, seien Sie mir nicht böse: Ich muss heim. Ich glaube, mit Kinderwagen und Tragetuch, da habe ich mich übernommen. Ich bin fix und fertig. Ob Sie mir bitte die Tür aufhalten würden?" „Selbstverständlich!" Frau Grandl eilt zur Tür und hilft der Mutter, den Wagen nach draußen zu schieben. Nino versteht nicht gleich, was los ist. „Lolli?", beschwert er sich. „Beim nächsten Mal wieder", vertröstet ihn die Mutter. „Ich glaube, das hat Frau Grandl heute vergessen."

Es ist Freitag. „Bin ich froh, dass ich bei dir bin!", stöhnt die Mutter. „Ich muss das anders machen; Nino muss laufen, es hilft nichts. Und ich würde mich so gern wieder ein bisschen hinlegen. Geht das?" „Na klar", meint die Oma. „Ich gehe einfach mit beiden Kindern raus." Während Nino sofort wieder mit dem Kuchenbacken beginnt, schiebt die Oma den Kinderwagen herum. „Bleib da!", fordert Nino. „Da: Kuchen für dich! Mit Puderzucker!" „Oh, mein Lieblingskuchen!", freut sich die Oma und setzt sich an den Rand des Sandkastens. Aber sobald sie aufhört, den Wagen zu schieben, beginnt Armin zu schreien. „Ich muss ihn ein bisschen hin und her schieben, damit er einschläft", erklärt die Oma. Im Vorbeigehen holt sie sich immer einen Sandkuchen oder zwei, aber inzwischen hat Nino schon wieder viele neue produziert. „Oma, komm!", ruft er. „Gleich, Nino!"

Das Einkaufen im Obstladen am nächsten Vormittag wird zur Katastrophe. Mit Engelszungen hat die Mama auf Nino eingeredet, dass er die paar hundert Meter zu Fuß gehen soll. „Ich habe es ja versucht gestern, aber das ist einfach zu schwer! Ich kann nicht Armin tragen und dich schieben. Das musst du doch einsehen, bitte! Du bist doch schon groß, Nino!", versucht die Mutter Nino zu überzeugen und verspricht ihm sogar eine Belohnung: „Bei Frau Neuss darfst du dir etwas aussuchen", lockt sie. Aber Nino hört überhaupt nicht zu. „Mein Kinderwagen! Kann nicht laufen!", brüllt er ein ums andere Mal. Die Mutter ist der Verzweiflung nahe. „Was mache ich nur? Ich muss einkaufen!" Schließlich legt sie Armin so weit es geht ans Kopfende, setzt Nino auf das Fußende und rennt los. Ihre Hoffnung, dass Nino seinen Protest irgendwann aufgibt, erfüllt sich nicht. Schlimmer: Armin, dem es offenbar zu laut oder zu eng ist, stimmt in das Gebrüll mit ein. Als sie beim Obstgeschäft ankommen, bemerkt sie Frau Binder zum Glück sofort; sie lässt alle anderen Kunden mit dem Hinweis auf einen Notfall stehen und kommt heraus, um die Mutter zu bedienen. Die ist erleichtert, dass Frau Binder so aufmerksam ist, aber den Tränen nahe mit den zwei schreienden Buben. „Magst du eine Banane?", versucht die Obsthändlerin Nino zu trösten und abzulenken, aber der ist außer sich: „Keine Banane!", schluchzt er. „Mein Kinderwagen!" Inzwischen war sogar noch Herr Binder aus dem Laden gekommen; er hatte irgendwo einen Stock gefunden: „Schau doch, Nino! Hier habe ich einen Spazierstock für einen großen Jungen! Für dich!" „Kein Stock!", kreischt Nino. „Kein gro-ßer Jun-ge!"

Der Teddybär

Inhalt: *Im Streit reißt Elias dem geliebten Teddy seiner Schwester ein Bein ab. Er entschuldigt sich, aber Fiona verzeiht ihm nicht. Erst als Elias krank wird, vergibt sie ihm doch.*

Stichworte: *Geschwisterrivalität, Streit der Geschwister, Geschwisterliebe, Bruder, Schwester, Versöhnung, Kuscheltier, Krankheit*

➠ *Relifix 2, S. 27*

„Lass meinen Teddy in Ruhe! Finger weg!", herrscht Fiona ihren Bruder Elias an. „Du weißt doch, du hast Teddyverbot!" „Teddyverbot, Teddyverbot!", äfft Elias sie nach. „Der Teddy geht schon nicht kaputt, wenn ich ihn mal anfasse!" „Elias, das haben wir doch besprochen", mischt sich die Mutter ein. „Du weißt, deine Schwester liebt ihren Teddy. Sie spielt immer mit ihm und kann nicht einschlafen ohne ihn. Vieles gehört euch beiden, vieles müsst ihr teilen, aber der Teddy gehört ganz allein Fiona. Und weil du so oft – und gib es zu: mit Absicht, um Fiona zu ärgern – doch ihren Teddy genommen hast, deswegen hast du jetzt Teddyverbot. Lass ihn einfach sitzen. Du bist übrigens dran!"

Die Familie sitzt am Küchentisch und spielt Mensch-ärgere-dich-nicht. Mama, Fiona, Elias und der Teddy. Natürlich kann der Teddy nicht selber spielen, aber man braucht ja vier Leute für dieses Spiel, und Papa ist noch nicht da und Jimmy zu klein. So würfelt und zieht Fiona erst für sich, dann für den Teddy. „Ha, ha, jetzt werfe ich dafür den Teddy raus!", lacht Elias, als er eine Fünf würfelt. „Das macht ihm nichts. Der Teddy ist ein guter Verlierer", meint Mutter. Sie zieht ihre Figur und gibt Fiona den Würfel. Fiona ist kurz davor, das Spiel zu gewinnen. Sie braucht nur noch eine Zwei ... Und – so ein Glück! Tatsächlich zeigt der Würfel eine Zwei! „Juhu! Gewonnen!" Fiona klatscht in die Hände. „Na fein", sagt die Mutter. „Und jetzt: Bettgehzeit!" „Bloß wegen diesem albernen Teddy!", mault Elias mit finsterem Gesicht. „Ist doch klar, dass der Teddy dich nicht rauswirft." „Hauptsache, jemand anders ist schuld!", spottet Fiona. „Fiona, lass ihn in Ruhe!", mahnt die Mutter und wendet sich an den Bruder: „Es ist ein Spiel, Elias. Du hast heute einfach kein Glück gehabt. Ist doch egal; vorgestern hast dafür du gewonnen." „Ja, und gestern der blöde Teddy!" Elias lässt nicht locker. Mama lässt sich aber nicht ablenken: „Alle Verlierer, Gewinner und Teddys müssen jetzt ins Bett!" Die Kinder gehen ins Bad.

Elias ist als Erster fertig und sitzt in seinem Bett. Da fällt sein Blick auf Fionas Teddy. „Blöder Teddy", murmelt er. Er geht zu Fionas Bett und boxt dem Teddy vor lauter Ärger in den Bauch, ein Mal, zwei Mal und gleich noch einmal. „He!", kreischt Fiona, die gerade hereinkommt. „Lass meinen Teddy, du saudummer Blöd-Bruder!" Aber jetzt ist Elias schon in Fahrt und streitlustig: „Wenn du saudumme Blöd-Schwester deinen saudummen Blöd-Teddy wiederhaben willst, dann musst du ihn dir schon holen!" Er greift den Teddy und springt durchs Zimmer. Eine Verfolgungsjagd beginnt, aber Fiona hat Elias schnell eingeholt und den Teddy gepackt. Nun ziehen sie beide am Teddy, und Fiona schreit: „Lass los! Lass endlich los, das ist mein Teddy!! Mama, Mama, komm! Der Elias lässt den Teddy nicht!" Fiona zerrt mit aller Kraft am Teddy, aber Elias lässt sein Bein nicht los. Da passiert es! Es macht: „Ritsch!" – und das Bein reißt ab!! Fiona hat den Teddy im Arm, ohne Bein. Elias steht mit dem abgerissenen Bein da. Beide bringen vor lauter Schreck erstmal kein Wort heraus. In diesem Moment erscheint Mama in der Tür. Sie sieht, was passiert ist, und schlägt die Hände über dem Kopf zusammen. „Elias! Nein!" Da fängt Fiona zu schreien und zu weinen an: „Nein, nein, mein Teddy ist kaputt! Mein Teddy, mein armer Teddy!" Heulend wirft sie sich mit dem kaputten Teddy auf ihr Bett. „Mein Teddy! Mein armer Teddy!"

Mama ist eigentlich eine geduldige Frau und nicht schnell böse, aber der Blick, der jetzt Elias trifft, ist vernichtend: „Bravo", sagt sie kurz. „Bist du jetzt zufrieden? Dann kannst du ja jetzt gut schlafen." Sie setzt sich an Fionas Bett und streichelt ihre schluchzende Tochter. „Schätzlein, das kann ich wieder richten", tröstet sie. „Ich mach das gleich. In einer halben Stunde hast du den Teddy wieder ganz." Aber Fiona schüttelt nur den Kopf und drückt den Teddy an sich. „Dann morgen", verspricht die Mutter und gibt Fiona einen Kuss. „Gute Nacht!" Nur Fiona gibt sie einen Kuss. Elias hat sich unter der Bettdecke verkrochen. Er will nicht sehen, dass Mama ihm keinen Gute-Nacht-Kuss gibt. Und Mama soll nicht sehen, dass er selbst bittere Tränen weint. Wie tut ihm das leid! Das wollte er doch nicht! Nach einer Weile hält er vorsichtig die Luft an und taucht leise unter der Bettdecke hervor. Da hört er Fiona immer noch weinen. Schnell zieht er sich wieder die Decke über den Kopf. Plötzlich merkt er, dass er immer noch das abgerissene Bein umklammert hält. Wie ein heißes Stück Eisen schleudert er es aus dem Bett.

Es folgen schlimme Tage. Mama holt am nächsten Tag Elias zu sich und sagt: „Du, da hast du wirklich einen Fehler gemacht." Elias nickt. „Tut es dir leid?" Elias nickt wieder. „Dann geh zu deiner Schwester und sag ihr das!" Elias zögert, aber dann geht er entschlossen los, um Fiona zu suchen. Er findet sie am Küchentisch, sie macht gerade Hausaufgaben. „Schuligung", murmelt Elias. Fiona reagiert nicht. „Entschuldigung!", lässt er sich, etwas lauter, vernehmen. Fiona tut immer noch, als hätte sie nichts gehört. Elias kämpft mit sich, überwindet sich, ruft: „Ich wollte es doch nicht!" und rennt aus dem Zimmer. Bei Mama bricht er in Tränen aus: „Sie will es nicht hören!", heult er. „Trotzdem gut, dass du es versucht hast! Bestimmt wird sie dir verzeihen! Sie ist halt wirklich sehr böse auf dich; vielleicht kannst du das sogar verstehen", erklärt die Mutter. „Mach ihr eine Freude. Mal ihr ein Bild vom Teddy! Wär das was?" Schniefend verschwindet Elias im Kinderzimmer. – „Wie schreibt man „Teddybär? Mit E oder Ä?", schallt es etwas später aus dem Kinderzimmer. „Beides", antwortet die Mutter, „erst E, dann Ä!"

Am nächsten Tag wacht Elias auf und hat Kopfweh. Er friert und schwitzt abwechselnd und fühlt sich elend. Als Mama am Morgen kommt, um die Kinder zu wecken, sieht sie sofort, was los ist. Sie fühlt Elias' Stirn und sagt: „Elias, du hast Fieber! Du bist krank! Bestimmt hast du dich bei Leon angesteckt! Bleib im Bett!" Das hätte sie nicht sagen müssen; Elias schläft schon wieder. Es geht ihm im Verlauf des Tages immer schlechter, am Abend hat er hohes Fieber. Fiona wird aus dem Kinderzimmer ausquartiert. Die Matratze und ihr Bettzeug werden in Jimmys Zimmer hinübergetragen, damit sie sich nicht ansteckt. Fiona steht daneben und schaut. Soll sie sich freuen, dass sie nicht mehr mit Elias im Zimmer schlafen muss? Auf dem Tisch im Kinderzimmer liegt noch das Bild, das Elias gemalt hat. „FÜA FIONA – DAS IS DAIN TÄDIBEA" hat er mit seiner krakeligen Erstklässlerschrift darauf geschrieben. Fiona betrachtet das Bild und muss lächeln. Hat er doch das E und Ä verwechselt! Da steht ja noch etwas auf der Rückseite: „ÄNDSULDIK ..." –„Ändsuldik?" Was meint er? „Ach: Entschuldigung!! Ach, Elias!" Am liebsten würde sie ihn umarmen, aber er liegt da wie ein Häufchen Elend und schläft tief. Ein tiefer Seufzer, dann schleicht sie aus dem Zimmer.

Am nächsten Morgen geht es Elias so schlecht, dass die Eltern sich ernsthaft Sorgen machen. Er mag nicht essen und, was viel schlimmer ist, auch nichts trinken. „Hoffentlich kann später die Ärztin kommen!", meint der Vater. „So schwach habe ich Elias fast nie erlebt. Wenn er bis heute Abend nichts getrunken hat, müssen wir ihn ins Krankenhaus bringen ..." Keiner achtet auf Fiona; niemand merkt, was sie für einen Kummer hat. „Mama, darf ich zu Elias?", fragt sie leise. „Auf keinen Fall!", bestimmt die Mutter und wendet

sich wieder dem kleinen Jimmi zu. Der merkt nichts von dem ganzen Unglück und muss gewickelt werden.
Mama ist mit Jimmi beschäftigt; der Papa telefoniert mit der Arztpraxis. Schnell wirft Fiona einen Blick um sich. Dann huscht sie in die Küche, wo sie einen Becher mit Wasser füllt. Sie holt extra noch ein paar Eiswürfel aus dem Gefrierfach und fischt einen gelben Strohhalm aus der Schublade. Dann schleicht sie ins Kinderzimmer. Elias liegt ganz schwach im Bett, ist aber wach. „Elias!", flüstert Fiona. „Du musst etwas trinken! Bitte! Hier hab ich kaltes, klares Wasser für dich. Das tut dir gut. Probier einen Schluck!" Elias dreht sich mühsam zur Seite, und Fiona hält ihm den Strohhalm hin. Tatsächlich: Elias trinkt ein paar Schlucke. „Tut gut", murmelt er. „Danke." Dann flüstert er noch etwas, Fiona versteht es erst nicht. „Sag's nochmal," bittet sie. „Auf dem Tisch ... da liegt ein Bild für dich ... da steht was ... auf der Rückseite ..."

An der Haltestelle

Inhalt: *Die große Schwester tut auf dem Schulweg so, als ob sie den kleinen Bruder nicht kennt; in der Not hilft sie ihm aber dann doch.*

Stichworte: *Schulweg, Geschwisterrivalität, Streit der Geschwister, Geschwisterliebe, helfen, Pubertät, verleugnen, Trost*

„Seit Melissa in die neue Schule geht, ist sie so blöd", beschwert sich Jan bei seinem Papa. „Als ich heute Morgen an der Bushaltestelle vorbeiging, stand sie da mit ihren Freundinnen. Ich habe sie gerufen und ihr gewunken, und sie – sie hat so getan, als ob sie mich nicht sieht! Dabei bin ich doch ihr Bruder!" Jan ist den Tränen nahe. „Und dass sie dich wirklich nicht bemerkt hat; kann das sein?", will der Vater wissen. „Nein! Sie hat mich gehört, ganz bestimmt! Ich glaube, sie hat mit ihren Freundinnen sogar über mich gelacht", erzählt Jan bedrückt. „Wenn sie heimkommt, reden wir mit ihr", schlägt der Vater vor. „In Ordnung?"
Später sitzen sie in der Küche; Papa wärmt das Essen für Melissa

auf, und Jan sitzt mit vorwurfsvollem Gesicht auf der Bank. „Warum tust du so, als ob du mich nicht kennst, und lachst über mich?", fragt Jan. „Hab ich doch gar nicht!", murmelt Melissa. Sie hat den Kopf über den Teller gebeugt und ist scheinbar sehr mit ihrem Essen beschäftigt. „Melissa, du wirst ja ganz rot", stellt der Vater fest. „Dann stimmt es wohl doch, was Jan erzählt hat?" „Na ja, wenn er mich aber auch nicht in Ruhe lässt!", braust Melissa nun auf. Papa und Jan schauen sie beide verblüfft an. „Was hat er dir denn getan?", fragt der Vater. „Immer will er bei mir sein und geht mir nach! Aber ich habe jetzt neue Freundinnen, und ich bin einfach älter als er und ich mag nicht sein Babysitter sein!", meint Melissa trotzig. „Mädchen, jetzt pass aber auf, was du sagst!", widerspricht ihr der Vater. „Erstens ist der Jan kein Baby, sondern sieben Jahre alt und gerade mal drei Jahre jünger als du. Zweitens sind wir eine Familie und gehören zusammen, und wenn dich Jan auf der Straße ruft, will er dich keineswegs damit ärgern! Was soll das? Sei nicht eingebildet, bloß weil du jetzt in die fünfte Klasse gehst!" Diese Zurechtweisung ist zu viel für Melissa. Sie springt auf und ruft erbost: „Siehst du, du bist genauso! Du lässt mich auch nicht in Ruhe! Aber ich will nicht mit meinem kleinen Bruder an der Hand auf der Straße gehen! Die Zeiten sind vorbei! Und wenn ihr das nicht versteht, dann kann ich auch nicht helfen!" Sie springt auf, stürzt in ihr Zimmer und knallt die Tür zu.

„Letztes Jahr sind wir doch auch immer zusammen gegangen!" Jan sitzt mit hängenden Schultern auf der Bank. Er kann nicht begreifen, warum Melissa nichts mehr von ihm wissen will. Der Vater legt tröstend seinen Arm um ihn: „Sei nicht traurig, Jan! Wahrscheinlich ist es normal, dass sich Mädchen in Melissas Alter so benehmen. Wir müssen die Mama fragen." „Hat mich denn Melissa nicht mehr lieb?", seufzt Jan bekümmert.

Am Abend bittet die Mutter ihn, Verständnis für seine große Schwester zu haben: „Sei ihr nicht böse! Wenn wir hier daheim sind, wird sie bestimmt weiter mit dir reden und mit dir spielen. Aber so ganz langsam wird sie groß, und dann erwachsen, und wenn sie mit ihren Freundinnen zusammen ist, dann ist ein kleiner Bruder einfach, tja, ein bisschen peinlich für sie. Das ist so. Dieses Problem haben alle kleinen Geschwister auf der Welt irgendwann. Aber es wird auch wieder besser, ganz sicher!", erklärt sie. Obwohl es Jan schwerfällt, nimmt er sich in der nächsten Zeit vor, sich danach zu richten und Melissa nicht zu beachten. Es bleibt ihm ja auch gar nichts anderes übrig. So geht er mit seinen Freundinnen und Freunden zur Schule und an der Bushaltestelle vorbei. So schlimm ist es nun auch wieder nicht. Er hat genug mit den anderen zu tun. Heute hat Florian in einem Becher mit Lupe eine Schnecke dabei! Alle betrachten das kleine Tier, das vorsichtig die Fühler ausstreckt. „Deine Schnecke hat ja gar nichts zu fressen!", wendet Jan ein. „Warte, ich hole ein paar Blätter!" Auf dem Grünstreifen neben der Straße wachsen Gras und Löwenzahn. Jan rennt los – ohne zu schauen! Ein Knall! Ein Schrei! Eine Radfahrerin stößt mit Jan zusammen; beide fallen hin.

„Junge, was machst du denn? Du kannst doch nicht einfach über den Radweg rennen!", schimpft die Frau. Sie reibt sich die Knie, aber zum Glück ist ihr nichts weiter passiert. Jan hat es schlimmer erwischt: Er ist mit der Stirn gegen den Lenker des Fahrrads geprallt. „Jan! Du blutest!", ruft Florian erschrocken.

„Lasst mich mal durch!", ist da eine vertraute Stimme zu hören. „Jan?" Es ist Melissa, die sich zwischen den Kindern durchschiebt. Sie kniet sich neben ihn und streicht ihm liebevoll das Haar aus dem Gesicht. „Mannomann, du hast ja eine Platzwunde! Da gehen wir gleich wieder heim zu Mama und mit ihr zum Arzt! – Das ist nämlich mein Bruder", erklärt sie der Frau. „Haben Sie ein Handy? Dürfte ich das benutzen, um unsere Mutter anzurufen? Hat hier irgendjemand einen Verbandskasten? Florian, fragst du mal den Autofahrer da vorn!?" Während sie sich umsichtig um alles kümmert, hält sie ihren kleinen Bruder beruhigend im Arm. Jan schließt die Augen. Wenn seine große Schwester da ist, wird alles wieder gut. Obwohl ihm der Kopf sehr weh tut, ist er so glücklich wie schon lange nicht mehr.

Oma und Opa (Kinderaussagen)

Stichworte: Oma, Opa, Großeltern

Bei Oma gibt es immer Schweinebraten mit Knödeln und Soße.

Opa repariert alles. Er hat Zeit für mich.

Oma wundert sich, wie es heutzutage in der Schule zugeht. Früher war alles ganz anders. Davon erzählt sie ab und zu.

Opa ist lustig. Ich glaube, das ist, weil er nicht mehr arbeiten muss.

Oma mag ich gern. Sie hat mich lieb, das sagt sie immer.

Bei Oma schaut es immer gleich aus: Die Schublade mit den Spielen und alles.

Opa und Oma wohnen auf dem Bauernhof. Oft bin ich in den Ferien dort, das ist toll.

Oma kommt immer, wenn ich krank bin und Mama zur Arbeit muss. Da bin ich froh.

Oma macht sich noch mehr Sorgen um mich als meine Mama. Aber sie meint es gut.

Opa sagt, als der Papa klein war, hatte er gar nicht viel Zeit für ihn. Aber für uns hat er Zeit. Opa sagt, dass er gar nicht wusste, wie schön es ist, Zeit für die Kinder zu haben. Aber er musste ja früher Geld verdienen. Jetzt ist er Rentner.

Hoffentlich lebt meine Oma noch lange.

Mein Opa und mein Papa streiten manchmal.

Nonna und Apo

Inhalt: Was sechs Enkel verschiedenen Alters an ihren Großeltern mögen.

Stichworte: Oma, Opa, Großeltern, Zuwendung, Dankbarkeit, sich um die Kinder kümmern

„Nonna" heißt „Großmutter" auf Italienisch. „Apo" ist „Opa" umgedreht. Nonna und Apo haben drei Kinder und sechs Enkel und werden sehr geliebt. Warum? „Was magst du an Nonna und Apo besonders gern?" So lautete die Frage eines Interviews.

Das älteste Enkelkind ist Agnes (23 Jahre). Sie lebt in Regensburg, lernt sehr viel fürs Examen und kann deshalb nicht mehr so oft ihre Großeltern besuchen. „Sie freuen sich, wenn ich komme, und machen mir keine Vorwürfe, dass ich mich nicht öfter melde", antwortet sie. „Sie interessieren sich, sind angenehm unaufgeregt und hilfsbereit im Großen." Als Agnes schon in Regensburg wohnte, war sie einmal sehr krank geworden; sie hatte Mumps und es ging ihr schlecht. Noch am gleichen Nachmittag waren ihre Großeltern nach Regensburg gefahren, um die kranke Agnes samt Bettdecke ins Auto zu packen und nach München zu holen, wo sie gesund gepflegt wurde. „Und Nonna hat meine Tasche repariert!" Ein paar Tage vorher war Agnes, mit ihrer Tasche am Arm, geradelt, dabei hatte sich der Griff der Tasche an einem anderen Fahrrad verhängt. Die Tasche war zerrissen, und zwar so gründlich, dass die Reste beim besten Willen nicht mehr als Tasche erkennbar waren. „Vielleicht kann Nonna sie wieder nähen?", meinte Agnes. Alle, die sie gesehen hatten, bezweifelten das stark: „Unmöglich! Die Tasche kannst du nur noch in den Müll werfen!" „Aber ich mag sie so gern!" Unbeirrt und vertrauend auf das handwerkliche Geschick ihrer Großmutter übergab Agnes ihr die Stofffetzen. Und Nonna schaffte es tatsächlich! Sie saß und nähte und fand einen passenden Stoff und nähte – und am Ende hielt die glückliche Agnes ihre Tasche wieder in der Hand. Nonna hat kürzlich übrigens auch für Anselm genäht – Vorhänge nämlich.

Anselm ist 20 Jahre alt und ist vor Kurzem in eine eigene Wohnung gezogen – deswegen brauchte er auch die Vorhänge. Er schätzt an seinen Großeltern, ebenso wie seine Schwester, die „offene Tür", dass man immer willkommen ist. „Sie halten die Familie zusammen", meint er, denn die Familientreffen bei Nonna und Apo am Freitag sind bei allen beliebt. „Sie bieten Rückhalt", sagt Anselm noch, „und vermitteln Werte, gereifte, grundsätzliche Werte, die sich bewährt haben." Außerdem findet er, dass sie eine Vorbildfunktion für die Ehe erfüllen. „Sie geben eine angenehme Perspektive, wie es ist, älter zu werden", fügt er hinzu. Und er freut sich, dass er von seinem Großvater die vollen Haare geerbt hat.

Die jüngere Enkelschar zeigt sich nicht so kooperativ beim Interview. Finn (5 Jahre) mag nicht antworten, dabei hat er das Wort „Apo" erfunden und liebt ihn über alles, ebenso wie sein Cousin Elias (4 Jahre) und sein Bruder Jim (2 Jahre). Alle verbringen gern die Zeit mit Nonna und Apo. Elias mag gern „Spargel und Ei", sein Lieblingsessen, und das „Spielzeug" dort. Alle sind begeistert, wenn Apo Zeit hat, mit ihnen zu spielen oder hinauszugehen. Jahrelang gab es die Baustelle an der neuen U-Bahnstation, und ungefähr ein Jahr davon stand Apo mit den Enkeln daneben, um den Baggern, Lastern und Kränen zuzusehen. Auch sehr beliebt sind die erfundenen Geschichten vom „Goldenen Ritter", die Apo erzählt. Nonna kocht feines Essen, das Kindern schmeckt, und hat dabei immer fleißige Helfer, die Sachen holen, schneiden und rühren. Bei den Großeltern übernachten ist sowieso das Höchste.

Die kleine Lucy (drei Monate) äußert sich, indem sie Nonna und Apo ein strahlendes Lächeln schenkt. Sie fühlt sich auf Nonnas Bauch sichtlich wohl und wird auch gerne herumgefahren.

„Jimmy, was magst du gern bei Nonna und Apo?" Dem Angesprochenen ist nicht ganz klar, was mit dem Interview bezweckt wird. So wie er lacht, ist es auch möglich, dass es ihm Spaß macht, unsinnige Antworten zu geben. Aber am Ende sagt er deutlich und bestimmt: „Der Apo freut sich, wenn ich komme!"

Ein bisschen Dankbarkeit

Inhalt: *Die Oma von Felix und Felicitas hat wenig Verständnis für ihre Enkel. Auch dem Papa macht sie durch ständige Vorwürfe das Leben schwer. Aber trotzdem nimmt er sich vor, sie zu pflegen, wenn sie alt ist.*

Stichworte: *Oma, Großeltern, Vorwürfe, Dankbarkeit, Pflegefall, Lebensgestaltung, Muttertag*

„Mutter, das habe ich dir doch schon lange erklärt: Am 12. Mai sind wir zur Hochzeit von Bianca und Wolfgang eingeladen. Wir haben schon lange zugesagt. – Ja, ich weiß, dass da Muttertag ist. Wir laden dich an einem anderen Tag zum Essen ein. – Bitte, versteh das doch! …" Der Papa spricht am Telefon. Kurz darauf kommt er wütend in die Küche, wo die restliche Familie beim Mensch-ärgere-dich-nicht sitzt. „Es wird immer schlimmer mit meiner Mutter!", schimpft er. „Was ich auch tue, sie findet etwas auszusetzen! Und immer kommt sie auf die gleiche Tour, dass sie doch wohl ein bisschen Dankbarkeit erwarten kann nach allem, was sie für uns getan hat …" Genervt schnauft er. „Mensch, ärgere dich nicht!", versucht Felicitas ihn aufzuheitern. „Du bist dran!" „Sie ist halt so", meint Mama. „Sie hat doch auch ihre guten Seiten. Sie freut sich wirklich, wenn du sie besuchst, und der Muttertag war ihr schon immer sehr wichtig, da ist sie bestimmt nicht die Einzige." „Wenn ich sie besuche, verbringt sie die ersten zehn Minuten damit, sich zu beschweren, dass ich nicht öfter komme", knurrt der Papa. Auch Felix ist nicht gut auf seine Oma zu sprechen. Als sie beim letzten Mal zu Besuch war, hatte er mit seinen Freunden im Garten gespielt. Als er ins Haus kam, um für sie etwas zu trinken und eine Packung Salzstangen zu holen, hatte die Oma gesagt: „Das ist doch viel zu schade für diese Gauner." Sie nennt seine Freunde Gauner?! Das hatte er ihr nicht verziehen. „Als eure Oma ein Kind war, war vieles ganz anders, als es heute ist", erklärt die Mama. „Es ging viel strenger zu, in der Schule und zu Hause. Ihr habt heute Freiheiten, von der Kinder vor 60 Jahren nicht einmal zu träumen gewagt haben. Es ist kein Wunder, dass sie das nicht kennt und auch nicht versteht, dass du zum Beispiel deinen Freunden Salzstangen in den Garten bringen darfst. Und du", sie wendet sich an ihren Mann, „musst bedenken, dass sie nur dich hat. Deine Mutter hat keinen Beruf, sie hat keinen Mann mehr, deine Schwestern leben ganz woanders ... Es ist doch klar, dass sie es nicht erwarten kann, bis du endlich zu Besuch kommst." „Da hast du schon recht", stimmt der Papa zu. „Ich weiß, ich darf nicht so hart über sie urteilen. Aber als mein Vater noch lebte, war das ja schon genauso schlimm. Als ich mit der Schule fertig war und ein Jahr ins Ausland gehen wollte – war das ein Drama! Meine Eltern wollten unbedingt, dass ich auf dem schnellsten Wege ein braver Beamter werde. Ganz zu schweigen, als ich dann eine eigene Wohnung suchte und Freundinnen hatte. ‚Das geht doch nicht, Bub! Erst wird geheiratet!'" Er macht die herrische Stimme der Oma so treffend nach, dass alle lachen müssen. „Na, das hast du ja dann auch getan", meint die Mama grinsend, aber sie weiß selbst aus Erfahrung, dass ihre Schwiegermutter nicht leicht zufriedenzustellen ist.

„Wenn sie mal richtig alt ist", meint der Papa, „dann werd ich ihr heimzahlen, was sie mir angetan hat." „Oh! – Wieso, was machst du dann?", fragt die Mama. Papa antwortet nachdenklich: „Dann kümmere ich mich um sie."

Schule

Der erste Schultag

Inhalt: Der erste Schultag ist aufregend für die ganze Familie. Was denken sich die einzelnen Familienmitglieder?

Stichworte: Schule, erster Schultag, Schultüte

„Nun, dann kann es losgehen!" Vergnügt reibt sich Papa die Hände: „Der erste Schultag! Von unserem großen Sohn Alex! Unglaublich!" „Ja", seufzt die Mutter, „wirklich unglaublich!" Beide sehen liebevoll auf ihren Sohn, der mit Schultasche und Schultüte vor ihnen steht. „Alles klar? Wie fühlst du dich?" „Gut", antwortet Alex kurz, der keine Lust hat, seinen Eltern das seltsame Gemisch aus Vorfreude, Stolz und Angst zu erklären, das in seinem Magen rumort. „Alles startklar! – Nein, ich mag alleine gehen!", weist er Mama ab, die ihn, wie immer auf dem Weg zum Kindergarten, an der Hand nehmen will. „Oh! Wie du willst, gut!" Die Mutter zieht sich zurück und hängt sich stattdessen beim Papa ein. Beide haben sich extra freigenommen, um diesen ganz besonderen Tag gemeinsam mit ihrem Sohn zu verbringen.

Die Mutter denkt: „Sieh mal an, jetzt will er nicht mehr an der Hand gehen. Früher hat er sich nicht einmal getraut, ohne mich in den Hof zu gehen. Er wird selbstständig. Ziemlich ungewohnt für mich. Ich muss ihn loslassen und darauf vertrauen, dass er das ohne mich schafft. Den Schulweg und alles." Sie drückt die Hand ihres Mannes; die beiden lächeln sich an.

Der Vater denkt: „Wie lange ist es her, dass ich zum ersten Mal in die Schule gegangen bin? 35 Jahre! Damals bei Frau Heinrich, die so schön schreiben konnte, im Gegensatz zu mir. Es war schön in der Schule, aber nicht immer, nein; manchmal war es auch schwierig und anstrengend. Wie es wohl heutzutage in der Schule zugeht? Wie es für unseren Alex wird? Ob er schön schreiben kann? Die Schule ist so wichtig für das Leben!"

Vorneweg geht Alex; auch ihm gehen viele Gedanken durch den Kopf: „Ich bin gespannt, was in meiner Schultüte ist. Ob Oma den neuen Malkasten für mich gekauft hat? Sie ist ganz schön schwer, die Schultüte, aber das macht nichts. Wenn ich die Schleife aufmache, wer macht sie mir dann nachher wieder zu? Eine Schultüte mit

Klettverschluss, die müsste man mal erfinden! Vielleicht werde ich Erfinder, wenn ich groß bin. Schultüte mit Klettverschluss, das ist echt gut. Wenn aber Alina in meine Klasse kommt, die kann eine Schleife binden, die würde mir sicher helfen. Hauptsache, dass Ömer in meine Klasse kommt. Wir haben uns das gewünscht, das müsste schon klappen. Und wen ich wohl als Lehrerin bekomme?"

Je näher sie der Schule kommen, umso mehr Familien mit Schulkindern sind zu sehen. Überall Spannung und Vorfreude, überall Schultüten, lachende und auch ein paar besorgte Gesichter. Manche Kinder haben sich richtig fein gemacht, aber Alex ist froh, dass er bequeme Sachen anhat; er schwitzt vor Aufregung. Mit beiden Händen hält er die Schultüte fest. „Da hängen Listen, in welche Klasse du kommst, das stand in dem Schreiben", weiß der Vater und hält die Tür auf. Suchend überfliegen die Eltern die Namen. „Da!", ruft die Mutter. „Klasse 1c bei Frau Wolf, Zimmer 113 im ersten Stock!" „Frau Wolf? Die kenne ich! Bei der waren wir mit dem Kindergarten zu Besuch!" Zufrieden nickt Alex, dann will er noch wissen: „Ist Ömer in meiner Klasse? Schaust du mal, Papa?" „Warte! ... und ja! – Schau mal, da kommt Ömer gerade!" Freudig begrüßen sich die Kinder und die Eltern und machen sich auf den Weg zu ihrem Klassenzimmer. Dort steht schon Frau Wolf, gibt jedem die Hand und lädt die Kinder ein, sich einen Platz zu suchen. Ömers Papa hat seine Kamera dabei und filmt alles. Die Buben haben sich nebeneinandergesetzt und winken ihren Eltern zu: „Tschüs, Mama und Papa! Bis später!"

Mein Name

Inhalt: *Zweimal dieselbe Szene: Ein neuer Schüler kommt. In der ersten Szene werden keine Namen genannt; in der zweiten Szene werden alle mit Namen angesprochen.*

Stichworte: *Schule, Namen, neu in der Klasse, Kontakt knüpfen*

Die Lehrerin geht durch den Flur und begrüßt einige Schüler: „Guten Morgen!" „Guten Morgen", antworten zwei Kinder. Vor der Tür steht ein neuer Schüler mit seiner Mutter. Die Lehrerin sagt: „Ah, du bist unser neuer Schüler, hallo." Und sie begrüßt auch die Mutter: „Grüß Gott!" „Guten Tag", sagt auch die Mutter. „Bitte kommen Sie heute nach der Schule vorbei, damit ich Ihnen sagen kann, was wir alles brauchen. Um zehn Uhr ist das heute, passt Ihnen das?", erkundigt sich die Lehrerin, und die Mutter meint: „Gut, ich werde da sein. Auf Wiedersehen." Die Lehrerin wendet sich an den neuen Schüler: „Komm nur herein!" Dann fordert sie alle Kinder auf: „Setzt euch doch gleich in den Sitzkreis!" Als alle sitzen, geht es los: „So, nun sind die Ferien vorbei! Schön, dass ihr alle da seid. Lasst mich euch begrüßen: Guten Morgen, Kinder!" „Guten Morgen!", rufen alle im Chor. „Wir haben einen neuen Schüler, hier. Bitte zeigt ihm alles und helft ihm, damit er sich zurechtfindet." Ein Junge fragt den Neuen: „Warum bist du jetzt in unserer Schule?" „Wir sind umgezogen", erwidert er. „Wir haben vorher in Ingolstadt gewohnt." „Und wo wohnst du jetzt, in welcher Straße?", will er wissen. Der Neue erklärt: „In der Sedlmayrstraße." „Ach, die kenne ich, die ist ja gleich neben der Schule! Ich gehe oft zum Spielplatz dort. Weißt du, wo das ist? Kannst ja auch mal hinkommen", meint der Junge. „Okay, gerne", sagt der Neue. Als die Schule aus ist, gehen alle hinaus. Vor der Tür wartet die Mutter, sie fragt: „Na, wie war's? Hast du schon jemanden kennengelernt?" Der Neue sagt: „Nö, eigentlich nicht so richtig."

Die Lehrerin geht durch den Flur und begrüßt einige Schüler: „Guten Morgen, Alex! Guten Morgen, Lydia! „Guten Morgen, Frau Wagner!", antworten die Angesprochenen. Vor der Tür steht ein neuer Schüler mit seiner Mutter. Die Lehrerin sagt: „Ah, du bist unser neuer Schüler, hallo. Wie heißt du denn?" „Ich heiße Maxi", antwortet er. „Guten Morgen, Maxi!", sagt die Lehrerin freundlich und begrüßt auch die Mutter: „Grüß Gott! Mein Name ist Wagner. Sie sind Frau Baumann?" „Ja; guten Tag, Frau Wagner!", entgegnet die Mutter. „Bitte kommen Sie heute nach der Schule vorbei, damit ich Ihnen sagen kann, was wir alles brauchen. Um zehn Uhr ist das heute, passt Ihnen das?", erkundigt sich die Lehrerin, und die Mutter meint: „Gut, ich werde da sein. Auf Wiedersehen, Frau Wagner." Die Lehrerin wendet sich an den neuen Schüler: „Komm nur herein, Maxi!" Dann fordert sie alle Kinder auf: „Setzt euch doch gleich in den Sitzkreis, Kinder!" Als alle sitzen, geht es los: „So, nun sind die Ferien vorbei! Schön, dass ihr alle da seid. Lasst mich euch begrüßen: Guten Morgen, Kinder!" „Guten Morgen, Frau Wagner!", rufen alle Kinder im Chor. „Wir haben einen neuen Schüler, er heißt Maxi. Bitte stellt euch alle kurz vor: Sagt laut und deutlich euren Namen. Maxi, du kannst dir natürlich nicht alle Namen auf einmal merken, aber dann hast du sie wenigstens schon einmal gehört." Alle Kinder sagen, wie sie heißen, und begrüßen Maxi. Schließlich sagt Frau Wagner: „Bitte zeigt dem Maxi alles und helft ihm, damit er sich zurechtfindet." Basti fragt: „Maxi, warum bist du jetzt in unserer Schule?" „Wir sind umgezogen", erwidert er. „Wir haben vorher in Ingolstadt gewohnt. Wie heißt du gleich wieder?" „Ich heiße Basti. Und wo wohnst du jetzt, in welcher Straße?", fragt er. „In der Sedlmayrstraße", entgegnet Maxi. „Ach, die kenne ich, die ist ja gleich neben der Schule! Ich gehe oft zum Spielplatz dort. Weißt du, wo das ist? Kannst ja auch mal hinkommen", meint Basti. „Okay, gerne", sagt der Neue. Kann ich dich vielleicht anrufen?" „Klar, ich schreib dir nachher meine Telefonnummer auf." Als die Schule aus ist, schreibt Basti Maxi seine Telefonnummer auf. Alle gehen hinaus. Vor der Tür wartet die Mutter, sie fragt: „Na, wie war's? Hast du schon jemanden kennengelernt?" Maxi sagt: „Ja! Den Basti! Der ist nett! Ich hab sogar schon seine Telefonnummer! Kann ich ihn heute Nachmittag gleich anrufen? Mama, hier gefällt es mir!"

Die Neue aus Afrika

Inhalt:	Ein Kind, das kein Deutsch spricht, kommt neu in die Klasse. Nanni spricht sie freundlich an, stößt aber auf Zurückweisung. Benjamin erzählt, wie schlimm es war, als er in einem fremden Land einmal verloren ging.
Stichworte:	Schule, neu in der Klasse, Migration, Kontakt knüpfen, Sprache nicht verstehen, Angst, Ablehnung, Schwarze, Verständnis, Afrika, Hautfarbe
▶	Relifix 1, S. 78

„Das ist Tikira", stellt die Lehrerin, Frau Wirth, ein kleines, dunkelhäutiges Mädchen mit krausem schwarzem Haar vor, das mit seiner Schultasche ängstlich vorn im Zimmer steht. „Ihre Familie ist erst kürzlich aus Kenia, einem Land in Afrika, nach Deutschland gekommen; Tikira spricht noch kaum Deutsch. Wir müssen ihr viel helfen. Wer würde denn die Aufgabe übernehmen, sich um sie zu kümmern?" Das wollen die Kinder der 1c gern, viele Finger strecken sich in die Luft. Besonders Nanni meldet sich eifrig. „Ein neues Mädchen?!" Das findet sie interessant. „Vielleicht ist sie nett und wird meine Freundin?", denkt sie. „Nanni? Gern! Das passt ja gut, weil der Platz neben dir frei ist", entscheidet die Lehrerin und führt die neue Schülerin zu ihrem Platz. „Hallo!", begrüßt Nanni das Mädchen freundlich und streckt ihr die Hand entgegen. Aber Tikira reagiert nicht. Sie setzt sich nur zaghaft auf den Stuhl und hält den Kopf gesenkt. „Hey, ich beiße nicht!", lacht Nanni und spricht die Neue noch einmal an: „Hallo! Ich heiße Nanni!" Keine Antwort. „Na ja, dann eben nicht", seufzt Nanni.

„Wir lernen heute wieder einen neuen Schreibschrift-Buchstaben", verkündet Frau Wirth. „Holt eure hellgrünen Hefte heraus!" Während die Lehrerin das „a" und das „o" an der Tafel vorschreibt und zeigt, worauf man achten muss, versucht Nanni, herauszufinden, ob Tikira Schulsachen dabei hat. „Hast du ein Federmäppchen?", flüstert sie. „Du brauchst auch ein Heft!" Sie zeigt auf ihre Sachen, damit die andere versteht, was sie meint. „Zeig doch mal deine Tasche", fordert sie ihre Sitznachbarin auf. Weil die wieder nicht reagiert, beugt sich Nanni hinüber und tippt auf Tikiras Tasche. Aber – da reißt Tikira die Tasche plötzlich an sich und hält sie mit beiden Armen fest. „Ist ja gut!", meint Nanni etwas verärgert. „Ich will dir doch nichts wegnehmen! Stell dich doch nicht so an!" Kopfschüttelnd wendet sie sich wieder ihrem Heft zu und denkt: „Wohl doch keine Freundin ..."

Nach der Stunde ist Pause. „Nanni, nimmst du bitte Tikira mit und zeigst ihr den Pausenhof?", bittet Frau Wirth. Nanni nimmt sich vor, geduldig zu sein und es noch einmal zu probieren. „Komm, ich zeige dir, wo es langgeht", sagt sie und will Tikira an der Hand nehmen. Aber – wieder zieht Tikira schnell die Hand weg und wendet sich ab. Dazu ruft sie etwas in einer fremden Sprache – das klingt aber komisch! „Hey, was heißt das? Sag es nochmal!", ruft Nanni, aber dann bemerkt sie: „Ach du liebe Heule-Suse – jetzt weint sie auch noch! Jedenfalls: Sie will nicht mit mir in den Hof gehen!", stellt Nanni fest. „Und jetzt reicht es mir. Dann soll sie es halt bleiben lassen! Ich gehe in die Pause." Und sie lässt Tikira einfach stehen.

Später spielt sie mit den anderen Kindern im Hof. „Ihr habt eine Neue aus Afrika?", erkundigt sich Benjamin. „Ja, aber die ist blöd", antwortet Nanni. „Und leider sitzt sie neben mir! Sie versteht kein Wort Deutsch und meint die ganze Zeit, ich will ihr etwas Böses tun." „Oh Mann", stöhnt Benjamin. „Das kenne ich. Ich habe einmal eine schreckliche Geschichte erlebt. Da war ich mit meinen Eltern in Tunesien im Urlaub, und dann habe ich meine Eltern verloren und bin im Hotelgelände herumgeirrt. Weil ich weinte, wurden viele Leute auf mich aufmerksam und wollten mir helfen. Alle redeten auf mich ein, aber ich wusste nicht, was sie sagten. Ich hatte solche Angst! Sie waren freundlich, aber vielleicht verstellten sie sich ja? Ich weiß noch, dass eine Frau mich an der Hand nahm und mich irgendwohin bringen wollte – stell dir vor, ich habe sie in die Hand gebissen! Nie in meinem Leben habe ich so viel Angst gehabt wie da. Wenn keiner deine Sprache spricht, das ist echt schlimm!"

„Oh", sagt Nanni leise, „jetzt kann ich sie verstehen ..."

Frau Volkmann

Inhalt: *Eine strenge, ungerechte Lehrerin demütigt Markus; die Eltern scheuen sich, zur Sprechstunde zu gehen.*

Stichworte: *Schule, Lehrerin, Angst, Beleidigung, Noten, Sprechstunde, ungerecht, blamieren, demütigen, Eltern*

„Schau, Markus, da steht's: ‚3a – Frau Volkmann'", las die Mutter. „Dann ist also jetzt Frau Volkmann deine Lehrerin!" Markus sah nicht, was für einen Blick die Eltern sich hinter seinem Rücken zuwarfen. „Wo ist denn dein Klassenzimmer?", wollte der Vater wissen. Gemeinsam lieferten sie Markus dort ab. Zur Feier des ersten Schultages nach den großen Ferien war die ganze Familie mitgekommen, um Markus zu begleiten: Mama, Papa und die kleine Tina. Papa, der bei der Polizei arbeitete, hatte extra die Schicht getauscht, sodass er dabei sein konnte. Sie begrüßten die Lehrerin und auch andere Kinder und Eltern. Markus setzte sich wieder neben seine Freundin Julia. Dann verabschiedeten sie sich: Das neue Schuljahr konnte beginnen.

Es fing vielversprechend an, denn Julia wurde zur Klassensprecherin gewählt. Sie freute sich und war auch stolz auf die Anerkennung. Markus gratulierte ihr und meinte: „Du bist bestimmt eine gute Klassensprecherin!"

Zu Hause hatten sich die Eltern einen Kaffee gemacht und unterhielten sich. „Ausgerechnet Frau Volkmann!", seufzte die Mutter. „Alle sagen, dass sie eine furchtbar strenge Lehrerin ist! Unser Markus ist ja nun nicht gerade ein Engelchen. Ob er mit ihr und sie mit ihm zurechtkommen wird?" „Nun mach dir doch nicht im Voraus Sorgen", versuchte sie der Vater zu beruhigen. „Du weißt doch, wie die Eltern sind: Sie regen sich gern über die Lehrerinnen auf und steigern sich hinein, sodass man am Ende meinen müsste, ein Ungeheuer unterrichtet." „Du hast natürlich recht", antwortete die Mutter. „Es bleibt uns ja auch gar nichts anderes übrig, als abzuwarten, wie es läuft. Mal sehen, was Markus so erzählt."

„Wie war es in der Schule?", fragte die Mutter. „Ach, normal." Das antwortete Markus meistens. „Was hat Frau Volkmann heute mit euch gemacht?", wollte sie wissen. „Sie schreit rum!", erwiderte er.

„Na ja, so wie ich – ihr bringt mich ja auch oft auf die Palme", meinte die Mutter. „Nein, nicht so wie du. Öfter!", wendete Markus ein, und fügte leise hinzu: „Eigentlich jeden Tag." – Abends kam der Vater. „Sollen wir mal in die Sprechstunde gehen? Was meinst du?", überlegte die Mutter. „Die anderen sagen allerdings, wenn Eltern sich beschweren, dann hat die Lehrerin erst recht eine Wut auf die Kinder und lässt das an ihnen aus. Nein – das will ich nicht. Es wird schon nicht so schlimm sein."

„Frau Volkmann musste etwas aus dem Büro holen und ließ uns kurz allein, und Julia musste den Namen an die Tafel schreiben, wenn jemand nicht brav war", berichtete Markus einige Zeit später. Die Mutter ahnte schon, was jetzt kommen würde: „Und ... mich hat sie auch aufgeschrieben", gestand Markus, „weil ich ein bisschen laut war. Und ... jetzt darf ich beim nächsten Ausflug nicht mitkommen." Er zögerte, aber dann brach es aus ihm heraus: „Julia ist doch meine Freundin! Warum schreibt sie mich auf? Ich find das total blöd von ihr!" „Na ja, Markus: Wenn Frau Volkmann meint, das sei die Aufgabe der Klassensprecherin, dann kannst du nicht Julia die Schuld geben, wenn sie das ernst nimmt. Sei halt leise! Das ist doch die einfachste Möglichkeit, nicht aufgeschrieben zu werden!" So versuchte die Mutter, Julia zu verteidigen; aber später sagte sie zu ihrem Mann: „Ich finde es unmöglich, Julia als ‚Aufseherin' einzusetzen! Frau Volkmann bringt Julia dadurch in eine ziemlich unangenehme Lage ihren Freunden gegenüber! Stell dir das doch nur vor: Sie soll in der Klasse für Ruhe sorgen?!" Der Vater stimmte ihr zwar zu, aber wandte ein: „Es ist natürlich ihre Sache, wie sie das handhabt." Schließlich beschlossen sie, nichts zu sagen.

An einem Tag stand Markus wie ein Häufchen Elend vor der Tür. „Was ist denn los?" Der Vater sah sofort, dass Markus etwas auf dem Herzen hatte. „Frau Volkmann hat meinen Aufsatz vorgelesen. Und am Ende hat sie gesagt: ‚Das ist ein Beispiel dafür, wie man einen Aufsatz *nicht* schreibt!' – und hat alle Fehler aufgezählt. Vor der ganzen Klasse!" Als er das endlich losgeworden war, war es mit seiner Beherrschung vorbei. Er brach in Tränen aus: „Papa – ich will nicht mehr in die Schule!", schluchzte er. „Jetzt komm erst einmal herein und lass dich trösten!" Der Vater nahm Markus in die Arme. „Und nachher besprechen wir in Ruhe mit der Mama, was wir machen." – „Keine Frage: Wir gehen in die Sprechstunde!", rief die Mutter empört, als sie die Geschichte gehört hatte. Aber Markus hatte sich inzwischen beruhigt: „Mama, eigentlich ist mir das peinlich", entgegnete er. „Vom Georg und von der Sarah die Mamas, die rennen ständig zur Sprechstunde, und ich find das so ..., so doof halt. Sarahs Mama bringt auch Sarah immer noch zur Schule und trägt ihr die Tasche! Bloß nicht!" „Verstehe ich das richtig: Du willst es alleine schaffen?", erkundigte sich der Vater. Markus schaute ihn an und nickte. „Nun gut, wie du meinst", seufzte der Vater. „Aber du weißt: Wenn du Hilfe brauchst, dann sind wir für dich da!", fügte die Mutter hinzu.

Drei Wochen später: „Ich darf schon wieder nicht zum Ausflug mit!", beschwerte sich Markus, kaum war er zur Tür herein. „Aber diesmal ist es wirklich ungerecht! Ich habe Hermine versehentlich angerempelt, und die hat geplärrt und gepetzt, und dann hat Frau Volkmann geschimpft: ‚Natürlich! Du schon wieder!' und hat meinen Namen auf die ‚Rote Liste' geschrieben. Das ist gemein! Und Julia hat gesehen, dass es nicht Absicht gewesen war, und ist zu Frau Volkmann gegangen, aber die wollte das gar nicht hören!" Wütend schleuderte Markus seine Schultasche in die Ecke. „Bloß weil die Hermine immer so brav ist. Deswegen glaubt sie mir nicht. Überhaupt: Niemals würde sie mir glauben, weil ich ja sowieso immer an allem schuld bin und immer der Böse bin!" Er setzte sich an den Küchentisch und ballte die Fäuste. Die Mutter ließ ihn seine Wut loswerden und stellte ihm erst einmal nur das Essen hin, ohne etwas dazu zu sagen. Später, als er Hausaufgaben machte, kam sie zu ihm ins Zimmer. „Markus, das Angebot steht: Wir gehen in die Sprechstunde!", bot sie an. „Willst du das?" „Nein!", rief Markus, „ich will nicht bitten und betteln, dass ich mit darf! Die blöde Kuh mit ihrem blöden Ausflug kann mir gestohlen bleiben!" „Bei allem Ärger, Markus: So darfst du nicht reden!", wies ihn die Mutter zurecht. „Du musst schon Respekt vor deiner Lehrerin haben, bitte! Wo soll denn das enden, wenn du so über Frau Volkmann sprichst!"

„Du Idiot!", brüllte die kleine Tina, als der Vater sie vom Tisch heruntergezog, auf den sie verbotenerweise geklettert war. „Wie bitte?" Vater ließ Tina fast fallen, so sehr schockierte ihn dieses Wort aus ihrem Mund. „Du Idiot!" Tina stampfte trotzig mit dem Fuß auf. „Woher hast du das?" Aufgebracht packte der Vater Tina an den Schultern: „Das ist ein böses Wort! Das sagt man nicht! Also: Wer hat das gesagt?" „Markus hat das gesagt!" Tina schmollte und zeigte mit dem Finger auf den Bruder, der hinter Papa in der Tür stand. „Markus?" Fassungslos starrten beide Eltern ihn an. „Du schimpfst Tina ‚Idiot'? Und woher hast du …? Oh nein, sag bloß …?" „Oh doch!!", schrie Markus. „So hat mich Frau Volkmann genannt!" – Stille. Die ganze Familie war wie versteinert. Sogar Tina hielt ihren Mund. „Oh nein!", flüsterte die Mutter, verzweifelt und entsetzt. „Jetzt ist es zu spät, um zur Sprechstunde zu gehen."

2, 66

Inhalt: *Esra bekommt die Matheprobe zurück und schafft den Übertritt aufs Gymnasium nicht. Die Lehrerin erklärt ihr, dass ihre Arbeitstugenden wichtiger sind als die Noten.*

Stichworte: *Schule, Leistungsdruck, Angst vor Proben, Noten, Versagen, Übertritt, Hauptschule, Realschule, Gymnasium, Lebensweg, Stärken und Schwächen*

„Der Klassendurchschnitt ist 3,2; die Probe war schwer. Toll, wer eine Eins oder Zwei geschafft hat, aber auch eine Drei ist absolut in Ordnung!" Die Lehrerin, Frau Schmidt, teilt die korrigierten Proben aus, und Esra wartet. Korinna, Maxi, Altin … Esra hat Angst; ihr Herz klopft bis zum Hals. –Mariah, Tobias, Mikail … Sie wischt sich die feuchten Hände an der Hose ab. – Daniel, Leonie, Ronay … Alles hängt von dieser Note ab: Hat sie eine Zwei, dann reicht es noch für die Zwei in Mathe, und mit einer Zwei in Mathe hätte sie den Übertritt aufs Gymnasium geschafft. – Basti, Riem, Sevcan … – Nur: Eine Zwei muss erst einmal geschafft sein. Die Probe war mittelgut gelaufen. Esra hatte zwar viel gelernt und geübt, aber immer wieder passierte es ihr, dass sie in der Probe plötzlich gar nichts mehr wusste von dem, was ihr zu Hause ganz klar gewesen war. – Kaan, Mario, Sami … Obwohl sie eigentlich schon ganz gut lesen konnte, fielen Esra die Textaufgaben in Mathe schwer. Die richtige Rechnung zu finden, gelang ihr manchmal, manchmal aber auch nicht. – Natalie, Victoria, Ben … Esra denkt an ihre Mutter. Die arbeitet in einem

Schnellrestaurant, bekommt viel zu wenig Geld dafür und hat nur den einen Wunsch: dass es ihrer Tochter einmal besser gehen sollte. – Florian, Marvin, Noah ... Wie enttäuscht wäre die Mutter, wenn sie es nicht schaffen würde! Auch wenn sie am Abend müde aus der Arbeit gekommen war, hatte sie noch mit ihr geübt. – Dalia, Senad, Michael ... Oh nein, ihre Probe ist wohl die letzte, die die Lehrerin austeilt?! – Stephanie, Laura ... und da ist ihre Arbeit ... Esra schließt die Augen; sie will nicht hinsehen. „Leider, Esra", hört sie die Lehrerin, „es hat nicht gereicht. Bitte: Kommst du nach der Stunde kurz zu mir?" Esra nickt, öffnet die Augen und sieht durch einen Tränenschleier die rote Drei auf ihrer Probe. Sie hört nicht Stephanies Jubelschrei, sie merkt auch nicht, dass ihre Freundin Laura tröstend die Hand auf ihren Arm legt. Sie sitzt nur da, und in ihrem Kopf wirbelt immer wieder nur ein Gedanke herum: „Nicht geschafft! Nicht geschafft!"

„Ich weiß, was diese Note für dich bedeutet", sagt Frau Schmidt, als sie am Ende der Stunde allein mit Esra im Klassenzimmer zurückbleibt. „Aber, Esra, ich bitte dich, nicht verzweifelt zu sein. Vielleicht meinst du oder meint deine Mutter jetzt, dass du keine Chance mehr auf eine gute Ausbildung hast, aber: Das stimmt nicht! Ich möchte dir etwas sagen und bitte dich, das deiner Mutter so weiterzugeben. Das eine ist: Wenn du in der Hauptschule deine Sache gut machst und einen ordentlichen Abschluss schaffst, dann hast du gute Aussichten auf eine Lehrstelle. Denn du bist ein freundliches, fleißiges und zuverlässiges Mädchen, du bist höflich und kannst gut mit anderen zusammenarbeiten. Das schreibe ich auch in dein Zeugnis! Bleib so, wie du bist, damit es in deinem Abschlusszeugnis auch steht! Unterschätze es nicht, Esra: Das ist wichtiger als die Note! Es ist richtig schön, dich in der Klasse zu haben, weil du dich anstrengst und Interesse zeigst. Ich weiß, dass du, wenn du eine Lehrstelle hast, dich auch bewähren wirst. – Das andere ist: Das Gymnasium und auch die Realschule sind schwer, echt – was ich da so mitkriege ... Manchen mag es ja leicht fallen, aber andere plagen sich fürchterlich. Der Druck, der uns schon hier in der Grundschule das Leben schwer macht und leider oft den Spaß am Lernen nimmt, der ist dort noch schlimmer, heißt es. Es sind nicht wenige, die dann zum Halbjahr doch wieder zurückkommen, und die sind erst recht entmutigt. Und andersherum: Wenn du in der fünften Klasse in der Hauptschule richtig gut bist, dann kannst du ja danach auf die Realschule oder das Gymnasium wechseln. – Schau mich mal an!" Frau Schmidt lächelt Esra aufmunternd zu. „Habe ich dich überzeugt?" „Na ja, das klingt schon gut", gibt Esra zu. Vor allem nimmt sie der Lehrerin ab, dass sie das wirklich ernst meint, was sie sagt. Und sie spürt, dass Frau Schmidt sie schätzt. „Sie haben ja auch immer gesagt, dass alle Menschen gleich viel wert sind, egal, welche Noten, oder wie viel Geld oder welche Hautfarbe oder Religion sie haben …", fügt sie hinzu. „Und schau, Esra", meint Frau Schmidt anerkennend, „da lieferst du mir schon wieder ein Beispiel für deine Stärken: Du hörst zu und machst dir Gedanken. Vertrau auf dich, du wirst deinen Weg schon machen, an welcher Schule auch immer! – Was meinst du: Soll ich mit deiner Mutter reden oder schaffst du das selbst?" „Ich probiere es mal", meint Esra, „ich sag Ihnen dann, wie es war. Auf Wiedersehen, Frau Schmidt!" „Auf Wiedersehen, Esra, alles Gute! Bis morgen dann!" Esra packt ihre Tasche, aber bevor sie aus dem Zimmer geht, dreht sie sich noch einmal um zu ihrer Lehrerin und sagt: „Danke!" „Von Herzen gern geschehen", antwortet die Lehrerin lächelnd.

Als Esra am Nachmittag vom Hort nach Hause geht, hat sie trotzdem ein unangenehmes Kribbeln im Bauch. „Hallo Mama!", ruft sie und versucht, ganz locker und fröhlich zu klingen. In der Küche findet sie einen fein gedeckten Tisch vor. „Heute gibt es etwas zu feiern!", verkündet die Mutter. Esra bekommt einen riesigen Schreck: Meint die Mutter etwa, dass sie den Übertritt schafft …? „Stopp! Sag nichts von deiner Matheprobe! Noch nicht!", bestimmt die Mutter. „Erst freust du dich mit mir: Ich bin befördert worden!! Meine Chefin hat mir heute mitgeteilt, dass sie mit meiner Arbeit so zufrieden ist, dass ich in Zukunft nicht mehr im Service, sondern im Büro arbeiten werde, für glatte 1,60 € mehr pro Stunde! Ist das nicht irre?!" Sie packt Esra und tanzt mit ihr in der Küche herum. „Jaa! – Und nun zu dir, mein Schatz: Raus damit, wie sieht's aus?"

Später sitzen sie beim Essen. Esra hat die Probe gezeigt und alles so erzählt, wie es Frau Schmidt ihr erklärt hat. Die Mutter ist gar nicht böse. „Enttäuscht schon, ein bisschen; so wie du dich angestrengt hast, hättest du es verdient gehabt", meint sie. „Aber Frau Schmidt hat schon recht: Der Übertritt ist nicht alles. Und dass es mehr darauf ankommt, dass man seinen Job gut macht, das siehst du ja an mir!" Mama hebt ihr Glas. „Auf die Mama! Ich gratuliere dir zur Beförderung!" Auch Esra nimmt ihr Glas und stößt mit der Mutter an. „Und nun auf dich, Esra! Auf meine liebe, zuverlässige, tüchtige Tochter und das tolle Lob von Frau Schmidt!" Wieder klingen die Gläser. Esra ist froh. Sie kann es kaum erwarten, das alles morgen Frau Schmidt zu berichten.

Das etwas andere Zeugnis

Inhalt: *Sophie ist traurig, sie hat ein schlechtes Zeugnis. Die Freundinnen und auch die Lehrerin stellen ihr ein zweites Zeugnis aus, in dem ihre Stärken gewürdigt werden.*

Stichworte: *Schule, Noten, Zeugnis, Freundschaft, Angst, Versagen, Eltern, Stärken und Schwächen*

Der letzte Schultag vor den großen Ferien! Heute gibt es Zeugnisse! „Oh je!" Sophie befürchtet Schlimmes. Nun ist es so weit: Die Lehrerin steht vor der Klasse: „So, nun gibt es also Zeugnisse. Ihr habt euch im letzten Jahr sehr angestrengt und viele bekommen auch gute Noten. Andere haben nicht erreicht, was sie sich vorgenommen haben. Lasst den Kopf nicht hängen! Es gibt immer wieder Möglichkeiten, sich zu verbessern. Und ich sage es euch ja immer wieder: Es kann nicht jeder alles gut können. Zum Glück sind wir verschieden! Mir ist es sehr wichtig, dass niemand wegen einer schlechten Note ausgelacht wird. Habt ihr das verstanden?" „Ja!" „Natürlich machen wir das nicht!" „Teilen Sie bitte die Zeugnisse aus!" „Frau Wirth, machen Sie es doch nicht so spannend!" Die Kinder rutschen ungeduldig auf ihren Stühlen herum. „Schon gut, schon gut, ich verstehe ja, dass ihr aufgeregt seid!" Frau Wirth beginnt lachend und übergibt jedem Kind sein Zeugnis. Erst ist es ganz ruhig, weil alle mit dem Lesen beschäftigt sind, doch dann bricht Jubel aus: „Ich habe fast nur Zweier und eine Eins!" „ Eine Eins in Mathe, unglaublich!" „Endlich habe ich eine Eins in HSU!" „In Deutsch habe ich mich auf eine Zwei verbessert!" „Hey, super, ich habe das erste Mal eine Eins in Sport!", rufen alle durcheinander. Nur Sophie ist ganz still, sie murmelt: „Oh nein …!" „Was ist denn?", fragt Jasmin. „Komm, lass uns feiern! Party! Ferien!" „Nein danke, ich habe keine Lust", antwortet Sophie leise. „Warum hast du keine Lust?", will Andreas wissen. „Das geht euch gar nichts an!", blafft Sophie. „Komm, Sophie, nimm es nicht so schwer!", versucht Kesban zu trösten, aber Sophie wendet sich ab. „Lasst mich in Ruhe!"

Doch Kesban lässt nicht locker: „Warum bist du denn so schlecht drauf?", fragt sie mitfühlend. „Ich will nicht nach Hause!" Wie ein Häufchen Elend sitzt Sophie da. „Traust du dich nicht, dein Zeugnis zu zeigen? Ich habe auch nicht nur gute Noten, schau!" Kesban hält Sophie ihr Zeugnis hin. „Du hast leicht reden", seufzt Sophie. „Lass mal dein Zeugnis sehen!" Zögernd reicht Sophie es Kesban. Die liest es. „Oh, die Noten sind schlecht!", stellt sie erschrocken fest. „Aber in Sport, Musik und Reli bist du gut!" „Sophie, Zeugnis hin oder her: Ich finde, dass du eine gute Freundin bist!", mischt sich Jasmin ein. „Ja genau!", stimmt Kesban zu: „Ich habe eine Idee! Wir machen ein anderes Zeugnis mit anderen Fächern, das kannst du dann auch deinen Eltern zeigen! Andreas, mach auch mit!" Sie geht zum Tisch, nimmt Papier und Stift und schreibt:

„JAHRESZEUGNIS FÜR SOPHIE
FREUNDIN SEIN: 1"

Frau Wirth wird auf sie aufmerksam, schaut Kesban über die Schulter und lächelt: „Ein etwas anderes Zeugnis für Sophie? Das ist eine gute Idee! Ich helfe euch und drucke es nachher am Computer aus! – Ich finde übrigens, dass du Mut hast, Sophie! Du setzt dich ein für Dinge, die dir wichtig sind. Schreib das, Kesban!" Kesban schreibt: „MUT: 1"

„Und Geheimnisse kannst du auch für dich behalten, meistens jedenfalls", findet Jasmin.

Kesban schreibt: „GEHEIMNISSE BEHALTEN: 2"

„Außerdem bist du immer freundlich zu deiner Mutter", fügt sie hinzu und schreibt: „FREUNDLICH ZU DEN ELTERN: 1"

„Mit dir zu spielen macht Spaß, denn du hast viele Ideen und viel Fantasie", meint Andreas.

Kesban schreibt: „IDEEN UND FANTASIE: 1"

„Auch in Hilfsbereitschaft bekommst du eine Eins von mir", lobt Frau Wirth.

Kesban schreibt: „HILFSBEREITSCHFT: 1"

Jasmin fällt noch etwas ein: „Richtig gut kannst du Federball spielen!"

Kesban schreibt: „WAHLFACH FEDERBALL: 1"

„Kommt, das tippen wir am Computer und dann unterschreiben wir", schlägt Frau Wirth vor.

„Damit kannst du nach Hause gehen", sagt Kesban. „Wenn deine Mutter dich schimpft, dann zeige ihr das andere Zeugnis, da wird sie ganz bestimmt stolz auf dich sein. Und wenn dich andere Kinder auf dem Heimweg fragen, welche Noten du hast, dann denke einfach daran, was du sonst noch so alles drauf hast!" Sophie seufzt und lächelt: „Okay, so mache ich es. Danke jedenfalls!"

Eine halbe Stunde später ist Sophie daheim. „Hallo Mama", begrüßt sie die Mutter bedrückt. „Was ist denn los?", fragt die Mutter. „Ist es so schlimm mit dem Zeugnis?" Wortlos hält Sophie es ihr hin. Die Mutter liest es: „Na ja, das habe ich mir schon gedacht, dass es nicht so toll wird. Aber Sport, Musik und Reli sind ja super!" „Ja, aber die anderen Fächer", wendet Sophie ein. „Ach Sophie", tröstet die Mutter, „es wird schon weitergehen! Nächstes Jahr hast du eine neue Chance. Außerdem kommt es im Leben noch auf etwas anderes an!"

„Das haben meine Freunde und Frau Wirth auch gesagt, und dann haben sie mir noch ein Zeugnis geschrieben, schau mal!" Sie gibt der Mutter das andere Zeugnis. Die Mutter liest vor:

„JAHRESZEUGNIS FÜR SOPHIE

FREUNDIN SEIN: 1

MUT: 1

GEHEIMNISSE BEHALTEN: 2

FREUNDLICH ZU DEN ELTERN: 1

IDEEN UND FANTASIE: 1

HILFSBERECHTSCHFT: 1

WAHLFACH FEDERBALL: 1

… und alle haben unterschrieben! Da bin ich aber wirklich stolz auf dich, dass du in der Klassengemeinschaft so toll bist!" „Ja? Findest du, dass das stimmt?", fragt Sophie erleichtert. „Unterschreibst du mir das Zeugnis?" „Also: Nett zu mir bist du wirklich immer, mutig bist du sowieso. Allerdings könntest du mir mehr erzählen, was so los war in der Schule, da musst du kein Geheimnis draus machen!" Die Mutter lacht. „Die Fantasie hast du natürlich von mir!

Und im Federball bist du unschlagbar. Doch: Dieses Zeugnis unterschreibe ich gerne!"

Beim üblichen Treffpunkt

Inhalt: *Die Wege von vier Freunden trennen sich, als sie in die Hauptschule und ins Gymnasium wechseln. Sie verlieren sich aus den Augen, aber dann wird die Freundschaft wieder geknüpft.*
Stichworte: *Schule, Noten, Übertritt, Hauptschule, Realschule, Gymnasium, Freundschaft, vermissen*

Vier Jahre lang waren sie unzertrennlich gewesen: Katrina, Konrad, Kiki und Karim. Kiki hieß zwar eigentlich Berenike, aber weil das so schwer auszusprechen war, hatte ihre Schwester schon als kleines Kind den Spitznamen „Kiki" erfunden, und der war ihr geblieben. Es war nicht nur der gemeinsame Anfangsbuchstabe ihres Vornamens, der sie verband, sie wohnten auch ganz in der Nähe und gingen in die gleiche Klasse. Tag für Tag holten sie sich in der Früh gegenseitig ab und trödelten auf dem Heimweg miteinander, weil es so viel Wichtiges zu schauen und zu bereden gab. Sie waren beste Freunde, die Vier. Sie hatten sich sogar einen Namen gegeben: „Kids K4"; das kam so: Einmal hatte Katrina von dem zweithöchsten Berg der Welt gelesen, der „K 2" heißt. Da war sie auf die Idee gekommen, ihrem Team den Namen „K 4" zu geben, oder noch besser: „Kids K4", und ihr Abzeichen wurde ein weißer Berggipfel vor blauem Himmel, auf dem rot die Schrift prangte. Mit viel Mühe hatte Katrina das Abzeichen gemalt, eingescannt, farbig ausgedruckt und mit der Hilfe ihrer Mama vier Buttons anfertigen lassen. Voll Freude präsentierte sie am nächsten Tag den anderen ihren Einfall, und nun konnten sie das Abzeichen sogar an die Jacke anstecken. Jeder konnte sehen, dass sie zusammengehörten. Als Karims Familie sich einen Hund zulegte, war übrigens klar, dass der einen Namen mit „K" brauchte. „Wie findet ihr ‚Kläff'?", fragte Karim. „Nein, Kasimir!" – „Oder Kurti!" – „Wie wäre Kratzbaum?" – „Kuddelmuddel!" Die Kinder bogen sich vor Lachen und dachten sich immer verrücktere Namen aus. Am Ende einigten sie sich auf „Kolja". Mit Vergnügen übernahmen die „Kids K4" die Aufgabe, Kolja am Nachmittag spazieren zu führen. Sie trafen sich um drei Uhr, immer beim Teich im Hirschgarten, drehten dann gemeinsam eine große Runde im Park und verabredeten sich schließlich mit den Worten: „Morgen, beim üblichen Treffpunkt!"

„Mann, die Matheprobe heute war aber schwer!", stöhnte Katrina an einem Tag. „Findest du?", fragte Kiki erstaunt. Ihr fiel das Lernen leicht und sie war schon lange fertig gewesen, als die Probe eingesammelt wurde. „Wenn ich wieder eine Drei schreibe, kann ich den Übertritt vergessen!" Katrina war ganz mutlos. „Meine Eltern wollen unbedingt, dass ich es aufs Gymnasium schaffe", meinte Konrad. „Also, mir ist es sicher zu schwer im Gymnasium", gestand Karim. „Meine Mama findet: Lieber ein guter Hauptschulabschluss als Abitur mit Hängen und Würgen." „Was wird dann aus ‚Kids K4', wenn wir vielleicht nicht mehr in die gleiche Klasse gehen?", fragte Kiki nachdenklich. „Na ja, ich hoffe doch, ich muss mit Kolja auch dann nicht alleine Gassi gehen", antwortete Karim und sah von einem zum anderen. „Vor allem, wenn wieder Magdalenenfest ist!"

Das Magdalenenfest fand ein Mal im Jahr statt, es war ein kleines Volksfest mit vielen Buden und Schaustellern. Autoskooter, „Wilde Maus", Kettenkarussell, Schießen, Dosenwerfen, Glücksrad – lauter tolle Sachen waren geboten, ganz abgesehen von den leckeren Pommes und den Schoko-Erdbeeren. Alle K4-Kinder sparten wochenlang ihr Taschengeld und erbettelten Zuschüsse von den Eltern und Großeltern. Am Mittwoch, dem Familientag, traf man sich dann wieder am „üblichen Treffpunkt", und los ging es! Das war ein Spaß! Wenn man die Vier fragte, worauf sie sich im Jahr am meisten freuten, dann kam als Antwort gleich nach „Geburtstag" und „Weihnachten" der gemeinsame Nachmittag auf dem Magdalenenfest. Im letzten Jahr hatte Katrina beim Glücksrad einen Mini-Billardtisch gewonnen! „Und wisst ihr noch, wie Kolja nach der Zuckerwatte geschnappt hat und dann die ganze Schnauze voller Zuckerwatte hatte?", lachte Kiki. Aber obwohl sie sich wieder amüsierten, war die Stimmung in diesem Jahr doch etwas gedrückt. Denn inzwischen war klar, dass sich ihre Wege trennen würden. Kiki und Konrad waren im Gymnasium angemeldet, Katrina kam in die Realschule und Karim würde die Hauptschule besuchen.

Als die großen Ferien vorbei waren, war alles ganz anders. Sie hatten keinen gemeinsamen Schulweg mehr und auch nur noch wenig Zeit am Nachmittag. Anfangs warteten Karim und sein Hund noch beim „üblichen Treffpunkt" in der Hoffnung, dass eins der K4-Kinder kommen würde. Aber dann machten sie sich doch allein auf den Weg. „Tja, Kolja; die haben uns wohl vergessen", seufzte Karim traurig. Er bemerkte, dass er immer noch den Anstecker trug. Er machte ihn von der Jacke ab und steckte ihn in die Tasche. „Die Zeiten sind wohl vorbei!" Ihm war zum Heulen zumute. So sehr vermisste er die Freunde und die gemeinsamen Nachmittage! – Einmal, als sie auf dem Rückweg waren, trafen sie auf der Straße Kiki mit einem anderen Mädchen. „Hallo!", begrüßte Karim sie freudig. „Tag, Karim!", antwortete Kiki. „Das ist meine Schulfreundin Dinah! Tja, also, ich habe es leider eilig!" „Berenike und ich, wir gehen nämlich zusammen zum Tennis", erklärte Dinah. „Bereni ... oh, ach so. Ja, dann viel Spaß!", verabschiedete sich Karim. Er hatte Mühe, seine Enttäuschung zu verbergen. Als er später der Mutter davon erzählte, fügte die hinzu: „Von Katrina habe ich gehört, dass sie zweimal in der Woche zur Nachhilfe geht. Aber von Konrad weiß ich gar nichts. Schade! Es tut mir leid für dich, dass du deine Freunde verloren hast."

Ein paar Monate gingen vorbei, und alle gewöhnten sich ein. Auch Karim fand in seiner neuen Schule wieder Freunde. Vor allem mit Daniel verstand er sich gut. Daniel kam auch oft mit in den Hirschgarten, wenn Karim mit Kolja unterwegs war. Das nächste Magdalenenfest stand bevor, und Karim hatte schon 20 Euro zusammengespart. „Kommst du mit, am nächsten Mittwoch?", fragte er Daniel. Der war einverstanden, und Karim war froh, dass er nicht alleine gehen musste. So lustig wie zu viert würde es aber wohl nicht sein. Immer noch dachte Karim an die „Kids K4".

Doch dann kam der Dienstag, und als Karim heimkam, meinte die Mutter: „Du, da ist ein Brief für dich! Ohne Briefmarke; den hat wohl jemand eingesteckt!" „Nanu?", wunderte sich Karim, aber er hatte schon eine freudige Vorahnung. Und tatsächlich: Als er den Umschlag öffnete, sprang ihm der weiße Berggipfel vor blauem Himmel mit roter Schrift ins Auge – das Kids-K4-Abzeichen!

Darunter stand nur: „Morgen beim üblichen Treffpunkt!"

Es war dann übrigens noch lustiger als sonst, denn es waren nicht nur die vier K4-Kinder da, sondern auch Daniel und Dinah, und Katrina hatte auch eine neue Freundin dabei, Doris. Sie war total begeistert von Kolja, der sie schwanzwedelnd begrüßte. „Ist der süß!", rief sie. „Ich hätte soo gern einen Hund, aber meine Eltern erlauben es nicht. Darf ich vielleicht ab und zu mitkommen, wenn du mit ihm Gassi gehst?" „Klar!", grinste Karim, und auch Katrina musste lachen. Wie aus einem Mund sagten sie: „Morgen, beim üblichen Treffpunkt!"

Die Schule der Zukunft

Inhalt: *In der Schule: Technik und PC beherrschen den Alltag; trotzdem gibt es Momente der menschlichen Zuwendung.*

Stichworte: *Zukunft, technisierte Welt, Zuwendung, helfen, Computer, Mama*

Larissa und Linus und andere Kinder sitzen in der Schule des Jahres 2110, um kurz vor acht. Jeder hat einen Laptop vor sich auf dem Tisch stehen. Es gongt. Über einen großen Bildschirm wird die Lehrerin zugeschaltet. Sie sagt: „Guten Morgen! Ich begrüße euch zum Unterricht am 31. März 2110. Zuerst machen wir ein paar Konzentrationsübungen, um unsere Hirnhälften zu aktivieren. Dann trinken wir ein halbes Glas Wasser! Und nun singen wir! Los, alle singen mit!" Es ertönt eine Karaoke-Version eines bekannten Morgenliedes und die Bildschirmlehrerin singt eifrig mit. Auch Larissa und Linus stimmen mit ein, wenn es auch etwas lasch klingt. Die rechte Begeisterung mag nicht aufkommen. „Seid ihr bereit? Nun wird gerechnet!" Die Lehrerin sagt Aufgaben, die Kinder tippen auf ihren Laptops: „48 geteilt durch 8! 34 mal 5! 347 plus 698! ..." Eine Weile später ist Heimat- und Sachkunde an der Reihe, und die Stimme gibt die Anweisung: „Klickt bitte www.Heimat-undSachunterricht.de an, und sucht dort die Seite über den Igel. Dort findet ihr Wissenswertes über das inzwischen leider ausgestorbene Tier. Lest es durch und schreibt eine Zusammenfassung!" Wieder arbeiten die Kinder mit den Notebooks. „Eure Hausaufgaben sind: Chatte mit deinem Brieffreund für zehn Minuten. Finde im Internet etwas über Frühlings-

blumen heraus. Wie immer mailst du die Hausaufgabe an Lehrerin3902@schule.de. Auf Wiedersehen!"
Linus seufzt. „Was ist los?", fragt Larissa. „Ich kapier Mathe einfach nicht. Das Malnehmen – wie geht das? Ich habe es nicht verstanden, als die Bildschirmstimme es erklärt hat, und fragen kann man ja nichts!" „Weißt du was?", schlägt Larissa vor, „wir versuchen das heute Nachmittag zusammen! Und mein großer Bruder ist toll in Mathe. Der kann uns bestimmt auch helfen. Dann versuchen wir es alle gemeinsam!" „Au ja, prima Idee!", stimmt Linus zu. „Bis dann!"

Larissa kommt nach Hause. Aus dem Lautsprecher ertönt eine Stimme: „13.30 Uhr, Essen!" Auch in der Küche gibt es einen Bildschirm, der automatisch eingeschaltet wird, sobald Larissa und ihr Bruder Julian mit der Chipkarte die Tür öffnen. Am Bildschirm erscheint die Mutter: „Hallo Kinder, nur ein kurzer Gruß am Bildschirmtelefon, ihr seid ja gut versorgt. Das Fertigessen steht in der Mikrowelle, tschüs!" Die Kinder holen sich das Essen aus dem Mikrowellenherd und essen. Sie stellen die Teller in den Spülautomaten. Wieder hört man über die Lautsprecherstimme: „14 Uhr, ausruhen, Musik hören!" Danach ertönt sanfte Entspannungsmusik. „Eigentlich hätte ich mehr Lust zum Spielen", seufzt Larissa. „Du weißt doch, das ist sowieso als Nächstes dran", antwortet Julian. „14.30 Uhr, spielen", sagt die Stimme. „Wusst' ich's doch!", bestätigt der Bruder. Beide Kinder setzen sich, jeder an seinen eigenen Laptop. Sie spielen ein Computerspiel. „15 Uhr, Hausaufgaben", hören sie. „Mist, mitten im Spiel", schimpft Julian. „Diese Hausaufgaben-Automatik ist wirklich gnadenlos." Beide tippen die Hausaufgaben am Laptop. „Ach, übrigens: Ob du Linus aus meiner Klasse Mathe erklären könntest?", bittet Larissa. „Du kannst das doch so gut." „In der Freizeit, meinst du? Gern!" Julian fühlt sich geehrt. „Aber erst ist noch ..." „15.45 Uhr: Bewegung an der frischen Luft", verkündet der Lautsprecher den weiteren Tagesplan. Gehorsam stellen sich Larissa und Julian auf das Laufband, das sich langsam in Bewegung setzt. Dazu wird frische Luft aus einer Düse ins Zimmer geblasen. Die Geschwister joggen auf dem Laufband. „Nachher möchte ich gern noch richtig rausgehen", meint Julian. „Ich finde, draußen duftet es nach Frühling. Kommst du mit?" „Oh ja, vielleicht sehe ich dann sogar eine echte Frühlingsblume, über die ich im Internet gelesen habe", antwortet Larissa. „Aber erst machen wir Mathe, okay? Linus wird gleich kommen!" Da klingelt es auch schon und Larissa springt vom Laufband. „Komm rein!", begrüßt sie Linus. Sie setzen sich mit Julian an den Tisch und rechnen gemeinsam: „Schau: 34 mal 5 rechnest du am besten in zwei Schritten", erklärt der große Bruder. „Was ist 3 mal 5? 15! Dann weißt du auch, was 30 mal fünf ist?! Eine Null zur 15? Super, 150! Und 4 mal 5? Genau, 20, das ist nicht schwer. Nun musst du das nur noch zusammenzählen! 150 + 20 = 170, stimmt! Gut gemacht! Hast du es jetzt verstanden?" „Ja", sagt Linus. „Das mit den zwei Schritten war mir nicht klar gewesen. Danke, Julian!"

Auch Linus will gern mit hinausgehen. Vergnügt toben die Kinder eine Weile in der Grünanlage herum. Larissa und Linus entdecken sogar wirklich ein paar Krokusse und machen mit der Kamera gleich Aufnahmen davon, die sie ins Internet stellen wollen. Als sie wieder ins Haus kommen, sagt Julian: „Jetzt bleibt noch Zeit zum Computerspielen!" „Ich hätte mehr Lust zum Kartenspielen. Ich hab' ‚Uno' mitgebracht", schlägt Linus vor. „Au ja", freut sich Larissa. „Ach nein, ich will das Spiel von vorhin noch fertig spielen", wehrt Julian ab. „Zu dritt macht es mehr Spaß, Julian, bitte: Mach doch mit!", bettelt seine Schwester. „Na gut", gibt Julian nach, „wenn es euch so freut!" Die drei beginnen, Karten zu spielen, was ihnen sichtlich Spaß macht, auch Julian: „Ha! Seht mal, was ich da habe!" – „Ach du liebe Zeit! Zwei ziehen!" – „Tja, Pech, nun ziehst du vier …" – „Denkst du, hihi, aber falsch gedacht!" So reden sie durcheinander, bis die Lautsprecherstimme sie ans Abendessen erinnert.

Linus verabschiedet sich.

Im Kinderzimmer, die Stimme sagt: 19.30 Uhr, Bettzeit! Larissa und Linus legen sich ins Bett und schlüpfen unter die Decke. Ein Sandmännchen erscheint auf dem Bildschirm: „Gute Nacht! Welches Schlaflied wollt ihr hören? Tippe eine Eins für ‚Schlaf, Kindchen schlaf' oder eine Zwei für ‚Der Mond ist aufgegangen'!" Larissa bedient die Fernbedienung. Doch da kommt die Mama und stellt das Gerät aus. „Jetzt bin ich aber froh, dass ich es noch rechtzeitig geschafft habe", freut sie sich. „So kann ich euch ins Bett bringen!" Sie liest Larissa vor, krault Julian den Kopf, gibt beiden einen Kuss und wünscht ihnen eine gute Nacht. Leise schließt sie die Tür, gerade als die Stimme mahnt: „20 Uhr, Licht aus, Schlafenszeit!"

Regeln, die Zehn Gebote

Das Sommer-Zeltlager

Inhalt: Regeln müssen sein. Erst scheint es toll zu sein ohne Regeln, doch dann bricht das Chaos aus.

Stichworte: Regeln, Ordnung, Verbote, Diebstahl, Zeltlager, Zusammenleben

▶ *Relifix 4, S. 53*

„Ding, ding, ding", schallte die Glocke über den Zeltplatz. „Um 14 Uhr ist Versammlung, alle kommen zum Treffpunkt!", rief Herr Beer, der die Sommerfreizeit leitete, und ging über den ganzen Platz, um sicherzugehen, dass ihn auch alle Kinder gehört hatten. So waren um 14 Uhr alle Kinder und Jugendleiter zur Stelle. „Herzlich willkommen!", begrüßte Herr Beer die Kinderschar. „Ich hoffe, ihr seid alle gut angekommen? Habt ihr es euch schon in den Zelten bequem gemacht? Passt alles soweit?" „Ja!" „Klar!" „Passt!", riefen einige. „Hört zu! Ich nenne euch nun die Regeln, die hier auf dem Zeltplatz gelten." – „Regeln? Das ist ja wie in der Schule!", unterbrach ihn da ein größerer Junge und äffte die Stimme der Lehrerin nach: „Ich rede nur, wenn ich an der Reihe bin! – Im Flur bin ich leise! ..." „Wart's ab!", meinte Herr Beer und verkündete mit lauter Stimme: Erstens: Jeden Tag um 14 Uhr ist Versammlung! Zweitens: Ihr dürft nichts Gefährliches machen! Drittens: Sonst gibt es keine Regeln. Ihr dürft machen, was ihr wollt! Denn, da hast du schon ganz recht", er wandte sich an den Jungen, „wir sind hier ja nicht in der Schule." Einen Augenblick herrschte überraschtes Schweigen, dann brachen die Kinder in Jubel aus. „Keine Regeln?! Wir dürfen machen, was wir wollen? Das ist ja super!" „Endlich frei sein!" „Genial: keine Mama und kein Papa, die sagen: Ab ins Bett! Putz dir die Zähne!", lachten die Kinder durcheinander. Einige rannten los, sie wollten nach Herzenslust spielen und den tollen Tag genießen. Zwei begannen vergnügt, sich zu balgen, und andere machten sich sofort auf die Suche nach etwas Süßem; im Küchenzelt waren die Vorräte gestapelt. Ein paar waren aber etwas verunsichert bei Herrn Beer stehengeblieben. „Echt? Wir müssen nichts machen, was wir nicht wollen? Aufräumen, in der Früh aufstehen oder so?", wollte Nikolas wissen. „Nein; jeder macht, was er will", bestätigte Herr Beer. „Aber ... klappt denn das?", fragte Marlene zweifelnd. „Ich weiß nicht ..." Herr Beer lächelte: „Warum nicht? Nun – wir werden es sehen; morgen um 14 Uhr reden wir weiter." Er ließ die Kinder zurück, um das Lagerfeuer am Abend vorzubereiten.

Das war ein Leben! Nach dem herrlichen Tag saßen alle um das Feuer, ließen sich gegrillte Würstchen schmecken, drückten einen See voll Ketchup auf den Teller und spießten Brötchenstücke auf Stöcke, um sie über dem Feuer zu rösten. Sie sangen Lieder, unterhielten sich oder schauten einfach nur in die Flammen. Nur Chris und Armin ging es nicht so gut, denn sie hatten zu viele Gummibärchen gegessen. Robin hatte auch schlechte Laune, denn er fand sein schönes Taschenmesser nicht. Er wusste sicher, dass er es neben seinen Platz gelegt hatte. Ob es jemand weggenommen hatte? „Ist das auch erlaubt, etwas zu nehmen, was einem nicht gehört?", fragte er Herrn Beer, nachdem er vergeblich gesucht hatte. „Keine Regeln – also ist alles erlaubt, auch das ...", erwiderte der, aber empfahl ihm, es morgen bei der Versammlung zur Sprache zu bringen.

Sonst waren aber alle begeistert. Irgendwann um 22 Uhr oder noch später gingen die Ersten ins Zelt und kuschelten sich in die Schlafsäcke – natürlich ohne sich die Hände zu waschen. Andere rollten sich einfach neben dem Feuer auf der Wiese zusammen. Allerdings kamen sie mitten in der Nacht doch ins Zelt, als es ihnen draußen zu kalt und zu feucht wurde. Dass sie dabei die anderen weckten, nahmen sie in Kauf – es war doch alles erlaubt! Es würde sie niemand deswegen schimpfen, wie angenehm!

Am nächsten Tag wachte Marlene auf. „Oh je, hab ich schlecht geschlafen", stöhnte sie. „Wer hat da bloß gestern Abend so einen Rabatz gemacht?" Sie streckte sich und beschloss aufzustehen, denn sie hatte Hunger. „Was es wohl zum Frühstück gibt?", überlegte sie. Gähnend trat sie aus dem Zelt heraus und erschrak: „Wie sieht es denn hier aus!" Alles lag herum, keiner hatte aufgeräumt. Auf dem fettverklebten Rost lagen noch ein paar vergessene Würstchen, überall standen die schmutzigen Teller und halbvollen Flaschen herum. Noch schlimmer war es aber im Küchenzelt: „Ach du liebe Zeit!", rief Marlene entsetzt. Da saß der große Junge, hatte noch ein Brötchen von gestern entdeckt und aß es, mit Nuss-Nougat-Creme. Weil er aber kein sauberes Messer mehr gefunden hatte, langte er mit den Fingern ins Glas und leckte sie dann ab. Dabei waren seine Hände noch voll Dreck, Ruß und Ketchup von gestern! „Igitt!" Marlene musste würgen, so eklig war es, dem Jungen beim Essen zuzusehen. Aber irgendwoher musste sie doch ein Frühstück bekommen?! Wo war denn Herr Beer – der sollte ihr helfen.

Gegenüber vom Küchenzelt hatten die Betreuer ihr Zelt aufgestellt. Doch dort hing ein Schild am Eingang, auf dem stand: „Jeder schläft, so lange er will. Wir auch!" – „Oh nein!" Das war zu viel für Marlene. „Hier gefällt es mir nicht! Ich will hier nicht bleiben!", schluchzte sie.

Das war ein scheußlicher Vormittag. Nach und nach kamen die Kinder aus den Zelten gekrochen. Alle waren müde, ungewaschen und hungrig; alle stellten fest, dass keiner aufgeräumt, abgewaschen oder das Frühstück vorbereitet hatte. Die fröhliche Stimmung war dahin; sie saßen lustlos herum und warteten, dass endlich Herr Beer aufwachen würde. Der aber ließ sich Zeit ...

Endlich! „Herr Beer, so geht das nicht!" „Wir haben Hunger!" „Das ganze Zeug, was hier herumsteht, ist so eklig!" „Ich will heim, da kann ich wenigstens ungestört schlafen!", beschwerten sich die Kinder empört. „So so! Ja, und was machen wir jetzt?" Herr Beer rieb sich das Kinn und sah in die Runde. Eigentlich wussten es alle, aber Marlene sprach es schließlich aus: „Leute, ohne Regeln geht es nicht. Das sieht man doch. Wir müssen alle mithelfen und zu einer bestimmten Zeit aufstehen und essen, sonst wird das nichts!", bestimmte sie. „Und eine Regel ist, dass man nichts nimmt, was dem anderen gehört!", fügte Robin hinzu. „Ich will mein Taschenmesser wiederhaben, bitte!" Der große Junge kam tatsächlich heran und gab es zögernd zurück. „Und du", kommandierte Marlene, „gehst jetzt Hände waschen, sonst muss ich kotzen!"

Die Goldene Regel

Inhalt: *Behandle die anderen so, wie du selbst behandelt werden willst.*

Stichworte: *Goldene Regel, Hilfsbereitschaft, Egoismus*

▶   *Relifix 1, S. 82*

„Behandle die anderen so, wie du selbst behandelt werden willst!" Das ist die Goldene Regel, und die Kinder sollen sie abschreiben. Die Lehrerin erklärt, was damit gemeint ist: „Wenn du möchtest, dass jemand freundlich zu dir ist, dann sei du auch freundlich zu anderen. – Ihr wisst doch, was ein Sparbuch ist?", fragt sie. Ja, das wissen die Kinder: Man spart Geld, und später hat man das gesparte Geld, man bekommt sogar noch etwas dazu. „Die Goldene Regel kannst du dir vorstellen wie ein Sparbuch der Freundlichkeit: Wenn du freundlich bist und hilfsbereit, freuen sich die anderen und dein Sparbuch ist voll. – Wenn du dann mal Hilfe brauchst, dann werden die anderen auch dir helfen! – Damit ihr euch die Goldene Regel gut merkt, schreibt sie bitte jetzt auf Goldpapier und klebt sie in euer Heft!"

    Das erklärt die Lehrerin den Kindern. Fabian denkt noch darüber nach, wie die Lehrerin das meint. Neben ihm schreibt Rosalie. Fabian geht mit Rosalie, Emre und Fatime in eine Klasse. Sie sitzen auch nebeneinander; sie sind Freunde.

    Da flüstert Rosalie: „Kannst du mir bitte deinen Kleber leihen?" Fabian tut, als hätte er nichts gehört. „Fabi, bitte, deinen Kleber – meiner ist leer!" Rosalie versucht es noch einmal und stupst ihn an. „Ach nee", antwortet Fabian. „Sonst ist meiner so schnell leer!" „Oh?" Rosalie ist enttäuscht. Immerhin hatte sie Fabian auch schon oft etwas geliehen. Emre gibt ihr aber dann zum Glück seinen Kleber.

    Später ist Malen dran und alle Kinder holen ihre Wachsmalkreiden. Doch … Verflixt! Fatime fällt die Schachtel runter und alle Wachsmalkreiden kullern auf dem Boden herum. Sie krabbelt hin und her, um die Stifte wieder einzusammeln. Sofort sind ihre Freunde zur Stelle, um ihr zu helfen; Emre und Rosalie jedenfalls. Fabian hat keine Lust, sich zu bücken.

Und dann passiert noch etwas Dummes: Als Emre aufsteht, stößt er mit dem Kopf gegen die Tischkante. „Au, au!", jammert er. Das tut weh! Fatime tröstet ihn und fragt: „Ist es schlimm? Soll ich einen Eisbeutel holen?" „Danke, es geht schon", meinte Emre und reibt sich die schmerzende Stelle. Er setzt sich wieder hin.

Am Nachmittag fragt die Mutter Fabian: „Wie war's in der Schule? Was habt ihr gemacht?"

„Wir haben die Goldene Regel auf Goldpapier geschrieben", berichtet Fabian. „Aha. Und wie heißt die Goldene Regel?", will die Mutter wissen. „Äh ... vergessen", meint Fabian. „Na, da hast du aber nicht gut zugehört", stellt die Mutter fest und schüttelt den Kopf.

Am nächsten Tag geht Fabian wieder zur Schule. An der Ecke warten schon die anderen.

„Ganz schön rutschig heute!", warnt Fatime, aber ... da ist es schon passiert: Fabian rutscht aus und fällt auf die Knie. „Au, au!", jammert er, aber keiner hilft ihm. „Warum helft ihr mir denn nicht?", beschwert sich Fabian. Emre, Rosalie und Fatime schauen ihn nur an. Mühsam steht Fabian auf. „Was ist los?", denkt er sich. „Warum schauen die so komisch?"

In der Schule stellt er mit Schwung seine Schultasche ab und ... da fällt seine Trinkflasche heraus. Gerade vor Fatimas Füße rollt die Flasche. Aber Fatime denkt gar nicht daran, sie für Fabian aufzuheben. „Warum? Sie kann sich doch einmal bücken?", grummelt Fabian.

Später sagt die Lehrerin: „Bitte richtet euren Kleber und die Schere her!" „Wo ist denn nur mein Kleber?" Fabian sucht ihn überall, aber er ist nicht da. Zum Glück: Rosalie hat einen ganz neuen Kleber. „Kannst du mir bitte deinen Kleber leihen?", flüstert Fabian Rosalie zu.

Doch Rosalie schüttelt den Kopf und sagt: „Nein."

„Hör zu, Fabian!", ermahnt ihn die Lehrerin. „Wie heißt die Goldene Regel? Wer weiß es noch?" Einige Kinder melden sich, auch Rosalie, Emre und Fatime. „Behandle die anderen so, wie du selbst behandelt werden willst! – Zum Beispiel: Wenn ich jemandem meinen Kleber leihe, dann leiht er den Kleber beim nächsten Mal mir!" „Oder: Wenn mir jemand hilft, meine Wachsmalkreiden aufzuheben, dann helfe ich beim nächsten Mal und hebe die Trinkflasche auf!"

„Oder: Wenn ich jemand tröste, der sich wehgetan hat, dann tröstet er beim nächsten Mal mich!"
Das saß. Ich glaube, jetzt hat Fabian die Goldene Regel verstanden. Oder?

Gott im Schulhof

Inhalt: *Das Erste Gebot: Du sollst dir kein Bild machen; Vera malt ein Bild, in dem Gottes Wirken zum Ausdruck kommt.*

Stichworte: *Erstes Gebot, Gottesvorstellungen, Gott*

▶ *Relifix 4, S. 54*

„Wisst ihr noch, was in den nächsten Religionsstunden unser Thema sein wird?" Frau Nierlich schaut in die Runde. Ein paar Kinder heben die Hand und Michael kommt dran: „Die Zehn Gebote!" „Genau!", bestätigt die Lehrerin und erklärt: „In jeder Stunde werden wir uns mit einem der Zehn Gebote beschäftigen. Heute geht es los – natürlich – mit dem ersten Gebot. Es lautet so: ‚Ich bin der Herr, dein Gott. Du sollst keine anderen Götter haben neben mir. Du sollst dir kein Bild von mir machen.' Dazu muss man etwas über die Religion der damaligen Zeit wissen: Die meisten Menschen glaubten an viele verschiedene Götter. Sie dachten, sie müssten zum Beispiel der Göttin der Felder Opfer darbringen, damit es eine gute Ernte gibt. Unzählige Götter und Götterbilder gab es, denen die Menschen Zauberkraft zuschrieben. Für das Wetter, für das Haus, für das Wasser ... Für alles gab es eine ‚zuständige' Gottheit." „Beim Jupiter!", ruft Marvin. Die Kinder lachen, und Frau Nierlich nimmt den Zwischenruf nicht übel. „Marvin, das passt gut, was du da andeutest. Woher hast du das, erzähl mal!", fordert sie ihn auf. „Na ja, aus ‚Asterix'. Da haben die Gallier und die Römer auch so viele Götter", meint Marvin. „Und dann das", knüpft Frau Nierlich an: „‚Ich bin der Herr, dein Gott. Du sollst keine anderen Götter haben neben mir. Du sollst dir kein Bild von mir machen.' – Merkt ihr, was das für ein Unterschied ist? *Ein* Gott und keine Götterbilder zum Anbeten! Und dieses Gebot steht an erster Stelle!" Sie macht eine Pause, dann fährt sie fort: „Also: Keine Götterbilder! Nichts zum Sehen und Anfassen. Aber: Wie schaut Gott denn aus? Wie können wir ihn uns vorstellen?" Die Kinder überlegen. Während sie verschiedene Antworten geben und Frau Nierlich das Gespräch weiterführt, holt Vera ihren Zeichenblock unter dem Tisch hervor und beginnt zu malen. Die Lehrerin bemerkt das und ermahnt sie: „Vera, es ist Religion! Pack den Block weg!" „Es gehört aber dazu! Ich möchte Gott malen!", erwidert Vera. „Gott malen?" Frau Nierlich seufzt: „Mädchen, ich rede doch gerade davon, dass man Gott nicht sehen und anfassen, und auch nicht malen kann. Hast du denn nicht zugehört?" „Doch, ich weiß genau, was Sie meinen!", verteidigt sich Vera. „Bitte: Lassen Sie mich machen!" „Na gut, Vera. Du hast ja oft gute Ideen. Dann bin ich mal gespannt …" Frau Nierlich gibt nach. So darf Vera malen, während die anderen sich zu einer Gruppenarbeit zusammensetzen und über Gottesvorstellungen in Liedern, in Gleichnissen und im Vaterunser reden. Zur Besprechung treffen sich alle im Sitzkreis. „Nun zeig mal!" Alle betrachten Veras Bild. Schließlich sagt Michael: „Aber das ist ja nur unser Schulhof!" „Ja, aber schau doch, was da passiert!" Vera findet, dass sie es ganz deutlich gemalt hat. „Das bin ich!", Marvin erkennt sich selbst an seinem roten Sweatshirt. „Und zwar heute in der Pause. Ich hatte doch meine Brotzeit vergessen." „Stimmt, und da ist Nora, die dir ihre Banane schenkt!" „Da ist Yasemin. Sie weint, weil sie hingefallen ist! Und daneben ist Atefa, die sie tröstet!" Plötzlich haben die Kinder den Sinn dieses Bildes begriffen. „Überall sind Kinder freundlich und hilfsbereit!" „Schaut, da seid ihr, Ben, Michael, Basti und Stephanie, wie ihr ‚Zug' spielt!" „Und das ist Halit, der Dominik und Jenny erklärt, dass sie keine Zweige abreißen sollen." Begeistert entdecken die Kinder immer neue Einzelheiten. „Und das sind Sie!", stellt Michael fest. „Ja, heute wich die ganze Pause Younes nicht von meiner Seite. Er hatte Angst, dass ihn die Großen schlagen würden, und ich versprach ihm, ihn zu beschützen." Frau Nierlich kann den Blick kaum von diesem wunderbaren Bild wenden, so gut gefällt es ihr. „Vera, großes Lob!", meint sie schließlich anerkennend: „Das ist ein tolles Bild! Und es stimmt: Du hast wirklich genau verstanden, was ich erklären wollte. Du hast dargestellt, wie Gott wirkt: durch die Menschen, die Gutes tun. Ich bin echt beeindruckt! – Ja, du hast Gott gemalt!"

Eine kleine Zeitungsmeldung

Inhalt: *Das Zweite Gebot: Du sollst den Namen Gottes nicht missbrauchen. Eine Zeitungsmeldung über Mohammed-Karikaturen löst bei den Eltern eine Diskussion darüber aus, ob Pressefreiheit oder Rücksicht auf religiöse Gefühle wichtiger ist.*

Stichworte: *Zweites Gebot, Pressefreiheit, Rücksicht auf religiöse Gefühle, Islam, Muslime, Mohammed*

⏵ *Relifix 4, S. 55*

„Hör dir das an!" Die Familie sitzt beim Samstagsfrühstück und die Mutter hat die Zeitung in der Hand: „‚Zeitung bedauert Mohammed-Karikaturen. Gute vier Jahre nach den Protesten gegen die Mohammed-Karikaturen hat die dänische Zeitung ... für die umstrittenen Bilder um Verzeihung gebeten ...' – Was sagst du dazu?" „Tatsächlich?", staunt der Vater. „Warum jetzt? Warum nicht früher? Warum überhaupt?" „Worum geht es?", erkundigt sich Ben. „Damals wurden Karikaturen veröffentlicht; Karikaturen sind Bilder, auf denen jemand ganz komisch dargestellt ist, man macht sich über denjenigen lustig. Ich weiß gar nicht mehr, wie sie aussahen, obwohl ich sie mir auch im Internet angeschaut habe", erklärt die Mutter. „Aber sie waren schon ziemlich heftig. Jedenfalls wurde Mohammed beleidigt." „Der Prophet Allahs – das haben wir in Religion gelernt", wirft Ben ein. „Ich weiß, dass Mohammed für die Muslime sehr wichtig ist." „Genau. Und deswegen waren sehr viele Muslime auf der ganzen Welt auch sehr empört", meint die Mutter. „Die Gegenseite hat aber eingewendet, dass es bei uns Pressefreiheit gibt", sagt der Vater. „Jede Zeitung darf schreiben, was sie will. Das ist eine wichtige Errungenschaft! Außerdem wird immer wieder in Bildern, in der Zeitung, in Fernsehsendungen jemand verarscht. Mindestens die Hälfte aller Witze ist deshalb lustig, weil irgendjemand verspottet wird. Soll man das denn alles abschaffen, bloß weil dadurch jemand beleidigt wird? Wie langweilig!" „So wie dein Papa denken viele Leute", seufzt die Mutter. „Aber ich bin anderer Meinung. Ich mag es nicht, wenn auf Kosten von, was-weiß-ich, Blondinen oder Ostfriesen oder irgendwem Witze gemacht werden. Und noch mehr stört es mich, wenn religiöse Gefühle nicht geachtet werden. Die Religion ist doch etwas Heiliges! Egal ob Jesus oder Mohammed: Darüber macht man keine Witze!" „Verstehst du keinen Spaß?", fragt der Vater. „‚Das Leben des Brian' ist doch wirklich ein komischer Film?!" Die Mutter senkt den Kopf und seufzt noch einmal. Doch dann richtet sie sich auf, legt die Zeitung weg und sagt mit Entschiedenheit: „Ich habe nicht gelacht über diesen Film, das weißt du genau! Ich habe ihn mir einmal angeschaut, um zu wissen, wovon die Rede ist, aber ich fand es furchtbar! Natürlich kann man solche Filme und eine Mohammed-Karikatur nicht verbieten. Aber ich finde es trotzdem nicht richtig, dass man so etwas veröffentlicht! In der Bibel steht, im Zweiten Gebot, dass man den Namen Gottes nicht missbrauchen soll. Ich denke, das gilt für Jesus genauso. Das ist mir wichtig, im Gegensatz zu vielen anderen. Und ich verstehe jeden Muslim, dem das genauso wichtig ist! Alles hat seine Grenzen! Pressefreiheit hin oder her! Immerhin steht die Achtung vor der religiösen Überzeugung auch im Grundgesetz, oder nicht?" Die Mutter ist inzwischen ganz schön laut geworden. Auch der Vater merkt, dass es ihr wirklich ernst ist. So sagt er versöhnlich: „Mein Gott, Liebes, reg dich doch nicht auf! Du hast schon recht." Die Mutter schaut, dann seufzt sie noch ein drittes Mal, tief, steht auf und murmelt: „Ich geb's auf." Sie zieht sich an, packt ihre Sachen und ruft aus dem Flur: „Ich geh einkaufen." Die Tür schlägt hinter ihr zu.

„Was hat sie denn?" Der Vater ist ehrlich erstaunt. „Ich glaube, sie mag es nicht, wenn du das so sagst", meint Ben. „Wenn ich was sage?", der Vater versteht immer noch nichts. „Na: Mein Gott!"

Wir wollen noch kundenfreundlicher werden!

Inhalt: *Das Dritte Gebot: Du sollst den Feiertag heiligen. In einer Bürgerversammlung wird diskutiert, ob das Einkaufszentrum auch am Sonntag geöffnet sein soll; der Betriebsrat, der Pfarrer und schließlich auch die Mehrheit der Bevölkerung sind dagegen.*

Stichworte: *Drittes Gebot, Sonntag, Feiertag, Betriebsrat, Bürgerversammlung, Demokratie*

Mutter stürmte zur Tür herein. Die ganze Familie, die beim Abendbrot saß, schaute erschrocken zu ihr hin. Aber sie mussten nicht lange fragen, was los war, denn nun brach es aus ihr heraus: „Wisst ihr, was unsere Chef-Etage sich jetzt ausgedacht hat? Unser Einkaufszentrum soll auch am Sonntag geöffnet werden! Am Sonntag! Stellt euch das vor! Aber ohne mich!" Aufgebracht schlug sie mit der Hand auf den Tisch und bekräftigte noch einmal: „Ohne mich! Und die anderen sind auch dagegen!" „Nun zieh doch erst einmal deine Jacke aus und setz dich!", schlug der Vater vor. „Und dann erzähle der Reihe nach. Wie habt ihr das erfahren?"

„Es hing ein Schreiben am Schwarzen Brett", berichtete die Mutter etwas später. „Es begann mit den Worten: ‚Wir wollen noch kundenfreundlicher werden!' Da ahnten wir schon Schlimmes. Und da stand es dann: Ab September soll nicht nur am Samstag, sondern auch am Sonntag von 8 bis 16 Uhr geöffnet sein. Aber das gab eine Aufregung, kann ich euch sagen! Nicht nur bei uns an der Kasse; überall, wo man hinkam heute, war es das einzige Gesprächsthema. Und keiner, na ja, fast keiner will das machen. In der Pause bin ich dann zu Herrn Albrecht hin und habe ihn um ein Gespräch gebeten. Er hatte sowieso vor, den Betriebsrat zu informieren." „Was ist der Betriebsrat?", ließ sich da Anja vernehmen, die der Mutter bisher etwas eingeschüchtert zugehört hatte. „Betriebsräte sind gewählte Vertreter der Leute, die im Einkaufszentrum arbeiten", erklärte die Mutter. „Das kannst du so ungefähr mit den Klassensprechern in der Schule vergleichen. Wenn nun im Einkaufszentrum über so wichtige Dinge wie die Öffnungszeit entschieden wird, werden auch die Angestellten gefragt, und da Herr Albrecht nicht mit allen zweihundert reden kann, lädt er eben den Betriebsrat ein." „Bist du im Betriebsrat?", fragte Ulla. „Das wusste ich gar nicht." „Aber das passt doch zu eurer Mutter, oder?", meinte der Vater, und Stolz klang in seiner Stimme mit. „Unsere Tessi kann reden! Du hättest ebenso gut Politikerin werden können!"

Die Mutter hatte eine Idee, die sie am Abend dem Vater vorstellte. Der fand sie sehr gut. Am Wochenende telefonierte die Mutter mit ihren Kolleginnen und Kollegen vom Betriebsrat, und am Montag stellten sie diese Idee ihrem Chef vor: „Herr Albrecht", begann die Mutter, „unser Eindruck ist, dass die Belegschaft mehrheitlich dagegen ist, am Sonntag zu arbeiten. Sie wollen, dass die Leute auch am Sonntag einkaufen können. Wir haben uns nun gedacht: Fragen wir doch die Kunden! Unser Vorschlag ist eine Bürgerversammlung. Da kann jeder seine Argumente vorbringen, und am Ende machen wir eine Abstimmung, wer dafür ist und wer dagegen. Dann wissen Sie, was die Leute wollen." Herr Albrecht war einverstanden. Er dachte sich: „Ausgezeichnet! Wenn die Leute dafür sind, dass wir am Sonntag öffnen, dann müssen sich meine Angestellten danach richten."

Die Mutter wiederum war sich sicher, dass auch die meisten Einwohner gegen das Öffnen des Einkaufszentrums am Sonntag waren. Sie hatte die Aufgabe übernommen, die Bürgerversammlung zu organisieren. Sie ging zur Bürgermeisterin der Gemeinde, zum Rektor der Schule, der die Turnhalle zur Verfügung stellen sollte, rief bei der Zeitung an und verteilte mit Hilfe von Anja und Ulla sogar die Einladungen selbst.

Vier Wochen später war es dann soweit: Die Bürgermeisterin, Frau Senger, übernahm die Gesprächsführung, die Mutter vertrat den Betriebsrat, Herr Albrecht war natürlich dabei, und die Mutter hatte auch den Pfarrer gebeten mitzudiskutieren. Die große Turnhalle war voll. „Das sind sicher dreihundert Leute!", stellte Frau Senger fest. „Man sieht, dass dieses Thema die Leute interessiert!" Es wurde eine spannende und lange Bürgerversammlung. Herrn Albrechts Hauptargument war, dass er den Leuten den Einkauf am Sonntag ermöglichen wollte. Er zählte die Vorteile auf: „Da könnten Sie endlich einmal in Ruhe einkaufen, ohne den Stress vom Werktag", meinte er und dachte für sich: „Und dadurch kaufen Sie bestimmt mehr ein als sonst." Als ob sie seine Gedanken gelesen hätte, meldete sich da jedoch eine Frau, die einwandte: „Aber wir werden doch nicht mehr essen oder mehr verbrauchen, ob wir jetzt an sechs Tagen einkaufen oder an sieben?" Viele Leute nickten.

Als die Mutter an der Reihe war, brachte sie vor, dass sie mit vielen Angestellten gesprochen hatte: „Unsere Arbeitszeiten sind sowieso nicht gerade familienfreundlich. Wenn wir am Nachmittag arbeiten müssen, kommen wir erst um halb neun Uhr abends heim! Gut, dafür habe ich an einem anderen Tag frei. Aber: Nun muss ich schon an jedem zweiten Samstag meine Familie allein lassen – wenn ich nun auch noch am Sonntag arbeiten müsste, wäre ich ja kaum noch zu Hause! Nein, der Sonntag gehört der Familie – das finden die meisten Kolleginnen und Kollegen!" Viele Leute applaudierten zustimmend.

Herr Albrecht wiederum versprach, neue Arbeitsplätze zu schaffen, und das sei für die Gemeinde doch sehr wichtig. „Wie viele neue Leute würden Sie denn voraussichtlich einstellen?", wollte die Bürgermeisterin wissen. „Na ja, vielleicht drei oder vier", antwortete der Chef. „Sonst lohnt es sich nicht. Und ich muss ja darauf achten, dass wir schwarze Zahlen schreiben!" „Was heißt ‚schwarze Zahlen schreiben'?", flüsterte Ulla, die sich mit Anja auf den Boden hinter Mamas Stuhl gesetzt hatte. „Dass er nicht Pleite macht", erwiderte die Mutter leise und meldete sich dann zu Wort: „Wenn Sie nur so wenige neue Leute einstellen wollen, Herr Albrecht, dann heißt das wohl, dass Sie unter der Woche am Vormittag, wenn nicht so viele Leute einkaufen, weniger Kassen besetzen wollen. Dann hätte ich nicht nur den Mittwoch, sondern auch am – sagen wir mal – Montagvormittag frei, wenn die Kinder in der Schule sind, müsste aber dafür am Sonntag arbeiten? Sehe ich das richtig?" „Ja, so in der Art ist das geplant", gab er zu. „Was? Unverschämtheit!", rief ein Mann von hinten. „Das können Sie nicht mit uns machen!", beschwerte sich eine Frau.

„Ruhe! Es geht der Reihe nach und mit Wortmeldungen! Wir sind hier immerhin in der Schule!", sagte die Bürgermeisterin lachend. „Jetzt ist unser Herr Pfarrer dran. Was sagen Sie dazu, Herr Lechner?" Der Pfarrer sprach laut und bestimmt: „Sehr geehrte Damen und Herren, ich möchte Sie an zwei Stellen aus der Bibel erinnern. Es heißt, dass Gott unsere Erde in sechs Tagen erschuf, am siebten Tage aber ruhte er aus. Deswegen heißt das Dritte Gebot: ‚Du sollst den Feiertag heiligen.' Dieses Gebot hat durchaus seinen Sinn. Am siebten Tag die Arbeit ruhen zu lassen, unserem Gott zu danken für alles, was er uns gegeben hat, das ist gut so. Viele kommen am Sonntag in die Kirche; viele kommen auch nicht. Aber so oder so: Einen Tag, an dem man zur Ruhe kommt, sich Zeit für sich selbst nimmt und auch für die Familie, den will Gott uns schenken. Gott weiß, dass uns das gut tut, dass wir das nötig haben. Deshalb ist meine Stellungnahme ganz eindeutig: Sonntag ist Ruhetag!" Die Mutter klatschte, Anja und Ulla und viele Besucher ebenfalls. Herr Albrecht verzog das Gesicht, aber man sah ihm an, dass auch ihn die Worte des Pfarrers beeindruckt hatten.

„Liebe Bürgerinnen und Bürger!", meldete sich nun die Bürgermeisterin wieder zu Wort. „Es ist vereinbart worden, am Ende mit einer Abstimmung ein Stimmungsbild zu erstellen. Natürlich bleibt es Ihre Entscheidung, Herr Albrecht, aber es ist sicher für Sie interessant zu erfahren, was die Leute wollen, sowohl Ihre Angestellten als auch die Kundinnen und Kunden." „Ich bin Kundin und werde sicher nicht am Sonntag einkaufen!", rief eine Frau und forderte die anderen auf: „Los, wir boykottieren den Sonntag!" „Ruhe!", brüllte Frau Senger. „Die Diskussion ist beendet und jeder entscheidet so, wie er selbst es für richtig hält! Darf ich um ein Handzeichen bitten: Wer ist dafür, dass das Einkaufszentrum am Sonntag öffnet?" Es waren höchstens dreißig Leute, die sich meldeten. Und da brach schon der Jubel los.

Immer wieder sonntags

Inhalt: *Das Dritte Gebot: Du sollst den Feiertag heiligen. Alex verbringt einen langweiligen Sonntag, ein nutzloser Tag?!*

Stichworte: *Drittes Gebot, Sonntag, Feiertag, Langeweile, Familie, Freizeit, Freizeitgestaltung*

▶ *Relifix 4, S. 56*

Sonntag! Ausschlafen! Alex dreht sich noch einmal im Bett um. „Wie spät ist es denn? Lohnt es sich schon, aufzustehen?" Er lauscht, ob er seine Eltern schon hören kann. Nichts rührt sich. Sein Bruder? Schläft wohl auch noch. Mhm, aber schlafen kann er nicht mehr. Was soll er nur machen? Lesen? Ach nein. Musik hören? Dazu müsste er aufstehen. Für die Familie das Frühstück herrichten? Das ist ja noch anstrengender! Also warten. Er wälzt sich hin, er wälzt sich her. Eigentlich ist es zu warm; er strampelt die Decke weg. Nun ist es zu kalt. Alex seufzt unzufrieden. Jetzt fängt der kostbare Sonntag schon mit Langeweile an. Dabei muss er ihn doch ausnutzen, denn morgen ist schon wieder Schule! „Mist!", schimpft er vor sich hin. Er schaut zum Fenster hinaus, aber da ist auch nichts zu sehen, was er nicht schon fünftausend Mal gesehen hat.

Endlich hört er die Schlafzimmertür und springt aus dem Bett. Gleichzeitig mit seinem Bruder Basti trifft er im Flur auf die Mutter. „Guten Morgen, meine Buben-Bande!", sagt Mama und drückt die beiden. „Wer Frühstückshunger hat, kommt mit!" Wenig später sitzt die Familie beim Frühstück. Papa ist ein Morgenmuffel, der sagt nichts und liest die Zeitung. Basti erzählt, dass er in der nächsten Woche ein Referat halten muss über die Seidenspinnerraupe. Deswegen muss er heute am Computer arbeiten. Mama schlägt vor, ob sie am Nachmittag vielleicht eine kleine Radtour machen könnten, vorausgesetzt ... Sie schaut bittend Papa an. „Schon gut", brummt Papa. „Ich repariere heute Bastis Fahrrad, das hab ich euch ja versprochen."

So verschwinden nach dem Frühstück Basti in seinem Zimmer, der Papa im Fahrradkeller und die Mutter im Bad: Jeden Sonntag gönnt sie sich ein „Wellness-Stündchen". „Mama, kann ich bei Julian anrufen?", fragt Alex durch die Tür. „Nein, Alex, mach das nicht", antwortet die Mutter, „Sonntag ist Familientag. Bitte störe sie nicht." So sitzt Alex wieder alleine herum und langweilt und ärgert sich. Lustlos kickt er gegen die Kiste mit Legos: alles schon gebaut, alles schon gespielt. Die Comics sind alle schon gelesen und die Spiele machen allein keinen Spaß. „Mama, darf ich fernsehen?", quengelt er durch die Tür. „Muss das sein?", seufzt die Mama. „Kannst du dich nicht einmal ohne Bildschirm beschäftigen?" „Nein, mir ist langweilig, bitte!" „Hast du denn überhaupt schon die Hausaufgaben gemacht?" „Ja, schon am Freitag, bitte!" „Na gut!" Die Mutter gibt nach. „Aber nachher hilfst du mir bitte beim Kochen!" Nachher kommt aber ‚Die Sendung mit der Maus', das ist die einzige Sendung, die sogar der Mutter gefällt. Die darf Alex sehen, während der leckere Duft nach Frikadellen und Bratkartoffeln durch die Wohnung zieht.

Später sitzt die Familie beim Mittagessen. Danach ist Mittagspause, da wollen die Eltern nicht gestört werden. Der Papa macht ein Schläfchen und die Mama trinkt ihren Kaffee und liest die Zeitung. „Ah, ist das schön, am Sonntag einmal Zeit für alles zu haben!", schwärmt sie. „Mir ist am Sonntag immer langweilig!", protestiert Alex. „Du willst doch nicht etwa auch am Sonntag in die Schule gehen?" Mama grinst. „Nein, natürlich nicht, aber ..." Alex weiß einfach nicht, was er tun soll.

„Und, wie schaut's mit einer Runde Radeln aus? Auf geht's! Ein bisschen Bewegung an der frischen Luft tut uns allen gut!" Die Mama versucht nach Kräften, die anderen zu motivieren. Aber Basti erklärt: „Tut mir leid, ich muss weiter arbeiten; ich schaff' das Referat sonst nicht." Mama schaut ihn prüfend an; sie hat den schweren Verdacht, dass Basti irgendwelche Computerspiele macht, sobald sie zur Tür hinaus sind. „Wirklich!", verteidigt sich Basti. „Komm und schau: Es fehlt noch die Hälfte!" „Na gut", meint die Mama, nur halb überzeugt. „Und wie steht's mit euch?" Papa hat aber keine Lust zum Radeln. Am liebsten würde er faul im Liegestuhl auf dem Balkon liegen und sich entspannen. „Nein, nicht immer nur rumsitzen!", wendet Mama ein. Papas Kompromiss: „Wie wär's, wenn wir gemütlich durch den Park spazieren und uns dann ein Eis kaufen?", schlägt er vor. „Auch gut!", stimmt Mama zu. So gehen die Drei los. Aber obwohl das Eis lockt – „Spazierengehen ist ja wohl das Langweiligste, was es gibt!", denkt Alex mürrisch. Doch es kommt noch schlimmer, denn die Eltern treffen Bekannte und hören nicht auf zu reden, während Alex sich die Beine in den Bauch steht.

Das Eis reißt es auch nicht mehr raus. Dann das Abendessen, ein Blick in die Schultasche, Bettgehzeit – der Sonntag ist vorbei. Was für ein nutzloser Tag!

Rosen im Pflegeheim

Inhalt: *Das Vierte Gebot: Du sollst deinen Vater und deine Mutter ehren. Vater kümmert sich um seine pflegebedürftige Mutter.*

Stichworte: *Viertes Gebot, Pflegefall, Großeltern, Liebe zu den Eltern*

➡   *Relifix 4, S. 57*

„In einer halben Stunde!", ruft der Papa. „Okay!", kommt die Antwort. Leonie sitzt mit ihren Freunden Erik und Dalia auf dem Müllhäuschen im Hof. „Wieso, was ist in einer halben Stunde?", will Dalia wissen. „Da besuchen wir wieder die Oma." Leonie stöhnt und verdreht die Augen, sodass kein Zweifel daran besteht, wie sehr sie sich darauf freut. „Wieso, ist deine Oma nicht nett?", fragt Dalia. „Doch, das heißt, na ja, das kann man nicht so genau sagen. Ich kenne sie kaum. Früher hat sie ganz woanders gewohnt. Jetzt ist sie sehr krank und schwach, deswegen haben sie die Eltern hierher in das Pflegeheim geholt. Dort liegt sie im Bett und kann nicht aufstehen. Sie hört und sieht auch nicht mehr gut. Und mit ihr reden? Kannst du vergessen! Sie sagt nur manchmal ein Wort, und das versteht man nur, wenn man sich ganz nah zu ihr hin beugt." „Warum geht ihr denn dann hin, wenn sie nichts mehr mitbekommt?", mischt sich nun Erik ein. „Papa will das so; aber warum, das werde ich ihn tatsächlich mal fragen", meint Leonie und hüpft vom Müllhäuschen herunter. „Kommt, ich will noch eine Runde schaukeln. In diesem Pflegeheim muss man nämlich ganz ruhig sein und still sitzen, sonst stört man die alten Leute." „Bleib doch einfach hier", schlägt Erik vor. „Dein Papa kann dich doch nicht zwingen, wenn du nicht willst. Meine Mama ist sicher einverstanden, wenn du die Stunde bei uns zu Gast bist." „Ach du, danke, aber das ist es gar nicht; meine Mama geht heute auch nicht mit, sie ist zu Hause, ich wäre gar nicht allein." „Jetzt verstehe ich aber gar nichts mehr – du magst deine Oma nicht besuchen, du könntest hier bleiben, aber du willst trotzdem mitgehen? Warum??", fragt Dalia erstaunt. „Tja …", Leonie ist sich nicht sicher, ob die anderen das verstehen werden, aber dann spricht sie es doch aus: „Es ist … weil ich gern etwas mit meinem Papa unternehme. Sogar Oma besuchen. Wenn wir hinfahren, dann unterhalten wir uns, so richtig, wie Erwachsene. Er hat sonst gar nicht so viel Zeit; aber diese halbe Stunde im Bus und in der U-Bahn, die ist richtig schön. Und zurück dann wieder." „Ach so!" Doch, Dalia kann das verstehen, auch Erik findet die Erklärung einleuchtend. „Na dann viel Spaß – auf der Fahrt!", grinst er, als es soweit ist und Leonie mit ihrem Vater aufbricht.

„Papa, warum besuchen wir Oma jeden Sonntag?", fragt Leonie dann aber doch, als sie im Bus sitzen. „Wenn sie doch gar nichts mehr mitbekommt?" „Gar nichts? Sag das nicht! Ich bin sicher, dass sie sich freut, wenn wir da sind. Sie kann es nur nicht mehr zeigen; aber dass sie die Freude spürt, das glaube ich bestimmt!" „Sieht sie noch etwas?" „Vermutlich nur noch sehr verschwommen", meint der Vater. „Du hättest sie früher erleben sollen! Als ich so alt war wie du: Das war eine fitte, lebenslustige Frau! Immer auf den Beinen, um sich um uns zu kümmern. Nur eins war ihr noch wichtiger als wir Kinder: ihr Garten!" Er lachte und zwinkerte Leonie zu. „Im Ernst, sie hatte, was man den ‚grünen Daumen' nennt: Alles wuchs und gedieh in ihrem Garten. Die Rosen mochte sie am liebsten, und die waren echt prachtvoll! – Ja, aber leider ist das vorbei. Nun kann sie nicht einmal mehr aus dem Bett heraus!" Nachdenklich sieht er aus dem Fenster. Als sie im Pflegeheim ankommen, fällt ihr Blick auf den riesigen Rosenbusch neben dem Eingang. Der war ihnen noch nie aufgefallen. Aber jetzt ... Leonie und ihr Vater sehen sich an und haben dieselbe Idee: „Sagen Sie", fragt Papa eine Pflegerin, „könnte man vielleicht einen Rollstuhl ausleihen und mit einer Patientin ein paar Schritte hinaus machen?" „Ausgeschlossen!" Die Pflegerin lässt nicht mit sich reden: „Die Patienten hängen doch an allen möglichen Apparaten und Schläuchen! Nein, das geht gar nicht!" Seufzend gibt es Papa auf: „Schade! Es wäre schön gewesen und hätte ihr bestimmt gutgetan." Stattdessen macht er das Fenster weit auf und lässt die milde Sommerluft herein; mit ein bisschen Fantasie kann man den Duft der Rosen sogar riechen. Ansonsten verläuft es wie immer: Papa hält die Hand der Oma, erzählt ein bisschen, die Oma sagt ein paar unverständliche Worte und Leonie sitzt dabei und wartet, bis die Stunde um ist.

„Sag mal, wieso kommst du eigentlich mit?", fragt der Vater auf dem Rückweg. „Dir ist doch offensichtlich langweilig! Also, nicht dass du denkst, ich bin dir böse; aber es interessiert mich einfach."

„Das haben mich Erik und Dalia heute auch gefragt", erzählt Leonie. „Ja? Und? Was ist die Antwort?" Leonie wird ein bisschen rot, als sie dem Vater gesteht: „Wegen dir!" „Ach so!", der Vater freut sich und nimmt Leonie in den Arm; aber dann will er es genauer wissen: „Also, du machst es mir zuliebe? Warum?" „Weil ... weil ich dich nämlich ganz arg lieb habe!" „Und warum hast du mich lieb?", fragt der Vater hartnäckig weiter. Leonie schaut ihn an und merkt, dass er die Frage ernst meint. „Ja, mhm, also", fängt sie an und überlegt kurz: „Weil du doch mein Papa bist, und weil du auch mich lieb hast und mich erzogen hast und dich um mich kümmerst und mir vorliest und mit mir spielst und mich versorgst, wenn ich krank bin ..." „Stopp!", unterbricht sie der Vater. „Ich möchte deine süße Liebeserklärung ...", er gibt Leonie einen dicken Kuss „... gleich weiter hören, aber das mit der Krankheit ist ein interessantes Thema! Du erinnerst dich doch, als ich die Lungenentzündung hatte?" „Ja, natürlich!" „Du durftest nicht zu mir hinein, ich konnte mich nicht um dich kümmern und dir nicht vorlesen und dich nicht erziehen ... Aber du hast mich trotzdem lieb gehabt, oder?" „Und ob!", ruft Leonie. „Das ist doch klar!" „Jetzt überleg mal, mein Schatz: Verstehst du jetzt, warum ich meine Mutter im Pflegeheim besuche?" „Ja", nickt Leonie. „Alles klar! Du hast deine Mama so lieb wie ich dich! Da hätte ich wohl auch selbst drauf kommen können ..." „Hauptsache, du besuchst mich, wenn ich mal alt und klapprig bin!", meint der Vater grinsend. „Versprochen!" Leonie kuschelt sich an ihn.

Von jetzt an ist es ganz anders: Die ganze Woche freut sich Leonie darauf, die Oma zu besuchen. Sie überlegt, wie sie ihr eine Freude machen könnte. Als am Samstag ein dicker Prospekt des Gartencenters im Briefkasten liegt, hat sie schließlich die Idee: „Papa!", ruft sie. „Schau mal! Seitenweise Rosenbilder! Bringst du mir das größte Papier, das du finden kannst, und Schere und Kleber?" – Als Leonie und ihr Vater am Sonntag der Oma das riesige Bild vor die Nase halten, da ist es ganz deutlich zu hören. Die Oma sagt: „Rosen! Schön!"

Die drei Töchter

Inhalt: Das Vierte Gebot: Du sollst deinen Vater und deine Mutter ehren. Was ist wichtiger – Leistungen und Erfolg oder der Mutter zu helfen?

Stichworte: Viertes Gebot, Großeltern, Liebe zu den Eltern, Lebensgestaltung, Erfolg, Hilfsbereitschaft

Drei Mütter unterhalten sich:
„Meine Tochter hatte vier Einser und drei Zweier im Zeugnis und hat locker den Übertritt geschafft!", berichtet die erste. „Meine Tochter hat beim Tennisturnier in der Jugendmannschaft den ersten Preis gewonnen und wird jetzt zu den Südbayerischen Meisterschaften fahren!", erzählt die zweite. „Und was kann deine Tochter?", erkundigen sie sich bei der dritten Frau. „Ach, ich freue mich jeden Tag über sie", erwidert die dritte. „Sie ist so hilfsbereit! Gestern hat sie allein das Frühstück hergerichtet!" „Toll!", meint die erste etwas spöttisch. „Das ist echt 'ne Leistung!", fügt die zweite hinzu, und ihr Tonfall verrät, dass sie das Gegenteil meint.

Viele, viele Jahre später: Die drei Mütter treffen sich.
„Meine Tochter ist Ärztin geworden", berichtet die erste. „Sie hat nicht viel Zeit für mich, aber sie hat Karriere gemacht!" „Meine Tochter hat als Tennisprofi so viel Geld verdient, dass sie jetzt in einer Villa in der Schweiz lebt", erzählt die zweite. „Aber sie besucht mich nur selten. – Und was macht deine Tochter?" „Ach ich freue mich jeden Tag über sie", erwidert die dritte. „Sie ist so hilfsbereit!" In diesem Augenblick geht die Tür auf, und die Tochter der dritten Frau kommt herein. Sie begrüßt ihre Mutter herzlich und auch die Gäste. „Ich wusste, dass du heute Besuch bekommst, da habe ich einen Kuchen für euch gebacken!" Sie geht in die Küche, um den Kaffee zu holen. „Das ist aber lieb!" Die erste staunt. „Hast du ein Glück!", fügt die zweite hinzu, und ihr Tonfall verrät, dass sie neidisch ist.

Der Abschiedsbrief

Inhalt: *Das Fünfte Gebot: Du sollst nicht töten. Tamara hält das Mobbing durch ihre Mitschüler nicht mehr aus. Sie schreibt einen Abschiedsbrief, will sich das Leben nehmen. Sie überlebt.*

Stichworte: *Fünftes Gebot, Mobbing, Außenseiter, Tod, Verzweiflung, Gemeinheit, Selbstmord*

„Weiß jemand etwas von Tamara?", fragt Frau Gerhard. Die Klasse 8a ist vollständig erschienen, nur Tamaras Platz ist leer. „Tamara?" Doreen verdreht die Augen. „Die wird sich auf dem Weg zur Schule verlaufen haben." Alle lachen, aber Frau Gerhard schaut sie strafend an: „Doreen, hör auf, dich über Tamara lustig zu machen! Hinter ihrem Rücken! Das macht man nicht!", weist sie das Mädchen zurecht. „Ich mag sie nicht, und das sage ich auch vor ihrem Bauch!", entgegnet Doreen und hat wieder die Lacher auf ihrer Seite. „Sie verläuft sich ja auch wirklich ständig!", fügt Dennis hinzu, worauf die Klasse endgültig in grölendes Gelächter ausbricht. „Jetzt reicht es aber! Hört auf mit diesen gemeinen Bemerkungen!", schimpft die Lehrerin. „Ihr habt sie doch beim Ausflug hereingelegt! Und jetzt Schluss damit! Hülja und Franzi, geht ins Büro und fragt, ob sie entschuldigt ist. Und ihr holt jetzt euer Mathebuch heraus."

Auf dem Weg erzählen sich die Mädchen kichernd die Geschichte, die Frau Gerhard meinte. Das war ein Spaß gewesen! Ein perfekter Plan, alle hatten mitgemacht: Beim Ausflug hatten sie Tami abgehängt und sich dann vor einer Wegkreuzung im Wald versteckt. Doreen hatte noch einen Zettel ins Gebüsch gehängt, auf dem stand: „Tamara, da lang!" Nur – er wies in die falsche Richtung! Und die dumme Tamara war wirklich da entlang gegangen! Das Beste war aber, dass sie Tamara vorher ihr Handy abgenommen hatten. Sylvie hatte so getan, als ob sie ganz furchtbar dringend ihre Mutter anrufen müsste, die sie später abholen sollte. „Und mein Akku ist leer!", hatte sie gejammert. „Tami, leihst du mir bitte dein Handy?" Bereitwillig hatte Tami es ihr gegeben. Sylvie hatte ihre Rolle wie eine Schauspielerin gespielt: „Oh, Mist! Hier habe ich kein Netz! Tami, darf ich dein Handy bitte noch kurz behalten? Dann probiere ich es noch einmal, sobald wir aus dem Wald sind! Am besten, ich laufe gleich vor. Ach danke, du bist wirklich ein Engel!" Und so war Sylvie mitsamt dem Handy weg, die ahnungslose Tami hatte den falschen Weg genommen und sich total verirrt. Als Frau Gerhard bemerkte, dass Tami fehlte, war schon einige Zeit vergangen. Und noch länger hatte es gedauert, bis sie die verzweifelte, tränenüberströmte Tami wieder gefunden hatten. Das einzig Dumme war gewesen, dass Frau Gerhard den Zettel im Gebüsch gefunden hatte und dadurch wusste, dass das Absicht gewesen war. Zum Glück hatte Doreen ihre Schrift verstellt, sodass man niemandem etwas nachweisen konnte …

Nun sind Hülja und Franzi im Büro angekommen und begrüßen die Sekretärin: „Guten Morgen, wir sollen fragen, ob Tami Fendt aus der 8a entschuldigt ist." „Nein, das ist sie nicht", erwidert die Sekretärin. „Dann hat sie vielleicht verschlafen, ich rufe gleich bei ihr daheim an. Wartet einen Augenblick!" Sie sucht die Nummer heraus und erreicht auch gleich die Mutter: „Guten Morgen, Frau Fendt. Ist Tamara krank? Was? Sie ist rechtzeitig losgegangen? Nein, hier ist sie nicht. Du liebe Zeit! Ja, tun sie das!" Alarmiert wendet sie sich an die Mädchen: „Die Mutter versucht, sie auf dem Handy zu erreichen. Hoffentlich ist ihr auf dem Weg zur Schule nichts passiert! – Ja, Frau Fendt? Sie geht nicht hin? Dann müssen wir sie suchen lassen – Frau Wagner!", schreit sie. Das war die Rektorin. „Frau Wagner, kommen Sie schnell!" Die Rektorin stürzt aus ihrem Zimmer. „Tamara Fendt ist nicht in der Schule angekommen. Die Mutter schaut gerade in ihrem Zimmer, welche Jacke sie … – Was sagen Sie, Frau Fendt? Oh nein! Nein! – Ein Abschiedsbrief!" Die Sekretärin kann nur noch stammeln: „… Sie will sich das Leben nehmen …" Alle stehen da, bleich, starr vor Schreck.

Die Sekretärin findet als Erste die Sprache wieder: „Frau Fendt, wir suchen sie. Sie rufen jetzt sofort die Polizei an! Dann bleiben Sie zu Hause am Telefon!" „Los, Mädchen! Kommt schnell!" Frau Wagner rennt schon los zum Klassenzimmer. Dort reißt sie die Tür auf: „Frau Gerhard, Tamara will sich umbringen! Wir müssen sie suchen! Beeilt euch! Vielleicht ist es noch nicht zu spät! Wo könnte sie sein?" „Beim Bahndamm!", entfährt es Doreen. Sie hat das Gefühl, ihr Herz bleibt stehen. Tami tot. Und sie ist schuld. „Vier kommen mit!", bestimmt Frau Gerhard. „Wer schnell laufen kann!" Mit Doreen, Dennis und zwei anderen rennt sie los. Der Bahndamm ist nicht weit; zwei Häuserblocks, und er kommt in Sicht. Und da steht ein Zug auf der Strecke!! Blaulicht überall! Ein Krankenwagen! „Tami!", schreit Doreen und rast los, bis sie, vollkommen außer Atem, beim Krankenwagen ankommt. „Tami?", schluchzt sie. Dort steht ein Sanitäter. „Sie lebt", sagt er.

Amoklauf

Inhalt: *Das Fünfte Gebot: Du sollst nicht töten. Schüler reden bestürzt und nachdenklich über einen Amoklauf und fragen sich, was sie tun können; sie bemühen sich, einen Außenseiter zu integrieren.*

Stichworte: *Fünftes Gebot, Amoklauf, Tod, Außenseiter, Integration*

„Amoklauf – elf Tote" Marion ließ die Zeitung sinken. Es war so entsetzlich, was da in der heutigen Ausgabe stand! Warum? Warum rastete einer plötzlich aus und schoss wahllos um sich? Marion stellte sich vor, sie würde arglos in die Schule gehen so wie heute Morgen, sich auf ihre Freundin Rieke freuen, an die Klassenarbeit in Erdkunde denken und daran, dass sie bald Geburtstag hatte ... und ein paar Minuten später wäre plötzlich ihr Leben zu Ende? Aus und vorbei! Und ihre Eltern, die sie so liebten! Ihre kleine Schwester, die sie so brauchte! Was für ein unvorstellbares Leid für die Hinterbliebenen! Durch einen Tränenschleier las sie weiter: „Der Täter galt als unauffällig und zurückgezogen. Freunde hatte er wohl kaum." Nein, sie konnte nicht weiterlesen. Das Mitleid würgte sie. Sie konnte es nicht ertragen, an dieses Verbrechen zu denken. Was sollte sie tun? Die Eltern wecken? Es war schon spät; sie hatte „Gute Nacht" gesagt und die Zeitung mit in ihr Zimmer genommen. Nein, das ging nicht; sie konnte nicht wie ihre kleine Schwester Marlies zu Mama ins Bett krabbeln, wenn sie Angst hatte. Unmöglich. Aber es allein aushalten? Lange lag Marion wach und konnte kein Auge zutun. Da fiel ihr ein: Morgen, in der ersten Stunde, da hatten sie Religion bei Pfarrer Bethke, da wollte sie darüber reden und ihren Kummer loswerden.

Ja, das war gut. Morgen. – Trotzdem fand sie kaum Schlaf in dieser Nacht.

Am nächsten Tag beeilte sie sich, in die Schule zu kommen. Als sie ins Religionszimmer trat, war Herr Bethke schon da, außer ihm nur Susanne und Domenico, und Harald, der, wie immer, allein in der letzten Bank saß und gelangweilt aus dem Fenster schaute. „Herr Bethke, können wir über den Amoklauf reden heute?", fragte Marion, „Bitte, es …", schon wieder spürte sie, dass ihr die Tränen kamen. Susanne und Domenico kamen hinzu. „Ich muss auch die ganze Zeit daran denken", sagte Susanne leise. „Das hatte ich sowieso vor", erwiderte der Lehrer. „Heute hätte ich keinen normalen Unterricht halten können."

Später erzählten sie sich gegenseitig, was sie wussten und wie sie sich fühlten. Sie zündeten Kerzen an und beteten gemeinsam für die Opfer. „Kommt nach vorn und gebt euch die Hände", schlug Pfarrer Bethke vor. „Wenn man verzweifelt ist, tut es gut, die Gemeinschaft zu spüren. Das gibt Kraft und kann uns ein bisschen trösten. – Harald, kommst du auch in unseren Kreis?", lud er ihn freundlich ein. Doch Harald sah ihn nicht einmal an, er schaute weiterhin aus dem Fenster und schüttelte nur den Kopf. Marion aber hielt fest die Hand von Susanne und Rieke, als sie gemeinsam Fürbitten und dann das Vaterunser sprachen. „Herr, unser Gott", betete am Ende der Pfarrer. „Hilf, dass so etwas nicht mehr geschieht. Zeige uns, was wir dazu beitragen können. Hilf, dass wir die Warnzeichen rechtzeitig erkennen. Hilf, dass wir andere nicht zu Außenseitern werden lassen. Darum bitten wir dich von Herzen. Amen."

Die letzten Worte hatten Marion wie ein Blitz getroffen. Jetzt wusste sie, was zu tun war. „Rieke", sagte sie in der Pause zu ihrer Freundin. „Ich lade zu meiner Geburtstagsparty auch den Harald ein."

Nicht lieber Papa!

Inhalt: Das Sechste Gebot: Du sollst nicht ehebrechen. Papa ist verschwunden und hat eine neue Freundin. Kati schreibt einen traurigen, enttäuschten Brief voll berechtigter Vorwürfe. Der Vater antwortet einsichtig.

Stichworte: Sechstes Gebot, Ehebruch, Papa, vermissen, Trennung, Scheidung, Vorwürfe, neue Freundin des Vaters

Früher warst du mein lieber Papa. Das bist du aber nicht mehr. Mein lieber Papa war da für mich. Jetzt bist du weg. Weil du eine neue Freundin hast.

Du hast doch immer gesagt, dass man zu anderen Menschen freundlich sein soll und dass jeder Mensch Respekt verdient. Und jetzt? Bist du freundlich zu mir und Mama? Zeigst du uns deinen Respekt? Nein, wirklich nicht. Du hast uns einfach sitzen lassen.

Du hast doch immer gesagt, ich soll Problemen nicht aus dem Weg gehen. Sei mutig und ehrlich, hast du gesagt, und dass Davonlaufen feige sei und nichts bringt. Hahaha – da kann ich ja jetzt nur drüber lachen. Hast du das denn alles nicht ernst gemeint? Hast du das nur so gesagt, weil man das als Vater den Kindern halt so sagt? Und du selbst hältst dich überhaupt nicht daran! Du warst nicht ehrlich und du bist davongelaufen. Ganz schön feige, oder?

Du hast immer gesagt, ich soll andere in Ruhe lassen, die mir nichts getan haben. Und ich darf niemanden mit Worten und Taten verletzen. Meine Frage: Was habe ich dir getan, dass du mich jetzt so verletzt? Vielleicht ist Mama mit schuld, sie hat ja immerhin manchmal mit dir gestritten. Aber ich? Ich habe dir nichts getan! Jetzt sitze ich hier, ohne Papa, mit einer total verzweifelten Mama – also, ehrlich gesagt, mir geht es ziemlich beschissen. Und ich kann nichts dafür! Das ist wirklich gemein.

Nicht lieber Papa. Du hast gesagt, die Zehn Gebote sind zwar alt, aber immer noch gültig. Darf ich dich daran erinnern, wie das Sechste Gebot heißt? Du sollst nicht ehebrechen!

Das schreibt dir deine Tochter Kati

Kati, mein liebes (!) Kind!

Du hast recht! Es ist ziemlich hart, was du mir da schreibst, aber: Du hast recht.

Gott weiß, wie leid mir das alles tut! Ich habe mich in Sandra verliebt und sie sich in mich. Das ist passiert, das kommt vor; es wäre gelogen, wenn ich sagen würde, dass mir *das* leidtut. Aber dass ich einfach weggegangen bin und euch verlassen habe, das war nicht richtig – dass du jetzt so traurig bist und enttäuscht von mir, das weiß ich, das bereue ich und es gibt keinen Tag, an dem ich nicht daran denke. Immer wollte ich dir das sagen. Ich hab es nicht gemacht, weil ich wohl einfach zu feige war. Weil du recht hast. Dein Brief hat mich geschockt, aber trotzdem bin ich froh, dass du geschrieben hast und mich zu einer Antwort zwingst; zur längst fälligen Antwort. Liebe Kati, ich mache das wieder gut. Oder wenigstens besser. Ich komme nicht zurück zu deiner Mama und dir, das nicht, aber ich verspreche dir, ehrlich zu sein und nicht davonzulaufen und das Problem irgendwie zu lösen. Und ich verspreche dir, dass ich mich um dich kümmern werde. Ich bin doch dein Papa und ich möchte dein *lieber* Papa sein.

Der rote Schal

Inhalt:	*Das Siebte Gebot: Du sollst nicht stehlen. Dani klaut den Schal einer Mitschülerin, sein Freund stellt ihn zur Rede.*
Stichworte:	*Siebtes Gebot, Diebstahl, Freundschaft*
➠	*Relifix 4, S. 59*

Das ist schon so eine Sache mit Dani. Er ist mein Freund, schon lang, und ich halte zu ihm. Aber etwas – na ja, sagen wir mal – „daneben" ist er schon. Die Sache mit Farahs Schal, das war einfach zu viel, das hätte nicht passieren dürfen. Eigentlich ist er ein netter Kerl, der Dani, vor allen Dingen witzig. Es ist niemals langweilig mit ihm. Draußen oder drinnen: Die tollsten Spiele fallen ihm ein, und sein Dackel ist auch immer dabei; er heißt: „Donald Dackel". An diesem Namen sieht man doch schon, was er für Einfälle hat, oder? Zum Beispiel

spielen wir Verstecken in seiner ganzen Wohnung. Und Donald Dackel muss suchen. Habt ihr schon einmal mit einem Hund Verstecken gespielt? Es ist aussichtslos, er findet einen immer! Wir beide gehen immer in die Küche zum Zählen, also: Ich zähle natürlich. Aber Donald Dackel checkt dieses Spiel, das ist echt irre. Er schaut mich aufmerksam an, bis ich bis dreißig gezählt habe, und wenn ich ihn auffordere: „Such!", dann bellt er: „Wau!" – das heißt: „Ich komme!", tappt zielstrebig los und findet Dani. Ob in der Besenkammer, unter dem Bett oder eingezwängt hinterm Sofa. „Wau!", bellt er, wenn er ihn hat. Einmal versuchte es Dani so: Er stellte sich hinter den Duschvorhang in die Badewanne und ließ etwas Wasser hinein. Irgendwie hatte er mal in einem Film gesehen, dass ein Verbrecher einen Hund dadurch abschüttelte, dass er durch einen Bach watete. Aber scheinbar hatte Donald Dackel den Film nicht gesehen, denn er lief, ohne zu zögern, ins Bad und bellte wieder: „Wau! Ich hab dich!"
„Schlauer Hund!", lobte Dani und stieg aus der Wanne. Dass er dabei alles nass machte, weil seine Hose im Wasser gehangen hatte, das war ihm egal. Aber ausgerechnet als Nächstes versteckte er sich im Elternbett! Seine Hose war nicht nur nass, sondern auch nicht wirklich sauber, und er legte sich hinein und zog die Decke über den Kopf! Abgesehen davon, dass Donald ihn sofort wieder aufgespürt hatte – das ist doch kein gutes Versteck, oder? „Also, meine Mutter würde das nicht erlauben, dass ich ihr Bett versaue", meinte ich zu Dani, aber der zuckte nur mit den Schultern und sagte: „Mir egal."
Seine Eltern kümmern sich nicht so richtig um ihn, muss man dazu sagen. Sie lassen ihn sehr oft allein. Und sie versäumen es auch, ihm Regeln beizubringen, wie man sich benimmt und so. Ich will ja nicht als großer Erziehungsspezialist auftreten, aber als Dani das letzte Mal bei uns gewesen ist, war meine Mutter froh, als er wieder weg war. Sie hatte ihn zum Essen eingeladen, Schweinebraten mit Knödeln, und er machte wirklich alles falsch, was man falsch machen kann: Er fing an, ohne zu warten, bis alle am Tisch saßen, er schmatzte und machte den Mund beim Essen nicht zu, er nahm sich den letzten Knödel, seinen vierten, ohne zu fragen, ob ihn vielleicht jemand anders haben will, er stand einfach auf, half nicht abräumen und bedankte sich auch nicht bei meiner Mutter, obwohl die sich wirklich Mühe gegeben hatte und es extrem lecker gewesen war. Für Donald Dackel hatte Mama extra den Knochen vom Schweinebraten

aufgehoben und ihm eine alte Decke in die Küchenecke gelegt, und Donald Dackel sagte: „Danke!", also natürlich: „Wau!" Aber dann wollte er unbedingt auf dem hellen Sofa im Wohnzimmer liegen. Mama hat das natürlich nicht erlaubt und die Wohnzimmertür zugemacht, aber meint ihr, Dani hätte das verstanden? Im Gegenteil, er schaute meine Mama hinter ihrem Rücken noch böse an. Ich glaube, das Wort „Rücksicht" ist einfach ein Fremdwort für ihn. Er macht, was ihm gefällt, ohne darauf zu achten, ob er anderen damit schadet. Es war an dem gleichen Nachmittag – wir wollten zusammen Hausaufgaben machen –, als ich bemerkte, dass er zwei fremde Stifte in seinem Mäppchen hatte. „Die gehören doch gar nicht dir?", stellte ich fest. „Sind das nicht Marcels Stifte?" „Hab ich gefunden", behauptete Dani – aber da hatte ich so meine Zweifel. Na ja, wegen zwei Stiften wollte ich keinen Stress machen, aber dann kam, wie gesagt, die Sache mit Farahs Schal. Es war ein schöner, leuchtendroter, weicher Schal, und Farah trug ihn im Klassenzimmer, obwohl da ja geheizt ist. „Farah, magst du den Schal nicht ausziehen? Du schwitzt doch!", meinte die Lehrerin, aber Farah wollte ihn nicht ausziehen: „Oh bitte, darf ich ihn anlassen? Mein Papa hat ihn mir gestern mitgebracht und er ist soo schön kuschelig!", bat sie und Frau Sailer ließ sie. Später hatten wir dann Sport, und da nahm Farah den Schal natürlich doch ab. Sie legte ihn ordentlich zusammen und ließ ihn auf ihrem Platz liegen. Nur: Als wir vom Sport kamen, war er nicht mehr da! Alle hatten aber, so wie ich, gesehen, dass er vorher dort gewesen war. Es gab keinen Zweifel: Jemand hatte ihn mit Absicht weggenommen. Frau Sailer war sprachlos. „Ich hatte doch abgesperrt, während wir in der Turnhalle waren ... Das gibt es doch nicht ... Das muss jemand von unserer Klasse gewesen sein! Oh nein! Wer tut denn so etwas?" Ich sag euch, sie tat mir richtig leid. Farah natürlich auch, die war vielleicht verzweifelt! Aber Frau Sailer, die ist echt nett, und sie vertraut uns, gibt uns ihren Schlüssel, wenn wir in der Pause die Brotbox im Zimmer vergessen haben und so. Sie saß da und war wirklich fertig, und dann sagte sie: „Kinder, ich hatte so gehofft, dass es nicht wahr ist, aber jetzt muss ich es euch sagen: Das ist leider nicht das erste Mal, dass etwas wegkommt. Bis jetzt habe ich gedacht, dass es vielleicht dumme Zufälle sind; zum Beispiel kamen Kinder, die Stifte vermissten, und ich vermutete, die sind vielleicht hinuntergefallen oder tauchen zu Hause auf – aber jetzt ...", sie holte tief Luft, „muss ich leider, leider feststellen, dass offenbar ... einer oder eine von euch ... klaut." Traurig betonte sie jedes Wort und stieß einen Seufzer aus, der ans Herz ging. „Ich war's nicht!", ließ sich Marie vernehmen. „Ich auch nicht!" „Ich auch nicht!", riefen alle durcheinander. „Ich weiß schon: 25 von euch waren es ja auch wirklich nicht ..." Sie ließ die Blicke prüfend über die Gesichter wandern und seufzte noch einmal: „Aber einer oder eine war es halt doch. – Ich muss mir überlegen, was ich machen kann"; sie machte eine Pause und schüttelte den Kopf. „Morgen reden wir noch einmal darüber. – Farah, sag bitte deinen Eltern, dass ich mich darum kümmere; schlimmstenfalls ersetze ich dir den Schal persönlich!" Oioioi, das ging unter die Haut. Mir jedenfalls. Und den anderen auch. Wir schlichen aus dem Klassenzimmer, als die Schule aus war, und konnten gar nichts anderes denken. Es war das einzige Gesprächsthema an diesem Nachmittag. Und so begann ich auch sofort damit, als ich am Nachmittag zu Dani kam: „Dani, was sagst du dazu, dass ..." Doch in diesem Moment fiel mein Blick auf Donald Dackels Hundekorb: „WAAAS?!", schrie ich los. „Da ist ja Farahs Schal! Du warst das!?" Ich konnte mich gar nicht beruhigen. „War gar nicht so einfach", setzte Dani an, aber ich schaute ihn nur völlig entgeistert an: „Ja sag mal, bist du denn auch noch stolz darauf??" „Nein, aber Donald Dackel hat es jetzt schön weich." Das reichte. Ich packte den Schal und baute mich vor Dani auf. „Jetzt hör mal zu!", begann ich. „Ich bringe den jetzt zurück. Ich sage Frau Sailer nicht, dass du es warst. Aber ich sage, dass so etwas nicht mehr vorkommt, hörst du? Kein einziges Mal mehr. Denn wenn du noch ein einziges Mal jemandem etwas wegnimmst, dann sage ich, wer das war! So, und jetzt tschüs für heute!" – Dani saß da und schaute mich nicht an, aber Donald Dackel checkte mal wieder alles: „Wau!", bellte er, als wolle er sagen: „Stimmt! Ich wollte den Schal gar nicht!"

Lügen sind wie Federn

Inhalt: Das Achte Gebot: Du sollst nicht lügen. Tanja findet ihre Belohnungskärtchen nicht mehr und beschuldigt Mira – zu Unrecht, wie sich später herausstellt; was Lügen und Gerüchte anrichten.

Stichworte: Achtes Gebot, Lügen, Gerüchte, Wiedergutmachung, Verdacht, Wahrheit

▮▮▶ Relifix 4, S. 60

Tanja findet ihre Belohnungskärtchen nicht mehr. Es waren zehn Stück gewesen – und für zehn Belohnungskärtchen muss man einmal die Hausaufgaben nicht machen. Sie hatten doch auf ihrem Tisch gelegen? Mira sitzt neben ihr. „Hast du meine Belohnungskärtchen gesehen?", fragt Tanja ihre Nachbarin. „Nein", flüstert Mira. „Das heißt: doch, natürlich. Vorhin lagen sie doch auf deinem Platz?" Mira dreht sich wieder zur Lehrerin, sie bemüht sich immer, gut zuzuhören. Tanja aber ist gar nicht bei der Sache. Sie hebt ihr Federmäppchen hoch und das Hausaufgabenheft, schaut auf dem Boden, in ihrer Tasche – aber nirgendwo kann sie die Belohnungskärtchen entdecken. „Habt ihr die Lernwörterhefte schon unter den Tisch gesteckt?", fragt die Lehrerin, Frau Krapp. „Dann schreibt bitte noch die Hausaufgabe auf!" Ohne sich um Tanja zu kümmern, erledigt Mira das. Tanja sieht die andere von der Seite an und schöpft Verdacht. Warum hat sie sich so schnell weggedreht? Warum schreibt sie gar so eifrig und schaut Tanja nicht an? Ist sie nicht ganz rot geworden? „Hast du sie?", fragt sie drohend. „Wie, was: deine Belohnungskärtchen? NEIN!", verteidigt sich Mira. „Aber eben waren sie noch da. Bestimmt hast du sie genommen, eben gerade, als ich mein Hausaufgabenheft herausgeholt habe", beschuldigt sie sie. „Spinnst du? Ich klaue doch nicht!" Mira schreit, und Tanja denkt: „Aha – sie hat ein schlechtes Gewissen." Nun wird Frau Krapp auf die beiden aufmerksam: „Was ist denn los, Mira und Tanja?" „Meine Belohnungskärtchen sind weg!" „Tanja behauptet, ich hätte sie geklaut!", rufen die zwei Mädchen durcheinander. „Sucht doch noch einmal, alle beide!", bestimmt die Lehrerin. „Irgendwo müssen sie ja sein!" „Los, zeig deine Taschen!", fordert Tanja die andere auf. „Waas? Ich denke gar nicht daran!", brüllt Mira. „Na siehst du! Und warum nicht??" „Weil ich unschuldig bin!" Nun fängt Mira in ihrer Verzweiflung zu weinen an. „Mädels, jetzt beruhigt euch doch! Tanja, die tauchen bestimmt wieder auf. Hast du schon überall geschaut? Auf dem Tisch, unter dem Tisch, am Boden, in deiner Tasche?" „Ja, überall!", beteuert Tanja und hebt noch einmal ihr Federmäppchen hoch und das Hausaufgabenheft. Da gongt es, die Schule ist aus. „Geht jetzt erst einmal nach Hause. Da schaust du, Tanja, in Ruhe noch einmal deine ganzen Sachen durch. Und morgen sagst du mir, ob du sie gefunden hast. Und, Tanja: Man darf niemanden beschuldigen, wenn man es nicht sicher weiß, hörst du?! – Mira, schau nicht so entsetzt. Das klärt sich bestimmt auf!", versucht Frau Krapp zu beschwichtigen.

Aber Frau Krapp täuscht sich leider zwei Mal: Tanja findet die Belohnungskärtchen nicht, und die Sache klärt sich auch nicht auf. Im Gegenteil: „Was war denn bei euch los?", fragt Gina Tanja auf dem Heimweg. „Mira hat mir meine Belohnungskärtchen geklaut! Zehn!", jammert Tanja. Zu Hause erzählt Tanja es aufgeregt der Mutter. Die Mutter trifft am Nachmittag im Kaufhaus zufällig die Mutter von Julia und erzählt ihr diese böse Geschichte. Julia steht dabei und macht große Ohren. Später ruft Tanjas Mama empört bei Miras Mama an. Die versucht, ruhig zu bleiben: „Meine Tochter klaut doch nicht!", entgegnet sie. „Wie können Sie so etwas behaupten? Das muss ein Irrtum sein!"

Aber am nächsten Tag hat sich das Gerücht schon überall verbreitet. Gina hat es Tom und Nino erzählt, Julia hat es ihrer großen Schwester erzählt, die in die 4a geht ... Wie eine Handvoll Federn im Wind hat sich die Lüge überall verbreitet. Alle schauen Mira schief an und tuscheln hinter ihrem Rücken. Als Mira das bemerkt, wird sie rot und senkt den Kopf. „Siehst du?! Das ist ein Geständnis!", stellt Tanja fest, und Gina nickt.

„Und? Hast du deine Belohnungskärtchen gefunden?", will Frau Krapp am nächsten Morgen wissen. „Nein! Vielleicht kann ich sie ja gar nicht finden ...", meint Tanja vielsagend mit einem Seitenblick auf ihre Nachbarin. „Ich will außerdem nicht mehr neben Mira sitzen!", fügt sie hinzu. „Ich auch nicht mehr neben dir!", murmelt Mira, die wie ein Häufchen Elend auf ihrem Platz sitzt. In diesem Moment kommt Franzi, die Klassensprecherin der 4a, ins Zimmer und sagt: „Frau Krapp, kann ich Sie ganz kurz sprechen? Es ist sehr wichtig!" „Es passt gerade schlecht", winkt Frau Krapp ab; diese Sache nervt sie gewaltig. „Eben darum geht es!" Franzi lässt sich nicht abwimmeln. Leise teilt sie Frau Krapp mit: „In der ganzen 4a wird behauptet, dass Mira klaut. Ich dachte, das sollten Sie wissen." Entgeistert schaut die Lehrerin Franzi an: „Was, in der 4a auch?? Ich kümmere mich darum. Danke, dass du es gesagt hast!"

Jetzt wird ihr die Sache zu bunt. „So, jetzt suche ich selbst!", sagt sie entschieden. „Und zwar bei Tanja und bei Mira!" Entschlossen holt sie den ganzen Stapel mit Büchern und Heften unter Tanjas Tisch hervor und beginnt, jedes Heft durchzublättern. Und siehe da: Aus dem Lernwörterheft fallen die gesuchten Belohnungskärtchen heraus …

Die Bergers

Inhalt: *Neuntes und Zehntes Gebot: Du sollst nicht neidisch sein auf das, was anderen gehört. Eine Familie sieht voll Neid auf die Nachbarfamilie.*

Stichworte: *Neuntes und Zehntes Gebot, Neid, Eifersucht*

„Hallo, Elisabeth!" Die Mutter umarmt ihre Schwester. „Schön, dass wir uns mal wieder sehen!" Dann ruft sie die Kinder: „Moni, Daniel, kommt und begrüßt eure Tante! Und sagt eurem Papa Bescheid, dass sie da ist! Komm doch herein!" Sie führt Elisabeth ins Haus. „Kaffee und Kuchen stehen schon auf dem Tisch. Aber du musst dir erst noch den Garten anschauen! Da ist auch Werner gerade beschäftigt. Wir haben einen neuen Teich angelegt." „Schön habt ihr es hier!" Elisabeth lässt die Blicke über den großen Garten wandern. „Ach, eure Nachbarn haben auch so einen Teich!", bemerkt sie dann. „Ja, die Bergers … Aber sieh doch mal, hier, wie die Rosen in diesem Jahr wachsen!" Mutter lenkt die Aufmerksamkeit auf das Beet neben der Garage. „Sind sie nicht prachtvoll?"

Draußen ist es zu kühl zum Sitzen, aber im gemütlichen Wintergarten lassen sie sich bald darauf eine leckere Jogurt-Sahne-Torte schmecken. „Das Rezept habe ich von Barbara. Die Torte enthält kaum Fett und macht bestimmt nicht dick", versichert die Mutter und bietet ihrer Schwester noch ein zweites Stück an. Durch das Fenster sehen sie, wie Barbara Berger gerade vom Einkaufen kommt. Ein großer Geländewagen parkt vor dem Gartentor. „Die haben ja ein neues Auto!", entfährt es dem Vater und er reckt den Hals. „Einen Monza 808 Turbo mit Allradantrieb! Der kostet mindestens 80 000 Euro!" Auch die Kinder stehen am Fenster und schauen. „Ach, ich interessiere mich nicht so sehr für Autos", lacht Elisabeth. „Erzähl mir doch lieber etwas von der Schule, Moni und Daniel." Sie findet jedoch kein Gehör; alle beobachten die Nachbarin, die nun mit der ganzen Familie das Auto auslädt und körbeweise Einkäufe ins Haus trägt. „Wer ist denn das?", fragt die Tante und zeigt auf eine junge Frau, die dabei ist. „Bergers Au-pair-Mädchen", erklärt die Mutter. „Sie ist für die Kinder zuständig. Barbara arbeitet ja, und beide kommen manchmal ganz schön spät nach Hause." „Ach, das sind Doppelverdiener. Na, dann ist es ja kein Wunder, dass sie sich diesen teuren Wagen leisten können", stellt Elisabeth fest und versucht wieder, von etwas anderem zu sprechen als von Bergers: „Wie geht es mit deinem Chor, Marianne? Was singt ihr gerade? Ich würde gern mal wieder zu einer Aufführung kommen!" „Oh, das wird toll!", schwärmt die Mutter. „Wir singen Lieder von Brahms. Gerade hat Barbara Blusen für uns alle bestellt, todschick, die einen in rubin, die anderen platinfarben. Sie bekommt über ihre Arbeit Prozente bei Lulu Larinda!" „Ach, sie arbeitet in der Modebranche?", will Elisabeth wissen. „Ja, deswegen sieht sie immer aus wie ein Model. So elegant und geschmackvoll! Selbst wenn sie vom Einkaufen kommt. Und diese Figur dazu! Weißt du, wie alt sie ist? 43! Es ist kaum zu glauben!" Neidisch betrachtet die Mutter ihre Nachbarin. „Gut, sie ist ohne Zweifel eine attraktive Frau", gibt ihre Schwester zu. „Aber ihr habt es doch auch gut, oder? Es kann euch doch egal sein, ob die Nachbarn einen Teich haben oder nicht und was für ein Auto sie fahren! – Werner? Sag mal, bist du hypnotisiert?" „Äh, wie? Ach was!", murmelt der Vater, der die Nachbarin mit seinen Blicken verschlungen hat. Er wird rot. „Na ja, du sagst ja selbst, dass sie attraktiv ist!", verteidigt er sich. „Da kann man doch mal hinschauen, oder?"

Alle gehen ins Kino

Inhalt: Liebe deinen Nächsten wie dich selbst. Paul denkt zu viel an sich selbst, Christine zu wenig.

Stichworte: Nächstenliebe, Egoismus, Altruismus, Hilfsbereitschaft, Selbstwertgefühl, Selbstbewusstsein

➡   *Relifix 5, S. 17*

„Zum Abendessen bist du wieder da!" – „Ja, Mama", antwortet Paul mit einem kleinen Seufzen und zieht sich Jacke und Schuhe an. Doch dann geht er doch noch einmal zur Mutter, die gerade am Computer sitzt. „Mama ...", beginnt er, „muss ich denn unbedingt zum Abendessen wieder da sein? Wenn das Kino vorbei ist, wollten wir uns eine Pizza holen und noch zu Toni gehen. Alle anderen dürfen!" – „Ach, Paul! Du hattest doch gesagt, dass du mir heute endlich hilfst, deinen Schrank auszumisten. Seit zwei Wochen bitte ich dich darum und immer fällt dir etwas anderes ein, um dich zu drücken!" Doch obwohl seine Mutter so verärgert ist, gibt Paul nicht auf. „Aber gerade heute, wenn die anderen sich treffen, muss das doch nicht sein! Morgen, Mama, helfe ich dir bestimmt!", bettelt er. „Wenn man in der Gemeinschaft zusammenlebt, muss man manchmal zurückstecken und an die anderen denken", erwidert die Mutter. „Aber wenn man in der Gemeinschaft lebt, muss man auch mal an sich selbst denken und tun, was einem Spaß macht", meint Paul. „Als ob du nicht oft genug an deinen Spaß denken würdest!", grollt die Mutter. Sie hat die Diskussionen satt. „Auf Knien werde ich jedenfalls nicht bitten, dass du endlich mehr Hilfsbereitschaft zeigst!" „Morgen, Mama!" Paul ist schon halb zur Tür hinaus. „Helfen, helfen, immer soll ich helfen!", murmelt er, als er die Treppe hinuntergeht.

„Zum Abendessen bist du wieder da!" – „Ja, Mama", antwortet Christine mit einem kleinen Seufzen und zieht sich Jacke und Schuhe an, um mit dem Hund der Nachbarin spazieren zu gehen. Doch dann geht sie doch noch einmal zur Mutter, die gerade am Computer sitzt. „Mama ...", beginnt sie zögernd, „könnte ich das heute vielleicht einmal ausfallen lassen? Meine halbe Klasse hat sich verabredet, ins Kino zu gehen, und ich würde so gern mitgehen!" „Ach,

Christine! Du weißt doch, dass Frau Schulze nicht mehr so gut zu Fuß ist. Sie kann die Santa nicht ausführen! Und der Hund muss raus, das kann man doch nicht ausfallen lassen!" – „Ja, das sehe ich schon ein und ich mache es ja auch immer. Aber kann es denn nicht auch jemand anders machen?" Die Mutter überlegt: „Vielleicht könnte man den Paul, der oben wohnt, fragen, ob er das ab und zu übernehmen könnte?" „Der ist ja auch im Kino mit dabei! Der macht es bestimmt nicht." Christine hat den Kinobesuch schon abgeschrieben. „Wenn man in der Gemeinschaft zusammenlebt, muss man manchmal zurückstecken und an die anderen denken", meint die Mutter. „Manchmal?", denkt Christine. „Irgendwie mache ich das ständig. Helfen, helfen, immer soll ich helfen!" Sie zieht die Wohnungstür zu, da kommt gerade Paul die Treppe herunter ...

Sag die Wahrheit!

Inhalt: ... nein, manchmal eben besser nicht. Das wichtigste Gebot der Nächstenliebe als Maßstab für alle anderen.

Stichworte: Gebote, Wahrheit, Ausreden, Rücksicht, Nächstenliebe

„Nanu, von wem ist denn dieser Brief?", dachte Vincent, als er den Briefkasten öffnete. Sein Name stand mit krakeliger Erstklässlerschrift darauf, aber kein Absender. Vincent öffnete den Umschlag und zog eine Karte heraus. Er las sie und rief aus: „Oh: Dennis lädt mich zum Geburtstag ein!" Es klang nicht sehr erfreut. „Dein kleiner Freund Dennis?", spöttelte Vincents Schwester Valerie. „Ja", ratlos legte Vincent die Karte auf den Tisch. „Was mache ich denn da? Da kann ich doch unmöglich hingehen? Als einziger Drittklässler zu einem Erstklässlergeburtstag – nein!"

Es war so: Vincents Klasse 3c war die Patenklasse von Dennis' Klasse 1c; jedes große Kind hatte ein Patenkind. Sie hatten ein Patenfest gefeiert, und im Patenbrief stand, dass die Paten ihren Patenkindern helfen sollten. Die Drittklässler kannten sich ja schon viel besser in der Schule aus. Dennis war Vincent zugeteilt worden. Bei einem gemeinsamen Ausflug konnten sich alle kennenlernen. Dennis war ein netter Kerl, wirklich, Vincent mochte ihn gern. Aber für Dennis war Vincent so ungefähr die wichtigste Person in der ganzen Schule. Er bewunderte ihn grenzenlos. Jede Pause kam er daher und fragte: „Vincent, darf ich mit euch mitspielen?" Er war wirklich etwas aufdringlich in seinem Eifer. Vincent gab sich Mühe und kümmerte sich um seinen kleinen Freund, aber manchmal wurde es ihm doch zu viel. Und dass er auf keinen Fall zu Dennis' Geburtstagsfeier gehen wollte, das war sicher. „Was soll ich tun?", wiederholte er. „Na ja, du sagst, dass du keine Zeit hast", schlug seine Schwester vor. „Aber das stimmt doch gar nicht! Das wäre gelogen!", wandte Vincent ein. „Schon; aber es wäre eine Notlüge", meinte Valerie. „Wenn die Wahrheit jemanden unglücklich macht, dann ist das schon erlaubt!" „Meinst du?" Vincent zweifelte noch. „Ich frage nachher lieber auch Mama, was die dazu sagt."

Eine Weile später kam die Mutter nach Hause; sie war beim Friseur gewesen. Aber wie sah sie denn aus? Eigentlich hatte sie hellbraune Haare, aber nun waren sie blond gefärbt! Entsetzt sahen sich Valerie und Vincent an – das war ja furchtbar! „Kinder, schaut nicht so!", jammerte die Mutter. „Ich sag euch, ich bin total verzweifelt! Meine Friseurin war heute nicht da, und ihre Kollegin hat mir diese neue Farbe aufgeschwatzt. ‚Mal den Typ verändern' und so. Mich hat fast der Schlag getroffen, als ich am Ende in den Spiegel geschaut habe! Es ist schrecklich!" „Ach Mama, so schlimm ist das doch gar nicht!" Valerie stieß ihren Bruder mit dem Ellenbogen an und warf ihm einen verschwörerischen Blick zu. „Du bist so hübsch! Egal mit welcher Haarfarbe!" Vincent, der verstanden hatte, dass die arme Mama dringend getröstet werden musste, fügte hinzu: „Ist doch schön: Mal was Neues! Mir gefällt es auch!"

„Uff, das war aber wirklich volle Kanne gelogen!", stöhnte er, als er etwas später mit seiner Schwester wieder allein war. „Aber ich finde es trotzdem richtig, dass wir nicht die Wahrheit gesagt haben. Mama war doch wirklich so schon unglücklich genug", erwiderte sie.

Papa am Abend war sich auch nicht sicher, ob er die neue Haarfarbe gut finden sollte. Er löste das Problem aber sehr elegant, indem er Mama zum Muttertag einen Gutschein für einen Friseurbesuch schenkte.

Eine Weile später behandelten sie dieses Thema sogar im Religionsunterricht. „Das wichtigste Gebot heißt: ‚Du sollst Gott lieben von ganzem Herzen und deinen Nächsten wie dich selbst!'", erklärte Frau Hofmann, die Lehrerin. „Die Nächstenliebe, das ist das ‚Maß aller Dinge'; die anderen Gebote müssen in jeder Situation neu daran gemessen werden. Ich sage euch ein Beispiel, damit ihr versteht, was ich meine: ‚Du sollst den Feiertag heiligen!' ist ein Gebot. Wir haben schon darüber gesprochen: Wir sollen am Feiertag an Gott denken und uns ausruhen. Wenn du die Mutter oder den Vater am Sonntag die ganze Küchenarbeit alleine machen lassen würdest, hättest du dieses Gebot beachtet. Aber gegen das wichtigste Gebot, das der Nächstenliebe, hättest du verstoßen. – Fallen euch vielleicht Beispiele ein?" Natürlich! Vincent musste sofort an Dennis' Geburtstag und an Mamas Frisur denken. Auch Gina meldete sich: „Meiner Mutter ist der Muttertag total wichtig. Trotzdem habe ich ihn vergessen – beinahe! Zum Glück bin ich am Muttertag ganz früh aufgewacht und da ist es mir noch eingefallen. Ich habe ein Bild gemalt, ein Frühstückstablett. Dann habe ich meiner Mama das Frühstück ans Bett gebracht und ihr einen Gutschein geschenkt, dass ich an jedem Sonntag im Mai das Frühstück mache. Sie hat sich total gefreut. ‚So eine nette Idee!', hat sie gerufen und dann gefragt: ‚Wann ist dir denn das eingefallen?' – Wenn ich ihr die Wahrheit gesagt hätte, wäre sie wahrscheinlich enttäuscht gewesen." „Das ist ein gutes Beispiel!", lobte Frau Hofmann. „Tatsächlich: Obwohl ein Gebot heißt: ‚Du sollst nicht lügen!' und obwohl das natürlich ernst gemeint ist – es gibt Situationen, in denen eine Notlüge erlaubt ist, und zwar wann?" Sie war gespannt, ob die Kinder gut zugehört hatten. Aber das hatten sie, nicht nur Vincent: „Wenn man jemanden mit der Wahrheit unglücklich macht", antwortete er. „Wenn man aus Liebe lügt", fügte Gina hinzu. „Genau!", bestätigte Frau Hofmann. „Das wichtigste Gebot! Der einzige Grund, dass ich eine Lüge oder Ausrede akzeptiere: wenn das wichtigste Gebot dahinter steckt!"

Ich und die anderen

Freundschaft – Was ist dir an deiner Freundin / deinem Freund wichtig?
(Kinderaussagen)

Stichworte: Freunde, Freundschaft

Dass sie zu mir hält.

Dass er Zeit hat.

Mir ist wichtig, dass sie ehrlich ist.

Er soll nicht so schnell beleidigt sein. Ich kann es nicht ausstehen, wenn einer bei der kleinsten Kleinigkeit eingeschnappt ist. Und noch weniger, wenn er später immer wieder damit anfängt, also wenn er so nachtragend ist.

Einmal hatte ich eine Freundin, die hab immer nur ich angerufen. Ich war mir am Ende gar nicht mehr sicher, ob sie überhaupt mit mir befreundet sein will. Die Freundschaft ist zerbrochen, als ich ihr nicht mehr hinterhergelaufen bin. Ich war schön dumm gewesen.

Mein Freund heißt Navid, und er hält zu mir. Er ist viel stärker als ich, und ohne ihn wäre ich aufgeschmissen.

Mit meiner Freundin streite ich manchmal fürchterlich. Aber das Gute ist: Dann vertragen wir uns wieder.

Ohne meine Freunde wäre es langweilig.

Meiner Freundin kann ich alles erzählen, wenn ich ein Problem habe und so. Sie hört zu und ich weiß, sie hält dicht. Wenn ich herausfinden würde, dass sie Geheimnisse nicht für sich behalten kann, wäre es mit der Freundschaft vorbei.

Was ich nicht mag an meinem Freund ist, dass er manchmal ein ganz schöner Angeber ist.

Mir ist wichtig, dass meine Freunde zuverlässig sind. Wenn man etwas ausgemacht hat, einfach nicht zu kommen, das finde ich bescheuert.

Ich wollte sehr gern in den Sportverein gehen. Aber nicht allein. Ich war total froh, dass Manfred aus meiner Klasse mitgegangen ist. Wir sind jetzt beste Freunde.

Larissa ist beliebt. Alle wollen mit ihr befreundet sein. Ich auch, ich finde sie sehr nett. Ich weiß nicht, ob ich sie zu mir einladen soll. Ich würde es nicht ertragen, wenn sie „nein" sagt. Aber noch schlimmer wäre, wenn sie sich aus Höflichkeit oder Mitleid mit mir trifft. Ich glaube, ich lasse es lieber.

Früher war Ernie mein Freund. Aber dann habe ich herausgefunden, dass er sich hinter meinem Rücken über mich lustig gemacht hat. Seitdem habe ich kein Wort mehr mit ihm geredet.

Ich heiße Ernie. Sonst habe ich immer mit Tim gespielt, oft. Aber seit einiger Zeit redet er kein Wort mehr mit mir, keine Ahnung, warum. Wenn ich ihn fragen will, was los ist, dreht er sich um. Das finde ich blöd. Ich finde, wenn irgendwas ist, was ihn ärgert, dann muss er es doch sagen, oder? Wenn man befreundet ist?!

Wenn ich meine Freundinnen nicht hätte! Mir würde was fehlen, aber wirklich!

Mein Freund Paolo

Inhalt: Eine Freundschaft bewährt sich, als Paulina sich das Bein bricht und lange im Rollstuhl sitzen muss.

Stichworte: Freundschaft, Krankheit, Hilfsbereitschaft, Rollstuhl

Paolo und ich sind schon ewig befreundet, seit dem Kindergarten. Ich weiß noch genau, wie er zu uns in die Igel-Gruppe kam und Frau Hommler ihn vorstellte: „Das ist Paolo!" Ich bin gleich hingegangen und habe gesagt: „Wie lustig! Ich heiße so ähnlich wie du! Ich bin die Paulina!" Paolo hat gelächelt und meine ausgestreckte Hand ergriffen, und von dem Tag an waren wir Freunde. So richtig: beste Freunde. Wir spielten im Kindergarten miteinander und gaben uns gegenseitig von unserer Brotzeit ab. Als Paolo einmal etwas zu trinken vergessen hatte, teilte ich mit ihm. Als ich einmal hingefallen war, tröstete Paolo mich. Wir trafen uns auch am Nachmittag. Ab und zu durfte ich bei Paolo übernachten oder er bei mir. Meine Eltern, die wanderten sehr gern. Fast jedes Wochenende machten sie eine Bergtour. Manchmal kam Paolo mit, manchmal blieb ich auch bei seiner Familie. Ab und zu stritten wir auch, aber nicht oft. Und wenn, dann versöhnten wir uns bald wieder. Später kamen wir natürlich in die gleiche Klasse. Wir machten oft gemeinsam Hausaufgaben. Das war sehr praktisch: Paolo konnte sehr gut lesen, da half er mir. Ich malte sehr gern. Wenn wir etwas Schwieriges zeichnen sollten, malte ich Paolo mit Bleistift vor. Außerdem war ich im Rechnen besser und konnte Paolo den Trick mit dem Neuner-Einmaleins erklären. So war das, mit meinem Freund, dem Paolo. Aber was für ein toller Freund das war, sollte sich erst später herausstellen.

Inzwischen waren wir in der dritten Klasse. Die anderen aus der Klasse fingen an, Paolo und mich zu ärgern: „Pauline ist verliebt in Paolo!", stand auf einem Zettel, den irgendjemand geschrieben hatte und durch die ganze Klasse reichte. Wenn Paolo und ich nebeneinanderstanden, schrien sie „Küssen! Küssen!" So ein alberner Haufen! Paolo wurde rot, aber er stand zu mir: „Paulina ist meine Freundin, ja und?", meinte er. „Seine Freundin! Er gibt es zu!", johlten die anderen. Aber Paolo verdrehte nur genervt die Augen und ließ sich nicht von ihnen beeindrucken.

Im Winter planten meine Eltern den Sommerurlaub. Sie wollten sich einen alten Traum erfüllen und auf Sardinien wandern. Es gab da ein wunderschönes abgelegenes Ferienhaus am Meer, das Freunden von ihnen gehörte; es war im August zufällig eine Woche frei. „Sonst ist das Haus immer den ganzen Sommer über vermietet, aber in diesem Jahr kommen die Leute erst eine Woche später", erklärte der Freund. „Wenn ihr wollt, könnt ihr es in der Zeit haben!" Und ob meine Eltern das wollten! Sie bekamen einen Freundschaftspreis, und Fotos vom Haus bewiesen, dass das ein absoluter Glückstreffer war. „Ah! Ich freue mich jetzt schon!", rief meine Mutter. „Das wird wundervoll!" Aber das Allerbeste war, dass Paolos Oma auch auf Sardinien wohnte und er in der gleichen Zeit mit seiner Familie dort war, also: immer im Sommer, aber diesmal wollten wir uns gegenseitig besuchen.

Tja, aber dann kam etwas dazwischen: Es war schrecklich! Im März wurde es noch einmal richtig kalt. Der Gehweg war vereist, aber man sah es nicht, weil es darüber geschneit hatte. Eines Morgens kam ich aus dem Haus, wollte um die Kurve flitzen, da ... rutschte ich aus und landete mit dem Bein auf dem Randstein. Ein furchtbarer Schmerz durchzuckte mich, wirklich furchtbar. Ich wusste sofort: Das war schlimm! Es war wirklich der Oberschenkel gebrochen! Glück im Unglück: Mein Papa hatte durchs Fenster den Unfall gesehen, kam sofort aus dem Haus gestürzt und half mir. Der Krankenwagen kam, brachte mich ins Krankenhaus, am nächsten Morgen wurde ich operiert. Da lag ich dann, im Krankenhaus, dick eingegipst, und konnte mich ein paar Tage überhaupt nicht rühren. Mann, ging es mir schlecht! Das Bein tat weh, der Rücken vom Liegen auch, Spritzen bekam ich jeden Tag, ich hing am Tropf ... Entsetzlich!

Was mich in dieser Zeit wenigstens ein bisschen tröstete, waren die Besuche. Meine Eltern kamen natürlich jeden Tag. Und, was meint ihr? Genau: Paolo. Obwohl er den weiten Weg bis zum Schwabinger Krankenhaus allein mit dem Bus fahren musste. Das machte er, und zwar jeden Tag!

Er erzählte mir von der Schule und versuchte, mich auf dem Laufenden zu halten. Ich verpasste ja Stoff ohne Ende. Aber dann kamen die Osterferien, ich durfte heim, Paolo hatte von der Lehrerin Material mitbekommen, und dann lernte er mit mir alles nach. Ich sagte

Paolo, wie dankbar ich ihm für alles war, aber er schaute wirklich überrascht: „Das ist doch selbstverständlich!", erwiderte er und fügte hinzu: „Ich bin doch dein Freund."

Nach den Osterferien wurde ich in einen Rollstuhl gesetzt und konnte wieder zur Schule gehen; besser gesagt: rollen. Wieder hatte ich Glück im Unglück, denn unsere Schule war neu, behindertengerecht gebaut, ohne Stufen. Mama oder Papa schob mich in die Schule, aber dort war dann Paolo für mich zuständig, wenn wir Werken/Textiles Gestalten hatten oder Religion. Und ich sage euch: Keiner hat mehr gelacht über Paolo. Alle bewunderten ihn, wie er ohne zu murren den Rollstuhl schob; ich glaube, die anderen waren sogar neidisch. Nicht auf mein gebrochenes Bein, natürlich, aber dass ich so einen Freund hatte. Als es um den großen Abschlussausflug ging, war es auch Paolo, der darauf drängte, etwas zu unternehmen, wo man den Rollstuhl mitnehmen konnte. Wir waren dann übrigens am Starnberger See, mit Schiff und allem, und es war toll! Das war im Juni. Juni!

Daran seht ihr, dass es mit meinem gebrochenen Bein nicht so recht vorwärtsging. Der Knochen hatte sich entzündet, der Bruch wollte nicht heilen. Ich saß nun schon viele Wochen im Rollstuhl, konnte nicht gehen, und es war nicht absehbar, wann ich endlich wieder gesund wäre. Eines Abends saßen meine Eltern in der Küche. Die Türen standen offen, und so hörte ich, wie sie sich unterhielten: „Unsere arme Paulina!", seufzte die Mutter. „Jetzt zieht sich das so hin! Was machen wir denn jetzt? Können wir sie trotzdem mitnehmen?" „Eigentlich nicht", erwiderte der Vater. „Man kann nicht mit dem Auto zum Haus fahren. Das letzte Stück ist nur ein Trampelpfad." „Als das im März passierte, habe ich gedacht, dass sie bis August locker wieder fit ist", bemerkte die Mutter. „Zu dumm. Jetzt ist es zu spät, die gebuchte Fähre und alles abzusagen. 2000 Euro sind es, die wir verlieren würden, wenn wir absagen. Hätten wir doch nur die Reise-Rücktrittsversicherung abgeschlossen!" „Aber weißt du was, jetzt ist es eigentlich egal. Es macht doch keinen Unterschied, ob wir jetzt stornieren oder im August einfach nicht hinfahren. Warten wir ab. Vielleicht passiert ein Wunder ..."

Der Urlaub in Sardinien! Den hatte ich ganz vergessen! Der Urlaub, auf den sich die Eltern so gefreut hatten! Bedrückt erzählte ich Paolo, was die Eltern geredet hatten. Am gleichen Abend klingelte bei uns das Telefon. Papa ging hin: „Hallo? Ach, du bist es, Maria!" Das war Paolos Mama. Was wollte sie? „Du meinst ... wirklich? Das würdet ihr tun? Maria, das wäre großartig, das wäre ... Ich kann euch gar nicht sagen, wie dankbar wir euch sind. Ja, ich bespreche es gleich mit beiden und rufe zurück. Bis gleich! Danke!" Strahlend kam er zu uns: „Paulina kann bei Paolo und seiner Familie in Sardinien wohnen, die haben dort ein Haus, das man mit dem Auto direkt erreichen kann. Dann können wir doch auf Sardinien Urlaub machen! Ist das nicht ... mir fehlen die Worte!"

Ich hab das Wort dafür: Das ist Freundschaft!

Sanni

Inhalt: *Sanni hinterlässt gute Spuren, sie ist freundlich zu allen und stiftet Versöhnung.*

Stichworte: *Streit schlichten, Hilfsbereitschaft, freundlich, Versöhnung, Lebensgestaltung*

⟹ *Relifix 3, S. 18*

„Sanni ist wie Sonnenschein!", sagt die Oma. „Sanni ist ein Glückskind!", meint der Papa. „Gut, dass es die Sanni gibt!", ruft die Mama. „Es gibt wenige Kinder, die mit jedem anderen Kind der Klasse gut auskommen", lobt die Lehrerin in der Sprechstunde. „Aber Sanni ist so ein Kind. Kein Wunder, dass sie Klassensprecherin ist. Auch als Streitschlichterin ist sie sehr beliebt."

Pause! Alle laufen hinaus. Doch unten im Pausehof gibt es Streit. Wilma und Dimitri, zwei Kinder aus Sannis Klasse, umringt von ihren Freunden, giften sich an. „Was ist denn los?", will Sanni wissen. „Der hat mich ‚fette Kuh' genannt!", beschwert sich Wilma wütend und traurig. Sanni schaut Dimitri fragend an: „Und warum?" „Na, schau sie doch an!", entgegnet Dimitri verächtlich. „Willst du damit sagen, dass Wilma zu dick ist? Stopp, bevor du antwortest: Denk daran, wie sportlich sie ist. Gestern hat sie beim Basketball für unsere Mannschaft drei Körbe geworfen; nur zur Erinnerung", bemerkt Sanni. „Echt, das war super!", stimmt sogar Dimitris Freund Tom zu.

„Ich finde es gut, wenn man nicht so dünn ist", meldet sich nun die kleine Isabell zu Wort. „Meine Eltern sagen immer, ich soll mehr essen. Ich wäre froh, wenn ich ein paar Kilo mehr hätte." Dimitri hat aber noch etwas anderes vorzubringen: „Außerdem hat Wilma mir in der Garderobe keinen Platz gemacht. Im Gegenteil: Sie hat sich extra breitgemacht und wollte nicht ein Stück zur Seite rutschen." „Stimmt das?", fragt Sanni. „Na ja, ich war zuerst da, und warum muss er sich genau da hinsetzen, wo ich bin?", verteidigt sich Wilma, aber im Grunde weiß sie selber, dass diese Erklärung nicht überzeugt. An der Garderobe ist es nun mal eng, und sie hätte wirklich Platz machen können. Ja, eigentlich muss sie zugeben, dass sie angefangen hat. Doch bevor sie sich entschuldigen kann, kommt ihr Dimitri zuvor: „Tut mir leid, dass ich dich beleidigt habe", sagt er und streckt Wilma die Hand hin. „Und ich lasse dich beim nächsten Mal auf die Bank, tut mir auch leid", meint Wilma. Sie schütteln sich die Hand und besiegeln die Versöhnung. „Ach, übrigens, Dimitri: Wann ist denn deine nächste Aufführung im Freizeitheim? Machst du wieder Breakdance?", fragt Sanni. „Ja, klar! Das ist schon nächsten Monat, am 19.!", antwortet Dimitri eifrig. „Ich komme auf jeden Fall!", verspricht Sanni. „Du bist wirklich gut! Wilma, magst du mitkommen? Es lohnt sich, kann ich dir sagen!"

Essenszeit! Sanni kommt in die Küche des Tagesheims, wo gerade das Mittagessen vorbereitet wird. „Hallo Ruhsa!", begrüßt Sanni die Küchenkraft. „Wie geht es?" „Ach, es muss gehen", erwidert Ruhsa. Sie hat viel zu tun. „Mhm, das riecht ja wieder lecker! Ich habe solchen Hunger! Ruhsa, wenn wir dich nicht hätten, würden wir verhungern!", meint Sanni. Ruhsa lächelt; sie freut sich, wenn sie etwas Nettes hört. Manche Kinder sind ziemlich frech zu ihr, das macht ihr Kummer. Aber Sanni ist ein Schatz! „Hier, du kannst den Essenswagen für deine Gruppe schon mitnehmen", bietet Ruhsa ihr an. „Guten Appetit!" „Danke, Ruhsa! Den habe ich! Bis später!"

Heimgehzeit! Sanni und ihre Freundinnen und Freunde gehen nach Hause. „Tschüs, bis morgen!", verabschieden sie sich. Sanni geht mit Tom, der immer von seiner Mama abgeholt wird. Sie bringt Toms kleinen Bruder Timmi mit, der vergnügt im Kinderwagen sitzt und seine Stimme ausprobiert: „Da! Da! Da!", ruft er unentwegt und zeigt auf alles, was er sieht. Sanni passt auf ihn auf, während Tom und seine Mutter noch nach seinem Turnzeug suchen. „Da! Da! Da!", schreit Timmi. „Da! Da! Da!" In der Eingangshalle wartet auch eine ältere Dame. „Da! Da! Da!" „Was ist denn da?", fragt Sanni. „Da! Da! Da!" „Ganz schön laut, der Kleine", murmelt die Dame ärgerlich. „Da! Da! Da!" „Da haben Sie recht", Sanni tut so, als ob sie im Kinderwagen etwas sucht. „Aber ich kann den Knopf zum Abstellen nicht finden!" Grinsend schaut sie die Dame an. Nun hat auch Timmi die Frau im Blick. Er zeigt mit seinem kleinen Fingerchen und schreit, laut und deutlich: „Oma!" Nun muss die ältere Dame doch lächeln. „Möchten Sie jemanden abholen? Kann ich Ihnen helfen?", fragt Sanni, während Timmi weiterhin schreit: „Da! Da! Da! Oma!" „Ja, ich bin die Oma von Jakob aus der 1c und soll ihn heute abholen. Weißt du, wo ich ihn finde?", erkundigt sie sich. „Ja, den Jakob kenne ich, der ist in der Sonnengruppe, da vorne, rechts", zeigt Sanni. „Da! Da! Da!" „Timmi sagt Ihnen auch, wohin Sie gehen müssen", lacht Sanni. „Oh, danke, Timmi!" Nun klingt die Frau gar nicht mehr genervt. „Und danke auch dir für die Auskunft!"

Zu Hause! Und noch dazu Freitag! „Was machen wir denn am Wochenende?", überlegt Sannis Mutter am Abendbrottisch. „Das Wetter wird schön! Ich hätte große Lust auf eine Radtour, was meint ihr?" „Aber morgen Nachmittag ist doch das Fußballspiel! Da muss ich hin!", wendet der Vater ein. „*Musst* du?" Die Mutter verdreht die Augen. „Ja, ich bin mit Günter verabredet und wir waren doch schon vor zwei Wochen nicht!" „Und warum warst du vor zwei Wochen nicht?", fragt die Mutter spitz. „Na ja, da war Günters Geburtstag", gibt der Vater zu. „Aber das war doch auch für euch schön, oder nicht?" Das stimmt; denn obwohl Günter Vaters alter Freund war, verstanden sich die ganzen Familien bestens. „In diesem Jahr haben wir aber noch gar keine Radtour gemacht!", stellt die Mutter fest. „Und wir waren noch nie beim Baden!", meldet sich nun Sannis große Schwester Martina zu Wort: „Falls wir Kinder auch ein Mitspracherecht haben, was das Wochenende angeht: Ich möchte zum See!" „Ach du liebe Zeit", seufzt die Mama. „Wahrscheinlich verbringen wir den ganzen Samstag damit, herumzustreiten, was wir machen …" Sanni aber hat eine Idee. Sie holt den Stadtplan. Als etwas später der Abendbrottisch abgeräumt ist, breitet sie die Karte aus. „Schaut mal: Hier wohnen wir, hier wohnt Günters Familie. Da ist die Arena, gleich daneben die Isar und dort der Feringasee …" Sie deutet mit dem Finger auf den Plan und sieht erwartungsvoll ihre Familie an.

„Du meinst, wir könnten mit dem Fahrrad zum Fußball fahren …", meint der Papa. „Von dort aus weiter zur Isar …", ergänzt die Mutter. „Und dann den Tag am Feringasee verbringen? Oh ja, das wäre super!" Begeistert klatscht Martina in die Hände. „Da gibt es am Kiosk die leckeren Bratwürste!", schwärmt die Mama. „Günter und ich kommen nach, sobald das Spiel aus ist", verspricht der Vater. „Und du, Mama, könntest währenddessen an der Isar noch eine Extrarunde radeln", meint Sanni. „Bestimmt hat dazu auch die Rieke Lust!" – Das war Günters große Tochter, die fuhr auch so gern Fahrrad wie die Mama. „Eine ausgezeichnete Idee!", freut sich der Papa. „Ich rufe sofort Günter an!" „Und ich die Oma!", fügt Sanni hinzu. „Ich wette, die kommt auch zum Feringasee – und bringt Kuchen mit!"

„Da bin ich dabei!", meint die Oma tatsächlich sofort. Sie freut sich, dass Sanni auch an sie gedacht hat. „Bis morgen! Das wird schön!", verabschiedet sie sich am Telefon und meint zum Schluss: „Wie du es schaffst, Menschen zu erfreuen! Du bist wirklich ein Sonnenschein, meine liebe Sanni!"

Notruf 11c

Inhalt: *Kleinere Schulkinder werden von größeren geärgert; sie halten zusammen, um sich zu wehren.*

Stichworte: *Schule, geärgert werden, Zusammenhalt, sich wehren, helfen*

„Heute in der Pause können wir wieder seilspringen!" Susanne freut sich schon, als sie sich mit ihren Freunden Gülsah und Tobi zur großen Pause anstellt. Das ist ihre Lieblingsbeschäftigung im Schulhof. Doch als sie nach der großen Pause wieder ins Zimmer kommen, heult Susanne fast vor Wut und Kummer. „Die aus der vierten Klasse lassen uns einfach nicht in Ruhe!" beschwert sie sich. „Die sind so gemein! Sie sind viel größer als wir und stören uns die ganze Zeit!" „Nun setzt euch erst einmal in den Sitzkreis", schlägt die Lehrerin vor. „Und dann erzählt einmal in Ruhe."

Wenig später ist die ganze Klasse 1c versammelt und Susi, Gülsah und Tobi berichten, dass sie von den großen Jungs immer wieder geärgert werden. Was könnten sie tun? „Wart ihr denn bei der Aufsicht?", erkundigt sich die Lehrerin. „Ja, aber die sagt immer, wir sollen in ihrer Nähe bleiben, wenn wir Hilfe brauchen", sagt Gülsah. „Aber das geht doch nicht! Sie geht ja herum und wir wollen seilspringen!" Mhm – die Kinder überlegen …

„Könntet ihr uns nicht helfen?", fragt Tobi die anderen Kinder. „Wir sind zwar kleiner, aber wenn wir zusammenhalten, sind wir in der Überzahl!" „Wie meinst du das?", will Franzi wissen. „Wenn ihr um uns herumsteht und uns beschützt, können sie uns nicht angreifen", antwortet Tobi. „Aber ich mag doch nicht in der ganzen Pause um euch herumstehen! Ich will selber spielen", wendet Franzi ein. „Na ja, natürlich nicht immer", meint Tobi, aber vielleicht könntet ihr ein paar Tage in unserer Nähe bleiben?" „Ich habe eine Idee!", verkündet Susi. „Der Notruf bei der Polizei ist doch 110. Wenn ein Kind aus unserer Klasse geärgert wird, dann ruft es: „Notruf 11c!" Und das sagen alle schnell weiter und kommen! Das gilt dann natürlich für alle, nicht nur, wenn wir seilspringen!" Von dieser Idee sind die anderen Kinder und auch die Lehrerin begeistert. Susi, Gülsah und Tobi können es kaum erwarten, bis die Viertklässler sie endlich wieder ärgern. Und es klappt tatsächlich! „Du hättest sehen sollen, wie dumm die geschaut haben!", grinst Franzi, als sie das der Lehrerin erzählt. „Notruf 11c – die meisten waren gleich da! Dann haben wir alle gerufen: ‚Verschwindet! Lasst uns in Ruhe spielen!' Allein hätte ich mich das nicht getraut. Und da sind sie wirklich weggelaufen!" Sie wendet sich an Susi, die gerade hereinkommt: „Klasse Idee, Susi! Gibt es Ärger, oh weh, ruf einfach Notruf 11c!"

Anmerkung: Entsprechend lässt sich 1b oder 1d einsetzen. Bei einer 1a ändert man den Reim: „Gibt es Ärger, na klar, ruf einfach Notruf 11a!"

Du bist ein Engel!

Inhalt: Verschiedene Beispiele für Aufmerksamkeit und Hilfsbereitschaft

Stichworte: Engel, Hilfsbereitschaft, Aufmerksamkeit

⏵ Relifix 4, S. 41

„Du bist ein Engel!", sagte Mutter mit matter Stimme. Sie war krank, lag mit Fieber im Bett, und Rita hatte alleine eingekauft und bei der Apotheke die Medizin für Mama abgeholt.

„Danke, Ben! Du bist ein Engel!", sagte die Oma liebevoll, die mit ihrem Enkelkind am Küchentisch saß. Alle Stifte lagen herum; gerade hatte Ben ein schönes Bild fertig gemalt und es seiner Oma geschenkt. „Wenn ich dich nicht hätte, dann würde mir aber wirklich etwas fehlen!" „Aber ich bin auch froh, dass du da bist", antwortete Ben. „Weil du immer Zeit für mich hast und so gute Semmelknödel machst!"

„Sie sind ein Engel!", sagte die Mutter erleichtert zu Herrn Gloger. Herr Gloger war ein freundlicher Rentner, der Kinder gern mochte. Er saß oft im Innenhof der Wohnanlage auf der Bank am Spielplatz und sah den Kindern zu. Er hatte bemerkt, dass die kleine Sophie allein auf die Rutsche geklettert war – gerade als die Mutter einen Moment lang nicht schaute. Er war sofort aufgestanden, hingegangen und hatte das kleine Mädchen heruntergehoben. „Na na, Sophie", hatte er sie beruhigt, als sie lautstark protestierte. „Dafür bist du noch zu klein!" „Sofi leine! Sofi leine!", schrie sie. Da kam schon die Mutter gerannt und Herr Gloger erzählte, was los war. „Sofie leine!" „Ach was, das kannst du nicht alleine! Da hat der Herr Gloger schon recht!", sagte die Mutter bestimmt und wandte sich an den Nachbarn: „So ein Glück, dass Sie aufgepasst haben! Vielen Dank!"

„Sie sind ein Engel!", sagte Frau Holzmann zu ihrer Nachbarin, Frau Burgstaller. „Wenn Sie nicht bemerkt hätten, dass ich vergessen habe, die Balkontür zuzumachen, hätte der Sturm mein Wohnzimmer verwüstet! Ich muss wohl heute früh nach dem Lüften vergessen haben, die Tür zu schließen!" „Am Morgen sah es auch noch gar nicht nach Gewitter aus", meinte Frau Burgstaller. „Das ging dann so schnell am Nachmittag!" „So eine Nachbarin ist wirklich unbezahlbar!", meinte Frau Holzmann. „Hoffentlich kann ich mich bald einmal revanchieren!"

Marina ist nicht blind

Inhalt: *Marina macht die Augen auf und sieht, wenn jemand Hilfe braucht.*

Stichworte: *Aufmerksamkeit, Hilfsbereitschaft*

▀▶   *Relifix 1, S. 50*

Marina hat es heute ausgerechnet: Ihren Schulweg ist sie schon hundert Mal gegangen: Jeden Tag zwei Mal, fünf Tage in der Woche, und das zehn Wochen lang ... Sie kennt den Schulweg ganz genau.

Sie wohnt neben dem Haus von Oma Franke. Das ist gar nicht ihre Oma, aber alle Kinder nennen sie so. Sie kann nicht mehr gut sehen, aber sie ist sehr nett und schimpft nie, wenn die Kinder im Hof spielen. Oft sitzt sie am Fenster, und ihr schwarzer Kater Muckel sitzt neben ihr auf dem Fensterbrett.

An der nächsten Ecke ist der Supermarkt. Hier kaufen Marinas Eltern immer ein, und Marina geht gerne mit. Meistens treffen sie jemanden, zum Beispiel ihre Nachbarin, Frau Meiser mit ihrem kleinen Sohn, dem Sven, den findet Marina besonders süß.

Dann muss Marina weitergehen bis zur nächsten Ampel, die überquert sie, und schon ist sie bei ihrer Schule. Sie saust durch die Glastür, denn sie hat ihre Freundin Renate entdeckt.

Marina geht gern zur Schule. Sie mag eigentlich alles: Lesen, Schreiben, Rechnen, Malen, Singen, Turnen. Aber besonders gern mag sie Religion, weil die Lehrerin, Frau Ammon, so schöne Geschichten erzählt. Heute ist die Geschichte von Bartimäus dran. Er war blind, und Jesus hat ihn geheilt. Marina weiß, dass jemand, der nicht sehen kann, blind ist. Sie denkt an Oma Franke. Aber am Ende

sagt Frau Ammon etwas Seltsames: „Kinder, manchmal sind wir auch blind." – „Warum?", denkt Marina. „Ich kann doch sehen?"
„Das Wort ‚blind' kann auch heißen, dass man nicht sieht, wenn jemand Hilfe braucht. Wenn ihr die Augen aufmacht und richtig hinschaut, seht ihr vielleicht, dass ihr etwas Gutes tun könnt. Ich wünsche euch, dass ihr nicht blind seid und es bemerkt, wenn ihr anderen helfen könnt."

Nach Religion ist die Schule aus. Marina denkt noch an das, was Frau Ammon gesagt hat. Sie geht durch die Glastür und schaut hinter sich, da kommt gerade Frau Ammon, die die Hefte und ihre Tasche schleppt. Marina hält ihr die Tür auf.

„Wie nett, Marina, danke!", sagt Frau Ammon. „Du bist nicht blind! Du siehst, dass ich die Hände voll habe und die Tür schlecht aufmachen kann." Marina freut sich. Sie denkt: „So meint Frau Ammon das also!" Und sie nimmt sich vor, nicht blind zu sein, sondern die Augen aufzumachen.

Das mag sie ihrer Mama erzählen. Marina beeilt sich. Schon ist sie beim Supermarkt. Gerade will sie weiterrennen, da entdeckt sie Frau Meiser. Die hat aber viel eingekauft! Der Beutel mit den Kartoffeln hat gar nicht mehr in die Tasche gepasst, sie trägt ihn in der Hand und schiebt auch noch den Kinderwagen mit Sven.

„Ich sehe, dass Frau Meiser Hilfe braucht", sagt Marina zu sich. „Ich bin nicht blind!" Und schon geht sie zu Frau Meiser und fragt: „Hallo, Frau Meiser! Kann ich Ihnen die Kartoffeln abnehmen?" „Hallo Marina! Vielen Dank! Das wäre lieb, wenn du den Beutel tragen könntest! Wie aufmerksam von dir!" – Das macht Marina jetzt richtig Spaß, das Hinsehen und Nicht-blind-Sein.

Fast sind sie daheim. Da sitzt ja Kater Muckel vor der Haustür! Er maunzt laut. Frau Meiser hat ihn nicht entdeckt. Aber Marina! – „Ich muss schnell bei Oma Franke klingeln!", sagt sie. „Ich glaube, der Kater ist ausgesperrt!" Als Marina die Tür aufmacht, huscht der Kater schnell hinein. Marina ruft: „Oma Franke! Der Muckel will zu dir!" Oma Franke steht in der Wohnungstür und schlägt die Hände zusammen: „Muckel! Da bist du! Und ich suche dich den ganzen Tag! – Marina, wie gut, dass du ihn gesehen hast! Er ist wohl hinaus entwischt, als ich den Müll hinuntergetragen habe. Bin ich froh, dass Muckel wieder da ist! Vielen, vielen Dank, Marina!"

„Gern geschehen!", sagt Marina. Sie ist sehr zufrieden mit sich.

Mit Frau Meiser und Sven geht sie die Treppe hinauf, doch – hoppla! – fast wäre sie über die letzte Stufe gestolpert. „Ich bin wohl blind", meint Marina – und lacht.

Die sieben Söhne

Inhalt: *Sieben Königssöhne mit verschiedenen Fähigkeiten streiten darum, wer der Wichtigste ist. Ihr Vater macht ihnen klar, dass sie einzeln besiegt werden können, aber stark sind, wenn sie zusammenhalten.*

Stichworte: *Zusammenhalt, Streit, Konkurrenz, Geschwisterrivalität, Talent, Stärken und Schwächen*

Für diese Erzählung benötigt man Material: 14 Stöcke (Durchmesser ca. 1 cm, Länge ca. 60 cm) besorgen und jeweils sieben mit einem Band zu zwei identischen Bündeln schnüren. Unbedingt vorher ausprobieren, ob sich das Bündel brechen lässt (das soll nicht gehen), aber auch, ob ein einzelner Stock sich brechen lässt (das muss möglich sein). Also braucht man genau genommen 15 Stöcke.

Die Lehrkraft hat ein Bündel mit Stäben in der Hand. Das zweite Bündel liegt beiseite.
    Wer hat denn so richtig mächtig Kraft? Wer fühlt sich stark und voll Power?
    Kinder melden sich, eine/r wird ausgewählt.
    Versuch mal, ob du das Bündel mit Stäben durchbrechen kannst!
    Kind versucht, das Bündel zu brechen: Keiner schafft es.
    Lehrkraft: Hört diese Geschichte:

Die sieben Söhne
Es war einmal ein König, der herrschte über ein großes Reich. Als er älter wurde, machte er sich Gedanken über seine Nachfolge. Er hatte sieben Söhne. – Aber diese Söhne lagen ununterbrochen im Streit miteinander. Sie stritten darum, wer von ihnen die beste Fähigkeit besäße:

Der erste Sohn war sehr stark. – Er besiegte im Zweikampf jeden.
Der zweite konnte schnell laufen. – Keiner war schneller als er.
Der dritte konnte gut rechnen. – Er kümmerte sich um die Kasse.
Der vierte konnte gut sprechen und erzählen. – Wenn er etwas erklärte, verstanden alle, was er sagen wollte.
Der fünfte konnte gut schreiben. – Er schrieb Briefe, Bücher und die Chronik des Königreiches.
Der sechste konnte wunderschön singen. – Wenn er sang, hörten alle zu und freuten sich.
Der siebte war klug und wusste sehr viel. – Kein Lexikon konnte mit seinem Wissen mithalten.
Der König liebte jeden von ihnen und war stolz darauf, was sie alles konnten. Doch immer wieder bedrängten ihn die sieben Söhne und fragten: „Vater, wer von uns ist der Beste? Vater – ich bin doch der Wichtigste, oder? Was tätet ihr ohne meinen Verstand?" – „Wie traurig wäre das Leben ohne meinen Gesang!" – „In 100 Jahren würde keiner mehr etwas von uns wissen, wenn ich nicht alles aufschreiben würde!" – „Nein, dass ich so gut reden kann, das ist am wichtigsten!" – „Ha! Ihr wäret alle pleite, wenn ich nicht die Kasse so gut führen würde!" – „Ich gewinne jeden Lauf und bin als Bote unersetzlich!" – „So, so. Und was würdet ihr machen, wenn ich, der Stärkste von allen, euch nicht beschützen würde?"
So ging das tagein, tagaus. Die Söhne stritten und der König war verzweifelt.
Schließlich ließ er sie alle in den Thronsaal rufen. Er hatte sieben Stäbe zu einem Bündel geschnürt. „Seht ihr dieses Bündel mit Stäben?", fragte er die Söhne. „Du – mein erster Sohn, der stärkste Mann im Land: Versuche, dieses Bündel durchzubrechen!" Der Sohn krempelte die Ärmel hoch, nahm das Bündel und versuchte, es durchzubrechen. Er versuchte es wirklich. Er strengte sich fürchterlich an. – Aber … er schaffte es nicht! Das Bündel hielt.
„So ist es, wenn ihr zusammenhaltet", sagte der König. Aber dann löste er das Band *(Lehrkraft löst das Band, legt die Stäbe ab)* und brach jeden Stab einzeln durch …
Lehrkraft bricht jeden der sieben Stäbe nacheinander durch. Pause – das wirkt!
Nun sagt mir, Kinder: Wie wollt ihr sein? So … oder so?
Lehrkraft hebt das Bündel und einen zerbrochenen Stab hoch.

Du bist so frei

Inhalt: *Durch die Freundschaft mit der selbstbewussten Sabine kann sich Emily gegen ihre Clique auflehnen, die sie unterdrückt.*

Stichworte: *Freundschaft, Freiheit, Gruppenzwang, Mobbing, Selbstbewusstsein, Selbstwertgefühl, Diebstahl, Clique, Angst, Unterdrückung, Außenseiter, Verzweiflung*

➡ *Relifix 4, S. 30*

Die ganze Clique war beim Treffpunkt versammelt und sah zu, als die neue Familie im Haus an der Ecke einzog. Am Morgen war der Umzugswagen gekommen. Alle halfen tragen. Auch ein Mädchen in ihrem Alter war dabei, und Emily fragte sich: „Ob die wohl in unsre Klasse kommt?" „Kann schon sein. Wie findet ihr sie?" Markus musterte das Mädchen, das gerade einen großen Blumentopf schleppte. „Na ja." – „Weiß nicht." – „Mal sehen, ob die was taugt", antworteten die anderen. Emily aber mochte die Neue auf Anhieb und beschloss, sie auf jeden Fall anzusprechen.

Am Montag stellte sich heraus, dass sie tatsächlich in ihre Klasse eingeteilt worden war. Die Lehrerin begrüßte sie und stellte sie vor: „Das ist Sabine, ihre Familie ist aus Leipzig hierher gezogen." „Aber alle nennen mich ‚Biene'", fügte das Mädchen hinzu. „Summ, summ, summ, Bienchen summ herum …", sang da irgendjemand hinten, und die ganze Klasse lachte. Aber Sabine nahm das nicht übel, sie lachte mit. Überhaupt wirkte sie gar nicht schüchtern oder unsicher, als sie da vorne stand. Wieder dachte Emily, dass ihr Sabine sehr gut gefiel. In der Pause ging sie auf sie zu: „Grüß dich, ich bin Emily, und ich wohne gleich im Nebenhaus!" „Ach, das ist ja prima!" Sabine freute sich. „Darf ich dich fragen, wenn ich etwas nicht weiß?" „Gern, du brauchst nur klingeln. ‚Altmann' heiße ich mit Nachnamen." So knüpften die beiden Kontakt und wurden bald Freundinnen.

Die anderen aus der Clique waren allerdings nicht so begeistert. „Habt ihr die Tasche gesehen? Die ist ja nicht gerade neu", stellte Markus abfällig fest, und Mareike ergänzte: „Solche Jeans trägt man nicht mehr in diesem Jahr." – „Die Tasche ist die von meiner großen Schwester", erklärte Sabine später Emily, „und meine Kleider kaufe ich immer gebraucht, das ist viel billiger." „Ist es dir denn egal, was die anderen zu deinen Sachen sagen und was in Mode ist?", fragte Emily vorsichtig. „Allerdings ist mir das egal", antwortete Sabine mit einer Selbstverständlichkeit, die Emily verblüffte. Sie dachte an die Jeans, die sie selbst trug; sie war teuer gewesen, fast 100 Euro, und eigentlich war sie ihr zu eng und drückte. Aber alle Mädchen trugen diese Hosen – „fast alle … Emily streifte ihre Freundin mit einem Blick und beneidete sie um ihre Unbekümmertheit.

Das Tollste war, dass beide Mädchen gerne sangen und die gleiche Musik hörten. Ihr gemeinsames Lieblingslied war: „Aufstehn, aufeinander zu gehn". Das war ein echter Ohrwurm! Mit Sabine konnte Emily singen, ohne sich zu schämen, das war schön. In der Clique allerdings war das Singen nicht gerade eine anerkannte Beschäftigung.

Sabine wurde nicht in die Clique aufgenommen. Von Emily hingegen forderten die anderen immer wieder Beweise, dass sie dazugehörte. Einmal war Markus, der im Klassenzimmer die Tafel beschmiert hatte, von der Lehrerin dazu verdonnert worden, die Tafel zu wischen. In der Pause sollte er das erledigen. Markus hatte aber keine Lust dazu und trat auf Emily zu: „He, Emily, du wischst doch sicher gern die Tafel für mich, oder?" Das war keine Frage; der drohende Unterton war nicht zu überhören. Emily wollte zwar gerade in ihr Pausenbrot beißen und hinausgehen, aber trotzdem nickte sie gehorsam und sagte: „Klar, kann ich schon machen." „Ich helf dir!", ließ sich da Sabine vernehmen. „Du? Du sollst das nicht machen." Markus war irritiert. „Ich will aber!", entgegnete Sabine streitlustig. „Erstens möchte ich Emily helfen, damit sie in die Pause gehen kann, und zweitens putze ich gern die Tafel! Warum machst du es eigentlich nicht selber? Hast du eine Allergie gegen Wasser?" „Wie? Was? Dumme Ziege!", stammelte Markus mit rotem Kopf und trollte sich. Die zwei Mädchen sagten nichts. Emily wusste genau, was Sabine zu dieser Sache meinte, und war froh, dass sie nicht davon anfing. Es war ihr ja selbst klar, dass sie sich eigentlich nicht von Markus herumkommandieren lassen sollte. Gemeinsam und schweigend wischten sie die Tafel blitzblank und sagten auch nichts, als Markus nach der Pause von der Lehrerin für die gute Arbeit gelobt wurde.

„Mit dieser Sabine wollen wir nichts zu tun haben! Hörst du, Emily, das gilt auch für dich!", bestimmte Markus an diesem Nachmittag. „Man muss sich schon entscheiden, zu wem man hält." Emily antwortete nicht. Mit gesenktem Kopf saß sie da. Aber jetzt kam das Schlimmste: „Jetzt wäre eine Runde Kaugummi recht!", meinte Markus und sah Emily scharf an. „Und du gehst sie ‚besorgen'!" „Besorgen" hieß: klauen. „Was?", schrie Emily. „Nein, das mache ich nicht!" „Ich hätte gern Kirsch!" Auch Mareike ließ keinen Zweifel daran, dass der Befehl ernst gemeint war. „Entweder oder ...", sagte Markus kalt. „Ihr seid gemein!!", stieß Emily hervor. Aber sie hatte keine Wahl – sie machte sich auf den Weg zum Supermarkt. Sie kramte in ihrer Tasche; zum Glück hatte sie gerade gestern Geld von der Oma bekommen; sie wollte die Kaugummis einfach kaufen. Stehlen – nein, das konnte sie nicht; aber um das Geld reute es sie doch. Vor lauter Wut hatte sie einen so roten Kopf, als sie mit den Kaugummis zurückkam, dass die anderen sogar glaubten, sie habe wirklich geklaut. „Fast hätten sie mich erwischt", log sie.

„Warum lässt du dir das alles gefallen?", fragte Sabine später, als Emily ihr heulend davon erzählte. „Wenn ich nicht tue, was sie sagen, dann schließen sie mich aus", schluchzte sie. „Ja und? Hör mal, wenn die Clique so etwas von dir verlangt, dann würde ich an deiner Stelle gar nichts mehr mit denen zu tun haben wollen. Lass dich doch nicht unterdrücken! Etwas mehr Selbstbewusstsein, bitte! Tu, was *du* willst!", ermutigte Sabine die Freundin. „Ach, Biene! Du bist so ... so frei!" Emily ließ die Schultern hängen. „Und ich habe eine Idee, was dich ablenkt: Da gibt es einen Secondhand-Laden in der Schlörstraße – kennst du den? Komm, lass uns hingehen!", schlug Sabine vor. „Ich habe ja mein Taschengeld noch ..." Dort gab es tatsächlich witzige Sachen. Sabine kaufte sich eine rote Hose und dazu ein Herrenhemd, das ihr viel zu groß war. „Das willst du wirklich anziehen? Biene, du bist einfach irre." Kopfschüttelnd und lachend betrachtete Emily die Freundin. „Und ob! Das ist bequem! Und mir gefällt es! Außerdem kostet beides zusammen nur 8 Euro!", erwiderte Sabine ungerührt.

Und dann kam der Tag, an dem Emily es schaffte; sogar ohne Sabine, denn die war an diesem Tag krank. Es kam die Chorleiterin der Stephanuskirche in die Schule und machte Werbung für ihren Kinderchor. „Kennt ihr „Aufstehn, aufeinander zu gehn"? Solche Lieder singen wir da. Wenn jemand von euch Spaß am Singen und Zeit hat, jeden Mittwochnachmittag zu kommen – das würde mich freuen!", lud sie die Kinder ein. „Ph, Kinderchor, Kinderkram – nichts für uns!" Verächtlich zuckte Markus die Schultern. Aber Emily stand auf: „Ich komme gerne!"

Die Brücke

Inhalt: Ein Streit zwischen zwei Freunden eskaliert, sodass einer einen Verweis bekommt; die Freundschaft ist bedroht. Am Nachmittag treffen die beiden in ihrem gemeinsamen Versteck aufeinander. Nach dem Bau eines Weges durch eine große Pfütze reichen sie sich die Hand zur Versöhnung.

Stichworte: Streit, Versöhnung, Verweis, Prügelei, Eskalation, Aggression, Freundschaft, Rache, verspotten, Wut

Relifix 2, S. 58 f

Schubs! Thomas fällt hin. „He, was soll denn das?" Gerade sieht er noch Luca, der mit seinen Freunden Fangen spielt und durch den Pausenhof rast. „Blödes Arschloch!", brüllt Thomas ihm hinterher. Mühsam rappelt er sich wieder auf und putzt seine Hose ab. Die ist ganz nass, weil es am Morgen geregnet hat. „Wenn ich den erwische, der kriegt eins auf die Fresse!", stößt er wütend zwischen den Zähnen hervor. Zack! Da bekommt er schon wieder einen Schlag von hinten! Thomas fährt herum. „Kannst selber haben, eins auf die Fresse!", schreit Luca. Jetzt reicht es Thomas aber. Er geht auf Luca los und prügelt und tritt. Luca lässt sich nichts gefallen und boxt und haut zurück. Sie fallen um, wälzen sich auf dem Boden, kämpfen verbittert, keiner gibt nach. Thomas hat Lucas Haare erwischt und reißt und zieht mit aller Kraft. Luca nimmt Thomas in den Schwitzkasten und wirft sich auf ihn ...

„Stopp! Sofort!", ruft die Lehrerin, Frau Busch. Ein Kind hat die Aufsicht geholt. „Was ist denn los? Hört auf zu kämpfen!" Sie versucht, die beiden zu trennen. Nur mit Hilfe von großen Viertklässlern gelingt es, die Streithähne auseinanderzuziehen. Beide wehren sich und versuchen, sich loszureißen. „Lass mich!", brüllt Thomas. „Ich zeig's ihm, dem Hundesohn!" Lucas Gesicht ist verzerrt vor Ärger. Er blutet sogar an der Lippe. „Versuch's doch, du Wichser! Du kriegst alles doppelt und dreifach zurück!" „Beruhigt euch doch!", versucht die Lehrerin zu beschwichtigen. „Luca, was war denn los?" „Der hat mich beleidigt und mich an den Haaren gezogen!" – „Moment mal! Du hast angefangen, du hast mich geschubst!" – „Ach was, wenn ich dich vielleicht ein bisschen gestreift habe ..." – „Bisschen gestreift? Ich bin voll auf die Knie gefallen!" – „Ohjemine! Mister Zimperlich hat sich das arme kleine Knie verletzt!" – „Mister was?? Mister Mistkerl!!" Diesmal gelingt es Thomas, sich freizumachen; sofort geht er auf Luca los und versetzt ihm einen Boxhieb in den Magen. Luca krümmt sich und stöhnt. „Schluss, jetzt reicht es aber! Thomas, für diesen Schlag bekommst du einen Verweis!" Frau Busch ist mit ihrer Geduld am Ende.

„Ich einen Verweis?! Aber der hat angefangen! Ich hatte ihm gar nichts getan!" „Es ist mir egal, wer angefangen hat!" Frau Busch duldet keinen Widerspruch. „Jemanden in den Magen zu schlagen ist gefährlich und verboten, und das hast du getan, und zwar vor meinen Augen. Egal, wie sehr man geärgert wird, so schlagen darf man nicht. – Und jetzt hör her, Thomas, ich gebe dir noch eine Chance: Wenn du dich beruhigt hast und dich bei Luca entschuldigst, dann schicke ich den Verweis nicht ab. Ich gebe dir Zeit bis morgen." „Entschuldigen? Ich bei ihm? NIEMALS!!"

Die Pause ist aus, die anderen Kinder ziehen die beiden keuchenden Jungen ins Klassenzimmer und schieben sie zu ihrem Platz. „Na warte!", stößt Thomas zwischen den Zähnen hervor und wirft Luca finstere Blicke zu. „Nur wegen dir bekomme ich einen Verweis! Das zahle ich dir heim!" Er kann sich überhaupt nicht auf den Unterricht konzentrieren, so sehr ist er mit seinen Racheplänen beschäftigt. „Ich lasse ihm die Luft aus den Fahrradreifen, oder noch besser, ich mache seine Bremse kaputt. Oder ich werfe einen Stein nach ihm. Oder ich verstecke seine Schuhe, dann muss er auf Strümpfen heimgehen ..."

Oh weh, das alles fällt Thomas ein und noch mehr. Wie soll das enden?

Wer diese Geschichte von Luca und Thomas so hört, der hält es nicht für möglich, dass die beiden eigentlich Freunde sind. Sie treffen sich oft am Nachmittag, und sie haben sogar ein Geheimnis miteinander: die Baustelle.

Die Baustelle ist am Ende der Straße, ein ganz verlassener Ort. Kaum jemand kommt da hin. Thomas und Luca haben einmal bei ihren Streifzügen mit dem Fahrrad entdeckt, dass man durch ein Loch im Bauzaun auf das Gelände gelangen kann. Und nicht nur das: Sie haben entdeckt, dass das ein genialer Abenteuerspielplatz ist. Auf dieser Baustelle wird schon lange nicht mehr gebaut. Es wurde noch der Keller fertiggestellt, dann war die Baufirma pleitegegangen, und keiner wollte das Grundstück mit dem angefangenen Haus kaufen. Alles wurde stehen- und liegengelassen: ein paar Rohre und viele Bretter, eine Palette Ziegelsteine, ein alter Eimer. Kurzerhand hatten die Jungen das zu „ihrem Haus" erklärt. Der Keller war ihr geheimer Treffpunkt. Thomas und Luca hatten sich aus Ziegelsteinen und Brettern einen Tisch und Sitzbänke gebaut, hatten Comichefte, Essvorräte und Kerzen in ihr Versteck geschafft und sich fast jeden Tag getroffen. Es war gemütlich, sogar bei Regen, es war abenteuerlich, und keiner störte sie, niemand kannte das Geheimnis.

Eigentlich waren Thomas und Luca Freunde, und deswegen war das auch so bitter für Thomas, dass Luca ihm nun diesen ungerechten Verweis verschafft hatte. Deswegen seine Wut. Ein „Freund" hätte sich doch für diesen Rempler sofort entschuldigt, oder nicht? Ein Freund hätte es nicht übelgenommen, wenn man in der Wut mal einen Ausdruck sagt. Und vor allem hätte ein Freund der Lehrerin gegenüber zugegeben, dass er schuld war an dem Streit und der Prügelei. „Und außerdem: Warum hat er mit den anderen Fangen gespielt und nicht mit mir? Bestimmt hat er denen auch unser Versteck verraten." Thomas hatte finstere, wütende Gedanken, als er am Nachmittag in ihrem Haus saß; und alle hatten denselben Schluss: Von Luca will er nichts mehr wissen. „Der kann mich mal, der Verräter!"

Doch halt, was war das? Ein Geräusch! Da ist doch wer? Ob das Luca war, mit den anderen? Thomas spähte durch die Kellerluke nach draußen. – Es war tatsächlich Luca! Aber er war allein. Na immerhin. Und was machte er da? Luca schleppte einen Ziegelstein. Wohin? Das konnte Thomas nicht mehr sehen. Dann hörte er etwas platschen. Da war doch die große Pfütze draußen, vom Regen. Was hatte Luca vor? Thomas war zu neugierig. Er ging nach draußen.

Luca warf ihm nur einen kurzen Blick zu und sagte: „Eine Brücke!" Thomas konnte Lucas Plan sofort erkennen: Die Pfütze versperrte den Zugang zum Keller, und Luca hatte begonnen, Ziegelsteine in die Pfütze zu legen, damit man hinübergelangen konnte, ohne ins Wasser zu treten. Thomas sah auf seine Schuhe: Er hatte tatsächlich nasse Füße. „Gute Idee!", gab er zu. „Hilfst du mir?", fragte Luca. „Okay" ... Thomas dachte zwar noch an seine Wut, aber sie ließ schon nach. Er schleppte Ziegelsteine herbei und begann mit der Brücke von der anderen Seite der Pfütze. Schweigend arbeiteten die beiden. Die Ziegelsteine waren schwer, aber beide strengten sich an und kamen vorwärts. Und schließlich war es geschafft: Nur noch ein Stein trennte sie von der Vollendung der Brücke.

Thomas stand auf seinem letzten Stein, als Luca sorgfältig den letzten Stein in die Mitte der Pfütze setzte. Langsam richtete er sich auf und die beiden sahen sich zum ersten Mal wieder ruhig in die Augen. „Morgen gehe ich zu Frau Busch und sage, dass ich schuld war." Luca wirkte erleichtert, als das heraus war. „Das ist anständig. Ich bin nämlich nicht scharf auf diesen Verweis", erwiderte Thomas und fügte hinzu: „Gut, dass du da bist. Deine Ideen sind einfach die besten."

Dann gingen beide über die Brücke in ihr Versteck.

Zum Streit gehören zwei

Inhalt: *Der Vater liest den streitenden Kindern einen Zeitungsbericht vor: Weil keiner nachgibt, nimmt ein Konflikt im Straßenverkehr ein böses Ende: Einer liegt schwer verletzt im Krankenhaus, der andere sitzt im Gefängnis.*

Stichworte: *Streit, Streit der Geschwister, Geschwisterrivalität, der Klügere gibt nach, Eskalation, Gewalt, Aggression, Provokation*

Fürchterliches Geschrei tönt aus dem Kinderzimmer. „Du liebe Zeit! Das klingt ja nach Mord und Totschlag!" Der Papa stürmt herbei und reißt die Tür auf. Er findet die Kinder, Lola und Kilian, weinend auf dem Boden sitzen; Lola hält sich den Arm, ihr Bruder reibt sich sein Schienbein. Gleichzeitig beschweren sie sich: „Die Lola hat mich getreten!" – „Der Kilian hat mich gehauen!" – „Aber du hast angefangen!" – „Nein, du!" – „Das stimmt gar nicht!" – „Doch!" – „Ruhe jetzt!", donnert der Vater und macht dem Geschrei ein Ende. „Was war los? Erzählt nacheinander! Erst Lola!" „Ja, also: Der Kilian hat gemalt, und ich wollte auch malen. Und er hat das Gelb gar nicht benutzt! Aber als ich es nehmen wollte, hat er gesagt, dass sie ihm gehört …" „Das stimmt auch! Das sind mei…", unterbricht Kilian, aber der Vater weist ihn zurecht: „Stopp! Du kommst nachher dran. Weiter, Lola!" „Also, ich wollte den Stift und habe ihn genommen, weil er ihn doch gar nicht gebraucht hat, und dann hat er mir auf die Hand gehauen! Und dann auf den Arm, mit der Faust, ganz fest! Obwohl ich doch nur malen wollte!", heult Lola. „Fertig erzählt?", will der Vater wissen. Lola nickt, und Kilian, der sich nur mit Mühe zurückgehalten hat, platzt los: „Es sind wirklich meine Stifte, und sie hat nicht gefragt, sondern sie einfach genommen. Und als ich sie nicht hergeben wollte, hat sie mich gegen das Schienbein getreten! Schau!" Empört schiebt er das Hosenbein hoch und zeigt den roten Fleck. „Das haben wir gleich!", meint der Vater und pustet zum Trost die schmerzende Stelle. „Bei mir auch!", fordert Lola, und der Vater pustet auch ihren Arm. „Ist es wieder besser?", erkundigt er sich. „Na ja – ein bisschen", knurren die Kinder. „Jetzt wartet mal, ihr zwei, ich muss etwas holen", meint der Vater und kommt kurz darauf mit einer Zeitschrift wieder. „Das passt wirklich sehr gut. Setzt euch her!", bittet er. „Ich habe gestern einen Bericht gefunden, den wollte ich euch vorlesen. Hört ihr zu?" „Ja!", versichert Lola, und Kilian meint: „Fang an, das ist ja spannend!" „Also ‚Zum Streit gehören zwei' heißt die Überschrift, und da steht: ‚Vor einigen Wochen ereignete sich ein folgenschwerer Unfall: Ein Autofahrer und ein Radfahrer bogen fast gleichzeitig in eine Straße ein. Der Autofahrer hupte wie wild, woraufhin der Radfahrer ihm den ausgestreckten Mittelfinger zeigte. Als der Radfahrer das abbremsende Auto links überholen wollte, lenkte der Autofahrer seinen Wagen auch nach links und drängte das Fahrrad zur Seite. Der Fahrradfahrer schlug, um sich zu wehren, mit der Hand auf die Motorhaube, danach gelang es ihm aber doch, das Auto zu überholen. Als der Fahrradfahrer vor dem Auto war, beschleunigte der Autofahrer und überfuhr ihn. Der Radler geriet unter den Wagen und wurde noch 20 Meter mitgeschleift. Er trug mehrere Knochenbrüche davon und liegt seitdem im Krankenhaus. Als der Autofahrer ausstieg, hörte ihn ein Zeuge schimpfen: ‚Das kommt davon!' – Diese Äußerung wurde vor Gericht herangezogen; der Autofahrer wurde wegen vorsätzlicher Körperverletzung zu 18 Monaten Gefängnis verurteilt ...'" Als der Vater geendet hat, schweigen die Kinder betreten. Schließlich meint der Vater kopfschüttelnd: „Nicht wahr, Kinder, die Zwei sind dumm, weil sie nicht nachgeben wollen. Jeder meint, im Recht zu sein. Und wohin führt sie das? Der eine liegt schwer verletzt im Krankenhaus, der andere sitzt im Gefängnis. Ist das zu fassen?!" Er macht eine Pause, dann fährt er fort: „Aber wisst ihr eigentlich, warum ich euch diesen Bericht vorlesen wollte?" „Ja, schon", gibt Kilian zu. „Weil bei uns auch niemand nachgeben wollte." Auch Lola hat es begriffen. „Und am Ende müsst ihr beide weinen!", stellt der Papa fest. Er blickt auf die zwei Kinder hinunter und merkt, wie es in den Köpfen arbeitet. „Entschuldige", sagt Kilian schließlich. „Du kannst die Stifte gern benutzen!" „Danke, aber ich frage dich auch, ob ich sie haben darf!" Lola nimmt die ausgestreckte Hand ihres Bruders und beteuert: „Jedenfalls: Überfahren hätte ich dich bestimmt nicht!"

Falsche Antwort

Inhalt: *Drei kurze Szenen mit verletzenden Worten*

Stichworte: *Beleidigung, verletzende Worte*

Mariam ist traurig: „Ich habe heute verschlafen! Deshalb konnte ich nicht mehr frühstücken, und mein Pausenbrot habe ich auch vergessen." Karina antwortet: „Das schadet dir gar nichts, wenn du mal etwas abnimmst."

Laura ist verzweifelt: „Ach, Mathe kapier ich einfach nicht. Ich habe solche Angst vor der nächsten Probe!" Matthias sagt: „Na ja, du bist und bleibst halt blöd."

Karim ist genervt: „Heute kann ich nicht zum Fußballtraining kommen. Ich muss auf meinen kleinen Bruder aufpassen!" Julian meint: „Hab ich ein Glück, dass ich keine Geschwister habe!"

Zehn Jahre später

Inhalt: *Ein aggressiver Junge beachtet die Grundregeln der Fairness nicht, schlägt andere Kinder und bedroht die Lehrerin; zehn Jahre später kommt er wegen Körperverletzung ins Gefängnis; die Lehrerin besucht ihn.*

Stichworte: *Außenseiter, Streit, Aggression, Gewalt, Prügelei, Provokation, Rache, Wut*

Die Lehrerin erkannte ihn sofort auf dem Foto: „Thorsten A. auf dem Weg zum Gericht. Die Staatsanwaltschaft fordert drei Jahre." Oh nein! Sie schüttelte traurig den Kopf. So weit war es also gekommen!

Obwohl es schon lange her war, erinnerte sie sich genau an Thorsten. Sie überlegte: Ja, das musste zehn Jahre her sein. Da war Thorsten in ihre Klasse gegangen. Was war das für ein schwieriges Kind gewesen! Keine Woche – ach, woher: Kein Tag war vergangen, ohne dass es Ärger mit ihm gegeben hätte. Immer wieder hatte er Kinder geärgert; vor allem solche, die kleiner waren als er. Er hatte geprügelt, getreten, auch Mädchen belästigt und ihnen etwas weggenommen. Ständig verwendete er Schimpfwörter. Aber wehe, jemand anders machte dasselbe, was er die ganze Zeit tat, und schubste oder beleidigte ihn – dann rastete Thorsten völlig aus. Er tobte und schlug um sich und hatte sich überhaupt nicht mehr im Griff. Das war eigentlich das Schlimmste. Wie oft hatte sie mit ihm geredet, ihn ermahnt, ihn geschimpft. Es war umsonst. Er hörte vielleicht sogar zu; aber spätestens am nächsten Tag war es vergessen.

Frau Bach ließ die Zeitung sinken und dachte an die zurückliegende Zeit. – Es hatte auch schöne Erlebnisse gegeben: Unvergesslich war der Ausflug in die Maisinger Schlucht. Bei schönstem Wetter und bester Laune machten sich alle damals auf den Weg. Ein kleiner

Fluss schlängelte sich durch das Tal, und an einer flachen Stelle machten sie Pause. Wie schön war es da! Die einen Kinder bauten Dämme und Umleitungen im Wasser, die anderen saßen auf den Decken und packten ihre Brotzeit aus, die dritten erkundeten die Umgebung und kletterten an der Böschung herum. Frau Bach saß auf einem Baumstumpf, betrachtete die Kinderschar und freute sich, dass alle friedlich spielten und so viel Spaß hatten. Doch plötzlich – was war das? Sie sah den Stein fliegen, einen großen Stein, und sprang auf. Da war es auch schon passiert: „Ahh!", schrie Stefanie auf – der Stein hatte sie am Kopf getroffen. So schnell sie konnte, lief Frau Bach hin und kümmerte sich um das Mädchen. Glück im Unglück: Es war keine schlimme Verletzung, nur eine riesige Beule. Alle halfen und schafften eine Decke zum Hinsetzen und ein nasses Handtuch herbei. Da saß dann die wimmernde Stefanie in den Armen der Lehrerin. „Wie ist denn das nur passiert?", fragte sie. „Wer hat den Stein geworfen?" – „Thorsten war's!", antwortete irgendjemand. Frau Bach seufzte tief. „Natürlich ... Thorsten ..." Sie fühlte die Wut in sich hochsteigen. Jetzt konnte sie nicht, weil sie Stefanie trösten musste, aber später, wenn sie wieder bei der Schule waren – der konnte was erleben! Ein Verweis war fällig, aber mindestens. Warum musste er auch noch diesen wunderschönen Ausflugstag verderben? – „Es war nicht Absicht", beteuerte Thorsten später. „Ich wollte das nicht. Der Stein ist mir aus der Hand gerutscht. Es ... Es tut mir leid." So kleinlaut hatte sie ihn nie erlebt. Er hatte sich sogar bei Stefanie entschuldigt. „Na gut, Thorsten", meinte Frau Bach schließlich. „Du hast es eingesehen und ich glaube dir. Die Hauptsache ist, dass so etwas nicht mehr vorkommt. Gib mir die Hand und schau mich an: Willst du dir in Zukunft mehr Mühe geben, dass niemand wegen dir weinen muss?" Thorsten nahm die ausgestreckte Hand und hob den Blick. „Ich verspreche es!", sagte er leise.

Thorstens „Versprechen" – sie waren keinen Pfifferling wert. Leider. Kurze Zeit später fingen alle Probleme von vorne an. Und wurden noch schlimmer. Bis dann der Tag kam, der Tag, den sie niemals vergessen würde. Sie wusste die Einzelheiten, als wäre es gestern gewesen:

In der Pause hatte es mal wieder einen schlimmen Streit gegeben. Wie es angefangen hatte? Keiner wusste es genau, jeder beschuldigte den anderen. Jedenfalls hatte am Ende Thorsten Laura mit einem

Stock geschlagen. Alle schrien aufgeregt durcheinander und beschwerten sich über Thorsten, Laura heulte und hielt sich die Schulter, Thorsten stand mit finsterer Miene daneben. Sie hatte sich Gehör verschafft und versucht, die erhitzten Gemüter zu beruhigen: „Nun setzt euch erst mal in den Sitzkreis und hört zu!", hatte sie gerufen. „Bitte! Ruhe!" Sie wartete, bis alle saßen und es still war; dann begann sie: „Es gibt drei Regeln, die für alle Menschen und immer gelten und die ihr euch merken müsst, auch und gerade dann, wenn ihr Streit habt: 1. Macht nichts Gefährliches! Prügelt euch nicht so, dass jemand verletzt wird! Schlagt niemals ins Gesicht oder in den Bauch oder auf den Rücken oder zwischen die Beine! 2. Greift nicht Schwächere an oder jemanden, der wehrlos ist. Auch zu zweit auf einen loszugehen ist einfach nur feige! Und 3. Wenn einer besiegt ist, dann ist Schluss! Wenn er am Boden liegt, dann wird nicht mehr geschlagen oder getreten. Hört ihr: Niemals!" Eindringlich betonte sie jede Silbe, und die Kinder spürten, wie wichtig ihr das war. Alle? Thorsten saß da mit gesenktem Kopf und geballten Fäusten. „Stellt euch doch bitte einmal vor: Du bist schuld, dass der andere ins Krankenhaus muss oder Schlimmeres. Ich will gar nicht daran denken! Stellt euch vor, ihr haut mit dem Stock und das geht ins Auge …!" – „Dann kann man vielleicht nie mehr sehen …", flüsterte die kleine Elenor. Frau Bach nickte und wandte sich dann an Thorsten: „Thorsten: Bitte! Halte dich an diese drei Regeln, egal, was passiert." „Ich? Warum eigentlich immer nur ich??", brauste da plötzlich Thorsten auf. „Immer werde ich beschuldigt! Dabei hat die angefangen und mich beleidigt!" „Die Regeln gelten nicht nur für dich, sondern für alle!", wiederholte sie. „Wenn du beleidigt wirst, geh zur Aufsicht oder sage es mir. Aber du darfst nicht mit dem Stock schlagen, so wie du es getan hast. Du hast dich wieder an die wichtigsten Grundregeln nicht gehalten und …" „Nein!!", brüllte Thorsten und sprang auf. „Nein!" Und dann ging er auf die Lehrerin los! Er drohte ihr mit der Faust und stieß mit wutverzerrtem Gesicht hervor: „Du bist wie die anderen! Immer hackst du nur auf mir herum! Aber ich lasse mir das nicht gefallen! Vergiss es! Und warte nur: Ihr bekommt alle, was ihr verdient! Alle! Ich hasse euch!" Die ganze Klasse saß wie erstarrt. Frau Bach war blass geworden. Ein paar schreckliche Sekunden sagte niemand etwas, bis die Lehrerin hervorbrachte: „Geh mir aus den Augen. Raus! Raus!" Sie schloss die Augen und kämpfte gegen die Tränen an. Thorsten drehte sich um und stürmte aus dem Zimmer.

An diesem Tag hatte sie beschlossen: Thorsten muss die Schule verlassen. Er gefährdete die anderen Kinder und nun auch sie. Sie kam mit ihm nicht zurecht. So sehr hatte sie es versucht, aber sie hatte es nicht geschafft ... – Sie setzte alle Hebel in Bewegung und ließ nicht locker. Tatsächlich kam Thorsten ein paar Monate später in eine andere Schule, eine Schule für Kinder wie ihn, die „Förderschule für Erziehungshilfe". Alle waren erleichtert, als er weg war, aber: War das eine Lösung? Wie würde das weitergehen? Frau Bach dachte schon damals: „Irgendwann ... schlägt der jemanden tot."

Sie nahm die Zeitung wieder zur Hand. Was war denn überhaupt passiert? Sie las: „Thorsten A. gab an, von Gregory R. provoziert worden zu sein. Da habe er zugeschlagen. Als der andere am Boden lag, hatte er ihn mehrmals getreten, schließlich den schwer Verletzten liegen lassen. Selbst Thorstens Verteidiger musste zugestehen, dass die Brutalität des Täters erschreckend war. Thorsten A. selbst schwieg die meiste Zeit ..."

Plötzlich hatte sie eine Idee: Sie wollte Thorsten sehen. Noch einmal mit ihm reden. Ihn im Gefängnis besuchen. Ja, das wollte sie tun. Warum? Was erwartete sie sich davon? Das wusste sie selbst nicht genau. Aber ihr Entschluss stand fest. – Einfach war es nicht, den Plan zu verwirklichen. Wochenlang musste sie mit den Behörden telefonieren und die Sache erklären und Formulare ausfüllen.

Aber an einem Samstagnachmittag war es schließlich doch so weit. Sie stand mit klopfendem Herzen vor dem Tor und wurde in den Besuchsraum geführt. Da wartete Thorsten, ein Riesenkerl, der ihr zur Begrüßung die Hand hinstreckte: „Frau Bach – ich wollte es nicht glauben: Sie besuchen mich?" „Grüß dich! Ja, da bin ich." Sie war genauso verlegen wie er. „Schau mal, was ich dabei habe ..." Sie zog ein altes Klassenfoto aus der Tasche. „Das gibt's ja nicht! Wie klein sind wir denn da alle?" Thorsten lachte, als er da Bild betrachtete. Da war das Eis gebrochen. Sie erzählten sich Begebenheiten aus der Schulzeit, wer wen wo später noch einmal getroffen hatte und auch, was aus den Mitschülern geworden war. Thorsten hatte mit dem Thema angefangen, und er war es, der jetzt bemerkte: „Und aus mir ist ein Verbrecher geworden." Nachdenklich sah er auf das Foto. „Warum habe ich es nicht geschafft, einen besseren Beruf zu finden?

Wissen Sie, Frau Bach: Es ist nicht so, dass ich nicht anständig sein will. Und ich weiß auch, wie ich es machen sollte. Die drei Regeln – Moment! Die waren doch sogar von Ihnen! – Die drei Regeln: Ich weiß sie: ‚1. Nichts Gefährliches machen! 2. Nicht jemanden angreifen, der keine Chance gegen mich hat. 3. Wenn einer besiegt ist, dann ist Schluss!' – Sehen Sie: Ich habe sie mir gemerkt. Warum konnte ich mich nicht daran halten? Jetzt liegt jemand im Krankenhaus, und ich bin schuld." Beide schwiegen eine Weile. Schließlich sagte Thorsten, leise, wie damals vor zehn Jahren: „Ich verspreche, dass ich mir Mühe gebe!" „... dass niemand wegen dir weinen muss?", fügte Frau Bach hinzu. Thorsten nickte heftig. „Dann gib mir die Hand und schau mich an!" Sie reichten sich die Hände, und da flossen plötzlich dicke Tränen, auch bei dem großen „brutalen" Kerl. Der verabschiedete sich und bat leise: „Frau Bach, bitte: Besuchen Sie mich wieder?"

Und Friede auf Erden

Inhalt: *Eine Engeldarstellerin des Krippenspieles traktiert eine andere mit boshaften Sticheleien.*

Stichworte: *Frieden, Streit, ärgern, Mobbing, Beleidigung, verspotten*

⇒ *Relifix 4, S. 42*

„Rutsch doch mal ein Stück!" „Geht nicht!" „Natürlich, schau doch, wie viel Platz du hast und wie wenig ich!" Da Angelina es vorzog, nicht mehr zu antworten, half die erboste Michelle nach und schob die Nachbarin ein Stück zur Seite; nicht besonders vorsichtig. „He, schubs nicht!", beschwerte sich Angelina lautstark. „Ruhe da oben!", befahl die Lehrerin. „Aber die Michelle hat mich geschubst!" „Ja, wenn sie aber auch nicht die zehn Zentimeter rutschen kann! Sie steht zur Hälfte auf meinem Platz!" Michelle wollte das nicht auf sich sitzen lassen. „Oh, meine Nerven!", stöhnte Frau Weber und kam zu den Mädchen. „Hört mal, ihr zwei Engelchen! Erstens habe ich euch extra eure Plätze eingezeichnet, damit ihr nicht streitet, wer wo steht", sie zeigte auf die Kreidemarkierung am Boden. „Und zweitens muss ich jetzt mit den Hirten üben. Gebt Ruhe, sonst kommen wir nicht vorwärts! Das Krippenspiel ist doch schon nächste Woche! Wir müssen uns jetzt wirklich ranhalten; bitte!" Eine Weile war tatsächlich Ruhe in der Reihe der Engel, doch dann ging das Gezanke wieder los: „Hörst du: Schon nächste Woche! Höchste Zeit, den Text zu lernen!", flüsterte Angelina gehässig. „Ich kann den Text!", verteidigte sich Michelle. „Und warum sagst du ihn dann nicht? Jedes Mal bleibst du stecken und weißt nicht, wie es weitergeht!", behauptete Angelina. „Das ist überhaupt nicht wahr!" „Und ob! Und ich weiß auch, warum du den Text nicht kannst: Weil du nämlich nicht gescheit lesen kannst! Keine Ahnung, warum Frau Weber dir diese Rolle gegeben hat. Du blamierst uns bloß!" Oh weh, das saß. Blass vor Wut holte Michelle tief Luft und versuchte mit zusammengebissenen Zähnen, sich zu beherrschen – aber es ging nicht. „Du bist die fieseste, blödeste, ekelhafteste Zicke, die ich jemals gesehen habe!", schimpfte sie los und kämpfte mit den Tränen. „Was man sagt, das ist man selbst, wenn man nicht die Klappe hält!", äffte Angelina und zog eine Grimasse. „Ich fass' es nicht!!", rief in diesem Moment die Lehrerin aus. „Ich fass' es nicht! Angelina! Michelle! Ihr schon wieder! Könnte ihr euch nicht mal länger als ein paar Minuten zusammenreißen? Wenigstens in der Vorweihnachtszeit?" „Aber die Angelina ist so gemein …" „Ruhe!", donnerte Frau Weber. „Ich will es nicht wissen! ‚Die hat geschubst!', ‚Die ist gemein …!' Es ist doch immer dasselbe und auf jeden Fall immer die andere! Es ist mir egal. Ihr streitet un-ent-wegt, vom Morgen bis zum Mittag! Jetzt reicht es mir aber endgültig! Wer noch einmal die Probe stört, der fliegt raus und darf nicht mitmachen! Habt ihr gehört? Ich meine es ernst!" Mit einem letzten warnenden Blick wandte sie sich ab und ließ sich auf ihren Stuhl fallen. „Nur ruhig!", knurrte sie zu sich selbst. „Nicht von den zweien das Krippenspiel verderben lassen … die anderen zwanzig sind superlieb … – So! … Und jetzt reden wir nicht mehr davon! Alles von vorn, Kinder, das ganze Stück! Alle auf die Plätze!"

Die Kinder gaben sich Mühe bei der Darstellung der Weihnachtsgeschichte, und auch die Engel warteten still, bis sie an der Reihe waren. Erst kam Angelina und verkündete: „Fürchtet euch nicht! Ich bringe euch eine gute Nachricht, über die ihr euch freuen werdet! Heute wurde in Betlehem euer Retter geboren: Christus!" Nun war Michelle dran: „Und daran könnt ihr ihn erkennen: Er liegt in Windeln gewickelt in einer Krippe. Ehre sei Gott in der Höhe! Und … und … äh … und …" „Und Friede auf Erden! – Dummi!"

„Voll schwul"

Inhalt: Hannes bekommt eine Mitteilung, weil er „schwul" als Schimpfwort benutzt hat. Die Eltern erklären, was das Wort bedeutet und dass auch Schwule normale Menschen sind.

Stichworte: Streit, Homosexualität, schwul, Ausdrücke, Beleidigung, Diskriminierung

„Hoho, schaut mal, wie der Erik tanzt! Voll schwul!", spottete Hannes, und zwar gerade so laut, dass Erik es hören musste. Das ließ sich Erik nicht gefallen. „Waas? Halt doch du die Klappe!"; er ging auf Hannes los und packte ihn am Sweatshirt. Es hätte wohl einen handfesten Streit gegeben, aber die Sportlehrerin hatte schon gesehen, dass etwas los war, und wandte sich an die Jungen. „Hört mal, ich möchte diesen Tanz fürs Schulfest einüben", sagte sie ärgerlich. „Ihr müsst nicht mitmachen, wenn ihr nicht wollt, aber ihr dürft nicht stören! Was ist denn schon wieder los?" „Der hat gesagt, dass ich schwul bin!", beschwerte sich Erik empört. „Wie bitte?" Die Lehrerin schaute Hannes prüfend an. „Das hast du gesagt?" „Na ja, weil er so komisch tanzt und …" „Du verwendest ‚schwul' als Schimpfwort? Und beleidigst jemanden damit, nur weil er gern tanzt? Das ist ja das Letzte!", unterbrach ihn die Lehrerin aufgebracht. „Also, das ist mir eine Mitteilung wert!"

Ein paar Tage später war der Brief von der Schule zu Hause angekommen. Hannes hatte den Vorfall natürlich nicht erwähnt und gehofft, dass es die Lehrerin vergessen würde, aber er hatte Pech. „Na was sagt man dazu!", rief die Mutter aus, als sie die Mitteilung las. „Hannes!" Schnell setzte Hannes die Kopfhörer auf, damit er so tun konnte, als hätte er es nicht gehört. Aber da stand auch schon die Mutter in seinem Zimmer, tippte ihm auf die Schulter und hielt ihm den Brief vor die Nase. „Heute Abend, wenn dein Vater da ist, ist

wohl ein ernstes Wörtchen fällig", kündigte sie mit finsterer Miene an. „Sch...", dachte Hannes. „Wie ich ein ‚ernstes Wörtchen' hasse!"
 Aber er kam nicht darum herum: Nach einem etwas schweigsamen Abendessen – beim Abräumen hatte Hannes noch nach Kräften versucht, die Sache hinauszuzögern – war es soweit. „Hannes, du musst nicht jede Gabel einzeln in die Spülmaschine räumen. Komm jetzt her!", forderte ihn die Mutter gereizt auf, und der Vater räusperte sich: „Hm, ja, also: Hannes, du weißt, worum es geht. Hier steht, dass du das Wort ‚schwul' benutzt und damit einen Mitschüler beleidigt hast. Ist das wahr? Was sagst du dazu?" Hannes nickte mit gesenktem Blick. „Hannes, weißt du überhaupt, was ‚schwul' ist?", wollte der Vater wissen. Wieder nickte Hannes. „Na, dann erklär es uns doch!", bohrte der Vater weiter. Hannes wurde rot. Unsicher sah er den Vater an. Über so etwas sprach man doch nicht! Jedenfalls wollte er nicht darüber reden. Interessant war das Thema ja, aber ... „Was bedeutet ‚schwul'?" Es war klar, dass der Vater nicht locker lassen würde. So begann Hannes zu stammeln: „Na ja, also, wenn ein Mann und ein anderer Mann ... und wenn sie so komisch reden und gehen wie eine Frau und ..." Er geriet ins Stocken. Die Mutter hatte erstaunt die Augenbrauen hochgezogen: „Mir scheint, du hast deine Informationen aus diversen ‚Bully'-Filmen", meinte sie. „Aber Schwule benehmen sich nicht wirklich so wie der in seinem Raumschiff Surprise. Der macht sich doch einen Spaß daraus, total zu übertreiben!" „Also", ergriff der Vater wieder das Wort, „um hier mal etwas voranzukommen: ‚Schwul' oder ‚homosexuell' bedeutet, dass zwei Männer sich lieben und miteinander Sex haben, klar?" Uff! Der Vater verwendete das Wort „Sex"! Wie peinlich! Hannes schwitzte. Aber es kam noch schlimmer: „Und du meintest also, dein Mitschüler liebt einen Mann und hat Sex mit ihm?", fragte der Vater. „Nein, natürlich nicht!", murmelte Hannes fast unhörbar. – War das ein Anblick! Mit hochrotem Kopf und verkrampften Händen saß Hannes vor seinen Eltern. Die Situation war ihm so offensichtlich so furchtbar unangenehm, dass die Mutter sich fast ein Grinsen verbeißen musste. Schließlich erlöste sie ihn und meinte: „Also, Hannes, ich nehme an, du siehst ein, dass das nicht richtig war, und machst das in Zukunft nicht mehr?!" Heftig schüttelte Hannes den Kopf. „Darf ich jetzt gehen?", fragte er. „Zwei Minuten noch!" Der Vater wollte noch etwas loswerden: „Du kennst doch Frank und Stefan?"

Na klar kannte Hannes die. Sie hatten mit dem Vater und ihm zusammen eine Kanufahrt auf der Isar gemacht. Frank war ein Arbeitskollege von Vater, und beide waren total nett. Das war ein toller und lustiger Tag gewesen. „Weißt du, dass Frank und Stefan schwul sind? Sie sind ein Paar", erklärte der Vater. „Waas?", entfuhr es Hannes. „Aber die sind doch ganz normal! – Oh!" Er schlug sich auf den Mund; da hatte er wohl schon wieder etwas Falsches gesagt! Aber beide Eltern lachten. „Ich fasse das Gesprächsergebnis zusammen", schloss die Mutter. „Schwule sind ganz normal. Und ‚schwul' ist kein Schimpfwort! Alles klar?"

Neue Nachbarn

Inhalt: Den neuen türkischen Nachbarn ist Adrians Familie feindlich gesonnen. Während Mutter und Sohn Kontakte knüpfen und ihre Meinung ändern, bleibt der Vater ausländerfeindlich.

Stichworte: Streit, Migration, Ausländerfeindlichkeit, Fremdenhass, Vorurteile, Integration, Islam, Muslime, Fastenmonat, Ramadan, Bayram

„Ausländer!", stieß der Vater verächtlich hervor. „Haben die in der Hausverwaltung keine deutsche Familie gefunden, die eine Wohnung sucht?" „Das ist immer ein ordentliches Haus gewesen", stimmte die Mutter grimmig zu. „Damit ist es ja nun wohl vorbei." Beide standen am Fenster und beobachteten die Familie, die gerade in die Wohnung über ihnen einzog. Alle hatten schwarze Haare, die Mutter trug ein Kopftuch, und die drei Kinder sahen aus, als würden sie auf jeden Fall Lärm und Ärger machen. „Es hieß doch immer, es kommen Gastarbeiter, die dann in ihr Land zurückkehren", schimpfte der Vater weiter. „Es war nie davon die Rede, dass die ewig bleiben und uns hier die Arbeitsplätze wegnehmen." „Und die Wohnungen", fügte die Mutter hinzu. Meine Schwester und ich hörten, was die Eltern redeten. Wir nahmen uns vor, uns von den neuen Nachbarn fernzuhalten.

Das war aber gar nicht so einfach, denn Murat, der Sohn, war so alt wie ich und kam in meine Klasse. Ich ging immer mit einem ganzen Haufen Kinder, die alle in unserem Hof wohnten, zusammen in die Schule, und da ging Murat natürlich mit. Zwei Häuser weiter wohnte ein türkischer Junge, Mustafa, der in die vierte Klasse ging; mit dem freundete sich Murat gleich am ersten Tag an. Munter unterhielten sich die beiden auf Türkisch, als plötzlich leise, aber vernehmbar eine Stimme zu hören war: „Übrigens sind wir hier in Deutschland." „Wer hat das gesagt?", brauste Mustafa auf und blickte drohend in die Gruppe. „Reg dich nicht auf", beschwichtigte Murat. „Es stimmt doch: Wir sind hier in Deutschland. Tatsache." Er grinste: „Ja und?"

Ein paar Tage später hatte jemand „Ausländer raus!" an die Tür geschmiert. An die Tür, auf der gerade ganz frisch das Namensschild „Öztürk" angebracht worden war. Schweigend und niedergeschlagen schrubbte Murats Mama die Tür wieder sauber.

„Ausländer sind laut, unsauber und stinken nach Knoblauch, außerdem sind sie gewalttätig", das waren so die Sprüche, die der Vater losließ. „Sie sollen verschwinden! Wir wollen sie nicht in unserem Haus haben!" Was die Lautstärke betraf, musste man tatsächlich zugeben, dass die Öztürks nicht ganz leise waren. Die Kinder machten manchmal Geschrei und gingen später als wir zu Bett. Am Wochenende bekamen sie fast immer Besuch. Den hörte man reden. Allerdings erst in dem Moment, wenn der Vater den Fernseher abschaltete, so um zehn Uhr abends. Unser Fernseher war nämlich ziemlich laut gestellt. Einmal, am Samstagabend, nach einem spannenden Fußballspiel, als Papa den Fernseher abschaltete, hörte er in Öztürks Wohnung jemanden lachen. „Um viertel nach zehn!", tobte er. „Wahrscheinlich sind die da alle betrunken!" Er holte einen Besen und klopfte mit dem Besenstiel erbost ein paar Mal gegen die Zimmerdecke, bis der Lärm aufhörte.

Murat war gar nicht so übel. Er sprach Deutsch und war vor allem in Mathematik richtig gut, viel besser als ich. Einmal stöhnte ich wegen Mathe: „Ich kapier das mit den blöden Umkehraufgaben nicht!" „Das ist nicht so schwer", mischte sich da plötzlich Murat ein. „Soll ich es dir noch einmal erklären?" Ich nickte, allerdings eher überrumpelt als zustimmend. Er nahm ein Blatt und begann: „Schau, zum Beispiel 54 + 26 = 80. Die ganze Aufgabe und das Rechenzeichen werden umgedreht. Aus der letzten Zahl, dem Ergebnis, wird die erste Zahl, aus plus 26 wird minus 26. Die Umkehraufgabe heißt also 80 – 26 = 54." „Aha", sagte ich, hatte es aber noch nicht verstanden, was Murat wohl bemerkte. „Soll ich am Nachmittag mal kommen und es mit dir üben?", fragte er. „Äh, nein danke", stotterte ich, weil ich mir ziemlich sicher war, dass meine Eltern das nicht gut finden würden.

Im Haus gewöhnte man sich so ganz langsam an die neuen Nachbarn. Also, meine Eltern nicht, gewiss nicht, aber die Faltlhubers, die Tür an Tür mit ihnen wohnten, hatten sich schon ein bisschen mit ihnen angefreundet. „Die Frau ist wirklich nett, und die Wohnung ist top in Ordnung!", erzählte Frau Faltlhuber meiner Mutter. „Man denkt gar nicht, dass die erst so kurz hier wohnen. Picobello eingerichtet, und alles da. Kürzlich hatte ich nämlich keine Zwiebel mehr im Haus und brauchte dringend eine, da dachte ich, ich klingel einfach mal bei den Öztürks." Meine Mutter schaute etwas irritiert und erwiderte nichts.

Dann kam der Tag der Matheprobe. Es ging wieder um die vertrackten Umkehraufgaben. Ich hatte zwar gelernt und geübt, aber dann saß ich da und hatte mal wieder nicht den geringsten Durchblick. Verzweifelt hockte ich über dem Blatt, da merkte ich plötzlich, dass ich ganz vorsichtig von hinten angestupst wurde. Ich drehte mich kurz um, da saß Murat, legte den Finger auf den Mund und deutete nach unten. Unauffällig warf ich einen Blick auf den Boden – da lag ein Zettel. Das war doch glatt ein Spickzettel! Es gelang mir, ihn unbemerkt aufzuheben und unter mein Blatt zu schieben – Murat hatte mir die ganzen Umkehraufgaben aufgeschrieben! Ehrlich, ich wundere mich, dass Frau Haffner nicht den Stein plumpsen gehört hat, der mir vom Herzen fiel. Nach der Stunde ging ich hin zu Murat, streckte ihm die Hand hin und sagte: „Danke!" „Gern geschehen!", meinte er. „Aber weißt du, die sicherere Methode wäre doch, wenn wir zusammen üben, damit du es selbst kannst." „Du hast recht", gab ich zu. „Ist es dir recht, wenn wir ab und zu zusammen Hausaufgaben machen?" Das machten wir für den gleichen Tag aus, und so klingelte am Nachmittag Murat bei mir. Er konnte wirklich gut rechnen und erklären, aber dann zeigte sich, dass er bei den Deutschhausaufgaben viele Fehler machte. Es ging um die Vergangenheitsform von Zeitwörtern. „Wieso heißt es nicht: Er schlafte?", fragte Murat. „Weiß nicht, jedenfalls heißt es: Er schlief", verbesserte ich, und hier: „Sie trank, nicht sie trinkte". „Rufen, er rief, suchen, sie suchte, drehen, sie drehte, gehen, er gehte? Quatsch, es heißt ja: ging. Stehen, er sting? Stehte? ..." „Nein", lachte ich. „Es heißt: Er stand!" – Ich musste zugeben, das war ganz schön schwer. Wir haben beide viel gelernt an dem Nachmittag – und viel gelacht, besonders über diese Zeitwörter: Sagt doch mal die Vergangenheit von folgenden Wörtern: denken, schenken, kaufen, laufen, schnaufen, fallen, knallen, sagen, tragen, fragen. Am Ende des Nachmittages waren drei Sachen klar: mir die Umkehraufgaben, Murat, dass es bei den Vergangenheitsformen eigentlich keine Regel gab, auf die man sich verlassen konnte, und dass wir Freunde geworden waren.

Auch die Mama änderte ihre Meinung bald. Einerseits, weil sie ja Murat kennenlernte und merkte, dass er nett war und weder stank (nicht stinkte, hihi) noch unsauber war – wie kam Papa bloß auf solche Sachen? Und dann auch, als sie von Frau Öztürk zum Iftar-Essen eingeladen wurde. „Es ist Ramadan, unser Fastenmonat", sagte sie. „Wir dürfen erst nach Sonnenuntergang essen, und dazu laden wir gerne jemanden ein. Morgen kommen auch die Falthubers. Wir würden uns freuen, wenn Sie uns besuchen." Es gab fast einen Ehekrach deswegen. Mama wollte gern hingehen, Papa aber nicht. „Ich dachte, du bist auch dagegen, dass die Türken sich hier breitmachen!", schimpfte er, aber Mama wagte es, ihm zu widersprechen: „Erstens ist es höflich hinzugehen", meinte sie. „Zweitens ist es eine nette Familie, und drittens hast du Vorurteile." „Waas?" Schwer beleidigt hockte Papa sich vor den Fernseher, und Mama ging ohne ihn nach oben. Sie nahm eine Flasche Wein als Geschenk mit. Für ein halbes Stündchen durften meine Schwester und ich auch mitkommen.

„Was, Muslime trinken überhaupt keinen Alkohol?", fragte Mama verblüfft. „Nein", bestätigte Herr Öztürk. „Aber kommen Sie doch herein, Sie müssen nichts mitbringen, Sie sind doch unser Gast!" Es wurde ein wirklich schöner Abend! Das Essen war ungewohnt, aber sehr lecker. Wir fragten viel, wie das mit dem Ramadan ist und dem Bayram-Fest, warum Frau Öztürk das Kopftuch trägt und auch sonst so einiges über die muslimische Religion. Das Lustigste war allerdings unser Zeitwörter-Ratespiel. Murat holte sein Wörterbuch aus der Schultasche, wir bildeten zwei gemischte türkisch-deutsche Mannschaften, und los ging es: Wer fand zuerst die richtige Vergangenheitsform? "Nennen, er nannte, kennen, er kannte, pennen, er pa...? Pennte!" "Was ist denn ‚pennen'?" "Das heißt schlafen." "Schlafen, er schlaf, wie heißt es?" "Schlief!" "Aber ‚Schlaf' gibt es doch auch?" "Das ist aber das Namenwort!" "Ach so." "Bringen, sie brachte, klingen, sie klang, schwingen, er schwang?" "Heißt es nicht Schwung?" So ging es hin und her und machte einen Riesenspaß. "Singen, er sang, fingen ..." "Moment mal: fingen? Er fangte? Er fung? Er fängt? Jetzt bin ich total durcheinander", lachte Mama und rief: "Ruhe! Ich muss mich konzentrieren!" Alle verbissen sich das Lachen und waren still. Doch was war plötzlich ganz deutlich zu hören? Der Fernseher von Papa! "Oh", sagte Mama, etwas bestürzt. "So laut hört man das? Sollen wir mal klopfen?" "Klopfen, er klopfte!", rief Murat. "Ein Punkt für uns!"

Ich bin schuld (Kinderaussagen)

Stichworte: Schuld, schlechtes Gewissen

Ich habe etwas Gemeines zu meiner Freundin gesagt. Es war wirklich gemein, und sie hat geweint.

Ich habe meine Mutter angelogen. Wenn ich ihr die Wahrheit gesagt hätte, wäre sie sauer geworden. Nun hoffe ich nur, dass sie nicht herausfindet, wie es wirklich war.

Kürzlich war ich mit meiner Schwester draußen. Ich wollte etwas zu essen und zu trinken holen. Mama hat uns etwas hergerichtet und hat mir auch das letzte Stück von Omas leckerem Kuchen mitgegeben. Mama sagte, ich soll es mit Katrin teilen. Aber auf dem Weg habe ich es allein aufgegessen.

Letzte Woche habe ich mit meinem Bruder gekämpft, nur zum Spaß. Aber dann ist er mit dem Kopf an die Bettkante gestoßen und hatte eine Platzwunde. Es musste genäht werden. Es tut mir so leid.

Eigentlich darf ich nicht an den Schreibtisch von meiner Mutter. Ich habe mir trotzdem ihre schönen Stifte ausgeliehen. Nun ist einer kaputt gegangen. Ich habe die Stifte wieder hingelegt, ohne etwas zu sagen.

Ich habe mit Melissa gespielt. Melissa hat gesagt, dass Fenja nicht mitspielen darf. Ich habe Fenja auch nicht mitspielen lassen, dabei ist sie eigentlich meine Freundin. Ich wollte eigentlich, dass Fenja schon mitspielen darf, aber ich habe getan, was Melissa wollte.

Mit meinem Bruder habe ich ein Mädchen aus der ersten Klasse auf dem Schulweg geärgert. Wir haben mit Schneebällen auf sie geworfen, bis sie geweint hat, und dann immer noch. Wir haben ihr Prügel angedroht, wenn sie etwas sagt.

Ich habe eine Kette gefunden mit einem Sternzeichenanhänger. Ich habe sie Stefan geschenkt, weil der Löwe ist. Später habe ich gehört, dass Andrea die Kette verloren hat. Sie hat überall gefragt, ob sie jemand gefunden hat. Aber ich habe mich geschämt und habe nichts gesagt.

Ich habe vergessen, dem Meerschweinchen frisches Wasser zu geben. Tagelang.

Püppi

Inhalt: Trotz Warnung hat Gina nicht aufgeräumt. Wutentbrannt räumt die Mutter alle Spielsachen in eine große Tasche und stellt sie in den Keller. Doch dabei fällt unbemerkt Ginas geliebtes Püppi heraus und wird vom Nachbarshund zerfetzt. Wer ist schuld?

Stichworte: Schuld, Mama, Streit, Aufräumen, Lieblingspuppe, Wiedergutmachung

▶ *Relifix 3, S. 26*

Wer oder was war schuld an der Katastrophe? Mama? Unser Besuch? Frau Senger? Lupo? Ich? Oder doch Gina selbst? Jedenfalls – es war eine Katastrophe. Und so fing es an: Wir erwarteten Besuch, am Mittwochnachmittag hatte sich eine entfernte Tante von Mama angesagt. Wenn Besuch kommt, achtet Mama sowieso darauf, dass die Wohnung sauber und aufgeräumt ist, aber bei dieser Tante Margot war es ihr besonders wichtig, keinen schlechten Eindruck zu hinterlassen. Deswegen hatte Mama schon am Wochenende gedroht: „Kinder, räumt eure Zimmer auf! Bis Dienstag 15 Uhr, damit ich danach noch einmal durchsaugen kann. Hört ihr! Dienstag! Ich komme mit der Schneeschaufel und schmeiße alles zum Fenster hinaus, was dann noch auf dem Boden liegt. Ist das klar?" „Ja, ja, schon gut", hatte meine kleine Schwester Gina geantwortet, aber ich hatte schon da den Eindruck, dass sie nicht so richtig zugehört hatte. Ich muss noch dazu sagen, dass Mama und meine Schwester ständig Krach haben, weil Gina nie aufräumt und unsere Mutter immer meckert, dass sie es tun soll. Ein ewiges Thema zwischen den beiden, und ich weiß nicht, wen es mehr genervt hat. Deswegen wundert es mich nicht, dass Gina auf Durchzug geschaltet hat und nicht begriffen hat, wie ernst es Mama war.

Am Montag war die Welt noch in Ordnung. Gina schob die Legos, mit denen sie am Wochenende gespielt hatte, die herumliegenden Bücher und Anziehsachen zur Seite, um ein Puppenkrankenhaus zu eröffnen. Ihr Püppi war krank und musste operiert werden. – Nun muss ich noch zwei Sätze weiter ausholen und euch das Püppi vorstellen. Das war eine Puppe, die unsere Oma für Gina selbst gemacht und ihr geschenkt hatte, als sie noch ganz klein war. Sie war aus lila Wolle gestrickt, hatte ein niedliches rosa Gesicht aufgenäht und war ausgestopft. Sie war wirklich schön und kuschelig weich, und vor allem war sie einzigartig: Kein zweites Püppi gab es auf der Welt! Kein Wunder, dass das Püppi sofort Ginas Lieblingspuppe war. Tagsüber spielte sie mit ihr, und am Abend im Bett drückte Gina sie fest an sich. Sie konnte überhaupt nicht einschlafen ohne das Püppi, und das war immer noch so, obwohl Gina nun schon sieben Jahre alt war. Einmal war das Püppi nicht da gewesen – war das ein Theater! Gina hatte Geschrei gemacht bis 9 Uhr abends, die ganze Familie hatte verzweifelt gesucht, bis der Vater es endlich gefunden hatte; es war zwischen Bett und Wand gerutscht. Uff! Alle atmeten auf. Das Püppi war wieder da! – Tja, und jetzt ist es weg.

Aber ich war beim Montag stehengeblieben. Gina spielte friedlich und das Püppi hatte Bauchweh. Der Krankenwagen brachte es zur Ärztin, und die stellte fest, dass das arme Püppi Blindarmentzündung hatte und sofort operiert werden musste. Der Arztkoffer stand bereit, Gina hatte die Schreibtischlampe geholt, um den Operationstisch auszuleuchten. Es ging alles gut und das Püppi bekam einen dicken Verband um den Bauch. Die Mutter kam ins Zimmer, brachte frische Wäsche, warf einen Blick auf den Verhau, versuchte, zum Schrank zu kommen, ohne auf ein Spielzeug zu treten, und fragte: „Wann räumst du auf?" „Jetzt nicht", erwiderte Gina ungeduldig. „Du siehst doch, dass das Püppi im Krankenhaus liegt!" „Aha. Jetzt nicht. Von mir aus. Aber vergiss nicht: Der letzte Termin ist morgen, 3 Uhr!" Die Mama hatte sie wirklich ausdrücklich daran erinnert, da kann man nichts sagen. Am Abend erwähnte keiner das Aufräumen. Mama brachte Gina ins Bett wie immer, las ihr vor und gab ihr und dem Püppi einen Gute-Nacht-Kuss.

Am Dienstagmorgen, vor der Schule, legte Gina das Püppi wieder ins Puppenbett im Krankenhaus, bevor sie zur Schule ging. Am Dienstag beim Mittagessen dann erzählte meine Schwester ununterbrochen von ihrer Freundin Korinna, die heute zum Baden gehen wollte und sie eingeladen hatte mitzukommen. „Ins Westbad! Da gibt es eine neue Rutsche! Mama, darf ich? Bittebittebitte!", bettelte sie. Ich sah unsere Mama an und wusste genau, was in ihr vorging. Gina hatte das Aufräumen offensichtlich vergessen, aber Mama dachte nicht daran, sie noch einmal zu erinnern, sie ließ es darauf ankommen. Sie hatte Gina gewarnt, nicht nur einmal. Wortlos saß sie am Tisch. Die begeisterte Gina nahm das als Zustimmung und begann, ihre Badesachen zusammenzupacken. Ich versuchte sogar noch, das Unheil abzuwenden, und raunte ihr zu: „Gina, Mama ist stinksauer, wenn du heute nicht aufräumst." „Ja, schon gut", wimmelte sie mich ab. Als es klingelte, rief Gina in ihrer unbekümmerten Art: „Tschüs! Ich räume dann heute Abend auf!" Wumm! Die Tür schlug hinter ihr zu. „So so ... heute Abend ...", murmelte Mama. „Das könnte zu spät sein."

Wirklich: Ich verstehe Mama. Es war echt krass, dass Gina einfach zum Baden ging. Mama versuchte, sich zu beherrschen, aber an ihrem Blick, an jeder ihrer Bewegungen merkte ich, dass sie wütend war wie selten zuvor. Sie stieß einen Seufzer aus, erhob sich und ging, um die Schneeschaufel zu holen. Ich hatte mich in mein Zimmer verzogen; am liebsten hätte ich mich unsichtbar gemacht. Im Nebenzimmer hörte ich Mama. Sie pfefferte offensichtlich den ganzen Kram in die große Möbelhaustasche, dann saugte sie. Schließlich hörte ich, wie sie die Wohnungstür öffnete. Ich streckte den Kopf aus meinem Zimmer und sah Mama mit einer Mülltüte in der einen und der prallvollen Tasche mit Ginas Sachen in der anderen Hand, das Püppi lag obenauf. Mama fing meinen erschreckten Blick auf und knurrte: „Keine Angst, das kommt nur in den Keller." „Puh! In den Keller, nicht in den Müll!" Das war okay, das würde Gina eine Lehre sein. Da war ich beruhigt. Leider zu Unrecht. Hätte ich bloß das Püppi gerettet!

Abendessenszeit. Die Wohnung war aufgeräumt, wir deckten gerade den Tisch, da klingelte es und Gina kam vom Baden zurück, müde und glücklich, es war ein toller Nachmittag gewesen. „Ah, ich habe so Hunger!", rief sie. Als wir ein paar Minuten später am Tisch saßen, war sie so damit beschäftigt, drei Brote in sich hineinzustopfen, dass sie unsere vielsagenden Blicke gar nicht bemerkte. Was würde sie sagen, wenn sie in ihr leer geräumtes Zimmer kam? Eine Viertelstunde später war es dann soweit. Gina wollte etwas holen, stürmte in ihr Zimmer und blieb wie erstarrt stehen. „Was ... wo ... Wo sind meine Sachen?" Dann fing sie zu schreien an. Sie schrie und schrie, und als sie nicht mehr schreien konnte, begann sie zu weinen. Wir hörten sie drüben schluchzen, und zwischendurch bitterböse auf Mama schimpfen, die so gemein war. „Wann willst du ihr die

Sachen wieder geben?", wollte Papa wissen. „Morgen Abend, wenn Tante Margot weg ist. Die 24 Stunden soll sie ruhig leiden, damit sie es sich ein für alle Mal merkt." „Und das Püppi?", wandte ich ein. „Ich fürchte, wir schneiden uns ins eigene Fleisch, wenn sie ihr Püppi nicht hat", meinte auch Papa. „Gina wird nicht schlafen und uns die Ohren voll plärren." „Ihr habt recht, ich bringe es ihr." Mama war überzeugt und verschwand, um es aus dem Keller zu holen. Papa und ich räumten derweil den Tisch ab. „Wo bleibt sie nur?", wunderte Papa sich nach ein paar Minuten. Mir kam es auch komisch vor. Endlich hörten wir den Schlüssel im Schloss. Mama kam in die Küche und ließ sich auf einen Stuhl fallen. Wir wussten sofort, dass etwas passiert war. „Das Püppi ist weg!", stieß sie hervor. „Weg! Wie vom Erdboden verschluckt! Dabei weiß ich, dass es in der Tasche war. Ich habe überall gesucht, aber …" Hilflos hob sie die Schultern: „Was machen wir denn jetzt?" „Stimmt, es lag in der Tasche, ich habe es auch gesehen", bestätigte ich. „Ist es herausgefallen?" „Ich weiß nicht. Vielleicht." Mama war fix und fertig. „Ich habe die Tasche kurz unten an der Treppe abgestellt und dann den Müll hinausgebracht. Danach habe ich die Tasche in den Keller geräumt. Aber scheinbar ohne das Püppi." „Hast du jemanden getroffen? War jemand im Treppenhaus?", fragte Papa. „Mhm … mal überlegen. Ja, tatsächlich. Ich habe Frau Senger getroffen, die mit Lupo hinausging." „Na, das ist doch wenigstens ein Anhaltspunkt. Vielleicht hat sie das Püppi gefunden. Ich gehe gleich hinunter und frage", bot Papa an. „Bitte, tu das. Das ist lieb von dir", sagte Mama leise und, als es schon weg war, zu sich selbst oder zu mir: „Hoffentlich findet er es. Das wollte ich nicht."

Ja nun. Papa fand das Püppi tatsächlich. Soweit die gute Nachricht. Aber nicht Frau Senger, sondern ihr Hund Lupo hatte es gefunden. Frau Senger hatte erst gar nicht gemerkt, was Lupo da im Maul trug. „Er hat selbst so ein altes Stofftier, und ich dachte, das sei es", entschuldigte sie sich. Erst im Park stellte sie fest, dass das eine fremde Puppe war. „Und dann hatte ich keine Ahnung, woher Lupo die hatte", versicherte sie. „Ach du liebe Zeit, und das war ausgerechnet die Lieblingspuppe von Gina? Das tut mir furchtbar leid, die muss ich Ihnen ersetzen."

Als Papa wieder zu uns kam, mit den Resten von dem, was einmal das Püppi gewesen war, brach Mama in Tränen aus. Lupo hatte das

Püppi so zerfetzt und zerkaut, dass praktisch nichts mehr übrig war. Das schöne, weiche, einzigartige – das unersetzliche Püppi! – Inzwischen war es in Ginas Zimmer still geworden. Die Kinderzimmertür öffnete sich einen Spalt und wir hörten Ginas kleinlaute Stimme: „Mama, hast du meine Sachen wirklich aus dem Fenster geworfen? Darf ich sie wieder holen? Wenigstens das Püppi?"

Zucker für das Pferd

Inhalt: *Ein Mädchen gibt einem Pferd Zucker; zu viel, wie sich herausstellt. Es quält sich mit der Vorstellung, dass das Pferd deswegen krank werden könnte.*

Stichworte: *Schuld, schlechtes Gewissen*

⬛▶ *Relifix 3, S. 27*

Als ich ein kleines Mädchen war, so alt wie ihr, war ich einmal mit meinen Eltern bei Bekannten zu Besuch, die auf dem Land wohnten. In der Nähe von ihrem Haus gab es eine Pferdekoppel, und damals liebte ich Pferde! So ging ich nach dem Kaffeetrinken zu den Pferden, und ein Pony war ganz zutraulich, kam zum Zaun und ließ sich von mir streicheln. Vom Kaffeetisch hatte ich ein paar Zuckerstückchen dabei, ich streckte sie auf der flachen Hand dem Pony entgegen. Das Pony war ganz wild auf die Zuckerstückchen, und sie waren weg wie nichts. Ich wollte dem Pony eine Freude machen und lief zurück, um noch mehr Zuckerstückchen zu holen. Die Erwachsenen saßen noch beieinander, und die Frau sagte: „Nimm dir selber, in der Küche im Vorratsschrank ist die Packung mit Würfelzucker." So holte ich mir die ganze Packung, und sie war noch ziemlich voll. Im Nu war ich wieder bei dem Pony, es wartete schon am Zaun auf mich. Das Pony fraß und fraß die Zuckerstückchen, es konnte gar nicht genug davon bekommen. Und stellt euch vor: Am Ende war die ganze Packung leer! Später trennte ich mich schweren Herzens von meinem Pony und ging zurück. Als ich wieder auftauchte und die Frau die leere Packung sah, war sie sehr ärgerlich und schimpfte: „So habe ich das doch nicht gemeint, dass du die ganze Packung

Zucker dem Pferd gibst. Weißt du denn nicht, dass Pferde nicht zu viel Zucker fressen dürfen? Sie bekommen Bauchweh davon!" Da stand ich, rot bis über beide Ohren, und schämte mich. Aber das Schlimme war nicht das Geschimpfe der Frau. Viel schlimmer war die Vorstellung, dass das Pferd krank werden könnte.

Ich habe Tag und Nacht an das arme Pony gedacht. Dass es jetzt gerade furchtbare Bauchschmerzen hat und vielleicht stirbt, und ich bin schuld! Drei Wochen lang ging das so, und immer, wenn das Telefon klingelte, dachte ich, das sind die Bekannten, die mir sagen, dass es dem Pferd ganz schlecht geht.

Doch nach den drei Wochen kam mir der Zufall zu Hilfe. Wir haben in der Schule darüber gesprochen, was Tiere fressen und was gut für sie ist. Nach der Stunde bin ich zu meiner Lehrerin gegangen und habe sie gefragt, was passiert, wenn man einem Pferd eine ganze Packung Würfelzucker gibt. Sie meinte, das sei nicht so schlimm. Dem Pferd war vielleicht ein bisschen schlecht, aber inzwischen sei es bestimmt schon wieder froh und munter.

Puh! Mir ist so ein großer Stein vom Herzen gefallen! Erleichtert lief und hüpfte ich nach Hause und schwor mir, niemals mehr einem Pferd Zucker zu geben.

Tante Bettis Fußball

Inhalt: *Leo verleiht widerstrebend seinen Fußball. Als er ihn am nächsten Tag nicht zurückbekommt, verprügelt er den vermeintlich Schuldigen, ohne ihn zu Wort kommen zu lassen.*

Stichworte: *Schuld, Verdacht, beschuldigen, Ausreden, Streit, Prügelei, Wiedergutmachung*

⇒ *Relifix 3, S. 28*

„Tor! Tor! 5 : 4!", schrien die Kinder und fielen sich in die Arme. „Juhu!" Im Park war ein spannendes Fußballspiel im Gange. „Auf! Weiter geht's! Das haben wir gleich!", rief Kesban und wollte den Ball zum Anstoßpunkt rollen. Aber Leonardo nahm ihn ihr ab. „Halt, ich muss jetzt heim", meinte er, „Schluss für heute!" „Was? Oh nein!

Nicht jetzt!", jammerte Kesban. „Nur noch fünf Minuten!" „Nein, es ist schon halb fünf", erwiderte Leo und nahm seine Jacke. „Ich muss gehen." „Du, Leo, leihst du uns deinen Fußball? Bitte!", sagte Maxi. „Nee, der Ball ist fast neu, den geb ich nicht her", wandte Leonardo ein. „Außerdem hat er 60 Euro gekostet!" „Ach bitte! Wir passen gut auf ihn auf! Morgen bekommst du ihn wieder!", bettelte nun auch Dalia. „Du brauchst ihn doch heute gar nicht mehr." Das stimmte. Leonardo ging nämlich jetzt zum Schwimmverein. Trotzdem zögerte er noch. Er liebte den Ball, den er von seiner Tante Betti geschenkt bekommen hatte. Sie arbeitete in der Geschäftsstelle des TSV Harthof und konnte die besten Bälle günstig erwerben. „Tut mir leid", entschied er. „Aber der ist zu wertvoll zum Verleihen." „Ach Mann! Spielverderber!", maulte Marvin. „Ich hab dir doch vorletzte Woche mein Fahrrad geliehen", ließ sich nun Ömer vernehmen. Das stimmte auch. Da hatte Leo sich den Fuß verknackst und konnte schlecht laufen. Ömer hatte ihn mit seinem Fahrrad fahren lassen und war selbst zu Fuß nebenher gegangen. Das war wirklich nett gewesen. Leo seufzte tief. Erwartungsvoll blickten ihn die anderen an. „Na gut ..." Widerstrebend rückte er seinen schönen Ball heraus. „Ungern! Aber morgen früh will ich ihn wieder!" „Ja!" „Klar!" „Danke!", riefen die anderen durcheinander und begannen sofort wieder zu kicken. „Halt! Wir haben Anstoß!", bestimmte Kesban. Als Leonardo den Park verließ, hörte er seine Freunde schon wieder jubeln. „Aha. 5 : 5", dachte er. „Hallo, Frau Huber! Hallo Rex!" Er begrüßte die Nachbarin, die mit ihrem Hund im Park spazieren ging. „Und tschüs! Ich habe es eilig!", verabschiedete er sich gleich wieder und machte, dass er nach Hause kam.

Am nächsten Morgen trafen sich Leonardo und Dalia in der Schule. „Und? Wo ist nun mein Ball?", wollte er sofort wissen. „Ich weiß es nicht", antwortete sie schulterzuckend. „Ich musste dann auch bald gehen, beim Stand von 7:5!" Da kam gerade Ömer an, auch ohne den Fußball. „Ich habe ihn nicht!", meinte er. „Hat ihn nicht Kesban mitgenommen?" „Na hoffentlich ...", knirschte Leonardo mit wachsender Ungeduld. „Her mit dem Ball!", empfing er Kesban, die das Klassenzimmer mit einer Tüte betrat, und riss sie ihr aus der Hand. „Aber das ist ja gar nicht mein Ball!", rief er enttäuscht. „Nein! Gib her! Lass meine Tasche!", beschwerte sich Kesban. „Das ist mein Ball! Damit wir heute nicht wieder deinen brauchen." „Und wo ist meiner?", brüllte Leonardo. „Das weiß ich nicht!", antwortete Kesban. „Ich dachte, Ömer hätte ..." „Nein! Ömer hat ihn auch nicht und sagt, du hättest ihn!" Leonardo war nun richtig wütend. „Jetzt beruhige dich doch mal!", beschwichtigte Dalia. „Vielleicht hat ihn ja Marvin oder Maxi." Wie gerufen steckte gerade Maxi seinen Kopf zur Tür herein. „Was ist denn hier für ein Gestreite?", erkundigte er sich. „Hast du meinen Ball?", schrie Leonardo. Aber die Frage war unnötig, denn Maxi hatte ihn offensichtlich nicht. Aber das Schlimmste kam noch, denn gerade in diesem Moment warf Leonardo einen Blick aus dem Fenster und sah auch Marvin kommen – ohne Ball. „Ihr blöden, saublöden, oberblöden hundsgemeinen Blödmänner!", schimpfte Leonardo los, außer sich. „Ihr habt versprochen, mir heute meinen Ball wiederzugeben, und jetzt habt ihr ihn nicht! Ich wollte ihn nicht hergeben! Meinen schönen Ball! Ihr habt mich gezwungen und jetzt bekomme ich ihn nicht wieder! Ihr seid ja so was von unter, unter, unter aller Sau!" Er wollte schon auf die anderen losgehen, aber nun kam Marvin gerade an. „Hast du meinen Ball?" „Ja, ich habe ihn gehabt, aber ... er ist ..." Das reichte. Mit Wutgebrüll stürzte sich Leonardo auf Marvin und brachte ihn zu Fall. „Halt, hör doch ...!", verteidigte sich Marvin verzweifelt. „Ich will es gar nicht wissen!", Leonardo war nicht zu bremsen. „Ihr habt gesagt, dass ihr meinen Ball zurückgebt, und ihr habt ihn nicht ...!" Er schlug wütend auf den am Boden liegenden Marvin ein. Erst als die anderen Kinder mit vereinten Kräften an seinen Armen zogen, schaffte es Marvin, sich zu befreien.

„Jetzt hör doch endlich mal zu!", schluchzte er verzweifelt und rieb sich den schmerzenden Arm. „Ich kann überhaupt nichts dafür! – Als ich mit dem Ball nach Hause ging, kam plötzlich von hinten ein Hund; du weißt schon, der große, der Rex, von Frau Huber. Er sprang an mir hoch und wollte den Ball. Ich habe ihn vor lauter Schreck losgelassen. Echt – das hättest du auch! Dann biss der Hund in den Ball, und der Ball war kaputt!" Er heulte wieder und fuhr fort: „Dann kam Frau Huber gelaufen. Sie rief die ganze Zeit: ‚Oh weh! Oh weh!' Der Rex hatte sich losgerissen. Als sie bei mir ankam und Rex' Leine gepackt hatte, entschuldigte sie sich zehn Mal und sagte, dass sie den Ball natürlich ersetzen würde. Sie hat mir ihre Telefonnummer aufgeschrieben, die soll ich dir geben." Er zog einen Zettel aus der Tasche und streckte ihn Leonardo hin. „Gestern Abend habe ich noch versucht, bei dir anzurufen, um dir das zu sagen, aber bis halb acht war niemand da, und dann sagte meine Mama, ich darf euch am Abend nicht stören. So war das! – Leo, es tut mir ja so leid, dass ich dir den Ball nicht zurückgeben kann, aber ... es war nicht meine Schuld. Dieser blöde Hund!"

Mit gesenktem Kopf stand Leonardo da. Sein Zorn war verraucht, er schämte sich fürchterlich. „Oh Mann!", stöhnte er. „Hätte ich dich nur erst gefragt, was los war, anstatt gleich zuzuschlagen ... Oh Mann! Ich bin ja noch blöder als der dumme Hund. – Bitte entschuldige!" Und er streckte Marvin die Hand hin.

Dunkle Seiten des Lebens

Der Schachklub

Inhalt: *Jonas findet endlich einen Schachpartner: den körperbehinderten Tobi.*

Stichworte: *Behinderung, Rollstuhl, Vorurteile, Freundschaft, Anerkennung*

▻ *Relifix 2, S. 50*

Jonas liebt Schach. Seit sein Opa ihm das beigebracht hat – und da war er erst acht –, ist das sein Lieblingsspiel. Aber „Spiel" ist eigentlich gar nicht das richtige Wort – Jonas weiß inzwischen viel über Schach: dass es Meisterschaften gibt und kluge Köpfe auf der ganzen Welt diesen Denksport betreiben. Denksport, Rätsel, Detektivspiele und knifflige Aufgaben, all das findet Jonas gut, aber Schach ist das Beste. Es ist nur schade, dass seine Freunde gar nicht verstehen, was er am Schach so toll findet. Leo und Mario sind im Fußballverein – das ist nun wieder überhaupt nichts für Jonas. Und Nadja, die im Nebenhaus wohnt, spielt zwar gern Uno oder auch Siedler, aber Schach ist ihr zu anstrengend. Nachdem Jonas sie dann auch noch zweimal nach kurzer Zeit schachmatt gesetzt hatte, ist ihr das letzte bisschen Lust vergangen. „Ne, ne, bleib mir vom Leib mit deinem Schach!", wimmelt sie ihn ab. Wie dumm! Mama und Papa haben keine Zeit, und mit dem Schachcomputer zu spielen, macht Jonas nicht wirklich Spaß. Wenn doch nur der Opa in der Nähe wohnen würde! Das tut er aber nicht.

„Mensch, Heide, lass doch den Jungen in einen Schachklub gehen; in der Turmstraße wird das angeboten", hatte der Opa das letzte Mal, als sie ihn besuchten, zu seiner Tochter, Jonas' Mama, gesagt. „Er ist wirklich begabt, und Schach ist so ein tolles Hobby!" „Schachklub?", Jonas kriegt lange Ohren. „Es gibt einen Schachklub? Das wär doch was für mich!" „Wie stellst du dir das vor? Die Turmstraße ist am Ende der Stadt", erwidert Mama. „Wie soll Jonas denn da hinkommen? Ich habe keine Zeit, ihn jede Woche hinzubringen!" „Oh, Mama, geht das wirklich nicht? Bitte! Tu das doch für mich!", bettelt Jonas. „Ach Jonas, es ist nicht, weil ich es nicht für dich tun will, glaub mir das", erklärt die Mutter seufzend. „Aber wenn ich aus der Arbeit komme und du aus der Mittagsbetreuung kommst, ist es für den Schachklub zu spät." „Und wenn du alleine hinfährst, mit dem Bus?", fragt Opa. „Schaffst du das?" „Alleine mit dem Bus, so weit? Ne!", ruft Jonas. „Alleine, so weit, mit dem Bus? Niemals erlaube ich das!" Auch die Mutter ist ganz entsetzt über Opas Vorschlag. „Aber der Weg ist ja nicht das Einzige", seufzt Jonas. „Wenn ich da im Schachklub gar niemand kenne, macht das doch keinen Spaß!" Eine Weile schweigen alle drei. „Na ja, da kann man nichts machen, schade!", sagt die Mutter schließlich. Das sagt sie noch einmal, als sie am Abend miteinander heimfahren. So hat sich diese Idee wieder erledigt. Jonas spielt mit seinem Schachcomputer oder Fußball mit Mario oder Uno mit Nadja.

Doch einige Zeit später kommt die Mutter ganz aufgeregt nach Hause: „Mensch, Jonas, stell dir vor: Ich habe meiner Arbeitskollegin, der Nina, erzählt, dass du so gern Schach spielst und am liebsten in einen Schachklub gehen würdest – und was antwortet sie da: dass der Tobi, ihr Sohn, auch nicht genug vom Schach bekommen kann! Du, da könntet ihr doch gemeinsam hingehen! Genauer gesagt, gemeinsam hinfahren. Zu zweit schafft ihr das doch mit dem Bus!" „Der Sohn von Nina?? Der ist doch behindert!", platzt Jonas heraus. Mutter hatte ihm früher schon von Tobi erzählt, der mit verkrüppelten Beinen geboren worden war und im Rollstuhl sitzen muss. Nicht nur einmal hatte seine Mutter den Vorschlag gemacht, dass Jonas doch mal Tobi besuchen solle und sich vielleicht mit ihm anfreunden könnte, aber Jonas hatte sich geweigert. „Ich such mir meine Freunde selber aus!", war sein Argument gewesen. „Bloß weil Nina deine Freundin ist, muss ich doch nicht mit Tobi befreundet sein!" „Außerdem ist das doch komisch – was soll ich denn mit einem Behinderten anfangen ...?" – Das hatte Jonas aber nur gedacht, nicht gesagt.

Jetzt fing also Mutter schon wieder an, von Tobi zu reden ... Allerdings war es ganz anders. „Also, Jonas – bisher wusste ich nicht, dass Tobi Schach spielt. Ich kann und will dich nicht zwingen. Aber hör doch mal: Du spielst so gern Schach, willst in den Schachklub gehen und kannst nicht allein. Tobias spielt gern Schach, will in den Schachklub gehen und kann nicht allein. Was liegt näher, als dass ihr zwei euch zusammentut? Wenn du dich immer noch weigerst, ihn überhaupt kennenzulernen, dann bist du schlicht und einfach selber schuld. Oder das Schach ist dir doch nicht so wichtig. – Am Samstag

bin ich mit Nina verabredet; ich besuche sie. Du bist herzlich eingeladen mitzukommen. Überleg es dir."
Was soll ich euch sagen? Jonas ist am Samstag mitgegangen. Und wer hat den ganzen Nachmittag mit Tobi Schach gespielt, bis die Köpfe rauchten? Jonas! „Mannomann, du kannst das echt besser als Nadja!", stellte Jonas nach einer umkämpften Partie fest. „Und, Jonas?", fragte Tobi vorsichtig. „Gehst du mit mir in den Schachklub? Meinst du, du kannst meinen Rollstuhl in den Bus schieben?" „Rollstuhl?" Den hatte Jonas an diesem Nachmittag komplett vergessen. „Schachklub? Na sowieso!"

Die blinde Beate einladen?

Inhalt: *Nach anfänglichen Vorbehalten schließt Barbara mit der blinden Nachbarstochter Freundschaft.*

Stichworte: *Behinderung, blind, Vorurteile, Freundschaft, Anerkennung*

⁍ *Relifix 1, S. 49*

„Willst du die Beate zum Geburtstag einladen?", hatte die Mutter vor genau einem Jahr Barbara gefragt. Drei Monate davor war Beate mit ihrer Familie im Nachbarhaus neu eingezogen. Zuerst hatte sich Barbara sehr gefreut. Ob das eine Freundin zum Spielen war? Doch dann war sie enttäuscht: „Mama, das Mädchen ist ja blind!", erzählte sie. „Mit ihr kann man ja gar nicht spielen." – Die Mutter fand zwar, das sollte Barbara erst einmal ausprobieren, aber davon wollte Barbara nichts wissen. Auf keinen Fall wollte sie Beate kennenlernen. Und sie zu ihrem Geburtstag einladen? Schon gar nicht! Allerdings konnte sie von ihrem Zimmer aus gerade in Beates Garten sehen. Ab und zu war Beate im Garten, sodass Barbara sie beobachten konnte. Sie spielte im Sandkasten, hatte einen Puppenwagen mit Teddy drin und benahm sich ganz normal, stellte Barbara fest.

Doch dann wurde es spannend. An einem Samstag im Frühjahr kamen Beates Eltern mit einem Anhänger voller Stangen und Teile angefahren und begannen, im Garten etwas zu bauen. Barbara klemmte am Fenster und schaute den halben Vormittag zu.

Schließlich rannte sie zu ihren Eltern. „Mama! Papa! Beates Eltern bauen einen ganzen Spielplatz im Garten! Mit Rutsche, Kletterstange und Schaukel! Wie können die das tun? Beate ist doch blind!" – „Warum sollte sie denn nicht rutschen oder schaukeln können?", fragte der Vater. „Na ja, weil …", eigentlich fiel Barbara gar kein Grund ein. Dann kam ihr aber noch ein anderer Gedanke: „Ich will auch eine Schaukel haben!", rief sie. „Schon immer habe ich mir eine Schaukel gewünscht!" – „Nein, Barbara!", entschied die Mutter. „Du hast gerade Geburtstag gehabt. Außerdem ist eine Schaukel teuer. Und …", sie grinste: „Du kannst doch bestimmt bei Beate schaukeln. Na los doch, geh endlich mal hinüber! Sie freut sich sicherlich!" – Mit dieser Antwort war Barbara nicht zufrieden. Sie verschwand in ihrem Zimmer und schaute wieder zu, wie in Beates Garten der tolle Spielplatz entstand. Sie seufzte.

Als am Sonntagnachmittag dann tatsächlich alles fertig war, hielt es Barbara nicht mehr aus. Die Neugier war zu groß. Sie schlich am Zaun entlang, bis Beates Mutter sie entdeckte. Und tatsächlich fragte sie: „Du, Barbara, magst du nicht einmal herüberkommen?" – „Hallo Beate!", grüßte Barbara und fand es doch ziemlich komisch, Beate anzuschauen. Aber Beate merkte das gar nicht. „Hallo Barbara!", rief sie begeistert. „Ich habe eine Schaukel und eine Kletterstange und eine Rutsche! Boa, macht das Spaß!"

Es dauerte lange, bis Barbara an diesem Sonntagabend endlich wiederkam. Vater musste sie vier Mal rufen. Dann saß sie am Abendbrottisch und sprudelte nur so: „Also, ich glaube, die Beate schaukelt genauso gern wie ich. Und sie hat ein Meerschweinchen, das Gurkenschalen frisst, und denselben Schulranzen wie ich, und morgen Nachmittag wollen wir einen Spaziergang mit unseren Teddys machen und der Sandkasten soll unsere Burg sein …!" Die Eltern lachten über Barbaras Begeisterung. „Da verstehe ich, dass du zu spät zum Essen gekommen bist", meinte die Mutter. „Wie schön! Da hast du heute eine Freundin gefunden!"

Wie ging die Geschichte weiter? Beate und Barbara trafen sich fast jeden Tag. Sie spielten mit den Stofftieren und mit dem Puppenhaus. Sie schaukelten, rutschten und kletterten. Barbara stellte fest, dass Beate die Blumen im Garten, die Gänseblümchen, den Löwenzahn und den Klee, genauso gut kannte wie sie. Zwischendurch vergaß Barbara sogar, dass Beate blind war. Als Beate den Legoturm für die

Burg baute, fiel es Barbara wieder ein. „Beate, dein Turm ist ja ganz bunt!", rief sie. „Mir gefällt er so", erwiderte Beate ganz cool.

Nun wurde Barbara bald acht Jahre alt. „Willst du Beate zum Geburtstag einladen?", fragte die Mutter, so wie letztes Jahr. „Mama! Wie kannst du so etwas fragen? Natürlich!", sagte Barbara. „Aber sie ist doch blind? Mit ihr kann man doch gar nicht spielen?", fragte Mutter. Barbara stutzte, schaute die Mutter an und begriff, dass das einmal ihre eigenen Worte gewesen waren. „Da habe ich mich aber getäuscht!", stellte sie fest und fing gleich an, die Spiele für ihre Geburtstagsfeier zu planen: „Also, ‚Blinde Kuh' und ‚Topfschlagen' geht ja schon auf jeden Fall ..."

Lotte – die beste Lehrerin, die man sich vorstellen kann

Inhalt: *Frau Arndts ist eine anerkannte und erfolgreiche Lehrerin – trotz ihrer schweren Behinderung.*

Stichworte: *Behinderung, Rollstuhl, Lebensgestaltung, Lehrerin, Anerkennung*

Dass ich heute Lehrerin bin, habe ich meiner früheren Lehrerin zu verdanken, Lotte Arndts. Sie war meine Lehrerin in der 3./4. Klasse. Damals, mit acht Jahren, beschloss ich das. Ich war auch schon vorher gern in die Schule gegangen, aber mit Frau Arndts verstand ich mich einfach besonders gut. Sie war eine aufgeschlossene, lebenskluge, von Herzen freundliche Frau, sie war gerecht und kümmerte sich gut um uns, und nebenbei machte der Unterricht Spaß. Wir waren 44 Kinder, eine große Klasse, aber Lotte hatte alles im Griff. Lotte sage ich, weil einige andere und ich sie später immer wieder besuchten, bis wir alt genug waren, dass sie uns das „Du" anbot, und noch länger. Natürlich hat sie sich riesig gefreut, als klar wurde, dass ich tatsächlich Lehrerin werden würde.

Viel haben wir gelernt bei Lotte, sie gab alle Fächer: Deutsch, Mathe, Heimat- und Sachkunde, Musik, Kunst und alles. Nur keinen Sport. Sie hielt auch keine Pausenaufsicht. Wir machten niemals einen Ausflug und fuhren in kein Landschulheim. Warum? Lotte war schwer gehbehindert, seit sie als junge Frau Kinderlähmung gehabt hatte. Mühsam stieg sie am Morgen mit ihren Krücken die Treppenstufen bis zu ihrem Zimmer hinauf. Dann saß sie am Pult, und von dort aus hielt sie den Unterricht. Sie konnte nicht an die Tafel schreiben, aber benutzte stattdessen den Tageslichtprojektor. Das war halt so.

Lotte – die beste Lehrerin, die man sich vorstellen kann.

Abschied nehmen

Inhalt: *Abschiedssituationen im Leben von Hanna Bogdahn. So schwer es fällt: Manchmal muss man sich verabschieden, damit etwas Neues anfangen kann.*

Stichworte: *Abschied, Lebensgestaltung, Veränderung*

➡ *Relifix 4, S. 93*

Anmerkung: Die Erzählung richtet sich an Viertklässler kurz vor Schuljahresende. Sie handelt von persönlichen Abschiedserlebnissen, in diesem Fall aus dem Leben von Frau Bogdahn. Im Idealfall lassen Sie sich durch diese Erzählung zu Ihrer eigenen Geschichte anregen.

„Liebe Kinder, seid mal still, weil ich auf Wiedersehen sagen will … Auf Wiedersehen, Kinder …" – so verabschiede ich mich jeden Tag von euch. Jetzt verabschiede ich mich natürlich noch nicht, im Gegenteil, die Stunde hat ja gerade erst angefangen. Aber es geht in dieser Geschichte um das Abschiednehmen. Wenn ich euch nach einem Schultag „Auf Wiedersehen" sage, ist das ein kleiner Abschied, der fällt nicht schwer. Es gibt im Leben aber auch größere Abschiede, und das ist manchmal nicht einfach.

Ihr Viertklässler habt einen ziemlich großen Abschied vor euch: den Abschied von der Hirschberg-Schule, von eurer Klassenlehrerin, von mir; Abschied auch von vielen Schulfreundinnen und Freunden, die vielleicht in eine andere Schule gehen und die man dann nicht mehr jeden Tag sieht.

Ich möchte euch erzählen, wie das bei mir war, als ich so alt war wie ihr:

In die Dom-Pedro-Schule bin ich gegangen, weil wir damals gegenüber vom Dantebad gewohnt haben. Ich hatte eine allerbeste Freundin, sie hieß Steffi. Das war wirklich eine gute Freundin, wir haben viel Zeit miteinander verbracht, uns gut verstanden und schöne Sachen zusammen gemacht. Zum Beispiel waren wir mit unseren Rollschuhen unterwegs. Damals gab es noch keine Inlineskates, aber auch mit den Rollschuhen konnte man wunderbar in der Umgebung herumsausen. Das hat Spaß gemacht mit Steffi! Doch nach der vierten Klasse kam Steffi in ein Internat, das ist eine Schule, wo man auch wohnt. Das Internat war weit weg. Ich konnte der Steffi nur noch Briefe schreiben. Das war so ein großer Abschied, der nicht leicht gefallen ist. Noch dazu ging ich als Einzige aus meiner Klasse in die Luisenschule, wo ich keinen einzigen Menschen kannte. Da dachte ich: Ich will nicht Abschied nehmen! Ich will in meiner Klasse und bei Steffi sein! Ich will, dass alles so bleibt, wie es ist, weil es so schön ist!

Aber es half nichts, ich musste in die neue Schule. Und tatsächlich hat es mir dort gut gefallen. Ich habe neue Freundinnen und Freunde gefunden, ich habe eine Menge gelernt, ich kannte mich nach einiger Zeit dort gut aus und fühlte mich überhaupt nicht mehr fremd.

Eine Weile später sind wir umgezogen. Mein Vater hatte die Stelle gewechselt, genauer: die Kirche, denn er ist Pfarrer von Beruf. Ein Umzug ist auch ein großer Abschied. Abschied nehmen vom Haus, von der Umgebung, die ich so oft mit den Rollschuhen durchstreift hatte, Abschied vom Dantebad, wo ich im Sommer so oft gewesen war. Da dachte ich: Hier ist es doch schön! Wer weiß, ob es in der neuen Wohnung auch so schön ist? Warum bleiben wir nicht einfach hier? Aber ich muss zugeben: Neugierig war ich schon auch. 15 Jahre war ich damals alt. Und ich muss euch sagen: Nachträglich gesehen, war dieser Umzug eine der besten Sachen in meinem Leben. Und ob es in der neuen Wohnung schön war! Dort, in der Kreuzkirche, gab es Kinder- und Jugendgruppen, so wie hier in Sankt Clemens und der Stephanuskirche. In der Gruppe habe ich neue Freundinnen und Freunde gefunden, ich war dort in der Volleyballmannschaft, und bald habe ich selbst eine Kindergruppe geleitet und auch beim Kindergottesdienst mitgearbeitet. Dass mir das großen Spaß macht, habe ich damals entdeckt. Da hätte ich aber wirklich etwas verpasst, wenn ich nicht umgezogen wäre. Außerdem habe ich dort meinen späteren Mann kennengelernt.

Ein paar Jahre später habe ich mich von meinen Eltern verabschiedet und wir waren dann selbst eine Familie. Seitdem erlebe ich auch immer wieder Abschiede von der anderen Seite, wenn ich als Mutter von meinen Kindern Abschied nehmen muss.

Vor 16 Jahren ist meine Tochter am gleichen Tag in die erste Klasse gekommen, an dem ich in der Hirschbergschule zu arbeiten anfing. Vorher war ich in einer anderen Schule gewesen. Da hat es mir gut gefallen, und ich wollte eigentlich nicht weg von dort. Warum sollte ich zur Hirschbergschule wechseln? Dafür gab es sogar einen Grund: Es wurde jemand gebraucht, der auch Religionsunterricht hält. Na gut, aber trotzdem: Würde es so schön werden wie in der alten Schule? – Und meine Tochter hat einmal ganz jämmerlich gesagt: Ich will nicht in die Schule gehen! Da muss ich Schreibschrift schreiben, und das kann ich vielleicht nicht.

Wir verabschiedeten uns am Morgen des ersten Schultages, waren beide sehr aufgeregt und wussten nicht, was auf uns zukommen würde. Ob wir vielleicht einfach nicht hingehen sollten?

Und? Meine Tochter hat es nicht bereut, sich damals verabschiedet zu haben. Wäre sie im Kindergarten geblieben – ob sie da heute immer noch glücklich wäre? Heute ist sie erwachsen. Sie ist schon lange mit der Schule fertig.

Mir hat es, ehrlich gesagt, hier sogar noch besser gefallen als in der alten Schule. Religion ist ja glatt mein Lieblingsfach geworden. Manchmal muss man sich wohl verabschieden, damit etwas Neues anfangen kann.

Ja ... und nun kann es sein, dass ich mich von der Hirschbergschule verabschiede. Nach dieser langen Zeit hier habe ich mich für eine andere Schule als Konrektorin beworben, um später einmal Schulleiterin werden zu können so wie Frau Dr. Nierlich; irgendwann in den Ferien werde ich erfahren, ob das klappt.

Aber ... Hier ist es doch schön! In der Hirschbergschule kenne ich alles und alle und fühle mich wohl. Sollte ich nicht lieber hier bleiben?

Nala ist nicht da!

Inhalt: Helenas geliebte Katze Nala wird angefahren und stirbt.

Stichworte: Tod eines Tieres, Trauer, Tierliebe, vermissen

„Mama, Papa: Nala ist nicht da!" Helena steht am Sonntagmorgen im Elternschlafzimmer. Helena ist immer als Erste wach, und deswegen hat sie die Aufgabe übernommen, die Katze Nala zu füttern. Nala ist eine Draußen-Katze; sie liebt es, in der Nacht durch die umliegenden Gärten zu streunen, aber zuverlässig und pünktlich steht sie immer am Morgen miauend vor der Terrassentür. Sobald Helena die Tür öffnet, spaziert Nala herein. Schnurrend streicht sie um Helenas Beine und kann es kaum erwarten, bis sie endlich ihr Futter bekommt, über das sie sich dann gierig hermacht.

Heute aber ist die Katze nicht da. „Nala?", ruft Helena in alle Richtungen. „Komm! Nala, dein Futter wartet! Wo bist du denn?" In Hausschuhen läuft sie durch den Garten und schaut, ob sie Nala auf der Straße entdeckt. Nichts! Sofort als Nächstes ist sie zu den Eltern gelaufen. „Nala ist nicht da?", fragt die Mama erschreckt und richtet sich auf. „Die ist doch sonst immer am Morgen zur Stelle. Das ist aber komisch!" „Hoffentlich ist ihr nichts passiert!", jammert Helena mit weinerlicher Stimme. „Ach, macht euch doch keine Sorgen", meint der Papa verschlafen. „Die kommt bestimmt im Lauf des Vormittags. Ich glaube nicht, dass ihr etwas zugestoßen ist!" Helenas großer Bruder Chris, zu dem sie als Nächstes läuft, ist aber genauso alarmiert wie seine Schwester und springt sofort aus dem Bett, als sie ihm berichtet, dass Nala nicht da ist. „Vielleicht ist sie in einer Garage oder einem Keller eingesperrt, oder sie hat sich verletzt", meint er. „Jedenfalls: Wir müssen sie suchen!" Dankbar stimmt Helena zu; daheimsitzen und warten könnte sie nicht aushalten. Irgendetwas müssen sie tun!

„Kinder, lasst uns schnell einen Happen frühstücken", schlägt die Mutter vor. „Und dann gehen wir gemeinsam und suchen Nala, in Ordnung?" Die ganze Familie sitzt wortlos beim Frühstück und schlingt die Brote hinunter. Helena kämpft mit den Tränen: „Nala ist weg!" Sie kann an nichts anderes denken. „Hoffentlich finden wir sie!" „Lasst heute alles stehen und liegen", sagt die Mutter. „Also:

Rudi und Chris, ihr sucht als Erstes die Straßen ab. Helena und ich, wir klopfen und horchen an allen Garagen. Ist dein Handy geladen, Rudi?" Der Vater nickt. Ein paar Minuten später macht sich die Familie auf die Suche.

„Nala! Wo bist du?", so arbeiten sich Helena und die Mutter durch den Adornoweg und horchen zwischendurch, ob vielleicht irgendwo ein Miauen zu hören ist. Da klingelt Mamas Handy in der Tasche. „Hey!", ruft Helena voll Hoffnung. „Bestimmt haben Papa und Chris sie gefunden!" „Ja?", Mama lauscht. Oh weh! Oh weh! Obwohl Helena nichts verstehen kann, merkt sie, dass Papas aufgeregte Stimme nichts Gutes verheißt. Und ihre Mutter wird blass vor Schreck. Sie bringt nur ein kurzes „Okay, wir beeilen uns" heraus. Während sie Helena an der Hand packt und losrennt, berichtet sie: „Sie haben sie, aber sie ist von einem Auto überfahren worden!" Die Mutter kann ihre Tränen nun nicht mehr zurückhalten. „Als Chris und Rudi bei der Manzostraße waren, kam ihnen Eric entgegen, der vom Sonntagsbäcker kam. Er rief gleich, dass er ein Stück weiter vorn in der Manzostraße Nala am Straßenrand gesehen hätte. Sie ist verletzt! Wir müssen jetzt so schnell wie möglich die Adresse von der Tierklinik herausfinden und Nala mit dem Auto abholen. Kannst du das mit dem Anruf machen? Dann hole ich derweil das Auto heraus!" So einen Anruf hat Helena noch nie machen müssen, aber jetzt kommt es darauf an! Die Nummer der Auskunft hängt am Pinnbrett neben dem Telefon. Eine freundliche Stimme hat die gewünschte Nummer gleich gefunden und fragt: „Soll ich Sie verbinden?" „Ja, bitte!", antwortet Helena und hat tatsächlich einen Moment später die Tierklinik am Apparat. In aller Eile erzählt sie von der verletzten Katze und schreibt die Adresse auf. Mit dem Zettel rennt sie nach draußen. Die Mutter verstaut gerade ein Brett und eine alte Decke, auf die sie Nala betten will. „Gut gemacht, Helena! Und jetzt schnell los!" Sie startet den Wagen und fährt, schneller als erlaubt, zu der Stelle, die der Vater angegeben hat. Dort sehen sie schon Chris winken; der Vater kniet bei Nala. Beide springen aus dem Auto, die Mama holt schnell das Brett. Nala geht es schlecht. Als Helena die geliebte Katze leidend da liegen sieht, ist es mit ihrer Beherrschung endgültig vorbei. „Nala!", schluchzt sie verzweifelt. Sie weint, während die Eltern vorsichtig das Brett unter das verletzte Tier schieben und Nala zwischen die Kinder auf den Rücksitz legen. Sie weint während der ganzen Fahrt und auch als sie schließlich im Flur der Tierklinik warten.

Nach einer Weile kommt die Tierärztin heraus: „Es tut mir leid", sagt sie. „Ihre Katze hatte zu schwere Verletzungen. Wir mussten sie einschläfern." Erst sagt keiner ein Wort. Schließlich sagt der Vater: „Ja. Sie war schwer verletzt. Das ... das ist wohl besser für die arme Nala." Schweren Herzens legt er den Arm um Helena. „Bekommen wir sie nicht wieder? Die ... Leiche?", fragt Chris, schluckend. „Nein", erklärt die Tierärztin. „Sie bleibt hier. Tut mir leid", sagt sie noch einmal und verabschiedet sich.

Das ist eine traurige Familie, die sich langsam auf den Rückweg macht. „Aber: Wir müssen Nala doch beerdigen, bei uns im Garten?!", wendet Chris ein. Die Mutter schüttelt den Kopf. „Nein, aber wir machen ihr zur Erinnerung einen kleinen Grabstein im Garten." Helena hat sich leer geheult. „Liebe, liebe Nala!", denkt sie. „Ich werde dich nie, nie vergessen!"

Und das tat sie auch nicht. Auch als sie sich ein halbes Jahr später eine neue Katze aus dem Tierheim geholt hatten, einen niedlichen kleinen Kater, den sie Simba nannten, erinnerte sich Helena immer noch voll Liebe und Wehmut an ihre Nala und legte ein paar Blümchen an ihren Grabstein.

Der Tsunami

Inhalt: *Die Kinder sehen zufällig im Fernsehen Bilder einer Flutwelle. Bestürzt und traurig fragen sie sich, warum so etwas passiert. Die Pfarrerin im Kindergottesdienst teilt ihre Bestürzung. Das gemeinsame Gebet gibt ihnen Trost.*

Stichworte: *Tod, Naturkatastrophe, Trauer, Wie kann Gott das zulassen?, Gebet, Trost, Himmel*

„Was machen wir jetzt?", überlegt Sinan. „Wir könnten fernsehen", schlägt Michaela vor. „Hat jemand das Fernsehprogramm?", fragt ihr Bruder Lenni. Sinan holt es und die Kinder blättern, bis sie den richtigen Tag gefunden haben. „Was schauen wir uns denn an? Schaut, da kommt gleich eine Tiersendung im dritten Programm!" Die hat Michaela entdeckt. Sie schalten den Fernseher an. Eine Nachrichtensprecherin erscheint auf dem Bildschirm. Sie sagt: „Sie hören die neuesten Nachrichten aus aller Welt. Hier im Indischen Ozean ist etwas Schreckliches passiert: Eine gigantische Flutwelle hat weite Teile des Landes zerstört und Tausende von Menschenleben gefordert. Noch ist das Ausmaß der Katastrophe nicht klar. Wir versuchen, unseren Reporter in der Hauptstadt zu erreichen. Herr Oktay, können Sie uns hören?" Undeutlich hört und sieht man den Reporter berichten, mit Entsetzen in der Stimme: „Hallo, ja? Hallo, ich kann Sie hören! Hier herrscht das Chaos! Rettungskräfte versuchen, sich einen Weg in die zerstörten Orte zu bahnen. Die Krankenhäuser sind überfüllt! Die Strom- und Wasserversorgung ist an vielen Stellen unterbrochen! Hier in der Stadt hält sich der Schaden in Grenzen, aber viele Küstengebiete und Strände sind dem Erdboden gleichgemacht! Es gibt nur ein paar Amateuraufnahmen, aber was man da sieht, ist unvorstellbar! Ganze Orte sind ausgelöscht! Es gibt viele, viele Tote, darunter auch viele Urlauber! Es ist grauenhaft!" Nun rauscht es nur noch. Die Nachrichtensprecherin meldet: „Die Verbindung ist unterbrochen. Wir werden später noch einmal versuchen, mit unserem Reporter Kontakt aufzunehmen."

Lenni schaltet den Fernseher aus. „Das mag ich nicht sehen", sagt er bedrückt. „Ich auch nicht!" Michaela kämpft mit den Tränen. „Es ist so schrecklich, was da passiert ist!" „Stell dir vor, du erlebst so etwas mit!", murmelt Sinan. „Oder du vermisst jemanden ... – plötzlich ist deine Mama nicht mehr da." Die Kinder schweigen. Keiner mag an das Unglück denken, aber keinem gelingt es, die Bilder aus dem Kopf zu vertreiben. Sie haben keinen Spaß mehr beim Spielen. Ruhig sitzen sie beim Abendbrot. Den Eltern geht es ebenso; sie sehen später noch einmal die Nachrichten an. Sinan darf heute bei Lenni und Michaela übernachten.

Später gehen die Kinder ins Bett. Die Eltern haben „Gute Nacht" gesagt. Michaela, Sinan und Lenni legen sich hin und versuchen zu schlafen. Aber nach einer Weile richtet sich Lenni wieder auf. „Ich kann nicht schlafen!", jammert er. Im Dunkeln hört er die Stimme seiner Schwester: „Ich auch nicht! Ich muss immer an diese Flutwelle denken!" Auch Sinan ist wach: „Ich kann es einfach nicht glauben:

So viele unschuldige Menschen sind gestorben!" „Wie konnte Gott das zulassen?", fragt sich Michaela. „Frau Leonhard sagt doch: Gott ist ein guter Gott!" „Ja, das sagt sie bei uns auch", stimmt Lenni zu. „Und dass Gott die Menschen beschützt!" „Es ist ungerecht! Wir leben und dort müssen viele sterben!" Auch Sinan findet keine Ruhe. Die Kinder schweigen wieder. Sie legen sich hin und starren in die Dunkelheit. Michaela hat die Hände gefaltet; sie betet. Irgendwann schlafen sie doch ein.

Ein paar Tage später gehen Lenni und Michaela zum Kindergottesdienst. Den hält Frau Leonhard, die auch ihre Religionslehrerin ist. Gleich nach der Begrüßung meldet sich Michaela, sie will etwas sagen: „Frau Leonhard, wir müssen die ganze Zeit an die Flutwelle denken! Und wie Gott so etwas zulassen kann! Warum gibt es überhaupt so viel Leid auf der Welt?" „Ach, Kinder", seufzt die Pfarrerin. „Ich hab auch sehr schlecht geschlafen die letzten Tage; ich verstehe eure Fragen sehr gut; mir geht es wie euch. Aber ich habe keine Antwort. – Warum es das Leid gibt, weiß ich nicht. Es ist immer da ..." Sie seufzt, alle schweigen eine Weile. „Aber, wisst ihr, was mir hilft, ist beten. Wollen wir das gemeinsam tun?" Einige nicken; die Kinder falten die Hände. „Lieber Gott", beginnt Frau Leonhard. „Wir sind traurig und erschrocken angesichts der Flutwelle. Bitte hilf den Menschen dort, den Verletzten und denen, die ihre Familie oder ihr Haus verloren haben. Lieber Gott, wir wissen, dass du bei uns bist, im Leben und auch im Tod. Wenn wir sterben und unser Körper beerdigt wird – unsere Seele wird leben und bei dir im Himmel sein. Und da gibt es kein Leid, kein Unglück, auch keinen Tsunami. Lieber Gott, wir danken dir, dass du uns Jesus geschickt hast. Er hat so viel Leid ertragen und hat es überwunden. Deswegen spüren wir, dass uns Jesus gerade im Leid ganz nahe ist, dass er mit denen leidet, denen es schlecht geht. Das gibt uns Trost; das wird uns helfen, das Leid zu überwinden. – In der Bibel steht, was Paulus geschrieben hat: Nichts kann uns trennen von der Liebe Gottes: nicht Bedrängnis, keine Not und Verfolgung, kein Hunger und keine Kälte, weder Gefahr noch Krieg, weder Tod noch Leben, keine noch so große Gewalt. Nichts kann uns trennen von der Liebe Gottes." Wieder macht sie eine Pause, dann schließt sie: „Amen." Die Kinder antworten: „Amen!", aber Michaela sagt versehentlich: „Danke! – Oh, Entschuldigung", verbessert sie sich sofort, „Amen. – Aber ... Frau Leonhard: Danke. Das,

das ... haben Sie so schön gesagt. Das hat gut getan." Lächelnd streicht ihr die Pfarrerin über den Kopf.

Zwei Wochen später begrüßt sie die Kinder in der Religionsstunde. Sie kann es kaum erwarten: „Kinder, ich muss euch eine Mail vorlesen, die ein entfernter Bekannter geschrieben hat; hört zu: ‚Liebe Freunde! Am 26. Dezember 2004 werde ich in Zukunft auch Geburtstag feiern, denn ich habe den Tsunami überlebt. Ich war in Phuket im Urlaub, als es passierte. Du siehst die Welle kommen und weißt nicht, ob du eine Minute später noch am Leben sein wirst. Das ist ein Gefühl, das ich nie vergessen werde. Nach der ersten Welle konnte ich mich in ein Hotel flüchten. – Die Fenster und alle Möbel gingen kaputt, aber das Gebäude blieb stehen, sodass ich bis auf einen gebrochenen Zeh und Schnittwunden unverletzt blieb. So viele Menschen mussten sterben – und ich lebe! Warum ausgerechnet ich? Seitdem weiß ich, wie kostbar das Leben ist. Ich wusste früher nicht wirklich zu schätzen, dass ich lebe und wie gut es mir geht. Jetzt ist mir an jedem Tag bewusst, dass das Leben ein Geschenk ist. Gott sei Dank!

Euer Werner'"

Himmel und Hölle

Inhalt: *Beispielgeschichte, die den Unterschied zwischen Himmel und Hölle veranschaulicht*

Stichworte: *Tod, Himmel, Hölle*

Ein Mann kam zu einer weisen alten Frau. Er begrüßte sie und erklärte sein Anliegen: „Gute Frau, ich bin auf der Suche nach den Antworten auf die großen Fragen des Lebens. Ich habe viel gelesen, gelernt und studiert. Aber eine Frage konnte mir noch niemand beantworten: Wie ist das mit Himmel und Hölle? Was ist der Unterschied?" Die Frau lächelte und sagte: „Nun, genau genommen gibt es keinen Unterschied. Und doch könnten Himmel und Hölle nicht unterschiedlicher sein. Ich werde es dir zeigen."

Nach diesen rätselhaften Worten nahm sie den Fragenden an der

Hand und führte ihn zu einer Tür. Schon von außen waren Geschrei und Klagen zu vernehmen. Sie öffnete die Tür, und der Mann schreckte zurück. Ein Lärm, ein Chaos! Überall kämpften Menschen, schlugen sich, schrien sich an, mit gequälten, bösen, wütenden Gesichtern. Allmählich erkannte er Näheres: Dort stand ein Tisch, er war gedeckt. Teller mit appetitlich duftendem Essen standen bereit. Gläser mit frischem Wasser gab es auch. Die Menschen hatten offensichtlich großen Hunger und Durst. Aber es waren nicht genug Teller und Gläser, deswegen stritten sich die Leute, wer am Tisch sitzen und essen durfte. Sie schubsten und drängten. Immer, wenn es einem gelungen war, sich hinzusetzen, zog ihn der Nächste wieder vom Stuhl, noch ehe er essen konnte. Manche Gläser waren umgekippt. Auf diese Weise blieben alle hungrig und durstig. Auf der anderen Seite lagen Bücher, Musikinstrumente und vieles mehr. Jeder konnte sich etwas nehmen, um sich zu beschäftigen. Aber alle griffen gleichzeitig nach den Dingen. Drei zogen an einem Buch, das zerriss. Die paar, die ein Instrument ergattert hatten, spielten gleichzeitig in voller Lautstärke darauf, um die anderen zu übertönen. So entstand ein scheußlicher Missklang. Dann gab es noch schöne, weiß bezogene Betten. Aber auch davon gab es zu wenige; es konnten sich nicht alle müden Menschen hinlegen. Jeder neidete dem anderen den Schlafplatz und störte, sodass keiner Ruhe fand. Der ganze Raum war voll Hass und Unglück. „Das ist die Hölle", stellte der Mann entsetzt fest. Er war froh, als die weise Frau die Tür dieses schrecklichen Raumes schloss.

Nachdenklich folgte er ihr zur nächsten Tür. Schon von außen hörte man wunderschöne Musik. Als die Frau die Tür öffnete, sah der Mann sich um: Es waren genauso viele Menschen wie im ersten Raum zu sehen. Und – eigentlich sah es auch genauso aus: Dort stand auch der Tisch, er war gedeckt. Teller mit appetitlich duftendem Essen standen bereit. Gläser mit frischem Wasser gab es auch. Die Menschen hatten offensichtlich großen Hunger und Durst. Aber es waren nicht genug Teller und Gläser. Deswegen teilten die Menschen miteinander. Die einen saßen zu zweit auf dem Stuhl und aßen abwechselnd, die anderen warteten geduldig, bis die Ersten aufgegessen hatten, oder sie holten neues Essen. Auf diese Weise wurden alle satt. Auf der anderen Seite lagen Bücher, Musikinstrumente und vieles mehr. Jeder konnte sich etwas nehmen, um sich zu beschäftigen. Daher kam die schöne Musik! Die Leute hatten sich auf ein Musikstück geeinigt, jeder achtete auf seinen Einsatz und hörte, was die anderen spielten. Einer las aus einem Buch vor, und mehrere hörten andächtig zu. Dann gab es noch schöne, weiß bezogene Betten. Aber auch davon gab es zu wenige; es konnten sich nicht alle müden Menschen hinlegen. Aber jeder wartete gelassen, bis er an der Reihe war, und bewachte den Schlafplatz, sodass die anderen Ruhe fanden. Alle wirkten glücklich und zufrieden.

Die Frau lächelte und sagte noch einmal: „Du siehst, genau genommen gibt es keinen Unterschied. Und doch könnten Himmel und Hölle nicht unterschiedlicher sein."

Großtante Hildes Beerdigung

Inhalt: Toni beobachtet den Ablauf der Beerdigung seiner Großtante.

Stichworte: Tod, Beerdigung, Friedhof, Trauer, Erinnerung

▶ Relifix 4, S. 34

Mama kommt ins Wohnzimmer; sie hat eben mit ihrer Cousine telefoniert. „Tante Hilde ist gestorben", sagt sie. „Oh! Nun also doch", meint der Vater. „Wie geht es Ruth?" „Ach, wisst ihr: Traurig ist sie schon, natürlich, aber sie sagt selbst, dass man sich eigentlich keinen schöneren Tod wünschen kann. Hilde hatte ein langes, erfülltes Leben. Irgendwie hat sie sich schon vor zwei Monaten vom Leben verabschiedet. Als sie krank wurde, hat sie jeden Tag gesagt: ‚Jetzt geht's zu Ende mit mir.' Und Ruth hat wieder bestätigt, dass sie das nicht verzweifelt oder voll Angst gesagt hat. Sie war im Frieden mit sich und der Welt, und heute Vormittag ist sie ganz ruhig eingeschlafen." Alle schweigen einen Moment, auch Toni. Er kannte seine Großtante gut. In Apfeldorf, wo Mama früher gewohnt hat und ihre Cousine Ruth mit ihrer Familie jetzt noch wohnt, waren sie oft zu Besuch gewesen. Bei den Familienfeiern saß Hilde immer vorn am Tisch, beobachtete ihre ganze große Verwandtschaft und lachte freundlich. Dort in der Wirtschaft gab es die leckersten Knödel mit Soße. Toni aß immer drei, mindestens. Wenn dann Mama sagte: „Toni, das reicht doch jetzt!", entgegnete Großtante Hilde: „Lass ihn doch! Hunger wird er haben!" Das war ihr Lieblingsspruch. Ganz früher hatte sie den immer dann gesagt, wenn ein Baby schrie: „Hunger wird er haben!" Und dann bei allen möglichen Gelegenheiten. Solange Toni denken kann, war sie da gewesen und hatte den Spruch gesagt. – Nun war sie also tot.

Am Dienstagmittag ist die Beerdigung. Mama sagt: „Ich werde auf jeden Fall einen halben Tag freinehmen und hinfahren. Kommst du mit?" Papa fragt zurück: „Bist du mir böse, wenn ich dich allein fahren lasse?" „Nein, das ist schon in Ordnung", versichert Mama. „Darf ich mitkommen?", fragt Toni. „Wenn du möchtest, ja", erwidert die Mama. „Dann hole ich dich etwas früher von der Schule ab."

So machen sie es. Die Mama klopft, wie verabredet, an der Klassenzimmertür. Sie trägt ihren dunklen Mantel. „Hier, ziehe bitte deine dunkle Jacke an", bittet sie Toni. Eine Dreiviertelstunde später sind sie in Apfeldorf. Sie sind rechtzeitig gekommen und haben noch etwas Zeit. So gehen sie über den Friedhof. Toni liest die Inschriften auf den Grabsteinen. „Schau, dort drüben ist schon die Grube für Tante Hilde ausgehoben", zeigt ihm die Mutter.

In der Kirche versammeln sich die Angehörigen und viele Dorfbewohner zur Trauerfeier. Alle sind schwarz angezogen, und alle sind ganz leise. Vorn steht der Sarg. Toni sieht erleichtert, dass er geschlossen ist. Toni hat noch nie einen toten Menschen gesehen, und er fürchtet sich auch davor. Er denkt: „Ich würde es nicht mögen, dass man mich anschaut." Kränze und Blumen liegen auf den Stufen neben dem Sarg. In der Kirche ist es feierlich still, nur eine Glocke läutet. Dann erklingt die Orgel. „Der Friede Gottes sei mit euch allen. Amen", beginnt der Pfarrer. „Leben wir, so leben wir dem Herrn; sterben wir, so sterben wir dem Herrn." Er spricht ein Gebet. Später erinnert er an das Leben von Großtante Hilde. Er macht das sehr schön; man merkt, dass er Hilde gut gekannt hat. Zwischendurch müssen die Leute sogar ein bisschen lachen, weil er diesen Lieblingsspruch von Hilde erwähnt: Einmal, da hat sie gesehen, wie er, der Pfarrer, den dicken Kater von Hubers verscheuchte, der ausgerechnet in der Kirche Mäuse gejagt hatte. Hilde hatte das wieder mit ihrem üblichen „Hunger wird er haben!" kommentiert. Dann sagt er, dass Hilde oft Menschen zum Lachen gebracht hat und das sogar jetzt noch tut, nach ihrem Tod. „Und daran merkt man", schließt er seinen Bericht, „dass ihre Seele unter uns ist." Er sagt noch mehr, von ewigem Leben und von Jesus Christus; Toni versteht nicht alles, aber er fühlt den Trost und die Hoffnung, die in den Worten des Pfarrers liegen. Er stellt sich vor, dass Großtante Hilde jetzt im Himmel ist, ihre große Verwandtschaft beobachtet und freundlich lächelt. Toni muss auch lächeln. Die Leute singen ein Lied und der Pfarrer spricht den Segen.

Jetzt gehen vier Männer nach vorn und heben den Sarg hoch. Dann ziehen alle zum Grab: zuerst der Pfarrer in Begleitung eines Kreuzträgers, dann die Männer mit dem Sarg, dahinter die Angehörigen und die anderen Trauergäste. Als sie beim Grab angekommen sind, wird der Sarg mit Seilen in die Grube hinuntergelassen. Der Pfarrer erhebt wieder die Stimme: „Der Herr über Leben und Tod hat unsere Schwester in Christus aus diesem Leben abgerufen. Von Erde bist du genommen, zu Erde sollst du werden ...", sagt er und wirft mit einer Schaufel dreimal etwas Erde auf den Sarg. Das tun danach alle nacheinander, manche werfen auch Blumen auf den Sarg. Mama macht das auch, und dann geht sie zu Ruth. Sie sagt nichts, aber nimmt sie in den Arm und drückt sie fest. Ich glaube, das tut ihr gut. Nun laufen Ruth doch die Tränen übers Gesicht.

Danach sind alle zu Kaffee und Kuchen in der Gastwirtschaft eingeladen. Mama erklärt Toni, dass das „Leichenschmaus" heißt. Ruth wischt sich die Augen. Sie begrüßt die Trauergäste und dankt allen, dass sie gekommen sind. „Der Herr Pfarrer hat so schöne Worte gefunden, ich möchte dem nicht viel hinzufügen. Ich sehe meine Mutter vor mir, wie sie hier immer am Tisch saß. Bestimmt freut sie sich in diesem Moment auch, dass ihr alle da seid."

„Mama", Toni beugt sich zu seiner Mutter hinüber. „Ob ich auch Knödel mit Soße haben könnte?" „Ich weiß nicht, Toni." Mama ist unsicher. Ruth hat es gehört, und durch ihre Tränen muss sie lachen, als sie sagt: „Lass ihn doch! Hunger wird er haben!"

Vor drei Jahren

Inhalt: Anja steht am Grab der Oma und erinnert sich; die Oma hat Spuren in ihrem Leben hinterlassen.

Stichworte: Tod, Friedhof, Trauer, Erinnerung, vermissen

⇒ Relifix 4, S. 35

Anja steht am Grab ihrer Oma. Drei Jahre ist es her, seit die Oma gestorben ist, deshalb ist Anja mit der Mutter heute zum Friedhof gegangen. Sie wollen das Grab wieder schön herrichten, eine Kerze anzünden und ... Anja muss der Oma einiges erzählen. Sie ist überzeugt, dass die Oma sie im Himmel hören kann, besonders gut, wenn sie am Grab steht. Trotzdem geniert sie sich ein bisschen vor der Mutter und ist froh, als die mit der Gießkanne geht, um Wasser zu holen. Jetzt ist sie ganz allein. „Hallo Oma, ich bin's, die Anja!", beginnt sie zögernd. Der Anfang fällt ihr doch schwer. Aber dann liest sie den Spruch auf dem Grabstein: „Wir wollen nicht trauern, dass wir sie verloren haben, sondern dankbar sein dafür, dass wir sie gehabt haben, ja auch jetzt noch besitzen." „Das ist wirklich ein guter Spruch!" Anja lächelt, weil so viele schöne und dankbare Erinnerungen aufsteigen. Und auf einmal geht es ganz leicht, der Oma alles zu berichten, was sie ihr sagen wollte: „Weißt du, Oma, ich habe letzte Woche das erste Mal allein gebacken! Natürlich den Marmorkuchen, den du immer für mich, äh, natürlich für uns, gebacken hast, mein Lieblingskuchen. Ich habe dein altes Backbuch benutzt. Die Seite vom Marmorkuchen ist schon ganz abgenutzt und fleckig, weil wir sie so oft gebraucht haben; das Buch schlägt sich fast allein auf dieser Seite auf. Ich weiß noch genau: Als ich gerade lesen gelernt hatte, versuchte ich, das Rezept zu lesen, aber es waren so schwere Wörter wie ‚Backpulver' und ‚Handrührgerät', die habe ich nicht geschafft. Aber trotzdem hast du mich so gelobt." Sie hält einen Moment inne. Das Bild, wie sie auf dem Stuhl neben der Oma an der Arbeitsplatte steht und eifrig hilft und zuschaut, ist so klar in ihrem Kopf, als sei es gestern gewesen. Und nicht nur das Bild. Auch das Gefühl ist wieder da: Anja hat sich rundum wohlgefühlt. So viele glückliche Momente hat sie bei der Oma erlebt! „Na, und, wie gesagt: Jetzt habe ich zum ersten Mal ganz alleine gebacken. Alle vier haben wir uns den

Kuchen schmecken lassen und dabei an dich gedacht. Deine Marmorkuchen waren, ehrlich gesagt, noch etwas leckerer als meiner. Ich muss noch üben. ‚Übung macht den Meister!', hast du ja sowieso immer gesagt und mit mir Schreiben und Lesen und alles geübt. Und Flöte! Du, beim Abschlussfest in diesem Jahr werde ich Flöte spielen! Ich spiele ‚Möge die Straße uns zusammenführen ...', während meine Klasse das singt. Das ist gar nicht so einfach! Du würdest staunen, wenn du hören könntest, wie ich mich verbessert habe! ... Aber ...", sie blickt in den Himmel hinauf, „vielleicht kannst du mich ja hören? Weißt du noch, wie ich damals mit Müh und Not ‚Hänschen klein' gespielt habe? Und ich kannte das Lied gar nicht! Und als du es mir dann einmal vorgesungen hast, sagte ich ganz überrascht: ‚Ach, Häns-chen heißt das?', weil ich das S-c-h immer als ‚sch' gelesen hatte und dachte, der Typ heißt Hän-schen. Ich hatte mich schon gewundert, was das für ein komischer Name sein soll. Ach Oma, was haben wir gelacht!" Anja kichert. „Ja, und dann noch etwas: Du hast immer gesagt: ‚Der Klügere gibt nach!' und meintest, ich solle mich nicht von Doris ärgern lassen. ‚Kleine Schwestern sind einfach so. Aber eigentlich liebt sie dich heiß und innig!' So hast du mich beruhigt, als Doris meinen Fridolin versteckt hat, weil sie ihn selber haben wollte. Doris ist ja nun gar nicht mehr so klein; sie geht auch schon in die Schule und ist viel vernünftiger. Aber gestern war wieder so etwas: Sie spielte mit ihren Freunden Zirkus, und ausgerechnet mein Bett haben sie für die Trampolinnummer genommen und meine Kuscheltiere herumgeworfen! Das war mir überhaupt nicht recht! Ich sag dir, als ich in mein Zimmer kam, hätte ich fast losgeschrien vor Wut. Aber dann habe ich an dich gedacht und meinen Ärger heruntergeschluckt und nicht mit ihr gezankt. Sie hat es ja nicht böse gemeint, ihr hat das halt Spaß gemacht ..." – In dem Augenblick hört Anja ein Geräusch und dreht sich erschrocken um. Da steht die Mama ... und heult! „Anja, entschuldige bitte! Ich stehe hier schon eine Weile, aber ich wollte dich nicht stören! Es tut mir leid! Jetzt habe ich gehört, was du der Oma gesagt hast, und du wolltest wohl nicht, dass ich ..." „Mama! Schon gut, das ist nicht schlimm, aber warum weinst du denn so?" Anja läuft zu ihrer Mama und umarmt sie. „Weil es so schön ist, was du gesagt hast!", schluchzt die Mutter. „Und weil deine Oma so stolz auf dich wäre!"

Opa Theo

Inhalt: Magda trauert um ihren verstorbenen Opa Theo. Im Schulgottesdienst hat sie von der Auferstehung Jesu Christi gehört. Magda betet und spürt, dass der Opa in ihrem Herzen bei ihr ist.

Stichworte: Tod, Trauer, Erinnerung, vermissen, christlicher Glaube, Auferstehung

⟹ Relifix 4, S. 36

Magda sitzt auf der Parkbank und starrt vor sich hin. Obwohl gerade die Osterferien begonnen haben, obwohl es Frühling ist und die Blumen blühen, dass es eine Pracht ist, sieht sie gar nicht hin. Auch die kleinen Entchen auf dem Teich bemerkt sie nicht.

Magda ist traurig. Sie denkt an Opa Theo. Opa Theo war Mamas Vater. Er war der tollste Opa, den man sich vorstellen konnte. Jeden Tag war er am Nachmittag bei Magda gewesen, weil die Mutter in der Arbeit war. Opa Theo konnte kochen, Schach spielen, den höchsten Legoturm bauen und Tiere malen. Vor einiger Zeit hatte Magda Namenwörter gelernt; sie sollte als Hausaufgabe Tiere malen und ihre Namen dazuschreiben. Da hatte Opa Theo für sie einen Hund und ein Eichhörnchen gemalt, und die ganze Klasse hatte gestaunt. Opa Theo war wirklich Spitzenklasse!

Er war ...

Magda kommen wieder die Tränen: Er *war*, denn gestern im Krankenhaus ist Opa Theo gestorben. Er hatte einen Herzanfall.

Magda ist so traurig und verzweifelt, dass ihr alles ganz dunkel und leer vorkommt. Sie fragt sich: „Wie soll ich ohne ihn zurechtkommen?"

Da fällt ihr die Geschichte ein, die sie im Schulgottesdienst gehört hat: „Wie sollen wir ohne ihn zurechtkommen?", hatten sich auch die Frauen gefragt, die um Jesus trauerten. Magda weiß, wie den Frauen zumute war, sie fühlt es selber.

Doch die Frauen fanden das leere Grab. Jesus war auferstanden! Darüber freuten sie sich.

Aber Opa Theo wird nicht auferstehen, er wird nicht wieder lebendig sein.

Magda überlegt.
So richtig lebendig ist auch Jesus nicht wieder gewesen. Nein, die Frauen hatten gespürt, dass er in ihren Herzen bei ihnen ist. Deswegen konnten sie wieder froh sein.
Jetzt faltet Magda die Hände. „Lieber Gott!", betet sie. „Bitte mach, dass auch Opa Theo bei mir ist!" Sie denkt daran, wie sie zusammen beim Ententeich waren und wie er sich immer Geschichten für sie ausgedacht hat. Sie erinnert sich daran, wie er ihr dann zu Hause einen Kakao gemacht hat.
Und als Magda sich so erinnert, spürt sie, dass Opa Theo, in ihrem Herzen, bei ihr ist. Da wird ihr warm ums Herz.

Nichts ist in Ordnung

Inhalt: *Die kürzlich gestorbene Oma wird an Weihnachten schmerzlich vermisst.*

Stichworte: *Tod, Trauer, Erinnerung, vermissen*

Freut ihr euch auf Weihnachten? Ja? Dann geht es euch so wie mir früher. Ach, war das schön spannend! Mit Adventskalender, Plätzchen backen, Geschenke basteln, Christbaum schmücken, den Lichtern im Fenster, dem Duft, den Kerzen auf dem Adventskranz, der laaangen Zeit, bis endlich die Glocke erklang und wir ins Zimmer kommen durften ...
Aber in diesem Jahr ist es anders. Ich freu mich gar nicht. Ich fürchte mich vor dem Weihnachtsfest, ehrlich. Ich kann euch auch sagen, warum: Vor zwei Monaten ist meine Oma gestorben. Meine liebe Oma!
Ich muss die Geschichte von vorn erzählen: Meine Oma ist nämlich wirklich wichtig für mich – gewesen ... ja, wie traurig: ... gewesen. Meine Eltern müssen beide arbeiten, und so bin ich jeden Tag nach der Schule zur Oma gegangen. Sie wohnt gleich im Nebenhaus, das ist ... das war schön. Erstens einmal hat Oma super gekocht. Dampfnudeln mit Vanillesoße waren mein Lieblingsessen, die konnte niemand so gut wie meine Oma! Und ihre Pizza! Lecker, lecker!

Das duftete immer schon im Treppenhaus. Das Zweite und Dritte war aber noch wichtiger: Oma war total nett und lustig. Und Oma hatte Zeit für mich! Sie musste ja nicht mehr zur Arbeit gehen wie meine Eltern. Und für die Hausarbeit, dafür hatte sie am Vormittag Zeit. Wenn ich aus der Schule kam, war sie für mich da. „Du bist meine Hauptperson!", sagte sie immer. Ah, das war schön, die Hauptperson zu sein! Wenn ich mit Wasserfarben oder Fingerfarben malen wollte, richtete sie alles für mich her. Sie legte die alte Maltischdecke auf, gab mir ein altes Hemd vom Opa als Malkittel, und dann ging es los. Und sie malte sogar mit! Meine Oma machte überhaupt alles mit! Na ja, fast alles. Sie ging mit mir zum Spielplatz und ins Schwimmbad. Sie spielte mit mir Maumau und Mäxchen. Wenn ich die Hausaufgaben nicht verstanden habe, hat sie sie mir erklärt oder Leo angerufen. Der geht in meine Klasse und kapiert immer alles. Nur meine Musik hat sie nicht gemocht. Aber egal.

Natürlich war die Adventszeit immer besonders schön mit Oma. Jeden Tag hat sie mit mir ein Adventsstündchen gemacht und mir bei Kerzenschein eine Geschichte vorgelesen. Was wir gebastelt haben! Meterweise Goldketten! Strohsterne und Weihnachtskarten! Dann gab es Bratäpfel. Die haben geduftet! Ich habe ihr meine Weihnachtslieder aus der Schule vorgesungen, und sie hat mir die alten Weihnachtslieder aus ihrer Kindheit vorgesungen. Es war so eine richtig vorweihnachtlich-gemütlich-schummrige Stimmung. Wie schön war das! Natürlich habe ich auch mit Oma die Plätzchen gebacken. Mama hat immer gesagt: „So gut wie Oma kann ich das sowieso nicht!" – Was auch stimmte. Oma konnte bestimmt zehn verschiedene Sorten Plätzchen backen, und ich durfte mir wünschen, welche ich wollte. Immer durfte ich mitmachen: kneten, ausrollen, ausstechen, Zuckerguss anrühren, vorkosten … Oma sagte immer: „Wenn du mir nicht so tüchtig helfen würdest, wäre ich an Fasching noch nicht fertig." – Was, glaube ich, nicht stimmte. Na ja, und am Heiligen Abend dann, da sind wir in die Kirche gegangen, Oma und ich. Später hat sie wieder ihre schönen alten Lieder gesungen, und Dampfnudeln gab es, und wenn ich ihr mein Geschenk überreichte, dann freute sie sich so sehr, klatschte in die Hände und sagte: „Kindchen, was hast du Schönes für deine alte Oma gemacht!" Oma war da, Papa und Mama, und wir gehörten doch zusammen, wir vier! Die Schultage ohne Oma sind schon schlimm genug – ich gehe jetzt

in die Mittagsbetreuung. Aber Advent und Weihnachten ohne Oma! Das kann ich mir einfach gar nicht vorstellen! Ich glaube, ich werde die ganze Zeit weinen, weil ich Oma so vermisse. Das wird ein trauriges Weihnachtsfest!
Nein, ich freue mich nicht auf Weihnachten!

Im Hort und in Dubai

Inhalt: *Die Kinder wohlhabender Eltern blicken auf diejenigen herab, die sich keine Markenkleidung und teuren Urlaube leisten können.*

Stichworte: *Armut, angeben, Überheblichkeit, reich, Urlaub, Geld, Überfluss*

Der erste Schultag nach den Herbstferien! Obwohl es natürlich furchtbar war, wieder so früh aufstehen zu müssen, hatten sich die meisten Kinder auf die Schule gefreut, vor allem darauf, die Freundinnen und Freunde wiederzusehen. „Hallo, Tessi!" „Hallo Erkan!" „Guten Morgen, Frau Eichler!" Es herrschte ein munteres Stimmengewirr. „He, hast du eine neue Schultasche?", fragte Medina. „Ja! Sie ist schön, nicht wahr?" Alexandra präsentierte sie stolz: „Von ‚Zuzu'. Wir waren in Paris beim Shoppen und da hab ich sie gesehen, und sie hat mir soo gefallen! Zum Glück fand Mama auch, dass eine neue Tasche fällig war." „Aber die andere Tasche war doch noch in Ordnung?", wandte Medina etwas kleinlaut ein und versuchte, ihre eigene, ziemlich alte Tasche mit dem Fuß unauffällig zur Seite zu schieben. „Kann sein. Aber die Farben! Das Muster! Total out in dieser Saison!" Alexandra ließ keinen Zweifel daran, dass sie mit der Mode ging und sich das auch leisten konnte. „Ach so", antwortete Medina kurz. Sie dachte: „Etwas Neues kaufen, obwohl das Alte noch gut ist? Was für eine Verschwendung! – Meine Eltern haben nicht so viel Geld, dass sie jedes Jahr eine neue Tasche kaufen können, noch dazu von ‚Zuzu'. Und eigentlich ist Alexandra eine ganz schöne Angeberin!" Noch jemand anderes hatte Alexandras Erklärung gehört und dachte sich ihren Teil, das war die Lehrerin. Sie seufzte.

Es ging ein Riss durch die Klasse. Das hatte damit zu tun, dass vor einigen Jahren an der Menzinger Straße zwei große Häuserblocks mit Sozialwohnungen gebaut worden waren. Mitten in Nymphenburg! Bis dahin war das die beste Wohngegend gewesen, mit ausschließlich wohlhabenden Familien. In der Schule betrug der Ausländeranteil ca. zwei Prozent, und bei denen handelte es sich um zwei österreichische Geschwister. Obwohl die alteingesessenen Bewohner sich mit allen Mitteln gewehrt hatten, weil sie den „sozialen Frieden" in ihrem Stadtteil gefährdet sahen, waren die Häuser gebaut worden und viele Familien mit Kindern waren eingezogen. Die Kinder gingen inzwischen in die Schule. Also, sie gingen tatsächlich, zu Fuß, während die anderen mit dicken Geländewagen bis vor die Schultür gefahren wurden. Die einen hatten Geld, die anderen nicht. Das war der Riss, der sich durch die Schule und auch durch die Klasse 4a zog. Im Großen und Ganzen lief es gut, da konnte man nichts sagen, aber gerade diese Szene, die war doch wieder typisch gewesen.

Der Gong ertönte und Frau Eichler klatschte in die Hände: „Kommt in den Morgenkreis, Kinder! Sind denn alle da? Verona fehlt?" Nachdem sie sich begrüßt hatten, war eine Erzählrunde an der Reihe. „Ich war bei meiner Oma, sie lebt auf dem Land", berichtete Tessi. „Du Arme, da war dir sicher langweilig", meinte Alexandra. „Nein, gar nicht, wieso?", fragte Tessi verwundert. „Also, wir waren im Disneyland bei Paris und wir haben in Cinderellas Schloss im Turmzimmer geschlafen!", prahlte Alexandra. „Wir haben eine Woche im Fünf-Sterne-Hotel ‚Sissi' Urlaub gemacht, mit Swimmingpool und Kinder-Disco!" Das war Lorenz. „Mein Vater war derweil auf Geschäftsreise, und von dort hat er mir ein kleines Motorrad mitgebracht." „Was, ein Motorrad? Einfach so?", wunderte sich Erkan. „Es geht elektrisch. Mein Vater bringt mir immer etwas mit, wenn er unterwegs ist", erklärte Lorenz. „Was hast du in den Ferien erlebt, Erkan?", fragte Frau Eichler, damit Lorenz die anderen nicht noch neidischer machen konnte. „Nichts", erwiderte der ausweichend. „Erkan, du hast sicher nicht neun Tage lang zu Hause herumgesessen!" Frau Eichler versuchte, ihn zum Erzählen zu ermuntern, aber Erkan fügte nur noch hinzu: „Nichts Besonderes." „Medina?" „Ich war in den Ferien im Hort, weil meine Eltern arbeiten mussten. Am Mittwoch waren wir im Kino", berichtete sie. „Der Film hieß ‚Olli

Tolli' und war lustig!" In diesem Moment klopfte es und zwei Schülerinnen brachten eine Mitteilung aus dem Büro. Frau Eichler dankte und warf einen kurzen Blick darauf: „Verona Tillich kommt morgen. Hat Flugzeug in Dubai verpasst", stand darauf. Frau Eichler seufzte.

In der Pause saß sie mit der Religionslehrerin zusammen. „Es ist für die Kinder, deren Eltern nicht viel Geld haben, ganz schön schwierig", stellte sie fest. „Wenn man den Reichtum der anderen so direkt vor der Nase hat!" „Manche Kinder meinen wirklich, sie seien etwas Besseres", stimmte die Kollegin zu. „Kürzlich habe ich mit angehört, wie zwei Mädchen ein drittes fragten: ‚Unsere Sachen sind aus der ‚Miss-Minni'-Boutique. Und woher hast du deine Jacke?' Die andere bekam einen roten Kopf und antwortete leise: ‚Vom Kleiderbasar in der Christ-König-Kirche', was die zwei hochnäsigen Zicken mit einem ‚So sieht sie aus!' quittierten. Ich glaube, sie hatten es wirklich darauf abgesehen, ihre Mitschülerin zu blamieren." „Was können wir dagegen tun?", überlegte Frau Eichler. „Nun ja, ich versuche immer wieder, den Kindern zu vermitteln, dass das Wichtigste im Leben nicht darin besteht, Besitztümer anzuhäufen", entgegnete die Religionslehrerin. „Sie sollen kein schlechtes Gewissen haben, das natürlich nicht; sie können ja nichts dafür, dass ihre Eltern viel Geld haben. Aber dass die anderen auch nichts dafür können, dass ihre Eltern *kein* Geld haben, das können und sollen sie schon verstehen. Wir müssen es einfach immer wieder ansprechen." „Ich komme kaum mehr mit", seufzt Frau Eichler. „Und es fällt mir schwer, es zu verteidigen. Es ist so offensichtlich ungerecht!"

Eine Stunde Arbeit für ein Brot?

Inhalt: *Ein Reporter stellt sich in die Fußgängerzone und spricht die Menschen an: „Würden Sie für dieses Brot eine Stunde für mich arbeiten?" – Er tut das in Deutschland und in einem afrikanischen Land mit unterschiedlichem Ergebnis.*

Stichworte: *Armut, arme Länder, Hunger, Afrika*

▶ *Relifix 1, S. 16*

Das ist eine Geschichte, die ein Reporter berichtet hat. Hört, was er erzählt:

Mein Name ist Philipp Löhr, ich bin 35 Jahre alt und wohne in München. Ich bin verheiratet und habe zwei Kinder. Von Beruf bin ich Reporter einer großen Zeitschrift; ein interessanter Beruf, kann ich euch sagen, sehr aufregend und manchmal auch etwas gefährlich. Aber ich liebe ihn und möchte nichts anderes sein.

Am Sonntag war Erntedankfest. Wir waren mit den Kindern in der Kirche gewesen. Auf dem Heimweg von der Kirche sprachen wir darüber, wofür wir beim Erntedankfest danken: Wir haben genug zu essen. Aber viele Menschen auf der Welt leiden Hunger. Während ich weiter über den Hunger in der Welt nachdachte, kam mir plötzlich eine Idee, die ich in die Tat umsetzte.

Am Dienstag nach dem Erntedankfest musste ich geschäftlich nach Hamburg fahren. Nach der Erledigung meines Auftrages kaufte ich mir in einer Bäckerei ein braunes Drei-Pfund-Brot. Es war frisch gebacken und noch etwas warm. Mit dem Brot im Arm stellte ich mich in eine belebte Straße der Innenstadt und fragte vorbeigehende Fußgänger:

Mein Herr, entschuldigen Sie bitte, dass ich Sie anspreche. Sind Sie bereit, eine Stunde für mich zu arbeiten? Als Lohn kann ich Ihnen nur dieses Brot hier anbieten.

1. Herr: Eine Stunde arbeiten für ein Brot? Das kostet keine drei Euro! Haha! Wissen Sie, was ich in einer Stunde verdiene? Dafür kann ich mir sechs Brote und noch einiges mehr kaufen! Machen Sie sich nicht lächerlich, Mann! – mit einem Stundenlohn von einem Brot!

Reporter: Entschuldigen Sie, meine Dame. Sind Sie bereit, eine Stunde für mich zu arbeiten? Als Lohn kann ich Ihnen nur dieses Brot anbieten.
1. Frau: Sie haben wohl nicht alle Tassen im Schrank! Arbeiten für ein Brot, eine ganze Stunde lang, nee! Was Sie sich einbilden! (Im Weggehen) Sachen erlebt man heutzutage!
Reporter: Mein Herr, sind Sie bereit, für dieses Brot eine Stunde für mich zu arbeiten?
2. Herr: Was fordern Sie von mir? Arbeiten – für ein Brot? Mann, was fällt dir ein?
Eine zweite Frau vermutete, dass ein Preisausschreiben oder eine Werbeaktion dahintersteckte. Aber arbeiten wollte keiner für mich. Die Leute lachten mich aus und erklärten mich für verrückt. War das Brot für sie nichts wert?

Kurze Zeit später flog ich in eine nordafrikanische Stadt. Die Leute verstehen dort fast alle Französisch. So hatte ich wenig Schwierigkeiten mit der Verständigung. Mit einem Maisbrot in der Hand begab ich mich auch dort in die von Menschen wimmelnde Innenstadt. Ich stellte ihnen die gleiche Frage: Wollen Sie für dieses Brot eine Stunde für mich arbeiten?
Im Nu umstanden mich mehrere Menschen:
1. Herr: Selbstverständlich, mein Herr, arbeite ich für Sie. Ein Brot! Wie werden sich meine Frau und meine Kinder freuen, wenn ich ihnen ein ganzes Brot mitbringe!
2. Herr: Mein Herr! Geben Sie mir das Brot! Ich arbeite zwei Stunden dafür! Für meine vier Kinder ist seit zwei Tagen nichts mehr zum Essen im Haus!
3. Herr: Schauen Sie, mein Herr, ich habe zwei starke Hände. Ich arbeite drei Stunden für dieses Brot! Ich arbeite alles, was Sie von mir verlangen! Ich finde keine Arbeit! Meine Familie hungert seit Tagen! Meine Frau ist vor Hunger schon ganz schwach!
Noch mehr Menschen sammelten sich an. Etwa zehn Kinder standen dabei und boten mir ebenfalls an, für dieses Brot zu arbeiten. Den Erwachsenen gab ich Geld, und das mitgebrachte Brot zerschnitt ich und verteilte es unter die Kinder. Wie einen kostbaren Schatz nahmen sie ihr Stück in Empfang und aßen es auf. Sehr nachdenklich ging ich ins Hotel zurück.

Die Geschichte von Cecilia, einem Mädchen aus San Salvador

Inhalt:	*Ein Tag im Leben der 12-jährigen Cecilia, die im Armenviertel von San Salvador lebt. Sie bringt ihren kranken Bruder in ein von Spenden finanziertes Krankenhaus.*
Stichworte:	*Armut, arme Länder, Armenviertel, Kinderarbeit, Krankheit, Straßenkinder, Hunger*
▶	*Relifix 1, S. 28*

Ich möchte euch heute berichten von einem Mädchen, Cecilia, das in einem Vorort der Stadt San Salvador lebt. Sie ist neun Jahre alt. Hört, was sie von einem Tag in ihrem Leben erzählt:

„Cecilia!", ruft die Mutter, aber ich habe noch gar keine Lust, aufzustehen. Es ist gerade so schön im Bett und ich habe geträumt, wir hätten ein richtiges Haus. Und ich würde in einem Bett ganz für mich allein schlafen. Mit einer richtigen Bettdecke und auf einer richtigen Matratze, nicht nur mit Stroh gefüllt.

„Cecilia!" Jetzt bin ich aber doch wach. Nein, es war nur ein Traum, ich wohne nicht in einem schönen Haus. Ich liege in unserem Bett, neben mir kuscheln sich Maria, Juanita und Pepe. Vorsichtig steige ich aus dem Bett, ohne die anderen zu wecken. Juanita und Maria sind meine Schwestern, Pepe ist mein kleiner Bruder. Wir schlafen alle in einem Bett. Wenn es nachts kalt ist, halten wir uns gegenseitig warm. Ich schlafe immer in meinen Kleidern. Die anderen auch. Ich brauche mich nicht anzuziehen, ich schlüpfe nur in meine Sandalen.

„Wir müssen uns beeilen!", sagt meine Mutter. In einer Stunde muss sie in der Stadt sein. Sie arbeitet dort als Wäscherin bei reichen Leuten, wo ich sie nie besuchen darf. Wir treten aus der Hütte heraus. Viele Hütten gibt es hier in der Gegend, aus Holz, ein paar Ziegelsteinen und Wellblech gebaut, mit Plastikfolien statt Fenstern. Wir nehmen unsere Wasserkanister, wir müssen Wasser holen.

Es sind schon viele Leute auf den Beinen, die gehen auch zur Wasserstelle, die ein ganzes Stück weiter weg liegt. Wasserleitungen gibt es nur in der Stadt. Jeder, der hier in den Hütten wohnt, muss sich das Wasser von dieser Zapfstelle holen. Jetzt sind wir dran. Unsere

Kanister sind schnell gefüllt. Dann schleppen wir sie zurück. Puh, endlich haben wir es geschafft. Wir sind wieder da. Maria und Pepe liegen noch im Bett. Juanita liegt auf dem Fußboden. Wahrscheinlich hat sich Maria wieder zu breitgemacht. Pepe hat sich eng an Maria gedrängt. Da hat er es schön warm. Er ist erst ein Jahr alt und war schon oft krank. Mutter macht uns schnell einen Brei aus Wasser und Maismehl. Pepe sollte Milch bekommen, aber die ist zu teuer. Nun muss Mutter los zur Arbeit. Sie ist froh, dass sie Arbeit gefunden hat. Juanita und Maria bleiben zu Hause. Sie passen auf Pepe auf.

Ich gehe auch los. Meine Arbeit ist es, Taschen, Armbänder und Haargummis, die wir selbst gemacht haben, auf dem Markt zu verkaufen. Den ganzen Tag bin ich auf den Beinen. Wenn ich Ausländer sehe, zum Beispiel aus Deutschland, laufe ich schnell hin und biete meine Handarbeiten an. Ich kann ganz schön hartnäckig sein. Ich rufe: „Senor, quiere una pulsera? Tiene una!" – Das heißt: „Herr, möchten Sie ein Armband? Nehmen sie eins!" Meistens kaufen sie etwas. Ein Freundschaftsbändchen kostet zwei Cent. Ich glaube, das finden sie billig.

Viele Kinder arbeiten. Sie verkaufen Zeitungen oder Kaugummis, oder sie putzen Schuhe. Manche verbringen den ganzen Tag auf dem Müllplatz, um brauchbare Dinge zu finden. Mein Freund Jaime macht Ziegelsteine. Er knetet den Lehm und streicht ihn in die Formen. Wenn der Lehm getrocknet ist, ist er ganz hart. Den feuchten, kalten Lehm zu kneten, ist eine schwere Arbeit. Jaime tun am Abend immer die Hände so weh, dass er die Finger kaum bewegen kann. Aber immerhin, wir können etwas Geld verdienen. Eine Menge Kinder, denen geht es viel schlechter als uns. Sie haben keine Mama und keinen Papa und kein Zuhause. Sie betteln um Geld, aber sie kriegen nicht viel. Stellt euch vor, sie schlafen einfach auf der Straße! – Aber eins haben wir gemeinsam: Wir haben noch nie eine Schule von innen gesehen. Dazu habe ich wirklich keine Zeit! Meine Mutter kann auch nicht lesen und schreiben. Das bräuchte sie für ihre Arbeit sowieso nicht. – Jetzt gehe ich nach Hause. Vorher kaufe ich noch einen Maisfladen zum Essen ein und eine Banane.

Juanita und Maria freuen sich, als ich komme. Aber Pepe liegt ganz still im Bett. Ich glaube, er ist schon wieder krank. Spät am Abend kommt Mutter nach Hause. Sie ist müde. Aber vor allem macht sie sich Sorgen um Pepe, der jetzt hohes Fieber hat. Mutter kann nicht mit ihm zum Arzt gehen. Wenn sie von ihrer Arbeit nur einen einzigen Tag wegbleibt, dann macht eine andere Frau die Wäsche dort. Dann verdient sie überhaupt kein Geld mehr. Und außerdem: Wie sollen wir den Arzt bezahlen? – Mutter geht zur Nachbarin. Sie möchte sich etwas Geld leihen. Einige Zeit später kommt sie mit guten Nachrichten zurück: „Cecilia, die Nachbarin hat mir von einem Kinderkrankenhaus erzählt. Es heißt ‚Anama'. Das kostet nichts. Bitte, kannst du mit Pepe morgen dahin gehen?"

Gleich am nächsten Morgen mache ich mich mit Pepe auf den Weg. Tatsächlich finde ich die Klinik Anama. Im Wartezimmer sitzen schon ein paar Leute. Es dauert eine Weile, aber schließlich werden wir aufgerufen. Die Ärztin ist sehr freundlich. Während sie Pepe untersucht, lässt sie sich von mir erzählen, wo wir wohnen und was wir essen und warum Mutter nicht dabei ist. „Tja", sagt sie schließlich. „Ich kann euch eine Medizin geben, damit dein Pepe wieder gesund wird. Aber es kann sein, dass er weiter oft krank wird, denn er isst zu wenig gesunde Sachen. Bitte komme wieder, wenn es ihm nicht gut geht."

Sie will uns schon Wiedersehen sagen, aber ich habe noch eine Frage: „Senora, warum kostet es hier nichts?" Sie lächelt und sagt: „Schau mal, das Kreuz dort!" Sie zeigt auf ein bunt bemaltes Kreuz, das an der Wand hängt. „Solche Kreuze, Cecilia, werden hier in El Salvador hergestellt und bemalt. Dann werden sie nach Deutschland geschickt und dort verkauft. Ein paar Leute haben sich zu einem Verein zusammengeschlossen, um diese Arbeit zu leisten. Sie nennen sich ‚vamos'. Und das Geld, das dabei eingenommen wird, wird verwendet, um die Klinik Anama zu bezahlen." – „Und warum machen die Leute in Deutschland diese Arbeit? Warum kümmern sie sich um kranke Kinder weit weg?", frage ich sie. „Sie wollen Gutes tun, Cecilia. Sie sind Christen; sie denken daran, dass Jesus in seinem Leben auch Gutes getan hat, und wollen es ihm nachmachen."

Liebe Kinder, die Klinik Anama gibt es wirklich. Tatsächlich kommt das Geld dafür vom Verkauf der Kreuze hier in Deutschland. Tatsächlich gibt es die Menschen vom Verein „vamos", die Gutes tun wollen. Sie verkaufen bunt bemalte Kreuze, Zeichen der Hoffnung und der Nächstenliebe.

Das Transfair-Zeichen

Inhalt: *Papa erklärt, was das Transfair-Zeichen bedeutet und warum er fair gehandelte Waren bevorzugt.*

Stichworte: *arme Länder, Hunger, fairer Handel, Transfair, gerechte Löhne*

➡ *Relifix 3, S. 88*

„Papa, nimm doch *den* Kaffee, der ist viel billiger!" Lorena hat die Preise verglichen. „Und genau deswegen werde ich ihn *nicht* kaufen", erwidert der Papa und muss fast ein bisschen lachen, als er das verdutzte Gesicht seiner Tochter sieht. „Die Erklärung ist mittelkompliziert; magst du sie hören?", erkundigt er sich. „Ja, klar!" Lorena ist immer neugierig. „Es ist so", beginnt der Papa. „Woher kommt der Kaffee? Weißt du, wo er wächst und wie er geerntet wird?" „Weit weg?" „Genau, zum Beispiel in Südamerika. Dort gibt es große Plantagen mit Kaffeepflanzen. Der Plantagenbesitzer stellt Arbeiter an, denn die Kaffeebohnen müssen gepflückt werden, dann, ich weiß es nicht genau, geschält, geröstet; jedenfalls ist es schon mal eine Menge Arbeit, bis die Kaffeebohnen verpackt werden können. Dann werden sie auf Lastwagen verladen, zum Hafen oder Flughafen gefahren und nach Deutschland gebracht. Hier werden die Kaffeebohnen gemahlen, verpackt und an die Geschäfte geliefert. So ein Päckchen hat also eine weite Reise hinter sich. Das ist der erste Teil der Geschichte. Alles klar bis hierhin?" „Ja!" Lorena hat gut zugehört; sie ist gespannt, wie es weitergeht. „Nun kommt eine Rechnung", fährt der Vater fort. „Sagen wir, das Päckchen Kaffee kostet fünf Euro. Darin sind neunzehn Prozent Mehrwertsteuer enthalten, das heißt, ungefähr einen Euro von den fünf bekommt der Staat. Der Staat baut Schulen, Häuser, Straßen, Krankenhäuser und braucht dafür Geld. Als Nächstes behält der Supermarkt auch ungefähr einen Euro, er muss ja den Supermarkt unterhalten, Regale kaufen, die Kassiererinnen bezahlen und das alles." „Also sind noch drei Euro übrig", rechnet Lorena. „So ist es. Der nächste Euro geht an die Firma, die den Kaffee gemahlen und verpackt hat, und wiederum einen Euro kostet die weite Fahrt von Südamerika bis hierher. Macht?" „Nur ein Euro ist noch da." „Es fehlen noch: Lagerhallen, Lastwagen, Zölle, Gebühren, und am Ende bleiben geschätzte zwanzig Cent für den Besitzer der Plantage, der ungefähr zwei Cent den Arbeitern bezahlt." „Was, so wenig?", fragt Lorena erschreckt. „So wenig!", bestätigt der Vater. „Zu wenig, um leben zu können. Die Pflücker müssen hart arbeiten und bekommen einen Hungerlohn dafür. Aber sie können sich nicht beschweren oder streiken oder so, weil sie dann einfach gefeuert werden." „Das ist doch ungerecht!", entgegnet Lorena. „Das ist es", bestätigt der Vater. „Und noch ungerechter wird es bei billigem Kaffee. Du kannst dir leicht ausrechnen, dass, wenn der Kaffee nur vier Euro kostet statt fünf, für den Arbeiter noch weniger übrig bleibt. Merk dir das, Lorena, bitte merk es dir für dein ganzes Leben: Wenn etwas billig ist, dann heißt das im Klartext, dass der, der das hergestellt hat, nicht anständig bezahlt wird. Das gilt für Essen, Kleider, Möbel, eigentlich für alles." „Aber es ist doch gut, wenn etwas billig ist und man Geld spart?" Lorena ist verwirrt. „Für dich schon. Aber für irgendjemanden auf der Welt, der in einer Fabrik schuftet, definitiv nicht", widerspricht der Vater. „Vielen Leuten ist das egal, aber deiner Mutter und mir nicht. Schau, ich kaufe diesen Kaffee." „250 Gramm für 4,69 Euro?", entfährt es Lorena, doch der Vater lässt sich nicht beirren: „Schau, dieses Zeichen, das ist den Preis wert. Denn dieses Transfair-Zeichen garantiert, dass die Kaffeepflücker einen gerechten Lohn für ihre Arbeit bekommen, von dem sie leben können." „Also eine gute Sache?", will Lorena wissen. „Absolut! Dafür gebe ich gern mehr Geld aus. Schau doch mal, ob du das Transfair-Zeichen noch woanders im Laden entdeckst?!" Das ist eine Aufgabe für die Detektivin Lorena. Aber so sehr sie sucht, sie findet keins mehr. „Wart's ab", meint der Papa. Und tatsächlich, als sie zur Kasse gehen, ist das Zeichen wieder zu sehen, auf der Schokolade. „Auch die ist viel teurer", gibt der Papa zu. „Aber man soll ja auch nicht zu viel Süßes essen. Ich nehme nur eine Tafel, die können wir uns leisten. Magst du die Sorte aussuchen?" „Mhm, gern, die Weiße!" Als sie später die Einkäufe einpacken, bekräftigt Lorena: „Papa, mir ist es auch nicht egal."

Schöpfung

Wie die biblische Schöpfungsgeschichte entstand

Inhalt: Vor 2600 Jahren wird das jüdische Volk in die babylonische Gefangenschaft geführt. Um ihren eigenen Glauben zu stärken und sich vom Weltbild und den Göttern der Babylonier abzugrenzen, schreiben jüdische Priester die Schöpfungsgeschichte auf.

Stichworte: Schöpfungsgeschichte, Entstehung der Erde, Gott, Bibel, Babylon

▐▶ *Relifix 5, S. 68 f*

„Großmutter, wohin gehen wir?", will Daniel voll Angst wissen. „Kind, wenn ich das wüsste!", antwortet sie hilflos; sie hat Mühe, sich auf den Beinen zu halten. „Bleib ganz nah bei mir; wir dürfen uns auf gar keinen Fall verlieren!" Das hätte die Großmutter nicht zu sagen brauchen; Daniel ist in dem ganzen Unglück unendlich froh, dass er wenigstens bei ihr sein kann. Nun schreien die fremden Soldaten und die Aufseher schwingen die Peitschen. Daniel kennt ihre Sprache nicht, aber es ist klar, dass sie losgehen sollen. Der ganze Zug mit über tausend Menschen setzt sich in Bewegung.

Diese Szene spielt sich ab in Jerusalem vor ungefähr 2600 Jahren. Der mächtige babylonische König Nebukadnezar hatte mit seinen Soldaten Jerusalem erobert. Und nun führt er das jüdische Volk in die Gefangenschaft nach Babylon, in das Zweistromland, durch das sich die riesigen Flüsse Euphrat und Tigris ziehen. Jeder darf nur das Nötigste mitnehmen. „Sind wir jetzt Sklaven?", fragt Daniel und bemüht sich verzweifelt, seine Tränen zu unterdrücken.

Die Großmutter braucht eine Weile, bis sie antworten kann. Daniel bemerkt, dass auch sie leise weint. „Ja", sagt sie schließlich. „Wir sind jetzt Sklaven. Wir zwei müssen wahrscheinlich nicht arbeiten, weil du zu jung bist und ich zu alt, aber: Unser Volk ist jetzt in babylonischer Gefangenschaft. Wir sind tatsächlich Sklaven." Eine Zeit lang trotten sie schweigend mit den vielen anderen weiter. Schließlich lässt sich Daniel noch einmal vernehmen: „Großmutter, ist Gott auch in Babylon bei uns?" Da richtet sich die alte Frau auf, hebt den Kopf und ruft voll wilder Entschlossenheit: „Ja, Gott ist mit uns!" Und viele, die es hören, oder alle? – sie stimmen plötzlich ein; tausend Menschen nehmen ihren letzten Rest von Mut und Hoffnung zusammen und rufen: „Gott ist mit uns!"

Wochen, Monate später – Daniel hat bald aufgehört, die Tage zu zählen. Das jüdische Volk ist in Hütten untergebracht. Sie dürfen sich dort frei bewegen, aber die Stadt nicht verlassen. Die Erwachsenen arbeiten den ganzen Tag; Nebukadnezar lässt prächtige Bauwerke errichten, auch einen Tempel für ihren obersten Gott, Marduk. „Warum haben die Babylonier so viele Götter?", fragt Daniel die Großmutter. „Warum? Ich weiß es nicht genau, sie kennen es wohl nicht anders. Es ist bei den Ägyptern genauso: Für die Sonne, für den Mond, für die Ernte, für die Familie, für den Regen, für das Haus ... für jeden Bereich ist eine Göttin oder ein Gott zuständig." „Wir haben nur einen Gott", stellt Daniel fest. „Die Babylonier beten auch ihre Götter ganz anders an. Sie opfern ihnen die ganze Zeit." „Das hast du richtig beobachtet", antwortet die Großmutter. „Warte, das kann ich dir erklären." Sie streicht die Erde vor der Hütte glatt und beginnt, mit einem Stöckchen in den sandigen Boden ein Bild zu malen. *(Idealerweise zeichnet nun die Lehrkraft auf ein großes sandfarbenes Papier oder auf die Tafel mit brauner Kreide die Abbildung s.u.)* „Ich zeige dir, wie sich die Babylonier die Welt vorstellen: Schau, das ist der Himmel, mit Mond und Sternen. Hier ist die Erde, wie eine Insel, darunter befindet sich die Unterwelt. Das alles steht auf Säulen und, was noch wichtiger ist: Um alles außen herum ist Wasser, die Urflut. Und vor dieser Urflut haben die Babylonier riesige Angst", erklärt die Großmutter und betrachtet mit Daniel das Bild. „Wenn es eine Überschwemmung gibt, und das passiert immer wieder bei den zwei großen Flüssen hier, dann denken die Babylonier, die Urflut bricht herein, weil Marduk zornig ist und sie nicht zurückhält. Das prachtvolle Fest, das die Babylonier im Frühling feiern, ist für Marduk. Mit all den Opfergaben wollen sie ihn ehren, damit er sie vor der Urflut schützt."

Daniel ist verwirrt: „Urflut? Marduk ...? Was glauben *wir* eigentlich?"

Am Abend sitzen Daniel und die Großmutter oft mit den anderen zusammen. Das wird ihnen zum Glück von den Babyloniern zugestanden. Sie reden miteinander, helfen sich, trösten sich, versuchen, sich Mut zu machen. Und sie beten miteinander. Das ist ihnen ganz

278 Schöpfung

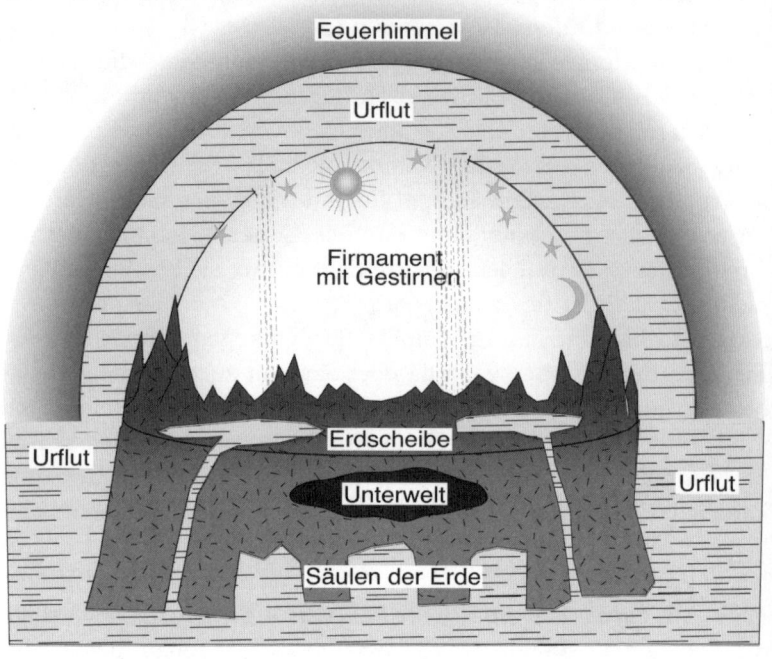

wichtig. „Sch'ma Israel – Höre Israel, der Ewige ist Gott, der Ewige ist einzig." So beginnt ihr Gebet. Sie beten von ganzem Herzen, trotz der vielen Götter der Babylonier und trotz der Gefangenschaft. Die Menschen halten fest zusammen, um nicht zu vergessen, dass sie ein Volk sind und an einen Gott glauben.

Dann ergreift einer der ältesten Priester das Wort: „Hört gut zu!", sagt er. „Wir haben die Schöpfungsgeschichte aufgeschrieben:

1. TAG: Am Anfang machte Gott die Welt. Sie war noch dunkel, wüst und leer und überall war Wasser. Und Gott brachte das Licht hervor. Er teilte Tag und Nacht.

2. TAG: Gott ließ den Himmel entstehen.

3. TAG: Gott trennte das Meer vom Land. Er ließ auf dem Land Gräser und Blumen, Bäume und Früchte wachsen.

4. TAG: Gott setzte die Sonne, den Mond und die Sterne an den Himmel.

5. TAG: Gott erfüllte das Wasser und die Luft mit Leben: Nun gab es Fische und Vögel.

6. TAG: Gott machte die Tiere auf dem Land. Zuletzt aber schuf Gott die Menschen, einen Mann und eine Frau: Adam und Eva. Gott segnete sie und sprach: ‚Euch vertraue ich alles an, was lebt! Ihr dürft die Erde nutzen, aber geht sorgsam damit um!' Und Gott sah, dass es gut war.

7. TAG: Am siebten Tag aber ruhte Gott aus."

Der alte Mann blickt um sich. „So ist die Welt entstanden!", bekräftigt er. „Denkt immer daran: Unser Gott ist allmächtig. Er hat die Welt erschaffen, er ist überall und zu jeder Zeit. Auch hier und jetzt in Babylon! Verliert nicht den Mut! Verliert nicht die Hoffnung! Verliert nicht euren Glauben! Unser Gott wird uns aus der Gefangenschaft führen, so wie er es mit Mose schon einmal getan hat!"

Wie alle anderen, so sitzen auch Daniel und seine Großmutter da und hören aufmerksam zu. Es jubelt keiner – zu deutlich belastet sie die Gefangenschaft. Aber in ihren Herzen ist ein kleiner Funke Hoffnung zu spüren. Viele umarmen sich, schenken sich ein aufmunterndes Lächeln, dann zerstreuen sich die Leute.

Vor Daniel am Boden ist immer noch das Bild von der babylonischen Welt mit der bedrohlichen Urflut zu sehen. Schließlich sagt die Großmutter: „Siehst du, Daniel, das ist der Unterschied." Mit den Fingern malt sie in den Sand über das Himmelsgewölbe einen großen Regenbogen. „Erinnerst du dich an die Geschichte von Noah? Damals stand ein großer Regenbogen als Zeichen für Gottes Segen am Himmel. Gottes Segen! Das ist etwas Gutes! Da ist nichts, wovor wir Angst haben müssen! – Denn: ‚Gott sah, dass es gut war!'"

Das kann kein Zufall sein

Inhalt: *Kinder streiten im Naturkundemuseum darüber, wie das mit dem Urknall war: War das Zufall? War Gott beteiligt oder nicht? Christen, Muslime und Juden glauben an die gestaltende Kraft Gottes.*

Stichworte: *Entstehung der Erde, Urknall, Gott, Bibel, Koran, Muslime, Zufall, Dankbarkeit*

➡ *Relifix 5, S. 75*

„Das heißt, unser eigenes Thema ist in diesem Jahr: ‚Urzeit und Dinosaurier'!", verkündet Luisa, die mit Shenoll zusammen die Abstimmung geleitet hat. Die Kinder der 3b jubeln. „Das freut auch mich", meint die Lehrerin, Frau Hofmann. „Ein interessantes Thema!" Am nächsten Tag gibt sie bekannt: „Ich habe jetzt einen Termin im Museum ‚Mensch und Natur' vereinbart. Erst im April, aber dann kann es mit unserem Urzeit-Thema losgehen."

So macht sich ein paar Wochen später die 3b auf den Weg ins Museum. „Ich bin schon gespannt!", sagt Shenoll zu Timo. Schon am ersten Schaukasten stehen sie eine Weile und lesen den langen Text. Es geht um den Urknall. „Aber: Wo ist denn da Gott?", fragt Timo schließlich. Er ist evangelisch und kennt die Schöpfungsgeschichte aus dem Kindergottesdienst. „Ich weiß schon, dass das nicht ganz genauso war, mit den sieben Tagen und Adam und Eva, aber Gott hat doch den Anfang gemacht? Mit dem Urknall, das hört sich so an, als ob das einfach nur so ein Zufall war?" „War es doch auch", meint Herbert, der in den Ethikunterricht geht. „Nein!", widerspricht nun Shenoll, dessen Familie aus dem Kosovo stammt und muslimisch ist, „Allah hat die Welt gemacht!" Herbert zeigt auf den Schaukasten: „Aber da steht es doch! Die Wissenschaftler wissen inzwischen, wie das war. Diese Geschichten sind doch einfach uralt. Früher haben sie es nicht besser gewusst. Aber heute haben wir diese Erklärungen nicht mehr nötig!" Er ist sich ganz sicher, dass er recht hat. „Nicht nötig?", braust Shenoll auf. „Allah ist so mächtig, wie du dir gar nicht vorstellen kannst!" „Das kannst du gar nicht beweisen!", verteidigt sich Herbert. „Weil Allah unsichtbar ist, kannst du nicht sagen, dass es ihn nicht gibt!", ereifert sich Shenoll. „Es gibt viele Dinge, die man nicht sieht, zum Beispiel Freundschaft!" Das hat die Islam-Lehrerin erklärt, und Shenoll hat sich das Argument gemerkt. Nicht zum ersten Mal muss er seine Religion verteidigen. Viele der Mitschülerinnen und Mitschüler sind in Shenolls Augen „Ungläubige". Es ist oft schwer für ihn als Muslim, damit zurechtzukommen. Herbert wird unsicher. Timos Gedanken gehen in eine andere Richtung: „Welcher Gott hat denn die Erde geschaffen? Ist Allah eigentlich derselbe Gott wie unserer?", überlegt er. In diesem Augenblick gesellt sich Frau Hofmann zu ihnen; sie hat Timos Frage gehört. „Es ist derselbe!", sagt sie mit Bestimmtheit. „Das sieht man auch daran, dass sich die beiden Schöpfungsgeschichten in der Bibel und im Koran sehr ähnlich sind. Wusstet ihr das?" Shenoll und Timo schütteln überrascht die Köpfe. „Ich werde euch das morgen in der Schule vorlesen", kündigt die Lehrerin an. „Das interessiert bestimmt nicht nur euch." „Aber Frau Hofmann", meldet sich jetzt wieder Herbert zu Wort. „Ich dachte, die Wissenschaft hat das inzwischen alles geklärt und herausgefunden? Hier im Museum steht es doch auch!" „Die Wissenschaft ist eine Seite des Lebens, sie findet immer mehr heraus, und ihre Erkenntnisse sind wichtig", entgegnet Frau Hofmann. „Aber sie reicht nicht aus, um das Leben zu erfassen. Mit einem Beispiel kann ich euch erklären, was ich meine: Ein Kind wird geboren. Rein wissenschaftlich gesehen ist das nichts Besonderes. Aber ist es für die Eltern nicht trotzdem wie ein Wunder, wenn ihr Kind geboren wird?! Als du auf die Welt kamst, Herbert, haben deine Eltern gesagt: ‚Aha. Baby, Junge, 3800 g, 54 cm, Atmung, Herzschlag: Alle Funktionen arbeiten normal …'" Alle müssen lachen. „Dass sie sich gefreut haben wie doll und dankbar waren – dafür hat die Wissenschaft keine Worte, Herbert. Und genauso ist das mit der Schöpfungsgeschichte im Koran und in der Bibel. Sie sind nicht als wissenschaftlicher Bericht gedacht." „Und außerdem kann die Sache mit dem Urknall nur eine Vermutung sein", bemerkt jetzt Timo. „Denn: Es war kein Mensch dabei." „Auch zur Zeit der Dinosaurier gab es keine Menschen, und trotzdem gibt es inzwischen Methoden, um zu erforschen, wie das damals war", wendet Herbert ein. „Ihr habt beide recht", stellt die Lehrerin fest. „Es gibt da einen wesentlichen Unterschied zwischen der Zeit der Dinosaurier und dem Urknall. Dreht euch mal um!" Auf der anderen Seite steht eine Schautafel, auf der der zeitliche Ablauf der Urgeschichte dargestellt ist.

„Ob als Folge des Urknalls oder anders, die Erde ist vermutlich vor 4,6 Milliarden Jahren entstanden", erklärt die Lehrerin. „Dann hat es ungefähr eine Milliarde Jahre gedauert, bis es Leben gab – die ersten Bakterien – und noch einmal drei Milliarden Jahre bis zur Entstehung der ersten Tiere und Pflanzen. Vor 200 Millionen Jahren lebten Dinosaurier, vor 60 Millionen Jahren starben sie aus. Vor einer Million Jahren gab es die ersten Urmenschen, die das Feuer nutzten. Erst vor 40000 Jahren begann die Steinzeit: Die Menschen begannen, sich Hütten zu bauen, Viehzucht und Ackerbau zu betreiben, Werkzeuge herzustellen. – Um die zeitlichen Dimensionen zu veranschaulichen, kann man den Zeitraum der Entstehung der Erde bis heute umrechnen in die 24 Stunden eines Tages. Das heißt: Um 0.00 Uhr entstand die Erde, ca. um 6 Uhr früh entstanden die Bakterien, ca. um 21 Uhr die ersten Tiere, ca. um 23 Uhr die Dinosaurier, die um 23.40 Uhr ausstarben. 20 Sekunden vor Mitternacht gab es die ersten Urmenschen, die Entwicklung von der Steinzeit bis ins Computerzeitalter vollzog sich in weniger als einer Sekunde. – Langer Rede kurzer Sinn: Die Dino-Zeit ist nicht so lange her; durch Ausgrabungen und neuartige Messungen weiß man darüber gut Bescheid. Aber der Urknall – nein! Darüber kann man definitiv nur Vermutungen äußern!" Beeindruckt haben die Jungen den Worten von Frau Hofmann gelauscht. „Aber hat denn nun Gott die Erde gemacht oder nicht?" Timo fällt seine ursprüngliche Frage wieder ein. „Seht euch das noch einmal an", antwortet Frau Hofmann. „Die Welt entsteht, mit Luft und Wasser, das Leben entsteht, Bakterien, so klein, dass man sie nur im Mikroskop sieht … Und schaut uns an: denkende Wesen, die ins Museum gehen, reden, schreiben, sich für Archäologie interessieren. Dass das alles zufällig entstanden sein soll, ist unglaublich. Ich meine das wörtlich: Das kann ich nicht glauben. Ich glaube mit dir, Timo, und auch mit dir, Shenoll, mit Christen, Muslimen und auch Juden, dass Gottes ordnende und bewahrende Kraft in der Urgeschichte sichtbar wird. Und ich danke dem lieben Gott dafür, dass er die Welt so wunderbar geschaffen hat." „Ich auch", bekräftigt Timo. „Und ich danke Allah", fügt Shenoll hinzu. „Ich danke auch", schließt sich Herbert an. „Ich weiß nur nicht, wem."

Ein Unfall

Inflation: *Subjektive und objektive Schilderung eines Verkehrsunfalls*

▶ *Relifix 5, S. 70*

Anmerkung: Dass die Schöpfungsgeschichte nicht als objektiver Tatsachenbericht gemeint ist, sondern eine Glaubensaussage darstellt, kann man den Kindern erklären, indem man ihnen folgende zwei Texte vorliest. Zweimal geht es um denselben Unfall:

Stellt euch vor, was mir passiert ist: Meine Tochter ist nach Regensburg umgezogen. Das war ein Pechtag! Es hat geregnet, so fing es schon an. Bei Regen umziehen ist ätzend, kann ich euch sagen! Der erste Ärger: Wir hatten Möbel bestellt und kamen, um sie abzuholen, aber die Reservierung hatte nicht geklappt. Dann haben wir einen Schrank gekauft, der in zwei riesigen Kartons verpackt war. Jeder Karton wog über 50 kg! Und die mussten ins Dachgeschoss! Dann die Katastrophe: Es stellte sich heraus, dass die Teile des Schrankes falsch eingepackt worden waren – wir mussten ihn umtauschen! Die ganzen schweren Pakete wieder ins Auto, zurück zum Möbelgeschäft!! Total genervt stiegen wir ins Auto, fuhren los – und schrammten beim Losfahren ein anderes Auto! Oh je!! Diesen Pechtag werde ich nie vergessen!

Aus dem Polizeibericht: Heute, am 25. April 2006 um 19.10 Uhr ereignete sich in der Sandstraße 4a ein Unfall mit Blechschaden. Die Fahrerin fuhr aus der Einfahrt des Anwesens heraus, dabei streifte ihr weißer Lieferwagen mit dem amtlichen Kennzeichen M – XY 123 das dort geparkte Kraftfahrzeug mit dem Kennzeichen R – AB 789, sodass der linke Kotflügel beschädigt wurde. Die Insassen waren angeschnallt. Personen kamen nicht zu Schaden. Der Sachschaden wird auf 1000 Euro geschätzt.

Fantasiereise ins Paradies

Stichworte: Paradies, Natur, Fantasie

⠀⠀⠀⠀Relifix 5, S. 71

Anmerkung: Dazu ist leise meditative Musik sehr schön. Beim Erzählen Pausen machen, den Gedanken Zeit zum Wandern geben. Die Lehrkraft hat eine leckere Kleinigkeit vorbereitet (in diesem Fall eine Erdbeere für jedes Kind).

Wir machen eine Fantasiereise. Bitte mach es dir an deinem Platz bequem, lege den Kopf auf die Arme, schließe die Augen! Es wird eine kleine schöne Überraschung geben; sie ist spannender, wenn du mitmachst. Nicht schauen!

Während die Lehrkraft die Geschichte erzählt, legt sie leise jedem Schüler eine Erdbeere auf den Tisch.

Stell dir vor, du gehst an einem wunderschönen See spazieren. Kein Mensch, kein Gebäude, keine Straße – um dich herum Natur; du siehst die Sonne, das Wasser, die Bäume, die Blumen, du hörst die Tiere: Bienen summen, Grillen zirpen, ab und zu singt ein Vogel. Du spürst die Sonne. Ein warmer Wind streichelt deine Haut. Immer wieder bleibst du stehen, riechst an einer duftenden Blume, fährst vorsichtig über die glatte Oberfläche eines Blattes. Du kommst zu einem kleinen Fluss, der hier in den See mündet. Du verlässt den See und gehst am Flussufer weiter. Immer wieder schaust du um dich, bleibst stehen, befühlst eine Pflanze. Du lauschst – ein Rauschen ist zu hören. Vor dich hin träumend folgst du dem Pfad am Flussufer ... Das Rauschen wird lauter, du kletterst auf einen großen Felsen. Da erblickst du einen Wasserfall. Du setzt dich auf den Felsen, spürst die kühlen, erfrischenden Wassertröpfchen, lässt den Blick wandern und denkst: Das ist das Paradies ... *Musik*

⠀⠀⠀⠀Da entdeckst du etwas: Versteckt zwischen den Büschen wachsen Erdbeeren! Du pflückst eine Erdbeere. – Die Augen bleiben zu! Streck deine Hand aus, fühle, ob du sie findest! – Und du steckst sie in den Mund. Mhm, köstlich! ... *Noch eine Weile die Musik laufen lassen.*

Der Schulhof

Inhalt: *Immer mehr Kinder reißen Zweige ab, werfen Müll auf den Boden; am Ende ist der schöne Pausenhof verwüstet. „Wenn das jeder machen würde ..."*

Stichworte: *Verantwortung, Umweltverschmutzung, Naturschutz, Müll*

Relifix 1, S. 60

„Das ist der schönste Schulhof in ganz München!", sagte Frau Sedlmeier, die neu an die Schule gekommen war und heute Aufsicht hatte. „Und ich habe schon einige Schulhöfe gesehen, seit ich Lehrerin bin!" Die Kinder, die bei ihr standen, stimmten zu: Es war ein besonders schöner Schulhof: Er war sehr groß; neben dem Teerplatz gab es einen Sportplatz, einen Spielplatz mit Sandkasten und Klettergerüst, eine Wiese und ein Biotop mit vielen Bäumen und Sträuchern. Entlang der Hausmauern wuchsen in langen Beeten viele Blumen. Hinter dem Haus gab es sogar noch einen Garten, in dem jede Klasse ein Stück Beet betreuen durfte. Es grünte und blühte, wohin man sah, die Kinder hatten Platz zum Toben, Fangen und Spielen, oder sie konnten sich auf die Bänke in den Schatten setzen und essen oder sich ausruhen. Es war wirklich ein wunderschöner Schulhof!

Am Montag pflückte Anita einen Strauß Gänseblümchen auf der Wiese, den wollte sie ihrer Lehrerin schenken. Berti riss einen Zweig vom Forsythienbusch ab, denn er wollte mit Leonora Pferdedressur spielen. Hannes hatte seinen Saft ausgetrunken; weil es ihm zu umständlich war, bis zum Mülleimer zu gehen, ließ er die leere Packung einfach in die Wiese fallen.

Am Dienstag pflückten Marie, Sophie und Sina Sträuße; Sina pflückte ein paar Blumen aus dem Beet. Sie wusste zwar, dass sie das nicht durfte, aber da waren doch noch so viele andere Blumen. Berti spielte mit seinen Freunden wieder Pferdedressur. Alle wollten einen Zweig haben. Weil Timos Zweig zu klein war, holte Berti gleich noch mehrere Zweige zur Auswahl. Julia sah die Getränkepackung in der Wiese liegen und meinte: „Ach, es ist wirklich viel zu weit bis zum Mülleimer", und warf ihr Einwickelpapier dazu. Derweil war Martina im Sandkasten ihr Jogurt umgefallen. „Igitt!", sagte sie. Weil sie nicht wusste, wie sie den Jogurt aufputzen sollte, ging sie einfach weg. Später war die Klasse 1c dran mit Pausendienst; die Kinder sollten den Müll aufsammeln. „Ich denke nicht dran, den Müll von den anderen aufzuheben!", beschwerte sich Mario bei Berkan. „Komm, hier sieht uns die Lehrerin nicht, spielen wir lieber!"

Am Mittwoch ging Emel zum Beet. Gestern hatte sie Sina mit dem schönen Blumenstrauß gesehen, der hatte ihr so gut gefallen. „Wenn die Blumen pflückt, darf ich das auch", dachte sie und pflückte einen großen Strauß. Später waren einige Mädchen damit beschäftigt, Blumenkränze zu flechten, sie saßen in der Wiese und brauchten sehr viele Gänseblümchen für ihre Kränze. Berti, seine Freunde und auch die Mädchen der dritten Klasse rissen vom zweiten und dritten Busch die Zweige ab für ihre Pferdedressur, denn am ersten Busch gab es kaum mehr brauchbare Zweige. Leon war etwas anderes eingefallen: Er hatte einen großen Ast vom Baum im Biotop abgebrochen. Mit diesem Ast spielte er „Minigolf": Er schlug den Blumen im Beet die Blüten ab und fand es lustig, wenn sie durch die Luft flogen. Melanie war im Sandkasten in die Jogurtpfütze getreten und so erschrocken, dass ihr die Glasflasche aus der Hand gefallen war. Sie prallte so unglücklich auf die Stange vom Klettergerüst, dass sie zerbrach. „Mist! Lauter Scherben!", ärgerte sich Melanie. „Aber ich bin nicht schuld, sondern der Blödmann, der hier seinen Jogurt ausgeschüttet hat. Nur deswegen habe ich die Flasche fallen gelassen." Sie ging weg. Andreas und seine Freunde spielten Fangen. „Ups! Ins Beet getreten!", bemerkte Jan. Aber es war jetzt wichtiger, dass er schnell war, um dem Fänger zu entkommen. Er rannte auch über die Wiese. Dort lag nun schon eine Menge Müll.

Am Donnerstag sah man überall Kinder, die Blumen pflückten. Weil es in den Beeten im Schulhof nicht mehr viele Blumen gab, suchten die Kinder hinter dem Haus in den Klassenbeeten nach Blumen. Auch Leon und seine Freunde waren in den Garten gekommen; jeder hatte einen Ast von einem Baum abgerissen und alle wollten „Minigolf" spielen. Berti, seine Freunde und viele Kinder der dritten und vierten Klasse suchten nach neuen Zweigen für die Pferdedressur. Andreas, Jan und viele andere spielten Fangen und nahmen die Abkürzungen quer durch die Beete. Lisa hatte ein neues Spiel erfunden: Einkaufen. Dazu brauchte sie vor allen Dingen Geld. Blätter waren die Geldscheine. So riss sie mit ihren Freunden verschiedene Blätter ab, um ihre Kasse zu füllen. Frank war auf dem Sportplatz sein Wurstbrötchen heruntergefallen; da lag es, mit der Butterseite nach unten, die Salamischeiben daneben. „Das kannst du nicht mehr essen!", stellte sein Freund fest. „Lass es liegen!" Die Kinder waren so beschäftigt, dass sie keine Zeit hatten, ihren Müll zum Abfalleimer zu bringen. Die Klasse 1c konnte keinen Pausendienst machen, weil ihre Lehrerin leider krank war.

Am Freitag wollte jedes Kind einen Strauß pflücken oder „Minigolf" spielen. Jeder riss einen Zweig vom Busch oder brach einen Ast vom Baum ab. Überall waren Kinder zu sehen, die Blätter von den Zweigen zupften, um Spielgeld zu haben. Beim Fangen achtete keiner mehr darauf, ob er ins Beet trat. Wem etwas herunterfiel, der ließ es liegen. Alle Kinder warfen ihren Müll einfach auf die Erde. Über dreihundert Kinder waren es übrigens.

Am Montag hatte Frau Sedlmeier wieder Aufsicht. Sie kam auf den Pausenhof und erstarrte ...

Die Umweltsau

Inhalt: *Für Herrn A. ist die Klimakatastrophe eine Öko-Lüge und Umweltschutz ein Fremdwort.*

Stichworte: *Nachhaltigkeit, Umweltverschmutzung, Rohstoffverbrauch, Zukunft, Klimawandel, Naturschutz, Umweltschutz, Verantwortung*

Der Radiowecker schaltet sich ein und Herr A. wacht auf. Ein neuer Tag beginnt. Verschlafen tappt Herr A. ins Badezimmer. Dort ist es wenigstens schön warm. Er duscht ausgiebig, um wach zu werden. Dann setzt er sich an den Frühstückstisch und lässt sich einen Kaffee schmecken. Herr A. reißt drei kleine Einzelpackungen Kaffeesahne auf; die bevorzugt er, weil er immer frische Kaffeesahne haben möchte. Aus dem gleichen Grund kauft er immer die kleinen Packungen Marmelade; da hat man noch dazu jeden Morgen die Auswahl zwischen fünf verschiedenen Sorten. Heute mag er Erdbeere und Aprikose; den Rest der Packung wirft er weg. Er hat einen extragroßen

Mülleimer, damit alles hineinpasst: Verpackungen, Einwegflaschen, Papier, Kompost, Dosen. Als er die Butter in den Kühlschrank stellt, bemerkt er die dicke Eisschicht, die sich hinten unter dem Eisfach gebildet hat. „Irgendwann muss ich den Kühlschrank abtauen", seufzt Herr A. „Aber nicht heute." Er macht sich fertig für die Arbeit. Die Heizungen dreht er voll auf, denn er mag es warm, wenn er heimkommt. Weil frische Luft aber wichtig ist, lässt er das Fenster im Schlafzimmer gekippt.

Als Herr A. zu seinem großen Geländewagen kommt, bemerkt er, dass die Windschutzscheibe von einer dünnen Eisschicht bedeckt ist. Aber das Scheibe-frei-Kratzen hasst er wie die Pest. Also setzt er sich ins Auto, lässt den Motor an, stellt die Heizung und das Gebläse auf die höchste Stufe und liest die Zeitung, bis die Scheibe endlich frei ist. Herr A. wohnt außerhalb; da zahlt man im Vergleich zur Stadt weniger Miete. Eine Doppelhaushälfte mit Weinkeller und – man höre und staune – eigener Sauna kann er sich leisten. Dafür muss er fast 50 Kilometer zur Arbeit fahren. Gleich hinter dem Bahnhof beginnt die Autobahn, und wenn er Glück hat und kein Stau ist, macht der Wagen locker 200 km/h; zum Glück gibt es keine Geschwindigkeitsbeschränkung auf der Strecke. Das heißt, zum Teil dürfte man nur 130 km/h fahren, aber da hält sich keiner dran. Und da im Radio zum Glück immer vor Radarfallen und Verkehrskontrollen gewarnt wird, ist Herr A. erst ein Mal geblitzt worden.

In der Arbeit muss Herr A. nicht lange warten, bis der Computer hochgefahren ist; er läuft immer im Stand-by-Modus, ebenso wie der Drucker. Im Laufe des Vormittags holt sich Herr A. zwei Mal Kaffee aus dem Automaten. In der Mittagspause kauft er sich etwas im Imbiss-Restaurant. Sein Mülleimer im Büro ist alle zwei Tage voll; das ist ärgerlich. Herr A. beschließt, dass er dringend einen größeren Mülleimer braucht. Zum Glück kommt endlich eine wichtige Mail, auf die er schon wartet. Sie hat mehrere umfangreiche Dateien im Anhang. Herr A. benötigt zwar nicht alle Informationen, eigentlich nur vier Seiten, aber sicherheitshalber druckt er alle 60 Seiten aus. „Zum Glück haben wir nicht mehr dieses gräuliche Recyclingpapier", denkt Herr A., als er die 56 Seiten in den vollen Mülleimer stopft.

Als sein Kollege Mittagspause macht, nutzt Herr A. die Gelegenheit, um ein bisschen privat im Internet zu recherchieren. Nicht mehr lange, und er hat eine Woche Urlaub. Da will er es sich gut gehen lassen und in die Karibik fliegen. Seitenweise druckt er die Angebote von Luxushotels und billigen Flügen aus.

Als um 5 Uhr endlich Feierabend ist, freut sich Herr A. auf zu Hause. Vorher muss er noch einkaufen. Zum Glück hat der Supermarkt einen Parkplatz. Herr A. sucht sich Fertigpizza aus, holt Getränke – natürlich die in Einwegverpackungen, weil es wirklich zu umständlich wäre, die leeren Flaschen wieder zurückzubringen – und entdeckt sogar eine Schale mit frischen Erdbeeren. „So so, aus Südafrika kommen die?", wundert er sich. Da zu Erdbeeren unbedingt Sahne gehört, macht er sich auf die Suche nach der Sprühsahne. Er packt seinen Einkauf in eine Plastiktüte.

Während er den Ofen für die Pizza anheizt, lässt er sich ein Bad ein. „Es gibt nichts Entspannenderes als ein Vollbad!", seufzt er zufrieden. Später macht er es sich mit der Pizza auf dem Sofa bequem und greift nach der Fernbedienung. „Zu praktisch, dass man nicht aufstehen muss, um den Fernseher einzuschalten!", denkt Herr A. Nun kommen die Nachrichten. „Aus der ganzen Welt sind Vertreterinnen und Vertreter nach Kopenhagen gekommen, um über die drohende Klimakatastrophe zu beraten", sagt die Sprecherin. „Besonders stehen Maßnahmen zur Debatte, mit denen man den CO2-Ausstoß vermindern und Energie sparen könnte." „Klimakatastrophe? Eine Erfindung der Öko-Miesmacher!", brummt Herr A. „Energie sparen? Nichts für mich."

Tim und der Kastanienbaum

Inhalt: *Tim hindert den Vater daran, den geliebten Kastanienbaum im Hof zu fällen.*

Stichworte: *Naturschutz, Baum*

⇒ *Relifix 5, S. 72*

Was der Papa wohl will? Tim begrüßt seinen Vater: „Wie siehst du denn aus?" Der Vater hat sich schmutzige Klamotten angezogen und Arbeitshandschuhe in die Hosentaschen gesteckt. Gemeinsam gehen sie zum Geräteschuppen. „Willst du mir helfen, Tim?" „Bei was denn?" Tims Vater nimmt die große Axt in die Hand und fährt prüfend über die Schneide. „Gehen wir in den Wald, Papa?" „Ne, heute gehen wir nicht in den Wald. Heute kommt die Kastanie dran." „Die Kastanie in unserem Hof?", fragt Tim erschrocken. Der Vater sieht den Jungen nicht an. „Sie muss weg", sagt er und räuspert sich. „Sie macht deiner Mama so viel Arbeit, vor allem im Frühling und im Herbst. Schau nur, wenn es geregnet hat, liegt überall dieser weiße Blütendreck herum und im Herbst mit den ganzen Kastanien und Blättern ist es ebenso." „Blätter und Blüten sind doch kein Dreck, Papa!" „Nenn es, wie du willst", winkt der Vater ab. „Weggekehrt werden muss es so und so. Deine Mutter hat das Kehren satt." „Aber, aber die Kastanie, sie ist doch so schön!" Tim ist so aufgeregt, dass er Mühe hat, die Worte herauszubringen. Zusammen sind sie bei der Kastanie angekommen. Der Vater wirft einen Blick hinauf zu dem mächtigen Baum. „Für die Schönheit zahlt mir keiner was", sagt er. „Außerdem steht sie an einer ungünstigen Stelle. Ich muss mit dem Auto immer einen Bogen fahren, wenn ich in die Garage will." „Ist das denn so schlimm?", fragt Tim. „Und wo soll ich denn dann klettern und schaukeln? Du hast mir doch die Schaukel dort hingehängt!" „Na, es gibt doch noch andere Bäume." „Aber Papa, es gibt keinen wie den. Der Großvater hat ihn doch gepflanzt!" „Na und?", brummt der Vater. „Dem Großvater hat der Dreck nichts ausgemacht und er hat immer gesagt, dass die Bäume für die Menschen und Tiere wichtig sind. Und Opa hatte die Kastanie lieb, so wie ich. Da gibt es doch dieses Foto, auf dem ich mit Opa unter der Kastanie bin. Opa hat ganz oft unter der Kastanie gesessen!" „Opa hatte auch viel Zeit", knurrt der Vater. „Das Rumsitzen kann man sich heutzutage nicht mehr leisten." „Dafür sitzt du vor dem Fernseher!", meint Tim. „Das ist etwas ganz anderes", sagt der Vater ärgerlich. „Und wenn du mir nicht helfen willst, dann gehst du jetzt besser zurück ins Haus. – He, hallo!", der Vater winkt dem Nachbarn, der zur Hofeinfahrt hereinkommt und auch eine Axt in der Hand hält. „Na, kann's losgehen?", ruft er herüber. „Nein!", ruft Tim, läuft zur Kastanie und umklammert den Stamm. „Ich hab den Baum doch so gern! Ich möchte, dass er am Leben bleibt! Es werden sowieso auf der Welt viel zu viele Bäume gefällt!" „Jetzt zieh keine Show ab!", ruft der Vater zornig. „Der Baum ist doch kein Mensch!" „Und welche Kastanien soll ich denn dann dem Opa aufs Grab legen?" Tims Augen füllen sich mit Tränen. Der Vater will Tim wegziehen. Da mischt sich Wut unter Tims Tränen und er schreit seinen Vater an: „Das darfst du nicht! Dann will ich hier nicht mehr wohnen bleiben, wenn ich groß bin!" Der Vater steht unschlüssig da und sieht seinen Sohn an. „Ich kann ihn schon verstehen", sagt der Nachbar. „Wär verdammt kahl hier ohne die Kastanie. Und verdammt still ohne das Vogelgezwitscher. Und der Junge hat recht: Es gibt immer weniger Bäume auf der Welt." „Ich kehr auch jeden Tag!", verspricht Tim und wischt sich die Tränen weg. „Und ich wünsch mir nichts zum Geburtstag!" „Na – so wichtig ist dir das? Das ist ja nun nicht nötig. Was mache ich denn dann mit dem neuen F…" Der Vater lacht, schlägt sich auf den Mund und legt dann seinen Arm um Tims Schulter. „Na, dann tragen wir die Axt wieder in den Schuppen. Aber wie bringen wir das der Mutter bei?" „Sag ihr, Hofkastanien seien jetzt in", schlägt der Nachbar vor. „Am besten, du erklärst es ihr", meint der Vater zu Tim. „Du hast offensichtlich die besseren Argumente …"

Andreas Herrmann

Informationstext: Nachhaltigkeit

Stichworte: Nachhaltigkeit, Umweltverschmutzung, Rohstoffverbrauch, Zukunft, Klimawandel, Naturschutz, Umweltschutz, Verantwortung

▶ *Relifix 5, S. 73*

Stell dir vor, ein Bauer sät Korn. Es wächst, er erntet und erhält viele Säcke Korn, die er verkauft. Einen Sack behält er aber. Warum? – Er braucht etwas zum Säen für das nächste Jahr! – Nachhaltigkeit bedeutet, dass man nur so viel verbraucht, wie wieder nachwächst, und dass man sich Vorräte einteilt.

Stell dir vor, dein Zimmer soll frisch gestrichen werden. Was macht ihr vorher? Alles wird sorgfältig abgedeckt, damit keine Farbspritzer auf den Boden oder die Möbel kommen. Was nutzt die neue Farbe, wenn der Boden versaut ist? – Nachhaltigkeit bedeutet, dass man nur so viel verschmutzt, wie man wieder sauber machen kann.

Es heißt, dass man vorher überlegt: Was hat das für Folgen in der Zukunft? Wenn ich etwas mache – den letzten Sack verkaufe, oder wenn ich etwas vergesse – den Boden vor der Verschmutzung zu schützen –, welche Probleme werde ich dann haben?

Das Gegenteil von Nachhaltigkeit ist Zerstörung und Ausbeutung. Man muss, wenn man die Bilder von der Zerstörung der Natur betrachtet, leider feststellen: So geht die Menschheit zurzeit mit ihren Wäldern um, mit ihrer Natur, mit ihrer Erde!

In der Bibel, in der Schöpfungsgeschichte, steht: Gott sprach: „Euch vertraue ich alles an, was lebt! Ihr dürft die Erde nutzen, aber geht sorgsam damit um!" – Da meinte er Nachhaltigkeit! Fälschlicherweise ist diese Stelle oft so übersetzt worden: „Macht euch die Erde untertan." So war es nicht gemeint; so ergibt es auch keinen Sinn. Denn wie sollen die Generationen nach uns auf dieser Welt leben, wenn wir ohne Rücksicht alles verbrauchen und verschmutzen?

... denn es fühlt wie du den Schmerz

Inhalt: *Sven wirft mit Steinen nach den Enten, reißt einer Spinne Beine aus und zieht die Katze am Schwanz. Ein Traum bringt ihn zum Umdenken.*

Stichworte: *Tierquälerei*

▐▌▶ *Relifix 1, S. 59*

„Quäle nie ein Tier zum Scherz, denn es fühlt wie du den Schmerz!" Das sagt Frau Schumann und einige Kinder nicken. „Es ist gemein, ein Tier zu quälen! So etwas würde ich nie tun!", bekräftigt Basti. Auch Beate meldet sich: „Ich will ja auch nicht geärgert oder gehauen werden. Das tut einem Tier genauso weh wie mir." „Gut, dass ihr da meiner Meinung seid", meint die Lehrerin. „Das hatte ich gehofft."

Es sind aber nicht alle dieser Meinung; genauer gesagt: Sven, der ganz hinten sitzt, hat überhaupt nicht zugehört. Mit seinen Gedanken ist er ganz woanders. Dabei hätte es gerade Sven sehr nötig, gut zuzuhören.

Am Nachmittag schwingt sich Sven auf sein Fahrrad und radelt zum Stadtpark. Dort streift er im Gebüsch herum und sucht nach einem guten Versteck. Er findet aber keines. „Wozu auch Versteck?", murmelt er unzufrieden. „Es sucht mich ja keiner." Eigentlich ist ihm ziemlich langweilig. Unschlüssig stiefelt er weiter und kommt zum Bach, der den Park durchquert. Am steinigen Ufer setzt er sich hin und schaut sich um. Einige Enten schwimmen herum, sonst gibt es nichts zu sehen. Was kann er nur tun?

Er beobachtet die Enten, da fällt ihm plötzlich etwas ein: Ob er die Enten mit den Steinen treffen könnte? Er ist ein guter Werfer, aber die Enten halten nicht still. Er nimmt Steine auf, zielt und wirft, wirft immer wieder. Die Enten schwimmen schnell weg, aber – da! „Ja! Getroffen! Getroffen! Und sogar am Kopf!", triumphiert Sven. „Hä, hä! Ich bin doch der beste Werfer!"

Später sitzt er im Gras. So viele Tierchen kann man da beobachten! Ameisen, Käfer, Schmetterlinge, Bienen; überall summt und krabbelt und flattert es. „Da ist ja sogar eine Spinne!" Sven schnappt sie sich. Es ist ein Weberknecht mit langen Beinen. Sven hat keine Angst vor Spinnen, er traut sich, sie anzufassen. Und nicht nur das: „Mal sehen, ob du auch mit drei Beinen laufen kannst!", sagt er zu sich. Oh nein, Sven reißt tatsächlich der Spinne die Beine aus!

Auf dem Heimweg entdeckt Sven eine Katze. Wo kommt die denn her? Er kennt sie gar nicht. Sven steigt vom Rad, bückt sich und streckt die Hand aus: „Komm, miez, miez, komm! Komm doch zum lieben Sven!", lockt er. Vorsichtig kommt die Katze näher und schnuppert an Svens Hand. Darauf hat Sven nur gewartet. Er packt die Katze und zieht sie mit aller Kraft am Schwanz. Die Katze springt in die Luft, macht einen Satz, schreit und faucht und rennt weg, so schnell sie kann. „Ja, ja", lacht Sven hinter ihr her. „Der Sven ist vielleicht doch nicht so lieb!"

„Warum machst du das?", lässt sich da Bastis Stimme vernehmen. „Gerade heute hat es doch Frau Schumann erklärt: ‚Quäle nie ein Tier zum Scherz, denn es spürt wie du den Schmerz!'", pflichtet Beate bei. Beide haben entsetzt beobachtet, was Sven getan hat, und stehen nun entrüstet vor ihm. „Warum?" Sven hat sich das noch nie gefragt. „Ach, lasst mich doch in Ruhe, ihr Super-mega-hyper-Tierfreunde!" Lieber haut Sven ab, als diese Frage zu beantworten.

Abends steigt er auf sein Hochbett und sieht noch ein bisschen fern. Aber er ist müde. Als er die Fernbedienung ins Regal über seinem Kopf schiebt, denkt er nicht mehr an die Ente, die Spinne, die Katze, an Basti und Beate. Hat er sie vergessen? Nein, nicht ganz. Denn er träumt. Im Traum ist er eine Ente. Das ist doch der Bach im Stadtpark! Munter schwimmt er mit seinen Geschwistern auf dem Wasser und sucht Futter, paddelt hierhin, paddelt dahin und fühlt sich wohl. Am Rande sieht er, dass ein Junge sich ans Ufer setzt. Doch kurze Zeit später – was ist das?? Steine fliegen ihm um die Ohren und schlagen rechts und links von ihm im Wasser ein! „Schnell weg, schnell weg!", quakt er aufgeregt und flieht, aber es ist zu spät: „Au! Au!" Sven schreit auf und erwacht. Er reibt sich den Kopf. „Wer hat mir da einen Stein an den Kopf geworfen? Das tut weh!" Müde und jammernd legt er sich wieder hin, da merkt er, dass die Fernbedienung auf seinem Kissen liegt. Sie ist vom Regal auf seinen Kopf gefallen. „Ach so ..." Svens Kopf schmerzt noch, aber er dreht sich auf den Bauch und schläft weiter.

Im Traum ist er ... eine Spinne im Gras! Jeder Grashalm ist riesig groß, und überall sieht er andere Tiere. Er arbeitet sich durch das Gras und will die andere Seite der Wiese erreichen. Doch plötzlich geht es nicht weiter, ein gigantischer Riese sitzt vor ihm im Gras. „Wie komme ich jetzt weiter?", denkt er noch, aber er kommt nicht weiter. Denn er wird von einer riesigen Hand gepackt. „Was will der?", denkt er als Spinne noch: Oh nein, der zieht an meinem Bein, oh nein!" „Nein, nein, lass mein Bein!", schreit Sven und zieht sein Bein zurück. „Au, au! Mein Bein, oh nein!" Da merkt er, dass er seinen Fuß im Schlaf durch die Leiter gesteckt hat und der Fuß zwischen Sprosse und Matratze eingeklemmt ist. „Au, das tut weh!" Sven befreit den Fuß. Einen argen Kratzer hat er abbekommen, aber: „Zum Glück hat mir keiner ein Bein ausgerissen!", murmelt Sven schläfrig.

Er träumt schon wieder, und diesmal ist er eine Katze. Sie geht die Straße entlang und schaut sich alles an. „Da kommt ja ein Menschenjunge! Ob der wohl freundlich ist?", denkt er als Katze. „Oh, der steigt extra ab! Oh, er streckt die Hand aus! Bestimmt will er mich streicheln! Ich geh mal näher hin …" Und zutraulich kommt er zu dem Jungen. Der streckt die Hand aus und …

„Nein!" Diesmal sitzt Sven hellwach im Bett. „Es tut mir leid, Katze! Es tut mir leid! Ich weiß, es hat dir wehgetan!" Plötzlich fühlt er selbst den Schmerz, den er den Tieren zugefügt hat. Plötzlich weiß er, wie es ist, wenn man gequält wird. Plötzlich spürt er Mitleid mit der Ente, der Spinne und der Katze. Sven lässt sich in die Kissen zurücksinken, aber jetzt kann er nicht mehr schlafen. Er denkt nur noch eins: „Das mache ich nie mehr!"

Munter wie ein Fisch im Wasser

Inhalt: *Falsch verstandene Tierliebe: Anna nimmt einen Fisch im Eimer mit nach Hause, um sich an ihm zu erfreuen. Aber der Fisch fühlt sich nicht wohl. Sie lässt ihn wieder frei.*

Stichworte: *Tierliebe, artgerechte Tierhaltung*

➽ *Relifix 1, S. 59*

Anna liebt Tiere. Sie will unbedingt Tierärztin werden, wenn sie groß ist, das ist schon beschlossene Sache für sie. In ihrem Zimmer steht ein großer Käfig mit zwei Meerschweinchen, die sie liebevoll pflegt. Wenn sie mit ihren Eltern und ihrer Schwester Urlaub macht, verbringen sie die Zeit auf dem Bauernhof. Dort besucht Anna die Kühe im Stall, darf ab und zu auf einem Pony reiten und die Hühner füttern. Sie spielt mit dem Hund und streichelt die Katze, die sich wohlig schnurrend auf dem Boden wälzt und ihr den weichen Bauch zum Kraulen hinstreckt.

Sehr gern mag Anna auch die Fische, die im kleinen Bach herumflitzen. Wenn es sonnig ist, breitet Anna eine Decke am Bachufer aus, legt sich auf den Bauch und schaut den Fischen zu. „Munter wie ein Fisch im Wasser"; diese Redewendung kennt Anna, und wenn sie die kleinen munteren Fische im Wasser betrachtet, findet sie, dass dieser Spruch wirklich gut passt. Manchmal wirft sie ein paar Brotkrümel ins Wasser, um die Fische zu füttern. Sie freut sich immer wieder daran, zuzusehen, wie die Fische erst langsam näher kommen und dann danach schnappen. Diese ruhigen Momente im Gras am Bach mit den Fischen, dem leisen Geplätscher und der Sonne auf dem Rücken liebt Anna über alles.

„Ich möchte so einen Fisch mit nach Hause nehmen", denkt Anna, als sie am letzten Ferientag noch einmal zum Bach geht. „Ich möchte dem Fisch auch daheim jeden Tag zusehen, wie er so lustig im Wasser herumschwimmt, und mich freuen!" Anna hat deswegen den Eimer von ihrem alten Sandspielzeug mitgebracht. Nun muss sie nur noch einen Fisch fangen. Vorsichtig taucht sie den Eimer ins Wasser und wartet geduldig. Nach ein paar Minuten schwimmt tatsächlich ein kleiner Fisch in den Eimer. Blitzschnell zieht Anna den Eimer aus dem Wasser. Tatsächlich! Sie hat den Fisch gefangen! Vorsichtig trägt Anna den Eimer zum Haus. Das Problem ist nur: Anna ist sich ziemlich sicher, dass ihre Eltern es nicht erlauben werden, den Fisch mitzunehmen. Aber sie hat Glück: Im Hof steht das Auto mit offenen Türen, weil die Eltern schon beim Packen sind. Jetzt sind sie aber beide gerade im Haus; niemand ist zu sehen. Anna hat einen Plan: Sie stellt den Eimer mit Wasser und Fisch ins Auto auf den Boden, an ihren Platz. Sie wird den Eimer zwischen ihre Füße nehmen, damit er nicht umfällt. Jetzt legt sie ein Rätselheft auf den Eimer, damit ihre Familie ihr Geheimnis nicht entdeckt. Es klappt! Ein paar Stunden später sind sie auf dem Heimweg in die Stadt, und außer Anna, die den Eimer versteckt hält, weiß keiner, wer da noch mit dabei ist.

Auch daheim gelingt es Anna, den Fisch unbemerkt in ihr Zimmer zu bringen. Sie stellt ihn in die Ecke neben das Regal, unter ihren Stuhl mit den Anziehsachen. „Nachher bringe ich dir etwas zu essen", flüstert sie ihrem neuen Freund noch zu, bevor sie zum Abendessen in der Küche verschwindet. Später bröckelt sie etwas Brot ins Wasser. Als sie ins Bett gegangen ist und die Eltern schon „Gute Nacht" gesagt haben, holt Anna den Eimer aus der Ecke. Sie legt sich auf den Bauch und stellt den Eimer neben das Bett. Sie beobachtet ihren Fisch und versucht sich mit ganzer Kraft vorzustellen, sie läge in der Wiese am Bach. „Los, kleiner Fisch, schwimme doch so lustig herum!", muntert Anna den Fisch auf, der sich überhaupt nicht bewegt. Allerdings muss sie selbst zugeben, dass er im Eimer nicht viel Platz zum Schwimmen hat. Mhm. Es ist gar nicht so, wie Anna es sich ausgedacht hat. Das Bett ist nicht die Wiese, der Eimer ist nicht der Bach, und der Fisch ... ist jedenfalls nicht munter wie ein Fisch im Wasser, obwohl es doch ein Fisch im Wasser ist? Außerdem hat der Fisch überhaupt nichts gefressen. Die Brotkrümel schwimmen unberührt im Wasser. Anna seufzt. Von dem ganzen Tag ist sie aber so müde, dass sie nicht mehr viel an den Fisch denken kann ... Kurze Zeit später ist sie eingeschlafen.

„Nanu?" – Anna wird am nächsten Morgen durch den Ausruf ihrer Mutter wach, die den Eimer neben Annas Bett stehen sieht. „Wie kommt denn der Fisch neben dein Bett?", fragt die Mutter verblüfft. „Äh ...", Anna ist gleich wach, „... ja, den hab ich vom Bach mitgenommen." „Wozu??", will die Mutter wissen. „Ach Mama, ich wollte ihm gern zuschauen, und ich wollte, dass er mein Freund ist. Ich wollte gut für ihn sorgen!" „Ach Anna, liebes Kind! Das glaub ich dir, dass du gut für ihn sorgen wolltest, aber: Das ist nicht das Richtige für den Fisch! Hier fühlt er sich nicht wohl. Er braucht seinen Bach, seine Freiheit, die Wiese und die Natur!" Anna schaut in den Eimer: Der Fisch hat sich noch immer nicht vom Fleck gerührt und sieht ganz verzweifelt aus. „Anna, wir müssen den Fisch gleich wieder freilassen! Bitte sieh das ein! Auch wenn du Tiere so gern magst. Jedes Tier soll so leben dürfen, dass es sich wohlfühlt!" Anna nickt; sie hat selbst gemerkt, dass es keine so gute Idee gewesen war, den Fisch mitzunehmen. Sie hat ein ganz schlechtes Gewissen.

Als sie aber am Nachmittag den Fisch im See des Stadtparks aussetzen, ist alles wieder in Ordnung. Tschup, tschup, tschup: Ein paar Flossenschläge und zwei Sekunden später ist der Fisch verschwunden. Anna sieht ihm nach und ist froh: „Schau, Mama, jetzt ist er wieder munter wie ein Fisch im Wasser!"

Jesus

Judit und Amos

Inhalt: Tagesablauf einer Familie, die in Palästina zur Zeit Jesu lebt: Leben im Haus, Ernährung, Beruf, Einkauf, Kleidung.
Stichworte: Judentum, Palästina, Zeit Jesu

▶ Relifix 1, S. 41 und Relifix 5, S. 34

„Aufstehen, Kinder!", weckt die Mutter Judit und Amos. Die Kinder tun zwar beide, als hätten sie es nicht gehört, aber schließlich stehen sie doch auf. Sie schlafen auf Matten, die tagsüber zusammengerollt werden. Das kleine Haus hat nur ein Zimmer, in dem bei schlechtem Wetter gegessen, gekocht, gearbeitet und geschlafen wird. Meistens ist es aber warm in Palästina. Das Feuer brennt vor dem Haus. Die Mutter hat sich schon wieder an die Arbeit gemacht. Jeden Morgen mahlt sie aus Körnern Mehl und bäckt frisches Brot. Zwischen zwei Steinen werden die Körner zerrieben, das ist eine mühsame Arbeit. Doch da es im Jahre Null keinen Kühlschrank gibt, kann man Essen schlecht aufheben. Auch ein Ofen ist noch lange nicht erfunden. Wie kann man denn dann backen? Ein großer, flacher Stein wird im Feuer sehr heiß gemacht. Darauf legt die Mutter den Teig; das dünne Fladenbrot sieht so ähnlich aus wie ein Pizzabrot. Bevor sie essen, spricht der Vater das Gebet. Drei Mal am Tag zu beten wird in keiner jüdischen Familie vergessen. In anderen Ländern beten die Menschen viele Götter an, die Römer zum Beispiel Jupiter, Merkur und viele andere. Die Juden jedoch glauben wie wir an einen, unsichtbaren Gott. Die Religion ist für ihr Leben sehr wichtig. – Doch nun lässt es sich die Familie schmecken, sie sitzen auf dem Boden um einen niedrigen Tisch herum. Zum Frühstück gibt es außer dem Brot Milch in Bechern aus Ton und Früchte, zum Beispiel getrocknete Feigen. Tagsüber, wenn es heiß ist, wird nur etwas Brot gegessen und Wasser getrunken, dafür gibt es am Abend ein warmes Essen. Oft ist es Fisch, selten Fleisch, das im Feuer gebraten wird. Dazu reicht die Mutter Gemüse und Brot. Sie trinken Wasser oder Wein.

Nach dem Frühstück macht sich der Vater an die Arbeit: Er ist Zimmermann und stellt Dinge aus Holz her: Tische, Truhen oder Hocker. Neben dem Haus hat er sich eine kleine Werkstatt gebaut. Er benutzt einfache Werkzeuge aus Holz und Metall: eine Axt, eine Säge, auch Hammer und Nägel gibt es. Es steht schon fest, dass sein Sohn Amos diesen Beruf einmal von ihm lernen wird. Das ist damals so üblich.

Was macht die Mutter tagsüber? Damals haben Frauen keinen Beruf, sie kümmern sich um die Kinder, um die Tiere, um das Haus und den Garten. Ohne elektrische Geräte ist das viel mehr Arbeit als heute. Eine Wasserleitung gibt es nicht, sodass täglich vom Brunnen in Krügen Wasser geholt werden muss. Dabei hilft Judit der Mutter – wie alle Mädchen. Sie hat auch die Aufgabe, Brennholz zu sammeln. Die Mutter kauft derweil auf dem Markt ein: Zwar gibt es Münzen, oft wird aber auch getauscht. Heute hat die Mutter ein Huhn dabei und braucht einen Krug Öl.

Wenn Judit ein neues Kleid braucht, muss alles selbst gemacht werden: Aus der Wolle wird ein Faden gesponnen, aus dem webt die Mutter einen Stoff, zuletzt näht sie selbst die Kleidung. Gewaschen wird am Fluss oder im Waschhaus des Dorfes mit Brunnenwasser.

Jede Familie baut hinter dem Haus oder auf einem Stück Land selbst Obst und Gemüse an, auch Tiere hat fast jeder: Schafe oder Ziegen, ein paar Hühner, vielleicht einen Esel. Die Jungen gehen in die Schule; das dürfen die Mädchen damals nicht. Die Schule ist aber mit der Schule von heute nicht vergleichbar. Die Jungen kommen zur Synagoge, dort sitzen sie auf dem Boden um den Lehrer herum. Sie haben weder Stifte noch Bücher oder Hefte. Sie lernen Gebote aus der Tora, indem der Lehrer eine Zeile vorspricht und die Kinder sie so lange wiederholen, bis sie sie auswendig können. Sie lernen auch, in der Tora zu lesen. Es wird aber in der Schule nicht geschrieben, nicht gerechnet, nicht gemalt, es gibt keinen Heimat- und Sachunterricht und keinen Sport.

Am Abend sitzt die Familie beim Essen. Alle erzählen, was sie am Tag erlebt haben. Amos sagt auf, was er in der Schule gelernt hat. Danach müssen die Kinder schlafen. Das ist vor 2000 Jahren genauso wie heute. Gute Nacht!

Die jüdische Religion (geeignet für 1./2. Klasse)

Inhalt: *Amos erzählt, was er in der Synagoge gelernt hat; zum Reinheitsgebot gehören die Speisevorschriften, an die sich die ungläubigen Römer nicht halten. Wut auf den „unreinen" Zöllner Zachäus. Der Sinn des Sabbatgebotes.*

Stichworte: *Judentum, Gebote, Reinheitsgebot, Palästina, Zeit Jesu, Zöllner, Speisevorschriften, Sabbatgebot*

⏵   *Relifix 2, S. 42*

Am Abend sitzt die Familie vor dem Haus beieinander. Sie grüßen die Nachbarn, die auch herausgekommen sind, um im Schein der Abendsonne den Tag ausklingen zu lassen. Die Arbeit ist getan und bald, wenn es dunkel ist, werden alle Dorfbewohner das Abendgebet sprechen und schlafen gehen.

„Nun, Amos, was habt ihr heute in der Synagoge gelernt? Habt ihr wieder in der Tora, in der Heiligen Schrift, gelesen?", fragt die Mutter.

„Ja, und der Rabbi hat uns erklärt, dass es sehr wichtig ist, dass wir die Gebote befolgen", antwortet Amos. „Die Gebote kommen von Gott, er hat sie uns gegeben, und nur wer sich daran hält, den hat Gott lieb. Das hat er gesagt." „Und welche Gebote kennst du?", fragt die Mutter weiter. „Das Reinheitsgebot kenne ich schon gut", meint Amos. „Jetzt weiß ich, warum du niemals Schweinefleisch für uns kochst." „Ja, die Schweine sind für uns unreine Tiere", mischt sich der Vater ein. „Du siehst gleich, ob jemand ein Jude ist und an Gott glaubt. Wer nicht das Reinheitsgebot beachtet und Schweinefleisch isst, so wie zum Beispiel diese schrecklichen Römer, der glaubt nicht an Gott, und das ist übel! Mit diesen Römern wollen wir nichts zu tun haben! Würden sie nur endlich wieder aus dem Land verschwinden!"

Das hat der Nachbar gehört, und er stimmt zu: „Dass wir diese unreinen Menschen im Dorf haben, ist ja schon ärgerlich, aber dass wir an sie so viel Steuern zahlen müssen, ist das Allerschlimmste! Jedes Mal, wenn ich in Jericho etwas verkaufe, muss ich Zoll bezahlen, und zwar nicht zu knapp!" „Ah! Wenn du von Zoll redest …!" Nun wird der Vater richtig laut und wütend. „Da muss ich gleich an diesen Zöllner Zachäus denken! Ich sag euch etwas, Kinder: Noch viel, viel schlimmer als die Römer sind die Zöllner! Das sind Juden wie wir, die in diesem Land geboren sind und unsere Sprache sprechen; man müsste denken, dass sie zu uns halten. Aber nein!! Sie arbeiten mit den Römern zusammen! Sie nehmen den Zoll für sie ein und ziehen uns das schwer verdiente Geld aus der Tasche. Also, mit den Römern reden, die unrein sind, das ist verboten. Aber mit den bösen Zöllnern reden, das ist noch zehn Mal mehr verboten und noch zehn Mal mehr unrein!" „Ich hasse den Zöllner Zachäus auch", beschwichtigt die Mutter. „Aber nun reg dich nicht auf, es hilft ja nichts. Lass uns von etwas anderem reden."

„Ich weiß noch etwas über das Reinheitsgebot", sagt Amos. „Auch kranke Menschen sind unrein. Weil ihre Krankheit eine Strafe von Gott ist, dafür, dass sie etwas Böses getan haben." „Der Bauer Jona, der draußen vor dem Dorf lebt, der hat aber bestimmt nichts Böses getan. Ich kenne ihn von früher." Das wendet die Nachbarin ein. „Was hat der Bauer Jona?", fragt Judit. „Er ist ein Aussätziger, wie die anderen, die dort leben und nicht mehr ins Dorf kommen dürfen. Das ist eine schlimme Hautkrankheit, die nicht heilt", erklärt die Mutter und stimmt der Nachbarin zu. „Es ist wahr, der Bauer Jona ist kein böser Mensch. Vielleicht hat sein Vater etwas Böses getan, das kann ja sein. Aber mir tut er auch leid. Immer, wenn man dort in der Nähe vorbeigeht, muss er rufen: ‚Unrein!', damit ihm keiner zu nahe kommt. Er darf auch nicht am Sabbat in die Synagoge kommen."

„Jonas Sohn geht auch in der Synagoge zur Schule", erzählt Amos. „Er kennt sich gut aus. Er hat gewusst, warum der Sabbat unser Feiertag ist: Gott hat die Erde in sechs Tagen erschaffen, und am siebten Tag ruhte er aus. Deswegen sollen auch wir uns ausruhen, nicht arbeiten und nicht lernen, kein bisschen, den ganzen Tag lang." „Wir sollen an Gott denken und dankbar sein und miteinander feiern und auch ausruhen", weiß Judit. Sie mag den Sabbat gern. „Darf man am Sabbat denn zum Beispiel jemandem helfen und etwas Gutes tun?", fragt sie. „Nein, wenn es Arbeit ist und das bis zum nächsten Tag Zeit hat, dann nicht!" bekräftigt der Vater. „Es darf nicht sein, dass wir uns nur ein bisschen an die Gebote halten. Wer immer wieder kleine Sachen falsch macht, zum Beispiel ein wenig arbeitet am Sabbat, der arbeitet beim nächsten Mal etwas mehr und am Schluss nimmt er das Sabbatgebot gar nicht mehr ernst. Gott will aber, dass wir die Gebote streng befolgen! So zeigen wir, dass wir das tun, was Gott will. Amos, Judit: Ich hoffe sehr, dass ihr das beachtet!"

Das Reinheitsgebot (geeignet für die 3./4. Klasse)

Inhalt: Das Reinheitsgebot beinhaltet Speisevorschriften und das Verbot, mit unreinen Menschen umzugehen. Jesus interpretiert es neu.

Stichworte: Judentum, Gebote, Palästina, Zeit Jesu, Reinheitsgebot, Speisevorschriften, Zöllner

⇒ Relifix 3, S. 60

„Maria, können wir den Sabbat bei deiner Familie feiern?", fragt Petrus. „Aber natürlich, gern!" antwortet Maria. „Wir freuen uns, wenn Jesus uns besucht! – Sag, Petrus, feiert Jesus mit euch jede Woche den Sabbat?" „Ja, natürlich feiert er jede Woche den Sabbat wie alle jüdischen Familien!" Petrus wundert sich über die Frage. „Jesus ist ein Jude so wie du und ich! Er hat Bar Mizwa gefeiert, er kennt Chanukka und die anderen Feiertage, und in der Tora kennt er sich bestimmt ebenso gut aus wie die Schriftgelehrten." „Aber irgendwie ist er auch ganz anders", meint Maria nachdenklich. Doch dann geht sie, um alles für den Abend vorzubereiten.

So sitzen sie bei Sonnenuntergang beieinander, als Marias Mutter den Segen spricht. Sie brechen das Brot, teilen den Wein und sprechen die alten Gebete, die schon seit vielen hundert Jahren am Sabbat gesprochen werden. Danach essen sie gemeinsam. „Maria, das Essen schmeckt ausgezeichnet!", lobt Petrus. „Danke", erwidert Maria. „Ich habe mir für euch natürlich besonders große Mühe gegeben und auch auf alle Vorschriften geachtet. Dass wir kein Schweinefleisch essen dürfen, weil das unrein ist, weiß ich", erklärt Maria. „Denn an das Reinheitsgebot müssen wir uns halten!" Jesus hat ihr zugehört. Er bemerkt: „Wenn doch die Menschen verstehen würden, dass nicht das, was in sie hineinkommt, sie unrein macht, sondern das, was aus ihnen herauskommt!" „Du meinst, das, was sie sagen, macht sie unrein?", fragt Maria. „Genau das meine ich", antwortet Jesus. „Jemand, der alle Speisevorschriften genau befolgt, aber hart und grausam zu den anderen Menschen ist – hat er ein reines Herz? Ein anderer, der freundlich und hilfsbereit ist, aber vielleicht einmal einen Bissen von einer unreinen Speise gegessen hat – ist der unrein? Gott sieht auf das Herz, nicht auf Äußerlichkeiten!" „Da sind die Schriftgelehrten aber anderer Ansicht. Sie beschweren sich, dass du dich nicht an das Reinheitsgebot hältst!", mischt sich Petrus ein, aber er weiß, was Jesus antworten wird. „Die Gebote sind für die Menschen da, nicht der Mensch für die Gebote", sagt Jesus mit Bestimmtheit. „Die Gebote sollen die Menschen schützen und ihnen helfen. Wozu ist das Reinheitsgebot da? Wenn wir eingeladen sind, kommen wir frisch gewaschen und mit sauberen Kleidern. So ehren wir den Gastgeber. Wir erledigen auch nicht auf dem Weg dorthin eine unangenehme Angelegenheit und kommen mit bösen Gedanken dort an. Nein, wir freuen uns und achten darauf, dass wir außen und innen rein sind. Das Reinheitsgebot ist dazu da, um Gott zu ehren." „Aber genau deswegen sollen wir ja mit bösen und ungläubigen Menschen nichts zu tun haben!", wendet Maria ein. „So meint es doch das Reinheitsgebot: damit wir nicht auch böse und unrein werden." „Aber wenn wir einen Menschen ablehnen und aus der Gemeinschaft ausstoßen, dann tun wir doch etwas Böses? Oder nicht?" Maria denkt nach. Eigentlich hat Jesus recht. Petrus erzählt: „Als wir damals zu Levi kamen, war das Geschrei groß: ‚Wie kann Jesus zu einem Zöllner gehen, zu einem Betrüger!', schimpften die Schriftgelehrten. ‚Er ist ein böser, ein unreiner Mensch! Das ist gegen das Reinheitsgebot!' Aber Jesus antwortete ihnen: ‚Für Gott ist kein Mensch unrein!'" Jesus nickt und lächelt Petrus und Maria zu. „Das ist wahr!", sagt er und wiederholt: „Für Gott ist kein Mensch unrein!"

Das Sabbatgebot (geeignet für die 3./4. Klasse)

Inhalt: *Die Jünger reißen am Sabbat Ähren ab, Jesus heilt Jerims verkrüppelte Hand. Sie verstoßen gegen das Sabbatgebot. Jesus interpretiert es neu.*

Stichworte: *Judentum, Gebote, Palästina, Zeit Jesu, Sabbatgebot, Heilung, Schriftgelehrter, Hoher Rat*

▶ *Relifix 3, S. 61*

Am nächsten Morgen sind sie unterwegs zur Synagoge: Jesus, Petrus, Maria mit ihrer Familie und die Jünger. Auf dem Weg kommen sie an einem Getreidefeld vorbei. Petrus und einige andere reißen ein paar Ähren ab und zerreiben sie zwischen den Händen, um die Körner zu essen. Als sie bei der Synagoge ankommen, werden sie misstrauisch von einer Gruppe von Schriftgelehrten beobachtet. „Die kennen wohl das Sabbatgebot nicht?", murrt einer so, dass Petrus es hören kann. „Da darf man nicht arbeiten, nicht ernten und keine Ähren abreißen!" Aber Petrus beachtet sie nicht. Er überlegt, was Jesus antworten würde.

In der Synagoge sind schon viele Leute. Die meisten erkennen Jesus. Viele freuen sich, ihn zu sehen, andere machen ein grimmiges Gesicht. Der Gottesdienst beginnt. Nach einem Lied und einem Gebet tritt Jesus vor an das Betpult. Aus der Torarolle liest er ein Stück vor. Dann predigt er: „Ihr alle kennt die Gebote. Ich bin nicht gekommen, um die Gebote abzuschaffen. Im Gegenteil! Ein Gebot heißt: ‚Du sollst nicht töten!' Ich aber sage euch: Du sollst einem anderen Menschen nicht einmal böse sein! Versöhne dich mit ihm! Schließe Frieden, nicht nur mit deinen Freunden, sondern auch mit deinen Feinden! Liebe Gott, deinen Herrn, von ganzem Herzen und deinen Nächsten wie dich selbst! Denn Gott liebt auch dich!"

Als Jesus endet, sieht er die Menschen an. Es sind nachdenkliche, beeindruckte Gesichter.

Da fällt sein Blick auf Jerim, der ganz hinten sitzt. Er kann seine Hand nicht bewegen, sie ist seit seiner Geburt verkrüppelt. „Gott liebt auch dich!", sagt Jesus noch einmal und lächelt Jerim freundlich an. Jerim lächelt zurück. Ist es ein hoffnungsvolles Lächeln? Diesen Blick bemerken auch die Schriftgelehrten, und sofort geht das Getuschel wieder los: „Jesus sucht sich aber auch immer die Richtigen aus. Das ist doch kein Zufall, dass Jerims Hand gelähmt ist. Sicher ist das eine Strafe Gottes! Aber helfen wird er ihm nicht. Nicht heute. Es ist ja Sabbat! Da darf man nicht arbeiten, das weiß Jesus genau ...", so flüstern die Schriftgelehrten miteinander. Halb hört es Jesus, was sie sagen, halb errät er es, denn er kennt die Menschen gut. Er geht auf Jerim zu, spricht aber zu den Schriftgelehrten: „Wozu hat Gott den Menschen erschaffen: um Gutes zu tun oder gar nichts zu tun? Und was ist besser am Sabbat? Gutes tun oder gar nichts tun?" Dann wendet er sich Jerim zu und sagt nur: „Streck deine Hand aus!" Jerim tut das, vorsichtig, gespannt, erstaunt. Und: Er kann die Hand bewegen! Er ist geheilt! Jerim kann es kaum glauben. Er betrachtet seine Hand, dann ergreift er zaghaft die Hand von Jesus und drückt sie. „Danke!" Das kommt aus tiefstem Herzen.

„Das ist der Beweis!", ertönt aber nun eine aufgebrachte Stimme hinter Jesus. „Jesus hält sich nicht an die Gebote! Genauso wenig wie seine Jünger! Sie reißen Ähren ab, und er heilt den Kranken am Sabbat! Wer Gottes Gebote nicht befolgt, ist gegen Gott! Das werden wir dem Hohen Rat berichten!"

Der Dolch

Inhalt: *Amos und Judit entdecken einen versteckten Dolch, der Zeloten gehört. Diese wehren sich mit Gewalt gegen die römische Herrschaft.*

Stichworte: *Zeloten, Judentum, Palästina, Zeit Jesu, römische Herrschaft, Gewalt, Aufstand, Messiaserwartung*

▶   *Relifix 5, S. 36*

Judit und Amos streifen am Abend ums Dorf herum. Das machen sie gern, sie kennen jeden Weg, jeden Strauch, jedes Feld und jeden Hügel. Die Sonne steht schon tief über den Bergen, da erreichen sie ihren Geheimplatz: Hinter dem Hügel, bei der kleinen Quelle im Gebüsch, da haben sie sich ein Lager gebaut. Sogar ein kleines Schaffell ist da, das die Nachbarin Judit einmal geschenkt hat. Während Judit sich noch ein Stück Fladenbrot vom Abendessen schmecken lässt, schnitzt Amos an einem Stock. Judit hat Durst, sie klettert die paar Schritte hinunter zur Quelle. Plötzlich ruft sie: „Amos, komm schnell!" Das klingt so erschreckt, dass Amos gleich zu ihr stürzt. „Schau mal!", sagt Judit und deutet auf den Busch neben der Quelle. Amos sieht ihn nicht gleich, denn offensichtlich hat jemand den Gegenstand versteckt – nur ein Stück vom Griff ist zu sehen. „Das ist doch ein Dolch!" Amos kniet sich hin und zieht das blitzende Messer unter dem Busch hervor. „Ist ja nicht zu fassen!" Beide betrachten den Dolch und fühlen vorsichtig, wie scharf die Schneide ist. „Den behalte ich!", meint Amos. „Bist du wahnsinnig?", widerspricht Judit. „Du, Amos, den hat keiner verloren! Den hat einer versteckt! Einer, der ihn später wieder holen wird. Einer, der unseren Geheimplatz entdeckt und sich hier versteckt hat. Einer, der den Dolch hier gelassen hat, damit man ihn nicht bei ihm findet …!" Amos schaut Judit mit großen Augen an und flüstert: „Du meinst doch nicht etwa, dass die Zeloten …" „Wer sonst?", antwortet Judit ebenso leise. „Los, leg den Dolch wieder hin und lass uns verschwinden, aber schnell!"

Nun bekommen sie es beide mit der Angst zu tun und laufen los. Erst als sie ein gutes Stück entfernt sind, halten sie keuchend an und setzen sich auf die Erde. „Ich hätte nie gedacht, dass es bei uns Zeloten gibt!", sagt Amos. „Die Erwachsenen im Dorf machen so ein Geheimnis daraus", stimmt Judit zu. „Was hast du denn gehört?" „Die Zeloten kämpfen gegen die Römer", erklärt Amos mit gedämpfter Stimme. „Sie kämpfen mit Gewalt. Der Dolch ist ihre Waffe. Sie überfallen die Römer und verstecken sich dann wieder in den Bergen. Sie leben im Untergrund. Sie sind fest überzeugt, dass Gott ihnen helfen und den Messias schicken wird, der dann ihr Anführer sein wird. Die Römer glauben nicht an Gott; deswegen wird Gott sie strafen. Die Zeloten wollen die Römer aus dem Land vertreiben. Und viele aus dem Dorf halten zu ihnen, weil sie die Römer so hassen." „Das hab ich auch gehört", bestätigt Judit. „Selbst wenn jemand etwas weiß, verrät er es nicht. Vielleicht ist es ja sogar jemand, den wir kennen, der den Dolch da versteckt hat. Was passiert, wenn die Römer den erwischen?" Amos verdreht die Augen. „Mit dem würden die Römer kurzen Prozess machen, das kannst du glauben." – „Was sollen wir denn jetzt tun?" – „Jedenfalls war es gut, dass wir den Dolch nicht mitgenommen haben! Sollen wir Vater was erzählen? Was meinst du?"

Der Fischzug des Petrus

Inhalt: *Das Leben von Petrus und Andreas ist schwierig und ohne Perspektive: Unter den Fischern herrscht Konkurrenz, die Römer haben das Land besetzt. Petrus sehnt sich nach Hoffnung. Die gibt ihm Jesus, dem er als Jünger folgt.*

Stichworte: *Jesus, Petrus, Jünger, Palästina, Zeit Jesu, römische Herrschaft*

Relifix 5, S. 43

Petrus lebt mit seiner Familie und seinem Bruder Andreas an einem großen See. Es ist noch dunkel in dem kleinen, armseligen Dorf.
„He, Andreas, komm, steh auf!" „Ach, ich bin so müde." „Los, mach schon, jetzt ist es halb vier. Es ist längst Zeit!" „Immer in der Nacht aufstehen und auf den See …" „Komm schon, Andreas, Fischer ist Fischer. Jetzt in der Nacht, wenn es noch ganz still ist, vor Sonnenaufgang, kommen die Fische ganz nah an die Oberfläche und vielleicht fangen wir heute Nacht etwas mehr als sonst." „Das ist es ja: Wenn es sich wenigstens lohnen würde! Aber die ganze Mühe wegen der paar Fische, die wir fangen. Gerade mal leben können wir davon." „Jetzt mecker nicht rum, zieh dich an!" „Ja, ja …"
Die beiden machen sich auf den Weg und bald schon schaukelt ihr kleines Fischerboot leicht auf dem See. Still ist es. Vorsichtig werfen sie die Netze aus. Da auf einmal: „Macht, dass ihr fortkommt, hier fischen wir!" Ein anderes Fischerboot mit drei Fischern ist aufgetaucht. „Erzähl doch keinen Unsinn!", ruft Petrus zurück. „Wir fischen schon immer hier, fahrt gefälligst woanders hin!" „Willst du uns vielleicht Vorschriften machen? Schleicht euch, bevor wir rüberkommen!" Die drei Männer erheben sich im Boot. „Das will ich ja mal sehen! Kommt nur her, wenn ihr euch traut!" Petrus ist auch aufgestanden und jetzt steht er da mit seinem bloßen Oberkörper – man sieht seine starken Oberarme. Mit einer Hand hält er ein Ruder

zum Zuschlagen bereit. „Wenn ihr so schreit, ist es bald egal, wer hier fischt", mischt sich Andreas ein. „Dann verschwinden die Fische nämlich." Das andere Boot entfernt sich. Die Männer grummeln noch etwas, aber Petrus und Andreas haben es nicht mehr verstanden.

Langsam geht die Sonne auf, klettert höher und höher. Es wird heiß. Müde und erschöpft rudern Petrus und Andreas zum Ufer, ziehen das Boot an Land und holen die paar Fische, die sie gefangen haben, aus dem Netz. Die kaputten Stellen des Netzes bessern sie aus. Das Flickzeug haben sie dabei. „Ach Andreas! Wieder kaum Fische! Das ist doch kein Leben! Die Römer haben das Land besetzt, beuten uns aus; meine Familie kann ich kaum ernähren, und Freude macht mir mein Beruf auch nicht mehr so recht." „Ja, Petrus, wenn das das Einzige wäre. Ich finde was anderes noch schlimmer." „Was denn?" „Na ja, obwohl wir alle kaum etwas haben, sind doch immer alle gegeneinander! Die Auseinandersetzung mit den Fischern! Immer dieser Unfriede! Warum verstehen sich die Menschen nicht?" „Du bist gut! Wie soll man in diesem Land denn in Frieden leben? Die Römer haben das Land besetzt. Mit der Freiheit ist es aus. Sie bestimmen. Zu essen gibt es wenig. Alles läuft verkehrt. Weißt du was, Andreas?" „Hm?" „Ich sehne mich danach, dass sich etwas verändert. Dass alles anders wird!" „Tja, schön wär's ..." „Wie ist das eigentlich, Andreas: Sagen unsere Priester nicht, dass einmal ein König kommen wird, der alles in Ordnung bringt, sodass wir in Frieden und Freiheit miteinander leben können?" „Ja, ja: Der König, der Messias, soll schon kommen; aber ich weiß nicht – vielleicht ist das alles ja nur ein Traum." „Ja, vielleicht. Aber stell dir vor, es wäre wirklich so ..."

Petrus arbeitet weiter am Netz, aber mit seinen Gedanken ist er woanders. Er stellt sich den König vor, der alles anders macht, Frieden und Freiheit bringt ... Daher bemerkt er gar nicht die Menge der Leute, die sich am Ufer versammelt. „Petrus! Andreas!", spricht sie da plötzlich jemand an. „Bitte fahrt mich ein Stück mit dem Boot hinaus, damit ich zu den Leuten sprechen kann." Jesus ist es, der das sagt und nun schon in das Boot steigt. Obwohl einer so verblüfft wie der andere ist – Warum spricht er gerade uns an? Woher weiß er unsere Namen? –, redet weder Petrus noch Andreas ein Wort. Sie ziehen das Boot ins Wasser und rudern ein Stück hinaus. Dann erhebt Jesus die Stimme ... und spricht vom Reich Gottes, wo alle

Menschen in Frieden und Freiheit zusammenleben. Petrus hört zu. Er schaut Jesus an. Was in seinem Inneren los ist, kann er nicht beschreiben. Da: Jesus dreht sich zu ihm um und sagt: „Fahrt auf den See hinaus und werft eure Netze aus!" „Aber wir waren schon die ganze Nacht draußen. Wir haben kaum etwas gefangen. Aber wenn du willst, versuchen wir es noch einmal." So fahren sie hinaus, werfen die Netze aus und ... können sie kaum ins Boot zurückziehen, so voll mit Fischen sind sie! Petrus und Andreas müssen all ihre Kraft aufwenden, um das schwere Boot zurückzusteuern. Noch immer kein Wort. Jesus schaut Petrus an. Petrus schaut Jesus an. Als sie endlich am Ufer sind, bricht es aus Petrus heraus: „Jesus! Geh weg von hier! Ich bin es nicht wert, dass du bei mir bist!" Er ist vor Jesus auf die Knie gefallen. Doch Jesus reicht ihm die Hand und antwortet: „Du brauchst keine Angst zu haben. Von jetzt an wirst du nicht mehr Fische fangen, sondern du wirst Menschen zu mir bringen."

Andreas Herrmann

Aus der Bergpredigt

Stichworte: christliche Grundsätze, Feindesliebe, Goldene Regel, Vaterunser

⇒ *Relifix 2, S. 78*

Als Jesus die vielen Menschen sah, stieg er auf einen Berg. Er setzte sich, seine Jünger und viele Menschen versammelten sich um ihn. Jesus begann zu sprechen:
„Denkt nicht, ich sei gekommen, um die Gesetze und Gebote abzuschaffen. Nein, sie werden nicht außer Kraft gesetzt, im Gegenteil! Ihr habt gehört: ‚Du sollst nicht töten.' Ich aber sage euch: Wenn du auf einen anderen nur zornig bist oder ihn beleidigst, bist du schon schuldig. Wenn du gehst, um Gott eine Gabe zu bringen, und dir auf dem Weg einfällt, dass du Streit mit jemandem hast, so kehre um und versöhne dich erst mit ihm.
Ihr habt gehört: Auge um Auge, Zahn um Zahn; wer dich schlägt,

an dem wirst du dich rächen. Ich aber sage euch: Vergelte nicht Böses mit Bösem. Wenn dir jemand Unrecht tut, wehre dich nicht. Wenn dich jemand auf die rechte Backe schlägt, halte du ihm die linke hin. Wenn dich jemand zwingen will, eine Meile mit ihm zu gehen, dann geh mit ihm zwei.

Ihr habt gehört: Du sollst deinen Nächsten lieben und deinen Feind hassen. Ich aber sage euch: Liebt eure Feinde und betet für die, die euch Böses wollen. Wenn ihr nämlich nur die liebt, die euch lieben, was tut ihr damit Besonderes?

Die Goldene Regel heißt: Behandle die anderen so, wie du behandelt werden willst!

Wenn ihr Gutes tut, gebt nicht damit an! Wenn ihr einem armen Menschen Geld gebt, macht das unauffällig, damit es niemand sieht. Gott sieht es und wird euch dafür belohnen. Wer seine Hilfsbereitschaft überall herumposaunt, damit alle es sehen, ihn loben und bewundern, der hat seinen Lohn schon gehabt.

Ebenso ist es mit dem Beten: Stellt euch nicht zum Gebet in die Menschenmenge auf die Straße, damit nur ja alle sehen, dass ihr betet. Wenn du betest, geh in dein Zimmer, verschließe die Tür und bete im Verborgenen.

Wenn ihr betet, dann betet nicht so wie die Heiden, die viele Götter haben. Sie meinen, ihre Götter erhören sie dann, wenn sie möglichst viel beten. Macht es nicht so wie sie; ihr müsst nicht endlose Gebete sprechen, denn Gott, euer Vater, weiß, was ihr braucht, noch ehe ihr ihn darum bittet.

So also betet." Und Jesus lehrte sie das Vaterunser:

„Vater unser im Himmel!

Geheiligt werde dein Name.

Dein Reich komme.

Dein Wille geschehe, wie im Himmel, so auf Erden.

Unser tägliches Brot gib uns heute.

Und vergib uns unsere Schuld, wie auch wir vergeben unseren Schuldigern.

Und führe uns nicht in Versuchung, sondern erlöse uns von dem Bösen.

Denn dein ist das Reich und die Kraft und die Herrlichkeit in Ewigkeit.

Amen."

Vaterunser: Dein Reich komme – Felix und die „Helfenden Hände"

Inhalt: *Das Himmelreich ist einerseits Hoffnung für die Zukunft und andererseits schon da: dort, wo Menschen Gutes tun. – Felix ist neu in der Schule und tut sich schwer; er findet Hilfe bei einer Schülerinitiative.*

Stichworte: *Vaterunser, Himmelreich, Reich Gottes, Schule, neu in der Klasse, Außenseiter, Versagen, Hilfsbereitschaft, Freundschaft*

⮕ *Relifix 2, S. 80*

Felix ist unglücklich. Wie in jeder großen Pause steht er allein in einer Ecke des Pausenhofes und sieht den anderen Kindern beim Spielen zu. Wie gerne würde er mit den anderen aus seiner Klasse Ball spielen! Aber er traut sich einfach nicht, sie zu fragen. Felix ist neu in der Klasse. Und er ist schüchtern. Ihm fällt es sehr schwer, auf andere zuzugehen. Deswegen hat er bis jetzt noch niemanden aus seiner Klasse richtig kennengelernt.

Kurz vor Beginn des neuen Schuljahres musste er mit seinen Eltern umziehen. Sein Vater hatte eine neue Arbeit gefunden, und so zogen sie nach München. Nun geht Felix in dieser fremden Stadt in eine Klasse mit lauter fremden Kindern. Dazu kommt noch, dass er in der Schule nicht besonders gut ist. Manchmal erklärt Frau Greif, die Klassenlehrerin, Dinge einfach zu schnell und er versteht sie nicht, weil er es in seiner alten Schule anders gelernt hat. Aber anstatt die Kinder aus seiner Klasse zu fragen, sagt er lieber gar nichts und tut so, als ob er es verstanden hätte. Die Hausaufgaben macht er natürlich auch immer allein, und weil er den Stoff im Unterricht nicht richtig verstanden hat, macht er dabei oft einige Fehler. Das Schlimmste ist, wenn ihn Frau Greif deshalb dann vor der ganzen Klasse schimpft und besonders streng zu ihm ist. Irgendwer hat ihn auch noch ausgelacht. – Nein, die Schule macht Felix wirklich keinen Spaß. Das kann man gut verstehen.

Wenn er so allein im Pausenhof steht, stellt er sich oft eine schönere und bessere Schule vor. In dieser Traumschule hat er viele gute Freunde, die Lehrerin ist nicht so streng zu ihm, auf dem Pausenhof lassen die einen die anderen mitspielen und das Lernen macht ihm großen Spaß. Alle helfen sich gegenseitig, und wenn man etwas falsch gemacht hat, wird man nicht geschimpft und auch nicht ausgelacht. – Doch diese Schule gibt es nur in Felix' Fantasie. Leider ...

„Hi, ich bin Suse, warum stehst du denn hier so alleine?", fragt auf einmal ein großes, freundliches Mädchen aus der 4. Klasse und reißt Felix aus seinen Träumereien. „Ach, ich habe gerade keine Lust zu spielen", schwindelt Felix verlegen. „Komm doch mal mit!", sagt Suse und nimmt Felix an der Hand. Bevor er widersprechen kann, sind die Zwei im Schulhaus, und Suse führt ihn in den dritten Stock. Vor einer Tür bleiben sie stehen. Felix liest das Schild: „Helfende Hände – Neue Mitglieder dringend gesucht!" Suse klopft und öffnet die Tür. „Hi, Leute!" „Hallo, Suse!", antworten einige Mädchen und Jungen. Suse bietet Felix einen Stuhl an und die beiden setzen sich an einen runden Tisch. „Willst du vielleicht bei uns mitmachen?", fragt Suse. „Ähh, bei was denn mitmachen?", will der verwirrte Felix wissen. „Hast du unsere Schilder und unseren Briefkasten noch nicht gesehen? ‚Probleme ohne Ende? Komm zu: Helfende Hände!' Wir kümmern uns um die Sorgen der Kinder. Jeder, dem etwas auf dem Herzen liegt, der Streit hat, der Hilfe bei den Hausaufgaben oder beim Lernen braucht, kann zu uns kommen, und wir versuchen zu helfen. Wir wollen, dass sich alle in der Schule wohlfühlen. Wir konnten schon vielen Kindern helfen."

Felix ist so froh, Suse getroffen zu haben! „‚Helfende Hände' ist echt eine tolle Sache", denkt er sich und sagt zu Suse: „Ja! Ich würde sehr gerne bei euch mitmachen! Aber ich kenne fast niemanden, denn ich bin neu." „Umso besser! Dann habe ich schon eine Aufgabe für dich und für uns: Wir finden alle neuen Kinder heraus und kümmern uns um sie." „Ihr bekommt eine Führung durch das Schulhaus", schlägt ein Junge vor. „Und ich bin gut in Mathe, ich kann dir helfen", bietet ein Mädchen an.

Als er am nächsten Morgen in die Schule kommt, stürzen Peter und Georg aus seiner Klasse auf ihn zu. Peter platzt heraus: „He, Felix, meine Schwester Suse hat gesagt, du bist jetzt auch bei ‚Helfende Hände', stimmt das? Das finden wir total super! Wir haben uns auch schon überlegt, da mitzumachen. Gehen wir später zusammen hin?"

Nun ist Felix nicht mehr unglücklich. Er denkt sich: „Das ist zwar noch nicht meine Traumschule, aber es ist schon viel besser als vorher. Jetzt kann ich sogar anderen helfen, dass unsere Schule wirklich eine Traumschule wird!"

Benjamin Baumann

Vaterunser: Unser tägliches Brot gib uns heute – Ausreden

Inhalt: *Wir bitten im Vaterunser um das, was wir zum Leben brauchen. – Tina benutzt Ausreden und kommt nicht mit, wenn die Freunde sich am Nachmittag zum Baden oder im Kino treffen. Es stellt sich heraus, dass sie durch die Arbeitslosigkeit ihrer Mutter in Geldnot ist.*

Stichworte: *Armut, Arbeitslosigkeit, lebensnotwendig, Lügen, Freundschaft, Freizeitgestaltung*

⏵   *Relifix 2, S. 81*

„Dann bis später!", verabschiedet sich Mirjam von ihrer Freundin Tina und rennt, damit sie den Bus noch erwischt. Am Nachmittag hat sie sich mit einigen aus ihrer Klasse im Hallenbad verabredet. Gut gelaunt erzählt sie das ihrer Mutter beim Mittagessen. „Mama, bekomme ich bitte das Eintrittsgeld?", fragt sie. „Klar!", meint ihre Mutter und holt den Geldbeutel. „Ich freue mich ja, dass du etwas unternimmst." „Wie nett! Danke!", ruft Mirjam und ist schon auf dem Weg in ihr Zimmer, um die Badesachen zu packen.

„Wo bleibt bloß Tina?", wundert sich Tobias. Nun warten sie schon eine Viertelstunde vor dem Hallenbad; alle sind da, nur Tina fehlt. „Wir gehen jetzt hinein, würde ich sagen. Sie wird uns schon finden, wenn sie später kommt."

Tina kommt aber nicht. Am Abend ruft Mirjam sie an. „Du, es tut mir leid!", antwortet Tina bedrückt. „Aber meine Mutter hat nicht erlaubt, dass ich mit euch zum Schwimmen gehe, weil ..., weil ich erkältet bin." „Na, dann gute Besserung!", wünscht Mirjam und legt den Hörer auf. „Komisch!", murmelt sie kopfschüttelnd. „Heute Morgen war sie doch gesund!"

„He, Mirjam, Tina! Ihr seid auch zu meinem Geburtstagsfest am nächsten Samstag eingeladen!", verkündet Tobias in der Schule. „Wir gehen zum Kegeln! Habt ihr Lust?" „Au ja!" Mirjam klatscht in die Hände. „Tina! Das wird lustig!" Doch Tina druckst herum: „Tobi, da kann ich nicht kommen. Meine Mama sagt, dass wir am Wochenende meine Oma besuchen." „Tina, nein! Bitte frag doch deine Mama, ob sie das verschieben kann!" Tobi und Mirjam bestürmen Tina zu zweit. „Nein! Ich weiß, meine Mama lässt nicht mit sich reden!", ruft schließlich Tina verzweifelt. Sie ist den Tränen nahe. „Na, wer nicht will, der hat schon. Dann lässt du es eben bleiben." Tobi wendet sich ab.

Jedenfalls hat sie etwas verpasst, denn Tobis Geburtstag ist lustig. Über Mirjams Geschenk, eine DVD von einem lustigen Film, die sie ganz günstig für 9,90 Euro erstanden hat, freut Tobi sich sehr. Sie kegeln den ganzen Nachmittag und haben eine Menge Spaß miteinander. Das alles erzählt am Montag Mirjam Tina. „Soll sie ruhig neidisch werden", denkt Mirjam. Tina ist auch neidisch, das merkt sie. Mit gesenktem Kopf hört sie Mirjam zu.

Doch erst ein paar Tage später kommt die Wahrheit ans Licht. Es ist wieder Freitag und wieder haben Mirjam und die anderen eine Idee, was sie am Wochenende zusammen unternehmen könnten. „Lasst uns doch ins Kino gehen!", schlägt Mirjam vor. „Das kostet ja 7 Euro!", entfährt es Tina. „Na und?", meint Tobi. „Ja, aber ..., ich ... hab keine Zeit ...", stottert Tina. Und ehe Tobi und Mirjam etwas sagen können, heult sie los. Sie weint bitterlich. Mirjam hat tröstend den Arm um sie gelegt, Tobi reicht ihr ein Taschentuch. Als Tina sich endlich etwas beruhigt hat, beginnt sie, ganz leise, zu sprechen: „Es ist so: Ich hab überhaupt kein Geld", schluchzt sie, „weil meine Mama arbeitslos ist. Und sie hat gesagt, ich soll es niemandem erzählen. Aber uns reicht das Geld überhaupt nicht. Sie kann mir kein Geld fürs Schwimmbad geben oder fürs Kino und, Tobi, auch nicht für ein Geburtstagsgeschenk für dich. Es tut mir leid, ich habe dich angelogen. Aber nur meiner Mutter zuliebe." Wieder beginnt sie zu weinen. „Das ist bestimmt ganz schön schlimm für deine Mutter und für dich", meint Tobi mitfühlend. Alle schweigen eine Weile. Doch dann hat Tobi einen Einfall. „Tina!", schlägt er vor: „Dann gehen halt wir nicht ins Kino, sondern ihr kommt zu mir! Wir könnten den Film, den mir Mirjam geschenkt hat, zusammen anschauen! Was meinst du?" „Oder wir fahren mit den Inlineskates!" „Oder wir spielen ‚Uno'!" Tobi und Mirjam überschlagen sich beinahe vor lauter Vorschlägen. „Und alles kostet nichts! Ist doch toll, was man ohne Geld alles unternehmen kann!" Tina schaut Tobi und Mirjam an: „Ihr seid nicht böse auf mich?", fragt sie vorsichtig. „Natürlich nicht!", bekräftigt Mirjam. „Deiner Mama können wir leider nicht helfen, eine neue Arbeit zu finden. Aber dass du unsere Freundin bleibst, das ist doch klar!"

Vaterunser: Und führe uns nicht in Versuchung – Das Rechenquiz

Inhalt: *Sonja erfährt die Lösungen vom Rechenquiz; der Gewinn lockt, aber schließlich widersteht sie der Versuchung und ist erleichtert.*

Stichworte: *Versuchung, Betrug, Geld, Neid, schlechtes Gewissen*

➡ *Relifix 2, S. 83*

„Herzliche Einladung zum Sommerfest der Schule! Am Freitag um 15 Uhr ist für jeden etwas geboten: Spiele, Losbude, Flohmarkt, Kaffee und Kuchen, Hüpfburg und ein Wettrechnen! Hauptpreis: ein MP3-Player im Wert von 100 Euro!" Sonja lässt den Zettel sinken. Ein MP3-Player, das wäre es! Den wünscht sie sich schon so lange! Ihre Lieblingsmusik auch im Bus hören zu können oder wenn sie mit den anderen ins Schwimmbad geht, das fände sie toll. Doch zu ihrem 13. Geburtstag hatte sie ihn wieder nicht bekommen. „Na, Sonja, den hättest du wohl gern!", hört sie da plötzlich eine Stimme hinter ihr. Sonja zuckt zusammen und fährt herum. „Hey, du kannst doch nicht seit Neuestem Gedanken lesen!", erwidert sie. Hinter ihr steht Bernd, den sie nicht gerade besonders mag. „Das war nicht nötig!", meint der grinsend. „Du hast ja selbst letzte Woche noch davon gesprochen, wie sehnsüchtig du auf Weihnachten wartest, weil du einen MP3-Player willst. Nur: Bis dahin dürften es noch annähernd zweihundert Tage sein. Zu schade aber auch!" „Kann dir doch egal sein!" Sonja weiß, warum sie Bernd nicht mag. Der immer mit seinen blöden Bemerkungen! Sie will gehen, doch Bernd hält sie auf. „Die Sache ist nämlich die", flüstert er verschwörerisch. „Du könntest doch vielleicht das Wettrechnen gewinnen, rein zufällig!" „So, rein zufällig!" Jetzt wird Sonja langsam ungeduldig. „Was willst du denn überhaupt?" „Nicht ganz zufällig!" Bernd hält sie am Arm fest. „Man könnte vielleicht vorher die Lösungen wissen …!" Sonja schaut Bernd prüfend an, aber er scheint es ernst zu meinen.

„Du hast die Lösungen?", fragt sie ungläubig. „Woher denn?" „Psst. Berufsgeheimnis! Man kommt so herum, wenn man für die Lehrer etwas holen soll, zum Beispiel am Schreibtisch von Frau Heitmann. Zu leichtsinnig aber auch, die Rechenaufgaben einfach so in die Schublade zu legen …" Bernd zieht einen zerknitterten Zettel aus der Tasche. „Nun sag schon: Hast du Interesse oder nicht?" „Nun, da wären noch zwei nicht unwichtige Fragen zu klären", sagt Sonja. „Erstens: Warum benutzt du die Lösungen nicht selber? Und: Was willst du dafür?" „Ach ja, stimmt! Ganz umsonst gibt es dieses Zettelchen natürlich nicht. Tja, ich dachte an ein Referat in Deutsch, natürlich mit dem Computer geschrieben. Das wäre doch ein guter Tausch. Und, übrigens: Ich habe schon einen MP3-Player, deswegen will ich nicht selbst gewinnen!" Sonja überlegte. Sie war nicht schlecht in Deutsch. Das Referat, das Bernd meinte, war eine Buchvorstellung. Eigentlich kein Problem für sie. Buch lesen, ein bisschen darüber schreiben … für einen MP3-Player! „Einverstanden! Schlag ein!" Und Sonja streckt Bernd die Hand hin.

„587, 203, 444, 0, 682" murmelt Sonja zum hundertsten Mal vor sich hin. Sie prüft noch ein letztes Mal. Doch, sie kann die Zahlen auswendig. Der große Tag ist gekommen. Bernd hat sein Referat bekommen und sie den Zettel mit den Lösungen. Etwas komisch war ihr schon zumute, als sie sich für das Wettrechnen angemeldet hatte, aber sie schiebt das schlechte Gewissen beiseite. „Keine freut sich so auf den MP3-Player wie ich!", denkt sie. „Die sollen mir ruhig gönnen, dass ich ihn gewinne!" „Die Teilnehmer des Wettrechnens sollen nun bitte auf die Bühne kommen!", kündigt die Schulleiterin das große Ereignis an. Sonja schiebt den Zettel schnell in die Tasche zurück. Niemand hat sie beobachtet. Auf der Bühne sind für die Teilnehmer Stühle aufgebaut. 14 Schülerinnen und Schüler hatten sich gemeldet. Die Aufgabe besteht darin, lange Kettenaufgaben im Kopf zu lösen. „Ich bitte um Ruhe!", ruft die Mathelehrerin. „Es geht los! Die erste Aufgabe lautet: 285 + 341 + 94 : 8 x 7 – 432 + 389 = ?"

„587!", stößt Sonja hervor. Doch als die Leute begeistert klatschen, kommt sie sich plötzlich ganz elend vor. Das hat sie nicht verdient. Nein, das ist nicht richtig! Ihr kommt das Vaterunser in den Sinn: „Und führe uns nicht in Versuchung", heißt es doch da. Sonja passt überhaupt nicht mehr auf. Eben hat eine Mitschülerin die zweite Aufgabe richtig gerechnet.

Auf einmal will Sonja den MP3-Player gar nicht mehr gewinnen. Sie senkt den Kopf und presst den Mund zu. Als kurze Zeit später strahlend die Mitschülerin den Preis in Empfang nimmt, schleicht Sonja von der Bühne.

„Das ist ja gerade noch einmal gut gegangen", seufzt sie. „Wie lange ist es noch bis Weihnachten?"

Vaterunser: Vergib uns unsere Schuld – Die Geschichte von Käpt'n Kokosnuss

Inhalt: *Ein neuer Junge kommt in die Klasse, der durch aggressives Verhalten auffällt. Durch die liebevolle Zuwendung der Mutter eines Mitschülers lernt er, zu verzeihen, anstatt zuzuschlagen.*

Stichworte: *Außenseiter, Aggression, Streit, Konkurrenz, Gewalt, Zuwendung, verzeihen, verwahrlost, schwierige Familienverhältnisse, Verständnis*

▭▶ *Relifix 2, S. 82*

Früher hatte ich Angst vor Rico. Als er neu in unsere Klasse kam, zeigte er allen gleich, wo's lang ging. Er war größer und stärker als wir alle, größer und stärker sogar als Oliver. Aus einem anderen

Stadtteil war er hierhergezogen, und ich weiß noch, dass ich am ersten Tag mittags dachte: „In der anderen Schule sind die bestimmt froh, dass der weg ist." Denn es gab Ärger vom ersten Tag an. Rico hielt sich nicht an die Regeln, die unsere Lehrerin, Frau Raab, uns Tag für Tag predigte: „Seid leise im Flur! Wartet auf mich und lauft nicht vor!" ... und so weiter. Die wichtigste Regel war für sie, dass wir uns nicht prügeln sollten. „Mit Worten streiten, nicht mit Fäusten!", war ihre Devise.

Wie gesagt, es war am ersten Tag, und Rico hielt sich an keine der Regeln: Als Pause war, standen wir oben, aber er rannte mit seinem Brot in der Hand los, ohne auf Frau Raab zu warten. Auf der Treppe überholte er die Kinder der ersten Klasse, und dann passierte es: Ein Junge hob zufällig gerade den Arm, als er vorbeidrängelte, und traf Ricos Hand, die mit dem Brot. Ricos Brot flog in hohem Bogen auf den Boden. Und Rico? Ohne weitere Vorwarnung schlug er den Kleinen so fest, dass er jämmerlich zu schreien und zu weinen begann. Noch lauter war aber Rico. Er schimpfte: „Spinnst du?! Du hast wohl 'nen Sprung in der Schüssel?! Mir mein Brot aus der Hand zu schlagen! Das wird dir noch leidtun!" „Aber ich wollte es doch gar nicht!", schluchzte der Junge und rieb sich den Arm. „Du hast es aber getan! Blödheit tut halt weh!", brüllte Rico. Mittlerweile war zum Glück eine Lehrerin, Frau Herrmann, auf den Lärm aufmerksam geworden. „Was ist denn hier los?", fragte sie. Sie ließ sich kurz von den Kindern erzählen, was passiert war. „Du liebe Zeit! Bloß weil Enes dich versehentlich angestoßen hat, haust du gleich zu?", fragte sie dann ärgerlich. „Na klar! Wenn er sich so dumm anstellt, kriegt er eine drauf!", antwortete Rico, der sich nicht einmal von der Lehrerin einschüchtern ließ. „Jetzt hab ich kein Brot mehr, und wer ist schuld? Er! Er soll mir ein neues bezahlen!" „So, und weißt du was: Jetzt kommst du mit ins Büro!", bestimmte Frau Herrmann, der es allmählich zu bunt wurde. „Dann sehen wir weiter, wer hier was bezahlt und wer eine Strafe bekommt." „Keine Zeit!", rief Rico frech und lief weg. „Wie bitte?" Frau Herrmann glaubte nicht recht zu hören. „Das darf ja wohl nicht wahr sein! Wer ist denn das?" – Meine halbe Klasse und ich, wir hatten das alles mitbekommen, und als nun Frau Raab kam, um uns hinunterzubringen, umringten wir Frau Herrmann und Enes. „Das war Rico! Der ist neu in unserer Klasse!", erzählten einige. „Na, sauber!", meinte Frau Herrmann und dann sprach sie noch mit Frau Raab, während wir hinausgeschickt wurden.

Draußen gab es gleich wieder Probleme. Rico war schnurstracks auf den Sportplatz gestürmt. Es zeigte sich schnell, dass er ein ausgezeichneter Fußballspieler war. Aber wehe, wenn jemand einen Fehler machte! Oliver war der Torwart unserer Mannschaft. Ein guter Torwart, eigentlich. Aber diesmal hatte er Pech: Ein Ball, den er normalerweise sicher gehalten hätte, rutschte ihm aus der Hand und ging ins Tor. Und noch dazu hatten wir damit dann das Spiel verloren! Das war zu viel für Rico. Wutentbrannt rannte er auf Oliver zu und trat ihn gegen das Schienbein. „Wegen dir haben wir verloren!", schimpfte er. „Lern erstmal richtig Fußball spielen!"

Also, das war Ricos erster Tag. Natürlich beschwerte sich auch Oliver bei Frau Raab, und die schrieb dann, zusammen mit Frau Herrmann, eine Mitteilung an Ricos Eltern. Das hat sie gesagt, vor der ganzen Klasse, und komischerweise war Rico ganz still.

Am Mittag war Rico natürlich das Gesprächsthema Nummer eins. Vor allem Oliver regte sich furchtbar auf – kann ich gut verstehen! Dass der entscheidende Treffer auf sein Konto gegangen war, wurmte ihn sowieso. Aber dass er auch noch den Tritt von Rico einstecken musste! „Den knöpf ich mir vor!", drohte er. „Er ist aber stärker. Da ziehst du den Kürzeren", wandte ich ein. „Egal!", knurrte er wütend. – Auf der Brücke blieben wir stehen. Wir müssen nämlich auf unserem Schulweg am Bach entlang und über die Brücke. Jeden Tag nach der Schule spielen wir das gleiche Spiel; das geht so: Einer wirft ein Stück Holz oder Rinde oder so etwas ins Wasser, irgendetwas, das schwimmt. Dann versuchen alle, es mit kleinen Steinchen zu treffen. Wer zuerst trifft, hat gewonnen. „He, seht mal, wer da kommt!", rief plötzlich Anja. Wir drehten die Köpfe: Rico! „Was glotzt ihr denn so?", blaffte er unfreundlich im Vorbeigehen – aber immerhin ließ er uns in Ruhe.

Es stellte sich heraus, dass er den gleichen Schulweg hatte wie ich und nur zwei Häuser weiter wohnte. Oh je, das konnte ja was werden! Zum Glück gingen wir immer zu viert, und die anderen holten mich ab. „Wenn er dir etwas tut, dann kümmere ich mich darum!", versprach mir meine Mama, als ich ihr alles erzählte. „Aber solange er dich in Ruhe lässt, sollten wir nicht schlecht von ihm denken." Meine Mama! Sie will immer, dass man nichts Schlechtes von den anderen denkt. Sie glaubt an das Gute im Menschen. Sie ist echt lieb, meine Mama!

Ein paar Tage später hatte Rico ein Kapuzen-Sweatshirt an. Die Kapuze behielt er auf, auch im Zimmer. Gerade schaute sein Gesicht noch heraus. „Ist dir kalt?", wollte Georgios wissen. „Lass mich doch!", murmelte Rico und drehte sich weg. Einen kurzen Augenblick sah man seine Backe – war die ganz rot und blau? Ich tauschte einen Blick mit Anja; sie hatte es auch gesehen. Aber dann zuckte sie die Achseln.

Rico war nun schon ein paar Wochen da. Man kann nicht wirklich sagen, dass er sich eingewöhnte. Es gab Ärger noch und nöcher. Aber immerhin waren auch ein paar normale Tage dabei, an denen nichts passierte. Unser Spiel auf der Brücke machte ihm Spaß, da war er jetzt immer mit dabei. Es holte ihn zwar in der Früh keiner von uns ab, aber am Mittag ging er mit uns.

Dann kam so ein Regentag. Wir hatten es alle eilig heimzukommen, besonders Rico, weil er keine Regenjacke hatte. Er trug, wie so oft, seine Kapuzen-Sweatshirt-Jacke. Also mit so einer Jacke hätte mich meine Mama bei dem Wetter nicht in die Schule gehen lassen. Sie war auch schon ganz nass.

„Brr! Ist das ein scheußliches Wetter! Zum Glück bin ich ja jetzt daheim!", freute ich mich ein paar Minuten später. „Und es gibt dein Lieblingsessen: Nudeln mit Tomatensoße!", verkündete Mama. „Deck doch schon mal den Tisch!" Als ich das Besteck aus der Schublade holte, sah ich durchs Fenster Rico. Er stand vor seiner Haustür. „Warum geht er denn nicht rein?", wunderte ich mich. „Er muss doch frieren?" „Was ist denn?", wollte Mama wissen. „Rico steht da draußen!", antwortete ich. „Na so was!" Auch sie verstand das nicht. Und dann kam wieder mal eine echte Mama-Aktion: Sie öffnete das Fenster und rief laut: „Rico, he, Rico! Ich bin die Mama von Timo. Magst du zu uns kommen?" Rico kam tatsächlich! „Sind deine Eltern nicht da?", erkundigte sich Mama, als Rico vor der Tür stand. „Mein Papa – ich weiß nicht", erwiderte Rico. „Du musst ihm Bescheid sagen. Am besten, du sprichst auf den Anrufbeantworter", schlug Mama vor. „Und dann solltest du etwas Trockenes anziehen. Timo, holst du mal einen Pulli für Rico?"

Mann, hatte Rico Hunger! Die Nudeln, die eigentlich noch für Papas Abendessen gereicht hätten, aß er ganz auf. „Darf ich noch etwas nehmen?", fragte er immer wieder. „Gern! Es freut mich, wenn es dir schmeckt!", meinte Mama. Nach dem Essen ist immer Lesezeit bei uns. Mama trinkt ihren Kaffee und liest die Zeitung, ich mache es mir auf dem Sofa bequem und lese ein Buch. Das Beste ist: Wenn ich ein Kapitel gelesen habe, liest Mama mir eins vor. Ah, das mag ich gern! Aber Rico erst: Er saß auf dem Sofa, hörte total aufmerksam zu, stellte auch immer wieder Fragen und wollte alles ganz genau wissen. Es war die Geschichte vom Käpt'n Kokosnuss, dessen Schiff von Piraten versenkt wurde. Er strandete auf einer einsamen Insel. Als das Kapitel zu Ende war, bettelte er: „Bitte weiterlesen, bitte! Es ist gerade so spannend!" „Lesen deine Eltern dir nicht vor?", wollte Mama wissen. „Mein Papa – nein! Nie! Und meine Mama ist weggegangen", sagte Rico leise. „Oh, das tut mir leid", sagte Mama und fügte dann hinzu: „Wenn du magst, kannst du gern öfter kommen, zum Essen oder zum Vorlesen."

Erst bekam ich einen Schreck, als Mama diesen Vorschlag machte. Aber schon nach ein paar Tagen merkten wir beide, dass Rico wirklich nett sein konnte. Er half beim Tischabräumen und so. Rico liebte die Lesezeit über alles. Und das Lustige war: Er wollte immer das gleiche Buch hören. Mama las die Geschichte von Käpt'n Kokosnuss für ihn noch einmal von vorn. Klar, er kannte ja den Anfang nicht. Aber als sie zu Ende war, bat er: „Bitte, nochmal! Die Geschichte ist so schön!" „Na gut!", lächelte Mama. „Wenn es dir solche Freude macht! Aber heute nicht mehr!" – Als Mama das Buch zum zweiten Mal las, fragte Rico plötzlich: „Was ist eine Kokosnuss?" „Du hast noch nie eine Kokosnuss gesehen?", wunderte sich Mama. „Na, da bring ich doch mal eine mit!"

Das tat sie dann bei nächster Gelegenheit, und zu dritt, mit Bohrer, Säge und Stemmeisen, schafften wir es, sie zu knacken. „Mhm! Das schmeckt! Jetzt bin ich Käpt'n Kokosnuss!", lachte Rico, denn auf der einsamen Insel hatte sich Käpt'n Kokosnuss natürlich nur von Kokosnüssen ernährt. Er wollte die Geschichte spielen und rief: „Endlich! Da ist ein Schiff!" Er begann, wild zu winken. Doch wie dumm! Dabei warf er sein volles Saftglas um! Der Saft ergoss sich über die Tischdecke, über die Kokosnuss und über Mamas Hose. „Oh je!", rief Mama aus und sprang auf. Eilig holte sie Lappen und wusch ihre Hose aus. „Schnell, helft doch!", forderte sie uns auf, aber Rico blieb sitzen. Erst jetzt fiel uns auf, dass er starr vor Schreck, mit eingezogenem Kopf dasaß. „Was ist denn?" Mama trat auf ihn zu. Rico zuckte zurück. „Das ist doch nicht so schlimm!", beruhigte ihn Mama. „Es war ja nicht Absicht!" Rico sagte nichts, aber er half dann doch beim Aufputzen. Als er sich später verabschiedete, druckste er etwas herum, und schließlich fragte er: „Darf ich morgen wieder kommen?" „Natürlich! Du bist willkommen! Das weißt du doch!", versicherte meine Mama. Ricos Gesicht hellte sich auf, als er das hörte: „Ja dann, bis morgen, und: Danke!" Als er gegangen war, schaute Mama ihm kopfschüttelnd nach: „Kann sein, dass sein Papa anders reagiert, wenn er etwas umwirft", seufzte sie und fügte hinzu: „Der Papa, dem es scheinbar egal ist, wie viele Stunden sein Sohn nicht daheim ist ..."

In der Schule lief es immer besser mit Rico. Er fand sich zurecht, war nicht mehr so brutal und hatte gelernt, auf Frau Raab zu hören. Nur mit Oliver gab es immer noch Probleme; die beiden waren am ersten Tag Feinde geworden und das änderte sich nicht. Solange sie sich nicht in die Quere kamen, ging es einigermaßen.

Mama brachte wieder eine Kokosnuss mit, und diesmal schenkte sie sie Rico! Rico freute sich wie toll. Er sprang jubelnd mit der Kokosnuss in der Hand durch die Küche, und Mama und ich, wir mussten beide lachen, weil er gar so begeistert war – wegen einer Kokosnuss! Das ist doch nichts Besonderes. Für Rico war sie aber offensichtlich etwas Besonderes, und er nahm sie am nächsten Tag sogar mit in die Schule, um sie den anderen zu zeigen. „So, Rico, jetzt aber weg mit der Kokosnuss; jetzt wird gelernt!", bestimmte Frau Raab, und Rico packte die Kokosnuss in seine Schultasche. Weil die Kokosnuss so groß war, konnte Rico seine Tasche nicht mehr zumachen. „Ich muss aufpassen, dass ich sie nicht verliere", murmelte Rico.

Später waren wieder alle auf der Brücke versammelt. Die Taschen standen herum, während wir versuchten, das im Bach schwimmende Holzstück zu treffen. Anja hatte eine Handvoll Steinchen gesammelt, und alle drängten zu ihr hin, um sich Steinchen zu nehmen. Da passierte es: Oliver stieß an Ricos Tasche, die Tasche kippte um, die Kokosnuss rollte heraus und – ehe jemand reagieren konnte – fiel sie über den Rand der Brücke in den Bach. Wir hörten sie platschen, stürzten zum Geländer – da schwamm sie davon. Erst waren wir alle wie erstarrt. Wir sahen der Kokosnuss nach, wie sie von der Strömung weggetragen wurde. Vorsichtig warfen wir einen Blick auf Rico, der aussah, als würde er gleich losheulen. Wer aber dann tatsächlich zu weinen begann, war Oliver. „Das wollte ich nicht!", schluchzte er. Rico ging auf ihn zu, hob die Hand, und wir dachten alle: „Jetzt gibt's Prügel!" Aber, es war unglaublich: Rico legte seine Hand tröstend auf Olivers Schulter und sagte leise: „Nicht so schlimm!" Dass ihn das Überwindung kostete, war ihm anzumerken, na klar, es war ja auch seine geliebte Kokosnuss futsch. Aber er schaffte es. Er konnte Oliver verzeihen!

Schweigend machten wir uns auf den Heimweg. Ich konnte es gar nicht erwarten, meiner Mama das alles zu erzählen. Ich wusste genau, was sie tun würde, wenn sie diese Sache hörte. „Kommst du heute mit zu mir?", fragte ich Rico. Der nickte, und ein kleines Lächeln erschien auf seinem Gesicht.

Die Speisung der 5000

Inhalt: *Jana und Simon hören von Jesus die Seligpreisungen, die ihnen helfen, sich mit dem verfeindeten Nachbarn zu versöhnen. Am Abend teilen alle alles, was sie haben, und werden satt.*

Stichworte: *Jesus, Zeit Jesu, christliche Grundsätze, Seligpreisungen, Streit, Teilen, Versöhnung*

➡ *Relifix 4, S. 51*

„Jana, Jana!", ruft Simon seine Frau. „Komm schnell! Jesus ist da! Lass uns hingehen!" Jana eilt aus dem Garten herbei. Von Jesus haben sie schon viel gehört. Gerade letzte Woche hat Simon wieder gesagt: „Hoffentlich kommt Jesus bald einmal in unsere Gegend! Er muss wirklich ein besonderer Mensch sein." Nun steht Simon schon in der Tür, bereit zum Aufbruch. „Simon, geh hinüber und sage Majda Bescheid!", bittet Jana. „Ich packe noch schnell eine Kleinigkeit zu essen ein und einen Krug Wasser!" „Mach ich!" Simon ist schon unterwegs. Majda ist ihre Nachbarin und zugleich ihre beste Freundin. Sie ist schon alt, sie kann nicht mehr gut gehen. Seit ihr Mann gestorben ist, ist sie ganz allein auf der Welt. Aber zum Glück hat sie Jana und Simon. Sie helfen sich gegenseitig, so oft sie können. Als die Kinder von Jana und Simon klein waren, hat Majda oft auf sie aufgepasst und ihnen Geschichten erzählt. Zum Beispiel die Geschichte, wie es zum Streit mit Jorge kam. Denn leider ist der Nachbar auf der anderen Seite verfeindet mit Jana und Simon, seit er den Ölbaum, der in der Mitte zwischen beiden Grundstücken stand, abgehackt hat, um das Holz zu verkaufen. Bis heute haben ihm das Jana und Simon nicht verziehen.

Nun machen sie sich auf den Weg. Simon und Jana haben Majda in die Mitte genommen, um sie zu stützen. Viele andere Menschen sind unterwegs. „Das sind ja Tausende!", ruft Majda staunend. „Wenn ihr so langsam seid, verpasst ihr Jesus!", meint ein Mann, der sie überholt. Doch Simon und Jana hören nicht auf ihn. Natürlich kommt es nicht in Frage, ihre Freundin im Stich zu lassen! Dann haben sie es geschafft. Mit all den anderen sitzen sie am Hang eines Berges. „Da ist ja Jorge!", flüstert Simon. „Hoffentlich hat er uns nicht gesehen, der blöde Kerl!" Doch nun fängt Jesus zu sprechen an …

Jana, Majda und Simon hören zu wie all die anderen auch. Jesus erzählt und sagt ganz neue, ungewöhnliche Dinge. Die Zuhörer lauschen so gespannt, dass keiner heimgehen will. Es dämmert schon, und da merkt Jana mit einem Mal, dass sie fürchterlichen Hunger hat. Sie will schon ihre Vorräte auspacken, da wird ihr plötzlich bewusst, dass sie alle anderen hungrig und neidisch anglotzen werden, wenn sie ihr Brot isst. Jana seufzt.

„… Du bist der, der uns hilft und überreich beschenkt! Amen!", schließt Jesus in diesem Moment. „Hier, Jana, du hast doch bestimmt Hunger!", sagt Majda und streckt Jana ein Stück Gemüsefladen hin. „Vielleicht bekommen wir sogar ein Stück von dem Fisch ab, den die Jünger von Jesus gerade verteilen. Sieh mal, sie geben alles her, was sie haben: zwei Fische und fünf Brote!" Und nicht nur die Jünger: Ringsherum packen die Leute aus, was sie dabei haben, auch wenn es nicht viel ist. Sie setzen sich in Gruppen und essen gemeinsam. Alle teilen alles, was sie haben. Jana schämt sich und beeilt sich, nun auch ihr Brot aus der Tasche zu holen.

„Ich bin tatsächlich satt", sagt Jana, als sie später den Heimweg antreten. „Das war ein schönes Gefühl, wie alle alles geteilt haben!"

„Mir haben die Seligpreisungen am besten gefallen", sagt Majda. „'Selig sind, die Leid tragen, denn sie sollen getröstet werden.' – Ihr habt mich getröstet, als ich so traurig war. Da habe ich gemerkt, dass Gott mich nicht vergessen hat." „Und du warst so barmherzig und hast mir die Kinder abgenommen. Ich schätze, einige Male wäre ich sonst geplatzt vor Wut!", meint Jana lachend. Simon sagt gar nichts. „Selig sind die Friedensstifter ..." – das geht ihm nicht aus dem Kopf.

Am nächsten Morgen sieht er aus dem Fenster und traut seinen Augen nicht: Jorge klopft die Erde fest; er hat einen kleinen Baum in ihren Garten gepflanzt! Jorge geht auf Simon zu ...

Der Zöllner Zachäus

Inhalt: *Der Zöllner Zachäus ändert sein Leben, weil Jesus ihn nicht als Außenseiter behandelt, sondern freundlich auf ihn zugeht.*

Stichworte: *Zöllner*

➡   *Relifix 2, S. 43 f und Relifix 5, S. 37*

„Dieser Schurke! Dieser Betrüger! Dieser ..." Dem Vater fällt vor Wut kein Schimpfwort mehr ein. „Es wird immer schlimmer mit diesen Zöllnern! Und Zachäus ist der Schlimmste von allen! Dieser Schuft! Dieser Halsabschneider! Dieser ...!" Judit, Amos, die Mutter und ein paar Nachbarn sitzen am Abend vor ihrem Haus, während der Vater aufgebracht seinem Zorn Luft macht. „Jetzt erzähl doch mal von vorn!", bittet ein Nachbar. „Du hast schon wieder Probleme mit dem Zöllner Zachäus gehabt?" „Das kann man wohl sagen!", stößt der Vater hervor. Er holt tief Luft, um sich zu beruhigen. „Ich brauche neues Werkzeug, deswegen bin ich heute zum großen Markt in Jericho gegangen. Ihr wisst doch: In der letzten Zeit habe ich an zwei Truhen gearbeitet. Die wollte ich verkaufen. Schleppt also mein altes Eselchen den Karren mit den Truhen nach Jericho. Schon von Weitem hört man Geschimpfe und Geschrei – auch bei den Leuten vor mir hat es schon Ärger gegeben. Aber die römischen Soldaten stehen als

Wachen daneben; das ist natürlich ein schlagendes Argument. Da hält man lieber den Mund, bevor man verhaftet wird. Also, das hatte ich mir sowieso schon vorgenommen, mich lieber ganz still zu verhalten, wenn der Zöllner Zachäus scheinbar einen schlechten Tag hat. Aber wisst ihr, wie viel Zoll er dann verlangt hat? Zwei Silberstücke für jede Truhe! Vier bekomme ich nur dafür, mit einem Silberstück Zoll hatte ich gerechnet. Aber dieser Lump, dieser Elende kann einfach Fantasiepreise verlangen, und keiner kann sich dagegen wehren!" „Stimmt!", meint ein Nachbar. „Das ist das Schlimmste: Der Zoll ist nicht festgelegt. Er kann verlangen, was er will." „Er muss den Römern aber nur einen bestimmten Betrag zahlen", weiß die Mutter. „Und was er darüber hinaus einnimmt, kann er behalten." „Und wenn man sich beschwert, bekommt man es mit den Römern zu tun. Habt ihr auch gehört vom Bauer Resad aus dem Nachbardorf? Die Römer haben ihn übel zugerichtet und vier Wochen lang ins Gefängnis gesperrt, nur weil er den Wucherpreis nicht bezahlen wollte, den Zachäus verlangt hat. Wir sind im Recht! Aber wir haben keine Chance. Die Römer sind stärker. Ich weiß nicht, wen ich mehr hasse: die Römer, die uns unterdrücken, oder die Zöllner – Menschen aus unserem Volk, die den Römern helfen." Er ballt die Fäuste in ohnmächtiger Wut. Eine Weile schweigen alle. „Das ist nicht recht", meint die Mutter schließlich. „Und irgendwann wird er seine Quittung bekommen. Gott wird ihn für sein böses Leben bestrafen!" „Auch die Leute in Jericho bestrafen ihn schon", stellt der Vater voller Genugtuung fest. „Keiner will mit ihm etwas zu tun haben. Wer mit den Römern zusammenarbeitet und die eigenen Leute betrügt, ist unrein. Er darf nicht in die Synagoge, keiner wird jemals sein Haus betreten, und die Leute gehen sogar auf die andere Straßenseite, wenn er kommt. Aber das geschieht ihm wirklich recht ..."

Noch schlimmer aber kommt es eine Weile später: „Es ist nicht zu fassen! Habt ihr gehört? Jesus, der Jesus, von dem alle reden, der ist nach Jericho gekommen. Und, zu wem geht er: Zu Zachäus! Zu Zachäus! Ausgerechnet zu dem gemeinsten Betrüger der ganzen Stadt!" Der Vater sitzt da, halb wütend, halb verzweifelt. „Kann mir das jemand erklären? Dass Jesus jemanden besucht, ist eine Ehre, eine Auszeichnung. Diese Belohnung hätten doch all die Menschen verdient, die ein anständiges Leben führen und auf Gottes Gebote achten! Aber nicht der! Wenn ich mir vorstelle, dass er Jesus ein tolles

Essen serviert, das er von meinen Silberstücken gekauft hat! Nein, das gibt es nicht! Das darf einfach nicht wahr sein!"
    Doch es hilft nichts: Trotz aller Wut: Zwei Wochen später muss der Vater wieder nach Jericho zum Markt. Diesmal hat er Schemel hergestellt, die er verkaufen möchte. Als er in die Nähe des Stadttores kommt, merkt er schon, dass etwas anders ist. Aber was? Da steht Zachäus. Aber er lacht! „Na, so ein Glück", denkt der Vater. „Heute hat er einen guten Tag." Aber auf das, was dann kommt, ist er nicht gefasst. „Guten Tag!", begrüßt ihn der Zöllner Zachäus. „Auch bei dir muss ich mich entschuldigen. Ich habe euch allen oft mehr Geld abgenommen, als ich den Römern weitergeben musste. Aber damit ist jetzt Schluss. Du bekommst doppelt zurück, was du mir zu viel gegeben hast. Daher zahlst du heute keinen Zoll, und für die Vergangenheit gebe ich dir zehn Silberstücke. Ist das in Ordnung für dich?" Weil der Vater vor ungläubiger Überraschung weder ein Wort sagen kann noch einen Finger rührt, nimmt Zachäus seine Hand und zählt ihm die Silberstücke hinein.
    „Was? Wie? Warum?", stottert der Vater. Zachäus schaut ihn an und antwortet mit nur einem Wort: „Jesus."

Die Rettung der Meerschweinchen

Inhalt: *Menschen ändern sich, wenn man freundlich auf sie zugeht. Das gilt für den Zöllner Zachäus und Frau Lenz, die in der Wohnanlage immer auf die Kinder schimpft.*

Stichworte: *sich ändern, auf jemanden zugehen, Außenseiter*

⏵   *Relifix 2, S. 45*

In dem großen Haus am Ende der Straße wohnen viele Leute. Die Familie Biller, mit den Kindern Max und Laura, wohnt im Erdgeschoss. Sie haben sogar ein kleines Stück Garten für sich. Es wohnen noch einige andere Familien im Haus, sodass am Nachmittag auf dem Spielplatz im Hof immer etwas los ist. Ein toller Spielplatz ist das; das Klettergerüst sieht wie ein Schiff aus. Da kann man Piraten spielen. Laura, Max und noch vier Kinder hängen in den Seilen. „Der

Sturm wird immer schlimmer!", ruft Laura. „Das Schiff geht gleich unter!"

„Wir müssen Ballast abwerfen!", schreit Max und kippt die Sandeimer über Bord. „Mann über Bord! Hilfe! Mann über Bord!", brüllt Laura, denn Sebastian ist abgesprungen. Doch er schwimmt um sein Leben und erreicht das rettende Schiff. „Hurra! Hurra!" Max ist außer sich vor Freude. „Unser Kapitän ist ..." – Doch da kommt ein echtes Donnerwetter, vom Balkon im ersten Stock: „Müsst ihr denn immer so rumschreien? Ruhe! Sonst beschwere ich mich bei der Hausverwaltung!", schimpft eine ältere Dame wütend. Die Kinder sehen sich an und verdrehen die Augen. „Die schon wieder!", seufzt Max. Es ist Frau Lenz, die ausgerechnet über ihnen wohnt und Kinder nicht mag. Fast jeden Tag erscheint sie auf dem Balkon und beschwert sich, und wehe, es fliegt mal ein Ball auf ihren Balkon. Den gibt sie nicht so schnell wieder her.

„Diese blöde Frau Lenz, jetzt hat sie uns das Spiel verdorben", mault Max. „Wir sollten sie auch mal ärgern, dann hat sie endlich mal wirklich etwas, worüber sie sich aufregen kann."

Und an den nächsten Tagen nutzen sie jede Gelegenheit für einen Klingelstreich. Fünf Mal klingeln sie bei Frau Lenz und hauen dann schnell ab, sodass sie nicht erwischt werden.

Da mag aber Laura nicht mitmachen. „Das stört sie doch!", meint sie. „Na und?", antwortet Max. „Uns stört sie doch auch!" „Aber so doch nicht!", wendet Laura ein. Sie ist gerade damit beschäftigt, für ihre Meerschweinchen den Käfig im Garten aufzustellen, damit sie ein bisschen Gras fressen können. Das macht sie jeden Tag, wenn das Wetter schön ist. Laura liebt ihre Meerschweinchen sehr.

Am Abend kommt die Mutter ins Zimmer. Oh weh, sie ist nicht gut gelaunt. „Frau Lenz hat sich wieder bei der Hausverwaltung beschwert", sagt sie. „Scheinbar finden es ein paar Kinder lustig, immer zu klingeln. Und nun hängt schon wieder ein Brief im Schaukasten: Wir Eltern werden dringend gebeten, für Ruhe und Ordnung zu sorgen. Mannomann, solche Briefe habe ich dick! Bloß weil irgendwelche dummen Kinder die falsche Klingel erwischen, kriegen wir wieder eins aufs Dach ... Moment mal! Max! Warum wirst du denn so rot? Na los, sag schon! Nein, du brauchst es gar nicht zu sagen, man sieht es dir ja an! Du hast auch geklingelt! Und wohl mit Absicht! Na warte, Freundchen, das gibt zwei Tage Hausarrest! Schäm dich!" Die Mama knallt die Tür zu. Max denkt aber gar nicht daran, sich zu schämen. „Daran ist nur die blöde Frau Lenz schuld! Weil sie immer und immer meckern muss!" Max beißt die Zähne zusammen, so sauer ist er. „Das nächste Mal kriegt sie eine Ladung Sand auf den Balkon geworfen! Oder wir verstecken ihre Zeitung! Oder ..." „Max, jetzt hör aber auf!", versucht ihn Laura zu beruhigen. Ihr tut Frau Lenz leid. Es gibt wirklich keinen, der sie gern mag. Das muss doch traurig sein für sie. Laura hat eine Idee. Da hat sie doch noch das Bild, das sie von ihren Meerschweinchen gemalt hat, das ihr so gut gelungen ist ...

Am nächsten Wochenende ist wieder schönstes Wetter. Auch in der Familie ist keiner mehr böse. „Lasst uns eine Radtour machen!", schlägt Papa vor. „Wir fahren durch den Wald nach Forst Kasten und essen im Biergarten. Da ist doch der schöne Spielplatz, und die Pferde auf der Koppel könnt ihr streicheln!" Das muss er nicht zweimal sagen. In einer halben Stunde ist alles fix und fertig. Laura bringt nur noch die Meerschweinchen in den Garten, damit sie auch etwas vom schönen Wetter haben. Dann kann es losgehen.

Das macht Spaß, durch den Wald zu radeln! Obwohl da doch ein paar Wolken sind. Als sie sich eine Stunde später im Biergarten gerade eine große Brezel holen, schaut der Himmel schon ziemlich bedrohlich aus. „Du liebe Zeit! Es wird regnen!", sagt Mama. „Meine Meerschweinchen!", ruft Laura. „Wir müssen ganz schnell heim! Die werden im Garten ja ganz nass!" Papa versucht noch, bei Sebastians Familie anzurufen, aber da geht niemand ans Telefon. Laura fängt zu weinen an. „Meine armen Meerschweinchen!", jammert sie. Sie treten in die Pedale und fahren so schnell heim, wie sie können. Doch es hilft nichts, der Regen ist schneller. Es schüttet wie aus Kübeln, als sie endlich in ihre Straße einbiegen.

Laura stürzt in den Garten ... Doch die Meerschweinchen sind nicht da! Der ganze Käfig ist weg! Während sie noch schaut und sucht, ruft Mama: „Laura, da hängt ein Zettel an der Tür! Hör dir das an: ‚Liebe Laura, deine Meerschweinchen sind bei mir. Hole sie doch ab, wenn du kommst. Frau Lenz'" – Alle wissen gar nicht, was sie sagen sollen. Schließlich stapft Laura die Treppe hinauf und klingelt ...

Zwei Wochen später klingelt Laura wieder im ersten Stock: „Hier, Frau Lenz, meine Mama hat ein Stück Kuchen für dich!" „Ach, Laura, wie nett! Aber auch über das Bild von dir, du weißt schon, das von gestern, hab ich mich wirklich sehr gefreut!" „So sehr wie über das von den Meerschweinchen?", fragt Laura. Da schaut Frau Lenz Laura an und sagt ernst: „Nein Laura, über dein Bild von den Meerschweinchen hab ich mich noch mehr gefreut. Das war das erste Mal, dass ein Kind so nett zu mir war!"

Levi

Inhalt: *Jesus fordert gerade den verhassten Zöllner Levi auf, ihm zu folgen und sein Jünger zu werden. „Nicht die Gesunden brauchen einen Arzt, sondern die Kranken."*

⏭ *Relifix 1, S. 43*

Vor dem Tor von Kafarnaum ist die Zollstation von Levi, dem Zöllner. Jeder, der im Ort etwas verkaufen will, muss Zoll bezahlen. Einige Leute warten vor der Zollstation, auch Pharisäer und Schriftgelehrte stehen da. Sie kennen sich mit der Heiligen Schrift gut aus; sie wissen, dass das, was Levi dort macht, nicht gut ist: Er arbeitet für die Römer, die nicht an Gott glauben. Missbilligend sehen sie zu Levi hinüber. Auch ein Bauer mit seinem Sohn und einem bepackten Esel muss warten, bis er an der Reihe ist; und auch er kann kaum verbergen, dass er Levi ablehnt. „Wer bekommt denn das Geld?", fragt Natan seinen Vater. „Psst" , flüstert der Vater. „Du musst leise sprechen, damit Levi uns nicht hört! – Du weißt doch, dass die Römer unser Land besetzt haben. Sie bekommen die Zolleinnahmen. Einen Teil davon jedenfalls." „Wieso, was meinst du damit?", will Natan wissen. „Der Levi, der Zöllner, da vorne, das ist ein Schurke, der behält etwas für sich, und nicht zu knapp!" – „Darf er das denn?" – „Ach Natan, es ist wirklich schlimm: Wir können nichts dagegen tun! Wer den Zoll nicht bezahlt, bekommt Ärger und wird ins Gefängnis gesteckt. Siehst du die Wachleute da vorn? Wenn ich mein Korn verkaufen will, muss ich schön brav sein und darf nicht meckern." Der Vater seufzt. „Aber auch, wenn mir hier nichts anderes übrigbleibt, als zu gehorchen und zu bezahlen – es gibt schon Möglichkeiten, es dem Levi heimzuzahlen. Kein Wort rede ich mit ihm, wenn ich ihn auf der Straße sehe. Ich schaue ihn nicht einmal an. Und das machen die anderen Leute genauso. Auch die Pharisäer und Schriftgelehrten sagen: Levi ist böse, er ist unrein. Wir dürfen nichts mit ihm zu tun haben, sonst werden wir selbst unrein. Er hat keine Freunde, und alle hassen ihn!" – In dem Moment kommt eine Gruppe von Männern an und gesellt sich grüßend zu den Wartenden. „Wer seid ihr? Ihr habt ja gar nichts zu verkaufen?", fragt Natan neugierig. „Das stimmt, wie verkaufen nichts. Was wir anbieten, kostet kein Geld", antwortet ein Mann freundlich. „Shalom, ich bin Jesus!" „Jesus??" Natan ist begeistert. „Ich hab schon so viel von dir gehört! Du bist überall bekannt! Du erzählst von Gott und hilfst allen Menschen!" „Ja, allen Menschen", bekräftigt Jesus und wendet sich an Natans Vater: „Ich habe gehört, was du über Levi gesagt hast. Ich will zu Levi gehen." „Was??", ruft der Vater empört und vergisst sogar, dass Levi ihn hören kann. „Zu diesem Betrüger?? Das kann nicht dein Ernst sein! Der hat das nicht verdient!" „Verdient nicht, aber nötig hat er es", sagt Jesus bestimmt und geht an den Wartenden vorbei zu Levi, den er mit entschiedener Stimme anspricht: „Levi, verlasse diese Zollstation jetzt. Ich möchte mit dir zusammen essen, und dann sollst du mit mir gehen und ein Jünger von mir sein. Ich brauche dich. Wir kommen in einer Stunde in dein Haus. Bitte bereite alles vor!" – Stille. – Levi steht da, schaut Jesus an und bringt kein Wort heraus. Auch die Umstehenden sind beeindruckt. Doch dann vernimmt man eine Stimme. Es ist Natan: „Papa, warum geht Jesus zu Levi?" „Ich weiß es nicht!", platzt sein Vater heraus. „Ich weiß nicht, warum er ausgerechnet zu den bösen Menschen geht! Frag ihn!" Natan sieht Jesus an, und Jesus antwortet: „Nicht die Gesunden brauchen einen Arzt, sondern die Kranken."

Elena und die Prinzessin

Inhalt: Jesus geht auf Außenseiter wie Levi zu. Die Jugendleiterin Elena kümmert sich um die unbeliebte Elvi.

Stichworte: Außenseiter, auf jemanden zugehen, Ablehnung, Vorurteile, Armut, verwahrlost

⇒ Relifix 1, S. 44

Alle Kinder liebten Elena. Elena war Jugendleiterin der Kreuzkirche und leitete mit Hendrik zusammen eine Kindergruppe. Jeden Donnerstag am Nachmittag trafen wir uns im Gruppenraum, und immer war etwas los: Mal bastelten wir, dann malten wir zusammen ein großes Bild, im Herbst gingen wir Kastanien sammeln, im Advent backten wir Plätzchen, wir schauten einen Film an oder wir sangen tolle Lieder, die Hendrik auf der Gitarre begleitete. Es war schön! Wir gingen richtig gern zur Gruppenstunde. In der ersten Stunde war Programm angesagt, und danach konnten wir noch eine halbe Stunde machen, was wir wollten. Es gab viele Spiele, eine große Kiste mit Bauklötzen und einen ganzen Karton voll Stifte. Wenn das Wetter schön war, durften wir hinaus auf den Spielplatz vom Kindergarten, der zu dieser Zeit leer war. Das Beste aber war eine Verkleidungskiste voll mit Kostümen und ein großer Spiegel! Ach ja, und eine Bücherkiste. Wenn wir wollten, setzte sich Elena auf das alte rote Sofa in der Ecke, wir alle rechts und links neben und vor und hinter ihr, und dann las sie uns vor.

Einmal saßen wir da alle, da rief plötzlich Felix: „Schaut mal, da draußen ist Elvi!" Tatsächlich: Elvi stand draußen und sah durchs Fenster herein. „Ob sie hereinkommen will?", fragte Elena. „Bloß nicht!" Felix verzog die Nase vor Abscheu: „Die stinkt!" Auch die anderen Kinder waren dagegen: „Die ist blöd!" „Die klaut!" „Und außerdem hat sie Läuse!", berichteten sie. „Du liebe Zeit! Man könnte ja fast denken, ein Ungeheuer stände am Fenster!", meinte Elena. Sie setzte Lina ab, die auf ihrem Schoß saß, und stand auf, um Elvi zu holen. Doch als die von draußen sah, dass Elena zur Tür ging, drehte sie sich um und rannte davon. „Warte doch! Ich will gar nicht schimpfen! Komm doch her!", rief Elena ihr hinterher. Aber Elvi war schon weg. „Macht nichts", murmelte Felix, aber so leise, dass Elena es nicht hörte.

Ein paar Wochen später regnete es, aber wie! Ans Rausgehen war nicht zu denken. Passend zum Wetter malten wir ein Regenbild mit Wasserfarben und schnitten aus buntem Papier Schirme aus. Nun lagen die Bilder zum Trocknen auf dem Tisch und die Kinder hatten sich im Gruppenraum zum Spielen verteilt. Hendrik und Elena gingen herum und schauten, was die Kinder machten. Da fiel Elenas Blick auf eine kleine Gestalt, die draußen im Regen stand. Da war ja wieder diese Elvi! Diesmal würde sie sie aber wirklich hereinholen!

„Du kannst gerne zu uns kommen!", lud sie das Mädchen ein. „Draußen ist es doch nicht gerade gemütlich." Zögernd kam Elvi näher. „Sollen wir deine Mama anrufen und Bescheid sagen, dass du hier bist?", fragte Elena. Elvi schüttelte den Kopf und sagte leise: „Mama egal." „Dein Kleid ist ja ganz nass!", stellte Elena fest und schlug vor: „Geh doch mal dorthin, zu den Toiletten, ich bringe dir etwas zum Anziehen, dann kannst du dein Kleid auf die Heizung legen, okay?" Zögernd folgte Elvi Elena ins Trockene. Elena hatte aber keine Kinderkleider zum Wechseln, nur die Faschingskiste. „Du, ist es dir recht, wenn wir eine Prinzessin aus dir machen?", fragte sie und ahnte schon die Reaktion: Ein Lächeln huschte über Elvis Gesicht. Sie nickte. Sie zog das Prinzessinnenkleid an, ließ sich auch von Elena frisieren und das Krönchen aufsetzen; bei der Gelegenheit hatte Elena sicherheitshalber nachgeprüft und festgestellt, dass Elvi keine Läuse hatte. „Du schaust aber hübsch aus!", rief Elena. „Dreh dich mal! – Und nun herein mit dir!" Sie nahm Elvi an der Hand und kam in den Gruppenraum.

Alle Kinder starrten sie an. „Habt ihr noch nie eine Prinzessin gesehen?", lachte Elena. Ich lese Elvi jetzt vor, von der ‚Prinzessin auf der Erbse', wer mag noch zuhören?"

... der werfe den ersten Stein!

Inhalt: *Die Kinder klagen eine Mitschülerin an. Die Lehrerin erzählt ihnen die Geschichte von Jesus und der Ehebrecherin; „Wer von euch ohne Schuld ist, der werfe den ersten Stein!"*

Stichworte: *Jesus, Streit, Aggression, Strafe, Schuld, Versöhnung*

▦▶ *Relifix 5, S. 48*

Das war eine Aufregung im Pausenhof! Die halbe Klasse 3b schrie durcheinander. Laura weinte. Mikail und Sami hatten Anni gepackt und zerrten sie zur Aufsicht. Frau Hinnrich tröstete Laura und gab ihr ein Taschentuch; Laura hatte eine Schramme im Gesicht. Während Anni mit gesenktem Kopf neben der Lehrerin stand, zeigten die Kinder mit dem Finger auf sie und brachten laut und aufgebracht ihre Anschuldigungen vor: „Die hat der Laura mit dem Stock ins Gesicht geschlagen!", rief Tanja empört. „Die hat ihr wehgetan, mit Absicht!" „Die hat was ganz Schlimmes getan!", beschwerte sich Philipp. „Die hat sich nicht an die Regeln gehalten!" Auch Elsa war entsetzt. „Die hat eine Strafe verdient!", fand Furkan. „Die ist böse! So was macht die immer!", setzte Lilli noch eins drauf. Seufzend betrachtete Frau Hinnrich die aufgebrachte Kinderschar, dann schlug sie vor: „Kinder, lasst uns das nachher im Klassenzimmer in Ruhe besprechen."

Nach der Pause drängten die Kinder ins Klassenzimmer. Alle wollten dabei sein, wenn mit Anni geschimpft würde. Bestimmt bekam sie einen Verweis, das geschah ihr recht! Anni saß wie ein Häufchen Elend auf ihrem Platz und ließ die Schultern hängen. Weinte sie?

„Also, was war los?", wollte Frau Hinnrich wissen und ließ Laura erzählen. „Wer hat noch gesehen, was passiert ist?" Jennifer bestätigte, was Laura gesagt hatte. „Anni, möchtest du dazu Stellung nehmen?" Anni schüttelte den Kopf. „Tut es dir denn leid?" Diesmal nickte Anni. „Ph, natürlich", knurrte jemand unwillig.

„Ich möchte euch eine Geschichte erzählen", begann Frau Hinnrich. „Eine Geschichte aus der Bibel. Es geht um Jesus und die Ehebrecherin. Zur Erklärung noch einen Satz vorweg: Vor 2000 Jahren, als Jesus gelebt hat, gab es, leider, eine ganz schlimme Strafe für Frauen, die verheiratet waren und sich in einen anderen Mann verliebt hatten: Sie wurden mit Steinen beworfen, bis sie tot waren. – Zum Glück sind die Zeiten vorbei. Obwohl die Geschichte so alt ist, passt sie zu uns. – Nun hört:

Eine Schar Leute zerrte eine Frau zu Jesus. Sie wurde verächtlich vor seine Füße gestoßen. Da duckte sie sich, zusammengekauert und verzweifelt. Die aufgebrachten Leute umringten Jesus und die Frau. Ein Pharisäer schimpfte: ‚Jesus, diese Frau ist verheiratet und wurde mit einem anderen Mann erwischt! Sie ist schuldig! In unserem Gesetz ist vorgeschrieben, solche Frauen zu steinigen!' ‚Die hat ihren Mann betrogen!', schrie ein anderer und hob schon einen großen Stein auf. ‚Die hat etwas ganz Schlimmes getan!', rief der dritte und zeigte mit dem Finger auf die Frau. ‚Die hat sich nicht an die Gebote gehalten!' – ‚Die hat die Strafe verdient!' – ‚Die ist ein böser Mensch!' So riefen die Leute, laut und drohend. Fast alle hatten Steine in der Hand, bereit, sie auf die Frau zu werfen, die sich angstvoll duckte. Jesus schwieg. Er sah von einem zum andern.

Schließlich ergriff der Pharisäer das Wort: ‚Nun, Jesus? Was sagst du dazu?' Auf dem Platz wurde es still. Alle sahen auf Jesus und warteten. Plötzlich war nur noch das leise Wimmern der Frau zu hören. Jesus antwortete ruhig und bestimmt, sodass es alle hörten: ‚Wer von euch ohne Schuld ist, der werfe den ersten Stein!'

Immer noch Stille. Schließlich ein Geräusch: Ein Mann ließ den Stein auf den Boden fallen. Da: noch einer. ‚Nein, ich bin nicht ohne Schuld. Auch ich habe Fehler gemacht', murmelte er. ‚Ich habe auch einmal einem anderen Menschen etwas angetan, was nicht in Ordnung war', gab ein anderer zu. ‚Ich habe auch schon etwas Schlimmes getan, aber es hat keiner herausgefunden.' Auch der dritte ließ den Stein fallen, drehte sich um und ging mit gesenktem Kopf weg. ‚Ich habe auch schon gegen ein Gebot verstoßen', sagte eine Frau leise. ‚Ich hätte selbst die Strafe genauso verdient.' ‚Ich bin auch böse, manchmal.' Einer nach dem anderen ließ den Stein fallen und ging weg. Am Ende blieb Jesus allein zurück mit der Frau, die noch immer vor ihm auf dem Boden kauerte.

Jesus legte ihr die Hand auf die Schulter und fragte: ‚Frau, wo sind die Leute geblieben? Hat dich keiner verurteilt?' Die Frau hob den Kopf, schaute sich zögernd um und antwortete leise: ‚Keiner, Herr!' ‚Auch ich verurteile dich nicht', sagte Jesus zu ihr. ‚Geh und tu das, was du falsch gemacht hast, von jetzt an nicht mehr!'"

Auch in der Klasse 3b herrschte Schweigen. Die Kinder hatten verstanden, warum Frau Hinnrich die Geschichte erzählt hatte. Klar, man war immer schnell dabei, wenn es darum ging, andere zu beschuldigen: „Der hat angefangen!" und „Der war auch dabei!" Über die Fehler der anderen konnte man sich richtig aufregen. Aber die eigenen Fehler zugeben? Das war eher unangenehm. Aber durfte man mit dem Finger auf jemand anders zeigen, wenn man doch selbst auch Dreck am Stecken hatte? Lilli, Philipp, Tanja und die anderen, sie hingen ihren Gedanken nach. „Jeder hat schon mal etwas falsch gemacht." Elsa sprach aus, was die meisten dachten. Doch nun stand Anni auf und ging entschlossen auf Laura zu: „Es tut mir leid, Laura, ehrlich. Bitte entschuldige. Ich tu es bestimmt nie mehr!"

Das Gleichnis vom Festmahl

Inhalt: *Ein Herr lädt zum Festmahl ein, doch die geladenen Gäste wollen nicht kommen. Daraufhin werden Bettler, Arme, Kranke eingeladen, die sich freuen, beim Fest dabei zu sein.*

Hinweis: *I. Weth, Neukirchener Kinder-Bibel, S. 292 f*

Kinderbibeltag

Inhalt: *Melanie ist der Kinderbibeltag nicht wichtig, sie schließt sich selbst aus; Sascha geht hin, obwohl er nicht eingeladen ist, und verlebt einen schönen Tag mit den anderen.*

Stichworte: *Gemeinschaft, Freude, Einladung, Kinderbibeltag*

▐▶ *Relifix 3, S. 51*

„Alle sind herzlich eingeladen!", schließt die Religionslehrerin und teilt die Zettel aus. Sie hat den Kindern vom Kinderbibeltag in der Kirche erzählt, der in zwei Wochen stattfindet. Auf dem Einladungszettel steht: „Wir feiern ein Fest und hören das Gleichnis vom Festmahl! Wir werden basteln, singen, tanzen, malen, backen und vieles mehr!" „Wenn ihr Zeit und Lust habt, meldet euch doch an. Es wird bestimmt schön!", schlägt die Lehrerin vor. „Gehst du da hin?", fragt Kerstin den Toni. „Auf jeden Fall!", antwortet der. „Das war letztes Jahr toll! Im Advent haben wir selbst Kerzen gegossen! Und Zeit hab ich auch!" Auch Melanie will sich anmelden und einige andere Kinder aus der Religionsgruppe. Was da alles geboten wird, klingt wirklich verlockend!

Doch als zwei Wochen später Kerstin und Toni am Nachmittag Melanie treffen, hat die es sich anders überlegt. „Hab doch keine Lust!", meint sie. „Ich geh mit meiner Mama morgen zum Einkaufen, sie will mir ein neues Spiel kaufen." „Das könntest du doch an jedem anderen Samstag auch machen!", wendet Kerstin ein. „Warum morgen? Es wird sicher lustig, und du bist doch sogar schon angemeldet." Doch Melanie wendet sich nur achselzuckend ab. „Wieso, wovon sprecht ihr denn?", fragt Sascha, der auch in ihre Klasse geht. „Vom Kinderbibeltag morgen", erklärt ihm Toni. „Da gehen viele von unserer Klasse hin, und es macht viel Spaß. Ein Fest wird gefeiert!" „Kann ich da auch kommen?", fragt Sascha. „Ich geh doch in Ethik, weil ich gar nicht getauft bin." „Klar kannst du kommen! Es heißt doch: ‚Alle sind eingeladen!' Frag nur deine Eltern. Es dauert von 10 Uhr bis 16 Uhr, es kostet zwei Euro, dafür gibt es auch etwas zu essen und zu trinken." Toni kennt sich gut aus; sie verabreden, dass er Kerstin und Sascha abholt.

Am nächsten Vormittag kommen die Kinder von allen Seiten zur Kirche. Sie bekommen Namensschilder und setzen sich in einen großen Sitzkreis. Der Pfarrer begrüßt die Kinder. Er kann gut erzählen. Die Geschichte, wie Jesus mit dem Zöllner Zachäus ein Fest feiert, gefällt den Kindern gut. „Weil Jesus alle einlädt, damals genauso wie heute, deswegen möchten wir mit euch heute auch feiern. Gemeinsam bereiten wir alles für das große Fest heute Nachmittag vor!" Alle Gruppen werden vorgestellt und die Kinder dürfen sich selbst aussuchen, wo sie mitmachen möchten. Toni bastelt gern. In seiner Gruppe wird die Dekoration fürs Fest angefertigt, bunte Girlanden und Papierblumensträuße. Kerstin ist bei der Singgruppe mit dabei; sie üben die Lieder und spielen mit vielen Instrumenten dazu. Die Malgruppe hat schon großes Papier auf dem Boden ausgebreitet. Sascha hat sich erst einmal alles angeschaut. In der Gruppe, die das

Gebäck für das Fest selber backt, fühlt er sich dann sehr wohl. Als es mittags Essen gibt, wundert er sich, wie schnell die Zeit vergangen ist. Jeder darf sich selbst Brötchen belegen, mit Käse, Schinken, Gurken, Salat, Ketschup und Majonäse. Toni, Kerstin und Sascha mampfen. „Hier gefällt es mir gut!", stellt Sascha fest, und Kerstin stimmt ihm zu. „Ich freu mich schon aufs Fest!", meint Toni.

Als es am Nachmittag soweit ist, sind alle bester Laune. Alles ist festlich geschmückt, der Tisch gedeckt. Einige Kinder haben Kerzen verziert. Die selbstgebackenen Brötchen stehen duftend dort, auch Kuchen, Saft und vieles mehr. Das Fest beginnt mit der Gruppe, die einen Bändertanz eingeübt hat. Es wird gesungen, gelacht, gespielt, Musik gemacht, geredet, gegessen und getrunken. Am Ende spricht noch einmal der Pfarrer. „Ich freue mich sehr, dass ihr gekommen seid! Gott lädt euch alle in die Kirche ein! Wie ich sehe, hat es euch Spaß gemacht, miteinander zu feiern!" Dann erzählt er das Gleichnis vom Festmahl. Dass die eingeladenen Gäste nicht kommen und mitfeiern wollen, kann Kerstin gar nicht verstehen. „Feiern ist doch so schön!", findet sie. „Wer nicht kommt, schließt sich selber aus. Er hat das Fest verpasst!", erklärt der Pfarrer zuletzt. „Wisst ihr, für wen das wirklich passt?", fragt Kerstin. „Für Melanie!"

Das Gleichnis von den Arbeitern im Weinberg

Inhalt: Der Besitzer des Weinberges zahlt den Arbeitern gleich viel Lohn, egal, ob sie den ganzen Tag oder nur eine Stunde gearbeitet haben.

Hinweis: I. Weth, Neukirchener Kinder-Bibel, S. 225 f

⏵ Relifix 5, S. 46

Ist das gerecht? Das ist gerecht!

Inhalt: Mutter liebt die weniger fleißige und erfolgreiche Susi ebenso wie Rainer, dem alles leicht fällt. Auch Gottes Gerechtigkeit ist ausgleichend: Jeder bekommt, was er braucht, nicht jeder dasselbe.

Stichworte: Gerechtigkeit, Noten, Versagen, Geschwister, Geschwisterrivalität, Mama, Mutterliebe, ungerecht

▶ *Relifix 5, S. 46*

„Oh, fünf Euro! Danke, Mama!", sagt Rainer. Allerdings findet er auch, dass er es verdient hat. Er hat heute ein prima Zeugnis heimgebracht. Rainer geht in die fünfte Klasse und hat in diesem Jahr Englisch lernen müssen. Mit seiner Drei ist er sehr zufrieden. In Mathe hat er sogar eine Zwei geschafft! Doch dafür ist Mutters Geld eigentlich gar nicht, sondern dafür, dass er heute den ganzen Tag geholfen hat: Er hat den Salat gewaschen, den Tisch gedeckt, abräumen geholfen, später noch die Flaschen zum Container und den Bio-Müll zur braunen Tonne gebracht. Das Beste ist aber, dass das noch nicht einmal die Ausnahme ist. Die Mutter lobt ihn immer wieder, weil er so hilfsbereit ist. Das hat sie ihm gerade noch einmal gesagt: „Hier, Rainer, die fünf Euro schenke ich dir für deine Hilfsbereitschaft! Vielen Dank!" Dann ruft sie: „Susi! – Rainer, weißt du, wo deine Schwester ist?" – Ph! Die Susi. Rainer ist nicht gerade ein Fan seiner kleinen Schwester. „Sie soll auch mal zu mir kommen, ich hab auch etwas für sie", sagt die Mutter. „So?", denkt Rainer. „Na, das kann ja nicht der Rede wert sein. Sie hat doch nur gerade mal beim Abtrocknen geholfen ..."

Da kommt die Susi schon. „Mama, was ist?", fragt sie. „Hier, Susi! Weil ich mich auch über deine Hilfe gefreut habe, bekommst du fünf Euro von mir." Susi strahlt übers ganze Gesicht. „Mama! Danke!", ruft sie. „Das muss ich gleich Oma erzählen!" Und sie saust schon wieder hinaus. – Rainer steht da und schnappt nach Luft. Schließlich bricht es aus ihm heraus: „Mama! Ist das gerecht? Ich hab doch viel mehr geholfen als Susi! Und die ist doch immer so faul! Warum bekommt sie genauso fünf Euro wie ich?" – „Das kann ich dir gerne erklären, Rainer", antwortet die Mutter. „Du weißt, die Susi tut sich in allem ein bisschen schwer. Viel schwerer als du. Das ist ja schon in der Schule so." „Stimmt", stellt Reiner fest. Er weiß, dass Susi zwei Vierer im Zeugnis hat. „Und du weißt doch, wie sie sich plagt", fährt die Mutter fort. „Aber sie kann es einfach nicht besser! Heute war sie so traurig wegen ihres schlechten Zeugnisses. Und trotzdem hat sie mir beim Abtrocknen geholfen. Da hab ich mich gefreut und wollte ihr eine Freude machen. Ich habe euch deshalb gleich viel Geld gegeben, weil ich euch beide gleich lieb habe: dich, meinen Großen, auf den ich so stolz bin. Und die Susi, auch wenn sie mir manchmal Sorgen macht. Kannst du das verstehen, Rainer?" Rainer seufzt: „Wenn ich ehrlich bin: Ja, Mama", gibt er zu. „Wenn man es so sieht, ist es schon gerecht." Dann grinst er und sagt: „Ich hoffe, du sagst dasselbe, wenn ich mal eine schlechte Note schreibe!" „Worauf du dich verlassen kannst!", erwidert die Mutter mit einem Lachen.

Später sitzt die ganze Familie beim Abendessen. Susi erzählt: „Letzte Woche haben die Hortkinder einen Ausflug gemacht. Einen ganzen Tag lang; mit dem Bus sind sie gefahren, bis zum Salzbergwerk! Sie hatten schulfrei und wir nicht! Sagt mal: Ist das gerecht?" „Na gut", meint der Vater. „Dann melden wir dich halt auch im Hort an. Dann bist du beim nächsten Ausflug auch mit dabei und hast schulfrei." Susi schaut Papa an, ob der das ernst meint. Schließlich erwidert sie: „Eigentlich brauche ich gar nicht in den Hort zu gehen. Mama ist doch am Mittag da. Und eigentlich will ich nicht in den Hort. Ich komme doch gerne heim am Mittag." „Und? Findest du das gerecht, dass du am Mittag heimgehen kannst und die anderen nicht?", poltert nun der Vater los. „Im Hort ist es bestimmt schön. Aber trotzdem würden sicher manche Kinder gern mit dir tauschen. Also, ich sage: Das ist gerecht, dass es die Hortkinder einmal besonders gut haben!" Susi schaut den Papa wieder an und denkt nach. „Gib es zu!", sagt Mama. „Papa hat recht." Susi nickt.

„Wir haben doch heute in der Schule miteinander gefrühstückt", erzählt nun Rainer. „Ach!", ruft die Mutter. „Und du hast den Käse vergessen, den ich extra dafür gekauft habe!" „Das habe ich erst in der Schule gemerkt. Da habe ich mich vielleicht geärgert!", seufzt Rainer. „Alle hatten etwas dabei, nur Torsten und ich nicht. Aber es war genug da. Wir haben auch etwas bekommen. Torsten hat gefuttert, als ob er seit drei Tagen nichts gegessen hat. Da hat Lene geflüstert: ‚Ist das gerecht? Der Torsten bringt nie etwas mit, nie! Und frisst alles weg, was wir mitbringen!' Das hat der Torsten aber vor lauter Essen gar nicht gehört." „Sag mal", will die Mutter wissen. „Die Mutter von Torsten, die arbeitet doch im Krankenhaus?" „Ja, und sie hat Frühschicht", antwortet Rainer. „Sie muss schon um 5 Uhr früh aus dem Haus gehen, und Torsten muss ganz allein aufstehen und in die Schule gehen. Er kommt auch oft zu spät, und er hat mal erzählt, dass er nie frühstückt, weil es ihm zu viel Arbeit ist, das wieder aufzuräumen. Wisst ihr was, jetzt fällt mir ein, dass er heute gesagt hat: ‚Boa! So ein Frühstück müsste es jeden Tag geben!'" – Alle schweigen einen Moment. Da sagt Susi: „Der hat sich bestimmt gefreut. Echt: Das ist gerecht!"

Das Gleichnis vom unbarmherzigen Knecht

Inhalt: *Ein König ist gnädig und erlässt seinem Knecht eine riesige Geldschuld. Der wiederum lässt seinen Schuldner wegen einer kleinen Summe einsperren. Als der König das hört, wird der Knecht doch ins Gefängnis geworfen.*

Hinweis: *I. Weth, Neukirchener Kinder-Bibel, S. 223 f*

Der WM-Pokal

Inhalt: *Der Vater verzeiht seinem Sohn, der ihm Geld geklaut hat, der Sohn wiederum fordert eine kleine Summe, die er dem Freund geliehen hatte, zurück .– Gott verzeiht alles, nur eins nicht: dass wir nicht verzeihen.*

Stichworte: *Schuld, verzeihen, Diebstahl, Strafe, Lügen, Streit, Papa, Vaterliebe*

➡ *Relifix 3, S. 26*

Ich hab was Schlimmes gemacht: Aus Papas Geldbeutel hab ich Geld genommen. Ich wollte unbedingt Fußballkarten kaufen. Die Fußballkarten sind echt super. Alle haben die. Leider sind sie teuer und leider kriegt man ständig Karten doppelt und dreifach, während man andere nie erwischt. Mein Taschengeld hat einfach nicht gereicht. Da hab ich das Geld genommen. Ich hatte schon kein gutes Gefühl dabei; eigentlich weiß ich ja, dass das nicht in Ordnung ist. Aber ich wollte unbedingt die letzten fehlenden Karten haben, zum Beispiel den goldenen WM-Pokal.

Doch dann kam es natürlich doch heraus. Papa hat mich gerufen, und ich hörte an seiner Stimme, dass es ernst war: „Sascha?!" „Oh, Mist!", dachte ich. Am liebsten wäre ich nicht hingegangen. Aber da rief er schon wieder: „Sascha, komm her, aber sofort!" Ich konnte nicht anders, ich musste zu ihm gehen. Ich wollte dann noch so tun, als ob nichts wäre, aber es gelang mir nicht, überhaupt nicht. „Was ist?", flüsterte ich. Ich stand da, mir war ganz heiß. – „Sag mal, das darf doch wohl nicht wahr sein! Es ist Geld aus meinem Geldbeutel verschwunden, schon zum zweiten Mal, heute zwanzig Euro! Und heute Vormittag war niemand außer dir in der Wohnung! Hast du etwa Geld von mir genommen?" Ich antwortete nicht, ich schluckte und kämpfte mit den Tränen. Unmöglich war es, ihn anzuschauen. „Also tatsächlich ... Du bist ja ganz rot! Dann hast du wirklich deinen eigenen Vater bestohlen!! Das hätte ich nicht von dir gedacht!" Vater wurde immer wütender und lauter. Ich dachte, er haut mir eine runter. Das hätte ich ja sogar irgendwie verdient gehabt. Dann sagte er nichts mehr, lange. Gefährlich ruhig war es, nicht zum Aushalten, schrecklich! Schließlich fragte er: „Warum?" „Weil die anderen ...", jetzt gelang es mir nicht mehr, meine Tränen zurückzuhalten. „... die haben auch alle Fußballkarten, und ich hab welche davon gekauft!", schluchzte ich. „Es tut mir leid!" Papa kam auf mich zu; ich duckte mich und dachte: Jetzt kommt die Strafe. Aber nichts da mit Strafe: Er kniete sich vor mich hin und forderte: „Schau mich mal an!" Das tat ich und sah durch meine Tränen, dass er ... *nicht* böse schaute. Dann hob er die Hand, aber ... nicht, um mich zu schlagen, nein: Er legte sie mir auf die Schulter! Dann sagte er: „Sascha, was du getan hast, war falsch. Das darf nicht noch einmal vorkommen! Aber hör gut zu: Ich verzeihe dir. Ja, ich verzeihe dir, weil ich sehe, dass es dir wirklich leidtut. Du musst mir nicht einmal das Geld wiedergeben oder die Fußballkarten, wenn du mir versprichst, dass du das nie wieder tust!" Unglaublich! Nein, ich konnte es kaum glauben: Ich wurde nicht bestraft! Papa hat mir verziehen! Und ich durfte das

Geld behalten! Ich fiel meinem Papa um den Hals und sagte: „Ich verspreche es! Danke!" – Mann, war ich froh! Hab ich einen lieben Papa!

An der Ecke wartete ich auf meinen Freund Kilian. Da kam er auch schon. Er hatte auch seine Fußballkarten dabei. Gestern hatte ich ihm von dem Geld meines Vaters einen Euro geliehen. Heute kam er ganz begeistert und sagte: „Du, mit dem Euro, den du mir gegeben hast, habe ich den goldenen WM-Pokal bekommen! Wahnsinn, der hat mir noch gefehlt! Woa, super!" Oh, der WM-Pokal, genau der fehlte mir doch auch! „He, das Geld war doch eigentlich von mir. Eigentlich gehört der WM-Pokal mir!", stellte ich fest. „Wie? Aber du hast es mir doch gegeben?" „Gegeben? Nix da! Geliehen! Dann gib mir das Geld zurück, aber zackig!" Ich wusste allerdings, dass er es nicht hatte. „Aber, Sascha, ich krieg doch erst nächsten Monat wieder Taschengeld. Ich kann es dir jetzt nicht geben!" „Na, dann her mit dem WM-Pokal!" „Nein, ich geb ihn nicht wieder her!" „Dann geh ich zu deinem Papa und sag ihm, dass das mein Geld war!" „Nein, tu das nicht! Mein Papa hat mir verboten, mir Geld von jemand zu leihen! Er wäre total sauer auf mich!" Statt einer Antwort streckte ich ihm nur meine Hand hin.

Kilian war ganz blass vor Wut. Er warf mir den WM-Pokal vor die Füße und schrie: „Du bist so was von gemein!" Dann drehte er sich um und rannte weg.

Mhm. So ganz wohl war mir nicht dabei. Aber es war doch mein Geld gewesen! Der WM-Pokal stand mir zu, eindeutig! Ich hob die Karte auf und steckte sie in die Tasche.

Später, kurz vor dem Abendessen, klingelte das Telefon. Papa ging hin und meldete sich: „Hallo Bianca!" begrüßte er die Anruferin. Oh je!!! Das war Kilians Mama!! Oh je, oh je!!

Das Donnerwetter, das folgte, will ich gar nicht beschreiben. Ich habe Papa noch nie so wütend erlebt. Am Ende hat er mir meine Fußballkarten weggenommen und ich muss ihm die zwanzig Euro doch zurückzahlen. Das heißt: Vier Monate kein Taschengeld! Erst dann kriege ich die Fußballkarten wieder. Bis auf den WM-Pokal. Den gibt er Kilian.

Die vier Monate soll ich nutzen, um über die Sache nachzudenken, meinte Papa. Am Schluss war er nicht mehr wütend, da hat er ganz ruhig und ernsthaft mit mir geredet. Er sagte:

„Sascha, du hast etwas wirklich Schlimmes gemacht! Aber ich habe dir verziehen. Ich finde es so wichtig, dass man anderen verzeiht, auch wenn sie etwas falsch gemacht haben. Zwanzig Euro habe ich dir geschenkt, obwohl du geklaut hattest!! Weißt du, das ist wie ein Geschenk. Das ist das eine. Das andere ist: Wenn dir verziehen wird, dann musst du auch den anderen verzeihen. Wenn du so eine große Schuld erlassen bekommst, dann musst du dem anderen auch die Schuld erlassen, erst recht, wenn sie so klein ist. Wenn du ein Geschenk bekommst, dann solltest du den anderen auch etwas schenken. Es geht nicht, dass ein Mensch immer nur Geschenke bekommt und niemals selbst etwas hergibt! Kannst du das verstehen?"

Mhm. Eigentlich schon, doch.

Ich hätte halt so gern den WM-Pokal gehabt.

Der barmherzige Samariter

Inhalt: *„Du sollst Gott lieben und deinen Nächsten wie dich selbst." – Doch wer ist mein Nächster? – Im Gleichnis handelt ausgerechnet ein verachteter Samariter vorbildlich.*

▐▶   *Relifix 2, S. 71 f*

Wieder einmal hatte sich eine Menge um Jesus versammelt, Frauen und Männer saßen um ihn herum. Einige kannten sich mit der Heiligen Schrift, der Tora, gut aus, das waren Priester und Schriftgelehrte. Alle, die da waren, gehörten zum jüdischen Volk. Sie hörten Jesus zu, diskutierten, redeten mit, stimmten zu, widersprachen. Manche waren für Jesus, andere waren gegen ihn. Da tauchte am anderen Ende der Straße eine Gruppe Samariter auf. Die Leute schauten: Die gehörten eindeutig nicht zum jüdischen Volk. Sie waren nicht beliebt, die Leute aus Samarien. Keiner wollte etwas mit ihnen zu tun haben. „Kürzlich hatte unser Nachbar wieder Ärger mit einem Samariter. Der hatte bei ihm einen Krug Öl gekauft und wollte nicht den vollen Preis bezahlen, nur weil der Krug einen winzigkleinen Riss hatte!", erzählte eine Frau erbost. „Es gab einen furchtbaren

Streit. Mein Nachbar hat dann am Ende nachgegeben; aber nicht, weil der Samariter Recht hatte, sondern weil er Angst hatte, dass der Samariter seine Freunde holen und sich rächen würde. Wer weiß, vielleicht hätten sie ihm vor Wut seinen Marktstand zerstört." „Diesen Samaritern ist alles zuzutrauen!" „Eigentlich sind sie sowieso Fremde hier, sollen sie doch verschwinden und wieder in ihr Land zurückkehren! Keiner hat sie gerufen!" „Genau: Ausländer raus!" So redeten die Leute verächtlich durcheinander. Sie waren sich einig: Alle waren gegen die Samariter. Jesus sah die Leute an und schwieg.

Nun ergriff ein Schriftgelehrter das Wort: „Jesus, was muss ich tun, damit ich ins Himmelreich komme? Wie muss ich leben, dass es Gott gefällt?" „Was ist in der Tora geschrieben? Was liest du dort?", fragte Jesus zurück. Was da steht, wusste der Schriftgelehrte auswendig: „Du sollst den Herrn, deinen Gott, lieben von ganzem Herzen und deinen Nächsten wie dich selbst." Jesus nickte und sagte: „Du hast richtig geantwortet. Handle danach und du wirst das ewige Leben finden." Der Schriftgelehrte war aber noch nicht zufrieden mit der Antwort und fragte: „Und wer ist mein Nächster?" Da erzählte ihm Jesus eine Geschichte:

„Ein Mann ging von Jerusalem nach Jericho. Er wurde von Räubern überfallen; sie schlugen ihn, nahmen ihm alles weg und ließen ihn schwer verletzt liegen. Zufällig kam ein Priester denselben Weg entlang; er sah ihn – und ging weiter. Auch ein anderer jüdischer Mann kam zu der Stelle; er sah ihn – und ging weiter. Dann kam ein Mann aus Samarien, der auf der Reise war. Als er ihn sah, hatte er Mitleid, ging zu ihm hin, versorgte seine Wunden und verband sie. Dann hob er ihn auf seinen Esel, brachte ihn zu einer Herberge und kümmerte sich um ihn. Am anderen Morgen holte er Geld hervor, gab es dem Wirt und sagte: Sorge für ihn, und wenn es mehr kostet, werde ich es dir bezahlen, wenn ich wiederkomme."

Ein unwilliges Raunen war durch die Menge gegangen, als ausgerechnet ein Samariter als Retter aufgetreten war. „Unverschämtheit!", schimpfte hinten ein Mann halblaut. Aber es gab auch einige, die nachdenklich geworden waren und wussten, was Jesus mit dieser Geschichte sagen wollte. Auch der Schriftgelehrte, der die Frage gestellt hatte, gehörte dazu. An ihn wandte sich Jesus jetzt und fragte ihn: „Was meinst du: Wer von diesen Dreien hat Nächstenliebe gezeigt? Wer hat es richtig gemacht?" Der Schriftgelehrte senkte den Kopf und antwortete leise: „Der, der geholfen hat." Da sagte Jesus: „Dann geh und handle genauso!"

Die barmherzige Aylin

Inhalt: *Ausgerechnet die unbeliebte Aylin hilft Hannes, der von Älteren bedrängt wird.*

Stichworte: *Außenseiter, Migration, Ausländerfeindlichkeit, Hilfsbereitschaft, Nächstenliebe*

⏵   *Relifix 2, S. 72*

Hannes geht in die zweite Klasse, zusammen mit seinen Freunden Frank und Sabine. Auch die anderen Kinder in der Klasse sind nett, nur neben Aylin mag Hannes nicht gern sitzen. Er findet sie dumm. Sie braucht immer so lange für die Hefteinträge. Die Hausaufgaben hat sie auch oft nicht ordentlich gemacht. Aber Frau Gruber, die Lehrerin, schimpft nicht. „Ach, Aylin!", hat sie einmal geseufzt. „Ich weiß schon: Mit deinen drei Brüdern geht es daheim ganz schön zu. Da hast du nicht die Ruhe, um die Hausaufgaben sorgfältig zu machen ..."

Hannes würde eigentlich gern in die Schule gehen, wenn da nicht Felix und Sebastian wären, zwei Viertklässler, deren Lieblingsbeschäftigung es ist, andere zu ärgern. Hannes weiß einfach nicht, wie er sich gegen die Zwei wehren kann. Aber zum Glück begegnet er ihnen nicht jeden Tag.

In der Pause nimmt Hannes sein Stickeralbum mit in den Pausenhof. Mit Frank und Sabine tauscht er Sticker. Sein Album ist schon ziemlich voll, das ist Hannes' größter Schatz und er passt gut darauf auf.

So sitzt Hannes an einem Nachmittag auf der Bank beim Spielplatz, mit dem Stickeralbum auf dem Schoß, und wartet auf Frank und Sabine. Doch – verflixt – da kommen ausgerechnet Felix und Sebastian daher! „Ah, unser Freund Hannes!", ruft Felix. „Du wolltest uns doch gerade Sticker schenken, oder?" „Nein!", sagt Hannes und drückt sein Album fest an sich. Da sieht er, wie Frank im Hof auftaucht. Doch, oh je! Frank verschwindet sofort, als er Felix und Sebastian sieht, er hat wohl Angst. Aber sicher nicht so viel Angst wie Hannes, denn jetzt kommt Sebastian auf ihn zu: „Letzte Chance!", droht er. „Rück es lieber freiwillig raus!" „Ich hole meine Mama!", hört Hannes da Sabines Stimme, doch auch sie rennt wieder weg und lässt Hannes allein. Nun gehen Felix und Sebastian beide auf Hannes los. Er versucht, sich zu wehren, aber sie sind zu zweit ja viel stärker.

Da! Sebastian reißt Hannes das Stickeralbum aus der Hand. „Das gehört jetzt mir!", verkündet er. „Das gehört nicht dir!", ertönt da eine Stimme. Hannes dreht sich um – Aylin steht da! „Hör mal, du kleine dumme Gans, verschwinde mal lieber, aber schnell!", brüllt Felix. Aber noch lauter brüllt Aylin: „Mustafa, Atakan, Emrah, die sagen ,kleine dumme Gans' zu mir!" „He, Felix, mit den Brüdern mag ich aber lieber nichts zu tun haben!" Sebastian kennt die Drei, mit denen kann er es nicht aufnehmen. „Lass uns abhauen!" Das Stickeralbum werfen sie Hannes vor die Füße, und weg sind sie.

Aylin lacht, und Hannes hebt voller Erleichterung sein Album auf. „Danke Aylin!" – das kommt aus tiefstem Herzen. „Magst du morgen mit meinen Brüdern und mir zur Schule gehen? Dann können sie aufpassen", fragt Aylin. „Wie?" Jetzt erst begreift Hannes: „Deine Brüder sind gar nicht hier? Du hast die reingelegt? ... Puh! Nicht schlecht, der Trick!" Hannes ist wirklich beeindruckt. „Die ist ja schlau!", denkt er. Dann fällt ihm etwas ein: „Aylin, gern gehe ich mit euch zusammen. Du, magst du ein paar Sticker haben? Schau mal, die hab ich alle doppelt ..."

Das Gleichnis vom Senfkorn

Inhalt: Petrus ist entmutigt: Viele hören Jesus nicht zu und bleiben so hartherzig wie zuvor. Jesus erklärt anhand des Senfkorns, dass Veränderungen nicht von heute auf morgen geschehen.

⏵ *Relifix 3, S. 48*

Anmerkung: Es werden Senfkörner benötigt.

Petrus sitzt da und starrt auf die Erde zu seinen Füßen. Es ist Abend, aber er findet keine Ruhe. Immer wieder geht ihm durch den Kopf, was heute geschehen ist. Eigentlich war es ein Tag, wie er schon viele mit Jesus und den anderen erlebt hat: Sie waren unterwegs und sind in einen Ort gekommen. Viele hatten schon von Jesus gehört, und es dauerte nicht lang, bis eine Menschenmenge sich um Jesus geschart hatte. Und Jesus erzählte, erzählte von Gottes Liebe zu den Menschen. „Du sollst Gott lieben von ganzem Herzen und deinen Nächsten wie dich selbst!" Das war seine Botschaft, und die Leute hörten zu. Auch heute hat Petrus wieder gespürt, wie sehr Jesus die Herzen der Menschen berührt. Als die Leute wieder gingen, hatten viele ein Lächeln im Gesicht.

Ja, das kennt Petrus. Er freut sich immer wieder, das zu erleben. „Jesus kann die Menschen verändern!", denkt Petrus. „Es wäre so schön, wenn Gottes Reich, das Paradies, wieder entstehen könnte und alle Menschen in Frieden miteinander leben würden. Das ist unser Ziel!" Am Morgen war Petrus noch voll Hoffnung gewesen, dass die Menschen diesem Ziel jeden Tag ein Stück näher kommen könnten.

Und dann hatte dieser böse Mensch alles verdorben!

Was war passiert?

Nachdem die Leute, die Jesus zugehört hatten, sich zerstreut hatten, war Petrus noch ins Dorf gegangen. Da hatte er plötzlich eine laute, wütende Stimme gehört: „Bezahlst du jetzt deine Schulden oder nicht? Willst du etwa leugnen, dass dein Kind meinen Krug kaputt gemacht hat? Meine Geduld ist am Ende! Ich werde dich bestrafen lassen, wenn du nicht heute noch das Geld bringst!" Als Petrus hinübersah, traute er seinen Augen nicht: Der da schimpfte, war ein Mann, der vorhin noch zugehört hatte, was Jesus erzählte! Zugehört? Hatte er denn überhaupt zugehört? So hartherzig, wie er sich da zeigte, hatte er ja überhaupt nicht verstanden, worum es Jesus ging. Voller Wut und Trauer war Petrus zurückgegangen und hatte Jesus alles erzählt, was er beobachtet hatte. Am Ende klagte er: „Ist denn alles umsonst, was du sagst, Jesus? Wozu erzählst du den Menschen Tag für Tag von Gottes Liebe, wenn die Menschen hinterher genauso böse sind wie vorher?"

Jesus hatte ihm zugehört und erst einmal geschwiegen. Schließlich hatte er Petrus seine Hand hingestreckt. Da lag ein kleines Senfkorn darin.

(An dieser Stelle legt die Lehrkraft jedem Kind ein Senfkorn in die Hand.)

„Petrus!", hatte Jesus gesagt. „Du siehst dieses Senfkorn. Was passiert, wenn du es in die Erde legst? Zuerst kommt ganz vorsichtig eine kleine grüne Spitze aus der Erde. Diese wächst und wächst. Irgendwann ist sie schon so groß wie ein Grashalm. Dann verzweigt sie sich und wächst weiter, noch weiter, wie ein Kraut. Und es wächst in die Höhe und in die Breite. Und irgendwann ist es ein Baum, ein Baum mit einem starken Stamm, einer glatten Rinde, mit Ästen und Zweigen und vielen grünen Blättern. Ein Baum, in dem die Vögel ihre Nester bauen können."

„Aber Jesus! Was hat das denn mit dem Mann zu tun?" Statt einer Antwort hatte sich Jesus gebückt, das kleine Senfkorn in eine Mulde gelegt und mit Erde bedeckt. „So, Petrus. Nun denkst du noch einmal über alles nach, und morgen schauen wir den Baum an."

„Aber Jesus! Morgen ist das doch noch kein Baum! Das geht doch nicht so einfach von heute auf morgen!" „Ja", sagte Jesus. „Das geht nicht so einfach von heute auf morgen."

AG Schulgarten

Inhalt: *Ein schwieriges Kind ändert sich langsam, als es in der AG Schulgarten Anerkennung durch eine Lehrerin und ein anderes Kind erfährt.*

Stichworte: *Außenseiter, Aggression, Gewalt, Streit, Verweis, Anerkennung, Zuwendung, Hoffnung, Leben ändern*

▶ *Relifix 3, S. 49*

„Frau Müller, da toben welche im Schulgarten herum und machen alles kaputt!", beschwert sich Annemarie und zieht die Lehrerin an der Hand. „Bitte, komm schnell!" Als die beiden den Schulgarten erreichen, sehen sie gerade noch Chris, der mit einem dicken Stock in der Hand quer durch das Beet mit den Herbstblumen läuft. „Halt!", brüllt Frau Müller, aber Chris hört nicht auf sie und rennt weg. „Na, der kann was erleben!", schimpft die Lehrerin aufgebracht. „Zum Glück haben wir gesehen, wer das war." Erst einmal steht sie aber mit Annemarie ziemlich fassungslos vor dem verwüsteten Blumenbeet. „Die Blumen waren so schön!" Annemarie hat Tränen in den Augen. „Das stimmt! Du bist wohl auch in der AG Schulgarten bei Frau König?", fragt Frau Müller. Das Mädchen nickt. „Wir haben so viel Arbeit gehabt und uns so gefreut, weil alles so schön wächst!" Da entdeckt sie noch etwas Schlimmes: „Und den Stock, den hat er da vom Busch abgerissen!" Ohne Zweifel, man sieht genau die Stelle, wo ein großer Ast abgebrochen ist. „Natürlich wieder Chris!", murmelt Frau Müller zwischen den Zähnen, bevor sie sich wieder Annemarie zuwendet. „Der bekommt seine Strafe", meint sie. „Darauf kannst du dich verlassen!"

„Natürlich wieder Chris!", seufzt auch Herr Probst, Chris' Lehrer, als Frau Müller nach der Pause ihrem Kollegen alles berichtet. „Klar, gib ihm nur einen Verweis. Er hat es verdient – leider. Was er allein in dieser Woche schon wieder angestellt hat, ich sag dir, ich komme mit dem Schimpfen und den Mitteilungen gar nicht mehr nach: Am Montag hat er zum Beispiel sein Getränk über der Jacke eines Mitschülers ausgegossen, absichtlich! Dabei hatte der ihm gar nichts getan! Er hatte seine Jacke in die Wiese gelegt und Fußball gespielt. Stell dir das vor: Chris kannte ihn noch nicht einmal! Nur aus ‚Spaß', nur um jemanden zu ärgern, nur um mal wieder gerade das zu machen, was verboten ist und anderen schadet, kippt er sein klebriges blaues Getränk über die Jacke – und rennt natürlich gleich weg. Aber da hat ihn auch die Aufsicht erwischt. Mit anderen Worten: Er hat schon eine Mitteilung bekommen in dieser Woche." „Fürchterlich ist das mit diesem Kerl!" Frau Müller schüttelt den Kopf. „Es muss ja eine Strafe sein, den in der Klasse zu haben!" Da fällt ihr noch etwas ein: „Ach, übrigens, ich wollte das auch Maria König erzählen. Weil das doch im Schulgarten passiert ist und der Schulgarten ihr ganzer Stolz ist." „Tu das!", stimmt Herr Probst zu.

Am Mittag entdeckt Frau Müller die Kollegin im Lehrerzimmer. „Maria, leider eine schlechte Nachricht – hast du schon gehört, was im Schulgarten passiert ist?" Frau König nickt bekümmert: „Gehört – und vor allem gesehen!", seufzt sie und fährt dann fort: „Du, ich habe mir überlegt, dass Chris als Strafe für einen Monat in der AG Schulgarten mitmachen soll. Dann kann er wiedergutmachen, was er angerichtet hat. Und außerdem steht da jetzt Ende Oktober das Umgraben der Beete an. Das ist richtig viel Arbeit – da kann ich einen kräftigen Kerl wie ihn durchaus gebrauchen." „Eine wunderbare Idee!" Frau Müller ist begeistert. „Das schreibe ich gleich zum Verweis dazu!"

So steht einige Zeit später Chris da, etwas abseits, als sich die AG Schulgarten am Montagnachmittag trifft. Annemarie und die anderen Kinder werfen ihm wütende Blicke zu. Aber Frau König lässt keine Zeit für böse Gedanken: „Auf Kinder, eine Menge Arbeit wartet! Erst einmal holen wir die Schubkarre mit den Spaten aus dem Schuppen." Die einen graben um, die anderen sammeln die Steine aus der Erde. Auch Chris bekommt einen Spaten und Arbeitshandschuhe in die Hand gedrückt. „Weißt du, wie man das macht?", fragt Frau König, aber statt einer Antwort fängt Chris an. Nach einer Weile wirft Annemarie einen Seitenblick auf den schuftenden Jungen. „Du bist aber stark!", meint sie bewundernd. Frau König geht herum, beaufsichtigt die Arbeit, hilft und erklärt, und als sie das nächste Mal bei Anneliese und Chris vorbeikommt, lobt auch sie: „Du schaffst ja so viel wie zwei andere, Chris!" Sie klopft ihm anerkennend auf die Schulter. „Aber nun tausche doch mal mit einem anderen Kind! Ruh dich eine Runde aus! Sonst kriegst du noch eine Blase an der Hand!" Doch Chris schüttelt nur den Kopf und gräbt weiter. „Na ja, wenn du noch kannst, umso besser. Jedenfalls: gute Arbeit!", sagt sie. Eine Woche später ist Chris wieder pünktlich zur Stelle, und auch dieses Mal gräbt er wie ein Maulwurf. Er spricht nie, er sucht nicht den Kontakt zu den anderen Kindern, aber er arbeitet mit Kraft und Ausdauer. Am Ende verkündet Frau König: „Liebe Kinder der AG Schulgarten! Nun sind wir heute, nicht zuletzt dank Chris, mit dem Umgraben tatsächlich fertig geworden, toll! So können wir nächste Woche zusammen ins Gartencenter fahren und Blumenzwiebeln kaufen, die wir dann beim übernächsten Mal einpflanzen. Vergesst bitte nicht eure Fahrkarten! Ich freu mich schon! Bis dann!"

„Du hast die Fahrkarte vergessen? Mhm, schade!" Etwas unschlüssig steht Frau König da. Soll sie nun ein Ticket für Chris kaufen? „Ich stempel für dich mit", meint Annemarie. „Kein Problem; ich habe eine neue Karte." „Wie lieb von dir!", freut sich Frau König. Auch Chris freut sich, das merkt man. Er geht zu Annemarie und sagt: „Danke!" Es ist das erste Mal, dass er etwas zu einem anderen Kind der Gruppe sagt.

Eine Busfahrt und zehn Stationen später sind sie da. Das macht Spaß! Im Gartencenter gibt es so viel zu sehen! Die ganzen Pflanzen und Blumen! Mindestens eine Viertelstunde verbringen die Kinder in der Tierabteilung. Die Meerschweinchen und Kaninchen sind so süß! Doch dann erinnert die Lehrerin sie an den Grund der Einkaufstour und sie suchen das Regal mit den Frühlingsblumen. Jedes Kind darf ein Netz voll Zwiebeln aussuchen. „Ich nehme Narzissen!", ruft Annemarie. „Die innen orange und außen weiß sind; die finde ich so schön!" „Die mag ich auch am liebsten", hört sie da Chris' Stimme neben sich. „Au ja, dann pflanzen wir sie nebeneinander und haben eine ganze Ecke im Beet mit Narzissen", schlägt Annemarie vor. Sie schaut Chris lachend an und denkt: „Der ist eigentlich ganz nett."

Beim nächsten Mal ist die AG Schulgarten so eifrig mit dem Pflanzen der vielen Blumenzwiebeln beschäftigt, dass die Zeit wie im Flug vergeht. „Du liebe Zeit!", ruft Frau König plötzlich. „Es ist ja schon acht Minuten nach halb fünf! Ihr müsst heim, aber schnell! Lasst alles liegen, ich räume schon auf! Tut mir leid, dass ich euch zu lange dabehalten habe! Und noch etwas: Jetzt macht die AG Schulgarten Winterpause! Wir sehen uns wieder, sobald die erste dieser

Blumen aus der Erde spitzt! Schaut jeden Tag nach und sagt mir Bescheid! Jetzt aber los; einen schönen Tag noch! Tschüs!" „Auf Wiedersehen!" – „Tschüs!" – „Auch dir einen schönen Tag!", rufen die Kinder und sind schon weg. Außer Chris. „Ich habe es nicht eilig. Ich kann gerne beim Aufräumen helfen", bietet er an. „Oh, Chris, das wäre aber tatsächlich sehr nett von dir!" Frau König schaut sich um. Überall liegen die Schaufeln und die leeren Netze herum, und am Ende müsste man dringend die Erde wegfegen, die die Kinder beim Pflanzen überall verteilt haben. „Wartet deine Mama nicht auf dich?", fragt sie. „Nein, ich habe einen Schlüssel, sie kommt erst später aus der Arbeit. Ich wäre sowieso eine Stunde allein daheim", antwortet Chris und fängt gleich an, die Schaufeln abzuklopfen und einzusammeln. „So ein Glück, dass du da bist!", stellt Frau König fest, als er sich auch noch den großen Besen schnappt und kehrt. Zu zweit dauert es nur eine Viertelstunde, und sie sind fertig. „So, mein lieber Chris! Ein riesig-riesig-großes Dankeschön!", sagt Frau König beim Abschied. „Eigentlich war das eine Strafe, und nun hast du so toll gearbeitet, viel mehr als du musstest! Ich habe mich ehrlich gefreut, dass du dabei warst – und, nun ja, falls du Lust hast: Mach doch im Frühling wieder mit bei der AG Schulgarten! Du weißt schon, so richtig, freiwillig. Wir könnten dich gut gebrauchen! Magst du?" Chris schaut die Lehrerin an. Freundlich lacht sie ihn an. Da geht auch über sein Gesicht ein Lächeln: „Ja, gern", erwidert er.

„Das ist wirklich lustig", spricht Frau Müller ihre Kollegin einige Zeit später im Lehrerzimmer an. „Jetzt ist ausgerechnet Chris derjenige, der wie ein Wachhund aufpasst, dass niemand ins Beet tritt!" „Er hat ja auch geholfen, die Blumen zu pflanzen", erklärt Frau König. „Und er möchte zu gern derjenige sein, der die erste grüne Spitze entdeckt." „Diese Aktion hat ihm wirklich gut getan", fügt Herr Probst hinzu. „Es wird langsam, aber sicher besser mit Chris. Endlich hat er etwas, was ihm Freude macht!"

Nun kommt der Winter und der Schnee deckt alles zu. Lange bleibt es eisig kalt. Immer wieder stehen Annemarie und Chris vor dem Beet. Einmal gesellt sich Frau König dazu. „Die Zwiebeln machen wohl Winterschlaf?", vermutet Annemarie. „Sozusagen", stimmt die Lehrerin zu. „Wenn es wärmer wird und die Sonne scheint, dann werden sie schon aufwachen!" „Ich freu mich auf den Frühling!", ruft Annemarie. „Und außerdem ist das so spannend wie

Weihnachten!" „Noch spannender", meint Chris, „weil man nicht genau weiß, wie lange man noch warten muss."

Aber eines Tages ist es dann so weit: „Frau König, Frau König!", hört man Chris durchs Schulgelände brüllen. „Da! Die Blumen kommen raus! Juhu!" Er rast Richtung Schulhaus. Unbedingt und sofort muss er das erzählen! Doch plötzlich entdeckt er Annemarie. Sie weint bitterlich. Ohne zu zögern, läuft Chris zu ihr: „Annemarie, was ist los?" „Ich bin hingefallen!", schluchzt sie. „Meine Hand blutet und meine Brotzeit ist in den Dreck gefallen!" „Zeig mal, wie schlimm es ist. Brauchst du ein Pflaster? Soll ich dich zum Hausmeister begleiten? Jedenfalls kannst du ein Stück von meiner Brezel haben." So tröstet er Annemarie, bis ihm dann doch noch das Wichtigste wieder einfällt: „Und weißt du was? Unsere Narzissen sind da!", verkündet er. Inzwischen ist Herr Probst näher gekommen, der gesehen hat, dass Annemarie gestolpert ist. Er hat gehört, was Chris gesagt hat. Lächelnd sieht er nun zu, wie beide Kinder zum Beet rennen. Annemaries Kummer ist vergessen. Später sagt er zu Frau König: „Es fängt etwas an zu wachsen."

Das Gleichnis vom vierfachen Acker

Inhalt: *Maria hat Zweifel, dass Jesus die Menschen verändern kann. Er erzählt das Gleichnis: Die Samenkörner, die auf den Weg, auf Felsen oder in die Dornen fallen, können nicht wachsen. Das Korn jedoch, das auf fruchtbarem Boden wachsen kann, bringt Frucht.*

▶ *Relifix 5, S. 49*

Wieder ist Jesus mit seinen Jüngern unterwegs. Auch Maria und andere Frauen und Männer folgen ihm. Doch während Maria sonst voller Zuversicht und Begeisterung ist, wird sie heute die trüben Gedanken nicht los: „Wozu das alles?", denkt sie traurig. „Tag um Tag, Woche für Woche gehen wir mit Jesus von Ort zu Ort. Überall erzählt er den Menschen von Gott, er tut Gutes und hilft, wo er kann. Aber: Aus den Augen, aus dem Sinn: Sobald wir weitergehen, kehrt bei den Menschen der Alltag wieder ein. Ob die Welt besser wird

Jesus damals und heute 357

durch Jesus? Ob sich irgendjemand an ihn erinnert? Ob jemand sein Leben ändert, wenn er Jesus erlebt hat?"
„Du hast Zweifel?", hört sie da plötzlich Jesu Stimme neben sich. Maria schreckt auf. Jesus ist vor einem unbebauten Ackerfeld stehengeblieben. Er sieht Maria an und spürt, was in ihr vorgeht. „Maria, schau! Schau dir den Acker hier an! Ich will es dir erklären ...", beginnt er. Die Jünger kommen nah heran und es wird ganz still, als Jesus weiterspricht: „Ja, schaut euch das Feld an! Es wächst nichts. Man sieht nur Erde ... Dort ist ein Weg, am Feldrand seht ihr Dornenbüsche und da drüben sind Felsen. Nun hört dieses Gleichnis: Ein Bauer geht, um zu säen. In weitem Bogen wirft er die Körner auf den Boden. Ein Teil der Körner fällt auf den Weg. Schnell fliegen die Vögel her und picken sie auf. Ein anderer Teil der Körner fällt auf felsigen Boden, wo nur wenig Erde ist. Die Pflänzchen vertrocknen, wenn es heiß wird. Andere Körner fallen in die Dornenbüsche und haben keinen Platz zum Wachsen. Aber ein Teil der Körner fällt auf guten Boden, wächst und bringt Frucht. Eine Ähre kann 30, 60 oder sogar 100 Körner hervorbringen!" (Markus 4,1-8)

Die Sammelaktion

Inhalt: *In der Jugendgruppe wird zu einer Sammelaktion für ein Asylantenheim aufgerufen, mit unterschiedlichem Erfolg.*

Stichworte: *Hilfsaktion, Asylanten, Jugendgruppe, Gleichgültigkeit, Enttäuschung, Hoffnung*

▐▶ *Relifix 5, S. 50*

„Hallo, Tobi!" Sonja begrüßt ihren Klassenkameraden, mit dem sie jede Woche die Gruppenstunde in der Stephanuskirche hält. „Ich habe eine tolle Idee, was wir heute machen könnten!" „So", meint Tobi. Es klingt wie: „Mein Beileid." „Hey, Tobi, was ist denn mit dir los? Du klingst ja total frustriert", Sonja setzt sich zu ihm. „Das bin ich auch", antwortet Tobi. „Wie viele tolle Ideen hatten wir schon?! So viel Mühe geben wir uns, ein gutes Programm für die Gruppenstunde auf die Beine zu stellen. Und was haben wir erreicht? Nichts! Ich habe gute Lust, alles hinzuschmeißen." „Tobi, nicht jetzt, bitte! Hör doch erst mal, was ich vorhabe …"

Eine Viertelstunde später sind alle versammelt und Sonja erklärt, was sie vorhat: „Hört mal her! Unsere Pfarrerin hat erzählt, dass die Kinder, die in der Asylantenunterkunft in der Forststraße wohnen, überhaupt kein Spielzeug haben. Lasst uns eine Sammelaktion machen! Jeder von euch bringt altes Spielzeug mit! Und nächste Woche bringen wir das dann hin!" Erwartungsvoll schaut Sonja in die Runde. „Was sind Asylanten?", fragt Ralf. Das weiß Tobi: „Sie sind aus ihrem Heimatland geflohen, weil sie dort verfolgt werden", erklärt er. „Sie kommen nach Deutschland und bitten um Asyl, und bis über ihren Antrag entschieden ist, leben sie in diesen Unterkünften. Natürlich konnten sie auf ihrer Flucht nicht viel mitnehmen, deswegen besitzen sie kaum etwas und werden nur mit dem Nötigsten versorgt." „Das ist wie mit den Juden im Dritten Reich", ergänzt Sonja. „Sie wurden von Hitler hier in Deutschland verfolgt. Die fliehen konnten, waren froh, dass ihnen in anderen Ländern Asyl gewährt wurde. – Nun, was sagt ihr zu einer Sammelaktion? Ihr habt doch bestimmt übrige Stofftiere oder Spielsachen, die ihr nicht mehr braucht?! Oder Kleidung? Wenn jeder etwas mitbringt, würde sicher einiges zusammenkommen und wir könnten wirklich etwas Gutes tun!" Nun sind alle begeistert: „Klar, da helfen wir!" „Da machen wir mit!" „Ich bin dafür!", so hört man es von allen Seiten und sogar Tobi denkt: „Das könnte etwas werden!"

„Das ist doch eine gute Idee!", sagt Daniel zu Ralf auf dem Heimweg. Doch als sie am nächsten Tag den Nachbarn fragen, fängt der zu schimpfen an: „Was, für die Forststraße? Nichts würde ich denen geben! Asylantenpack! Im Gegenteil! Sperrt bloß eure Fahrräder ab, bevor sie euch von denen geklaut werden!"

„Das ist doch eine gute Idee!", sagt Silvia zu Andi auf dem Heimweg. „Au ja! Wir räumen im Keller auf! Wenn ich meine alte Spielzeugkiste ausmiste, finde ich bestimmt Sachen, die noch gut sind! Und von meinen Stofftieren kann ich auch ein paar abgeben." Am gleichen Abend machen sie es allerdings nicht mehr. Am nächsten Tag denkt Silvia noch einmal daran, hat aber keine Zeit. Am dritten Tag ist es vergessen.

„Das ist doch eine gute Idee!", sagt Lissi zu Christina auf dem Heimweg. Aber Christina antwortet nicht. Sie ist mit ihren Gedanken woanders. Sie hat genug eigene Sorgen und keine Energie übrig für die Sammelaktion.

„Das ist doch eine gute Idee!", sagt auch Sarah zu Lion auf dem Heimweg.

In der Woche darauf treffen sie sich wieder. Daniel, Ralf, Silvia, Andi, Lissi und Christina sind schon da. Sonja hat eine Tüte mitgebracht, sie steht in der Ecke. Sonst hat keiner etwas dabei, und niemand spricht mehr von der Sammelaktion. „Haben sie es alle vergessen? Ist es wirklich wahr, dass wir gar nichts erreicht haben?", denkt Sonja und seufzt. Tobi sieht Sonja vielsagend an. Da ruft es von draußen: „He, könnt ihr uns mal helfen?"

Draußen stehen Sarah und Lion mit einem voll bepackten Handwagen ...

Das Gleichnis vom verlorenen Sohn

Inhalt: *Ein Sohn lässt sich sein Erbe auszahlen und geht fort. Er verschwendet das ganze Geld und endet als Schweinehirt. Doch trotz der großen Schuld ist der Vater glücklich, als der Sohn wieder zurückkehrt. – So groß ist Gottes Liebe zu uns Menschen, auch wenn wir schuldig werden.*

Hinweis: *I. Weth, Neukirchener Kinder-Bibel, S. 217 f f*

▸   *Relifix 3, S. 29*

Die verlorene Tochter

Inhalt: Amelie verliert die wertvolle Kette der Mutter. Sie traut sich nicht, nach Hause zu gehen. Schließlich kommt sie doch heim; die Mutter ist nur froh.

Stichworte: Schuld, verzeihen, Mutterliebe, schlechtes Gewissen, abhauen, Angst, Verzweiflung

▶ Relifix 3, S. 30

„Mama, du bist sagenhaft!" Amelie hüpfte vor Freude im Zimmer herum. „Das habe ich mir sooo gewünscht!" Es war Weihnachten und gerade Bescherung. Was Amelie sich so sehr gewünscht und nun bekommen hatte, war ein Skiurlaub. Ihre beste Freundin Celine fuhr mit ihren Eltern über Silvester nach Österreich. Sie hatte Amelie gefragt, ob sie mitkommen wollte. Und ob Amelie wollte! Seitdem hatte sie der Mutter in den Ohren gelegen. „Oh, bitte, darf ich? Bitte! Ich wünsche mir das zu Weihnachten; das ist mein einziger und größter Wunsch!", hatte sie gebettelt.

„Das wird sicher toll!" Amelies kleiner Bruder Lion freute sich mit seiner Schwester. So klein war er nicht, 11 Jahre alt, aber Amelie mit ihren 14 Jahren kam sich schon viel größer und fast erwachsen vor. „Ich liebe Skifahren!", schwärmte sie. „Und das Hotel, in dem wir wohnen, ist total schön, sagt Celine. Das Beste ist: Die haben unten eine richtige Disco, und an Silvester wird da Party gemacht, yeah!" Die Mutter lächelte über Amelies Begeisterung und meinte: „Dann musst du auch etwas Hübsches zum Anziehen mitnehmen!" „Stimmt! Die Schneehose oder die Skiunterwäsche geht nicht", grinste Amelie. „Am besten nehme ich das Kleid, das ich für Onkel Walters Hochzeit bekommen habe." „Da hast du so hübsch ausgesehen", bestätigte sogar Lion. „Du hattest mir die Perlenkette geliehen", erinnerte sich Amelie und sah auf ihre Mutter. Die trug die Perlenkette heute. Es war eine wunderschöne und wertvolle Kette, ein Familienerbstück. Die Oma hatte sie der Mama zur Hochzeit geschenkt und es stand fest, dass Amelie die Kette bekommen würde, wenn sie heiratete. Mama verwahrte sie sorgfältig in ihrem Schmuckkästchen. Nur zu ganz besonderen Gelegenheiten wurde sie ausgepackt. „Nein!" Die Mutter wusste sofort, was Amelies bittender Blick zu bedeuten hatte.

„Die Kette nimmst du nicht mit nach Österreich!" „Ach Mama, bitte!" Amelie ließ nicht locker. „Ich passe auch bestimmt gut darauf auf! Ich lasse sie im Hotelsafe einsperren, wenn wir beim Skifahren sind", versicherte sie. „Amelie", wandte die Mama ein, „du bist nicht gerade das ordentlichste Mädchen der Welt. Immer wieder verlierst du etwas. Das ist ja keine Katastrophe, das kann jedem mal passieren. Aber mit der wertvollen Kette, das wäre schon schlimm." „Aber ich bekomme sie ja sowieso einmal", erwiderte die Tochter. „Wenn ich sie verliere, bin ich selbst gestraft." Die Mutter seufzte tief. „Mir bedeutet diese Kette sehr viel", sagte sie zögernd und ließ die Perlen durch ihre Finger gleiten. Amelie wartete gespannt; nur jetzt die Mama nicht drängen. Schließlich gab sich die Mama einen Ruck: „Na gut", meinte sie. „Vielleicht bin ich zu ängstlich. Du wirst bestimmt wunderschön ausschauen mit dem Kleid und der Kette!"

Drei Tage später standen sie und Lion beim Verabschieden auf der Straße. „Bis Neujahr!", rief die Mama. „Wenn du wieder da bist, gibt es zur Feier des Tages Lasagne!" „Juhu!", antwortete Amelie. „Bis dann!" „Viel Spaß!" „Auf Wiedersehen!" Alle winkten noch einmal. Am Abend rief Amelie an: „Mama, wir sind gut angekommen, alles klar! Aber mein Handy hat kein Netz und das Telefonieren ist teuer. Ich melde mich wieder, wenn ich zurück bin!"

Die Mama und Lion verbrachten Silvester mit zwei befreundeten Familien und hatten viel Spaß. Sie dachten auch an Amelie. „Komm, wir schreiben ihr eine SMS und wünschen ihr ein schönes neues Jahr!", schlug Lion vor. „Ja, das ist eine gute Idee, das machen wir!", erwiderte die Mama. „Auch wenn sie die vielleicht erst morgen auf der Rückfahrt bekommt."

Am Neujahrsmorgen kam dann die Antwort: „Hallo Mama, sind unterwegs. Würde gern noch bei Celine bleiben. Gruß, Amelie", stand in der SMS. „Nanu? Sie kommt nicht heim?", wunderte sich die Mama. Etwas unschlüssig stand sie in der Küche. „Trotz Lasagne? Und überhaupt? Nein, ich möchte meine Tochter schon wiederhaben!" Sie versuchte, Amelie und auch Celines Mutter Christine auf dem Handy anzurufen, aber beide waren nicht zu erreichen. So hinterließ sie eine Nachricht bei Celines Familie daheim auf dem Anrufbeantworter.

Zwei Stunden später klingelte endlich das Telefon und Christine meldete sich: „Hallo! Ja, wir sind wieder da! Amelie hat mich gefragt, ob sie noch bei uns bleiben darf. Das wäre an sich kein Problem, aber ich denke, du freust dich, wenn sie wieder zu Hause ist?" „Ja, das stimmt! Ich möchte, dass sie gleich kommt!", bestätigte die Mutter. „Nun habe ich meine Tochter lange genug entbehren müssen." „Sag mal, wäre es dir recht, wenn ich das Gepäck erst heute Nachmittag bringe und Amelie zu Fuß heimschicke?", fragte Christine. „Ich hab gerade mit dem Auspacken so viel zu tun." „Klar, das ist ja nicht weit", meinte die Mama. „Und übrigens: Danke, dass ihr Amelie das ermöglicht habt!" „Gern geschehen! Bis bald, ich schicke Amelie gleich los!", verabschiedete sich Christine.

Die Mutter freute sich. Es war Mittagszeit, Lion war nun auch endlich aufgestanden und deckte gerade den Tisch. Die Lasagne war fast fertig und erfüllte die Küche mit köstlichem Duft. „Mhm, ich habe Hunger!" Lion lief schon das Wasser im Mund zusammen. „Amelie wird jeden Moment da sein", vertröstete ihn die Mutter. „Gleich geht es los!"

Amelie kam aber nicht. „Das gibt es doch nicht", wunderte sich die Mutter und sah auf die Uhr. „Wie lange braucht man denn von Celine hierher? Doch höchstens zehn Minuten? Jetzt sind schon fast zwanzig um?" Sie schüttelte den Kopf. Ob sie noch einmal anrufen sollte? Sie wählte Amelies Handynummer, aber das Handy war abgeschaltet. „Was sollen wir tun?" Lion war dafür, noch ein bisschen zu warten: „Du weißt doch, wie lange sie immer braucht, um sich von Celine zu verabschieden." Weitere zehn Minuten später begann die Mama, sich Sorgen zu machen. „Ich muss doch noch mal bei Christine anrufen", beschloss sie. „Du liebe Zeit!", erschrak Christine, „Amelie ist schon lange weg! Ich habe auf die Uhr geschaut; vor mehr als fünfundzwanzig Minuten! Sie ist noch nicht bei euch? Wo kann sie denn nur sein? – Warte mal: Celine! Celine, komm mal her!" Mama hörte durch das Telefon, wie eine Tür geöffnet wurde und Christine ihrer Tochter etwas sagte. Doch dann: „Waaas?" Christine schrie nun fast in den Hörer: „Du, es ist etwas passiert: Amelie hat scheinbar die Kette verloren! Deswegen wollte sie auch heute früh nicht nach Hause! Du meine Güte! Amelie traut sich nicht, dir das zu sagen! Bestimmt ist sie jetzt irgendwo unterwegs! Was machen wir denn jetzt? Rufen wir die Polizei?" Der Mutter war bei diesen Worten fast das Herz stehen geblieben vor Schreck: „Amelie! Die Kette! Oh nein!" Aber jetzt versuchte sie, ganz ruhig zu bleiben: „Erst su-

chen wir. Christine und Lion, ihr bleibt daheim, falls sie kommt oder sich meldet. Ich komme zu euch, hole Celine ab und dann suchen wir. Celine weiß sicher am ehesten, wo sich Amelie vielleicht versteckt hat. Ich bin sofort bei euch!"
Im Laufschritt stürmten Celine und die Mama los. Sie suchten im Stadtpark, bei der Schule, in ihrem Lieblingscafé. „Ja", sagte die Besitzerin, „Amelie ist tatsächlich da gewesen. Sie hat eine heiße Schokolade bestellt, ist aber dann bald wieder gegangen. Das war vor ungefähr einer Stunde." Mittlerweile war es 3 Uhr geworden. „Es nutzt nichts", meinte die Mutter niedergeschlagen. „Wenn sie wirklich nicht heimkommen will, dann hat es keinen Zweck, sie zu suchen: Es gibt so viele Möglichkeiten, wo sie sein kann!" Zum zehnten Mal versuchte sie, Amelie auf dem Handy zu erreichen. Nichts! „Ich schreibe ihr jetzt eine SMS und dann beten wir beide, dass sie sie liest!", sagte sie und tippte mit zitternden Fingern: „Liebe Amelie, bitte komm heim! Ich weiß Bescheid und bin nicht böse!" „Komm", sie zog Celine am Arm. „Lass uns nach Hause gehen. Es ist eisig. Wenn Amelie auch so friert wie ich, dann wird sie doch hoffentlich ..." Die Mama beendete den Satz nicht.

Daheim saß Lion. Er hatte sich mit Mühe die Zeit vertrieben. „Nichts?" Das Gesicht der Mutter war genug Antwort. „Im Bella-Bimba-Café war sie gewesen, so um 2 Uhr", berichtete die Mutter. „Ich erzähle das alles jetzt so, wie es ist, der Polizei", beschloss sie. Sie wurde mit der Jugendbeamtin verbunden: „Alle Polizeiwachen und Streifenwagen wissen Bescheid, auch die Kollegen am Bahnhof", erklärte die Frau. „Bitte bleiben Sie zu Hause und informieren Sie uns sofort, wenn Ihre Tochter auftaucht." „Selbstverständlich!", erwiderte die Mama. „Danke, auf Wiederhören!" Erschöpft ließ sie sich auf einen Stuhl sinken. Fast 4 Uhr! Draußen wurde es schon dämmrig.

Da! Es klingelte! Nur ganz kurz und zaghaft, aber Lion und Mama stürzten beide zur Tür: Es war wirklich Amelie! Die Mama lief ihr im Treppenhaus entgegen und schloss sie in die Arme. „So ein Glück, dass du da bist! So ein Glück, so ein Glück!", wiederholte sie immer wieder und brachte Amelie in die Wohnung. Sie konnte ihre Tränen nicht mehr zurückhalten; auch Amelie weinte bitterlich. „Mama, ich habe die Kette verloren!", schluchzte sie. „Wir waren alle um Mitternacht auf dem Hotelparkplatz, um das Feuerwerk anzusehen, und danach – war sie weg! Celine und ich haben gesucht und gesucht, Leute gefragt, beim Empfang gefragt, ob sie jemand abgegeben hat, dreimal – aber: Sie ist weg! Es tut mir so leid! Deine Kette! Hätte ich nur auf dich gehört!" „Ist schon gut, mein Schatz! Hauptsache, du bist wieder da!" Unendlich erleichtert und froh schob die Mama Amelie in die Küche. „Bestimmt hast du einen Bärenhunger! Die Lasagne ist noch warm!"

Das Gleichnis vom Schatz im Acker

Inhalt: *Ein Mann gibt alles, was er hat, um einen Acker zu kaufen, in dem er einen Schatz entdeckt hat.*

▭▶ *Relifix 3, S. 52 f*

Ein Mann arbeitete auf einem Acker. Er fand einen großen Schatz. Aber der Acker gehörte ihm nicht. Er vergrub den Schatz wieder und ging voll Freude heim. Er verkaufte alles, was er hatte, um den Acker kaufen zu können. Alles sagten: „Was machst du da?" Bist du verrückt?" Aber er ging hin, kaufte den Acker und damit auch den Schatz, der im Acker lag.

Franz von Assisi

Inhalt: *Die Begegnung mit einem Bettler ist für Franziskus, als ob er den Schatz im Acker findet. Nun weiß er, was für ihn das Wichtigste ist, und ändert sein Leben.*

Stichworte: *Lebensgestaltung, Sinn des Lebens, Leben ändern*

▭▶ *Relifix 3, S. 52 f*

Vor langer Zeit, es ist schon mehr als 800 Jahre her, da wurde in dem kleinen italienischen Ort Assisi ein Junge geboren, Franziskus. Da sein Vater ein reicher Tuchhändler war, fehlte es an nichts. Unbeschwert wuchs Franziskus auf und ließ es sich gut gehen. Als junger

Mann war er bald im ganzen Ort bekannt und beliebt. Wo etwas los war, war er dabei. Fand eine Jagd statt – Franziskus fehlte bei keiner. Er war immer freundlich und lustig, er dichtete selbst und sang seine Lieder, denn er hatte eine wunderschöne Stimme. Wenn er in seinen feinen Kleidern auf seinem schönen Pferd angeritten kam, folgten ihm bewundernde Blicke. Jeder dachte: „Der Franziskus hat es gut! So glücklich möchte ich auch sein!" – Aber war Franziskus denn glücklich? Manchmal gab es Momente, da war er sich nicht ganz sicher. Franziskus war ein Christ, er glaubte an Jesus. „Ob Jesus das gut finden würde, wie ich lebe?", fragte er sich dann. Doch es dauerte nicht lang, und er hatte diese Gedanken wieder abgeschüttelt. „Es gibt doch nichts Schöneres, als das Leben zu genießen!", rief er am Abend, als er sich mit seinen Freunden das Essen und den Wein schmecken ließ.

Doch dann begann sich sein Schicksal zu wenden. Franziskus hatte immer ein Ritter sein wollen und konnte es gar nicht erwarten, in den Krieg zu ziehen. Doch anders, als er es sich vorgestellt hatte, kam er nicht mit seinem Heer als stolzer Sieger heim, denn sie verloren die Schlacht. Viele seiner Freunde kamen um, und er wurde gefangen genommen. Erst ein Jahr später durfte er zurückkehren. Es dauerte lang, bis sich Franziskus erholte. Doch als der nächste Kampf bevorstand, war er entschlossen, mitzureiten und endlich ein siegreicher Held zu werden. Nun aber wurde er schwer krank. Er konnte nicht in den Krieg ziehen, er konnte nicht zur Jagd gehen und das Leben genießen. Und er dachte nach. Die alten Gedanken tauchten wieder auf: „Wozu lebe ich überhaupt?", fragte sich Franziskus Tag für Tag, ohne eine Antwort zu finden. Als er wieder gesund war, begrüßte ihn ein Freund: „Na, Franziskus! Endlich bist du wieder ganz der Alte!" „Nein!", widersprach ihm da Franziskus. „So wie früher möchte ich nicht mehr leben!" Doch wie sollte er leben?

Nicht lange Zeit danach ritt Franziskus durch den Ort. Fast hätte er sie überhört, die leise Stimme: „Mein Herr, bitte eine kleine Gabe!" Da saß ein Bettler am Wegrand. Aber wie sah er aus! Er hatte sich bestimmt seit Wochen nicht gewaschen. Seine Kleider waren zerrissen und verdreckt, und krank sah er auch aus. Aber Franziskus ritt nicht weiter. Er stieg vom Pferd, von Mitleid erfüllt. Als er die ausgestreckte Hand des Bettlers ergriff, fühlte er in seinem Herzen eine

Wärme, die er nie gekannt hatte. Und mit einem Mal wusste er: „Das ist es, was Gott von mir will! Das ist meine Lebensaufgabe!"

Voller Freude kehrte Franziskus an diesem Abend nach Hause zurück. Er hatte nicht die geringsten Zweifel daran, was er nun tun musste. Er verkaufte alles, was er hatte, um Menschen in Not helfen zu können. Er gab sein Haus her, sein Pferd, seine schönen Kleider und verabschiedete sich von seiner Familie. Alle sagten: „Was machst du da? Bist du verrückt?" Aber Franziskus ließ sich nicht beirren. Er ging hin und verbrachte sein Leben damit, Armen und Kranken zu helfen. Dass Jesus dieses Leben besser gefallen würde als sein früheres Leben in Reichtum und Sorglosigkeit, da war er sich ganz sicher. Er lebte selbst in Armut und behielt niemals mehr, als er brauchte, für sich. Und nie hat er diesen Schritt bereut.

Viele Geschichten werden von Franziskus erzählt. Alle berichten, wie freundlich und hilfsbereit er war. Auch die Tiere liebte er. Später schlossen sich ihm andere Männer an, die es ihm nachmachen wollten. Sie bauten ein Kloster. Noch heute gibt es die Franziskanermönche, die mit einem einfachen braunen Gewand gekleidet sind und ihr Leben damit verbringen, anderen zu helfen. Sie haben ihren Schatz gefunden.

Wenn Jesus heute käme

Inhalt: ... *würde er sich wie damals für Menschen einsetzen, die allein, krank oder ausgestoßen sind, zum Beispiel eine alte, kranke Frau, eine türkische Familie, die verachtet wird, ein Betrunkener, der aufgegeben hat.*

Stichworte: *Jesus, Krankheit, ausgestoßen, Migration, Ausländerfeindlichkeit, Betrunkener, Alkohol, Integration, Hoffnung, Lebensgestaltung, Leben ändern*

▬▶ *Relifix 2, S. 49*

Wenn Jesus heute nach München käme, dann würde er bestimmt unseren Familiengottesdienst besuchen und sich über die vielen Kinder freuen. Nach der Kirche würde er die alte Dame bemerken, die noch eine Weile allein in der Kirche sitzt. Sie ist sehr krank und hat keinen Mann und keine Kinder. Jesus würde sich zu ihr setzen und mit ihr ins Gespräch kommen. Er würde sich die Krankengeschichte anhören, die sonst niemand hören will, und sie trösten.

Später würde er vielleicht durch den Westpark spazieren und dort eine türkische Familie treffen, die ein Picknick macht. Die Kinder spielen, der große Bruder grillt, die Mutter packt die Esssachen aus dem Korb. Der Vater steht etwas seitlich, und so hört er, wie ein Spaziergänger, ein Deutscher, absichtlich halblaut schimpft: „Man traut sich ja kaum noch in den Park. Müssen diese Ausländer sich überall breitmachen? Und dann gleich so, dass man sie von Weitem sieht und hört? Eine Rücksichtslosigkeit ...!" Der türkische Vater kennt solche Beschimpfungen, und er hasst sie. Aber er will keinen Ärger, und so schluckt er seinen Zorn herunter, mit Mühe. Jesus fragt: „Darf ich nachher mit euch zusammen essen und noch jemanden mitbringen?" Erstaunt und erfreut nickt der türkische Vater und macht eine einladende Handbewegung. „Gäste sind uns immer willkommen!", versichert er. „Ich bin gleich wieder da", sagt Jesus und wendet sich dem Spaziergänger zu. „Sehr geehrter Herr, wir möchten Sie einladen, mit uns zusammen Picknick zu machen", lädt er den Fremden freundlich ein. „Wie? Mit diesen ..." „Ja, mit dieser netten Münchner Familie", unterbricht ihn Jesus schnell, bevor der Mann ein Schimpfwort sagen kann. „Es duftet doch sehr appetitlich, finden Sie nicht? Haben Sie Zeit? Hunger?" „Na ja, Zeit schon, Hunger eigentlich auch ...", antwortet der Mann etwas verwirrt. Sie gehen weiter, Jesus begleitet den Mann ein Stück und redet mit ihm. – Eine Weile später kommen tatsächlich beide zurück und setzen sich zur türkischen Familie! Wie hat Jesus das geschafft? Er hat sogar herausgefunden, dass die zwei Männer in der gleichen großen Firma arbeiten! Der Mann ist nicht mehr unfreundlich. Gemeinsam lassen sie es sich schmecken.

Später verabschiedet sich Jesus. Er geht weiter durch den Park. Auf einer abgelegenen Bank sieht er einen Mann. Zusammengesunken scheint er dort zu schlafen, mit einer Schnapsflasche in der Hand. Jesus setzt sich zu ihm, obwohl der Mann völlig verdreckte Kleider trägt und nach Alkohol riecht.

Dadurch wird der Betrunkene wach. Er bemerkt Jesus. „Ja, ich weiß, ich bin besoffen!", lallt er. „Und frisch gewaschen bin ich auch nicht. Also, warum setzt du dich ausgerechnet zu mir?" „Warum hast du dein Leben aufgegeben?", fragt Jesus. Der Mann schaut starr auf die Flasche. Langsam beginnt er zu erzählen. Ungefähr eine Stunde später ist er fertig. „Meine Mama, meine liebe alte Mutter, hat gesagt, sie hilft mir – aber ich muss mit dem Trinken aufhören. Und das schaff ich einfach nicht", schließt er seinen Bericht. Jesus lächelt ihm zu und schweigt. „Mama hat immer gesagt, wenn ich wirklich will, schaffe ich es." Die Erinnerung treibt dem Mann die Tränen in die Augen. Schließlich rafft er sich auf: „Ich tu's: Ich geh zu meiner Mutter! – Ja! Und zwar ohne diese Flasche! Begleitest du mich?" Und so machen sich Jesus und der Betrunkene auf den Weg ...

Kirchliche Feste

Jesus in Jerusalem:
Die letzten Tage, Tod und Auferstehung

Inhalt: Passionsgeschichte und Auferstehung

Stichworte: Passion, Auferstehung, Ostern, Messiaserwartung

▶ *Relifix 2, S. 52–56*

Maria aus Magdala – Einzug Jesu in Jerusalem
Maria hat schon in der Früh gemerkt, dass in der Stadt etwas Besonderes los ist. Eigentlich ist das für sie nichts Neues, jedes Jahr kommen viele Menschen zum Passahfest nach Jerusalem, um hier den Tempel zu besuchen und zu feiern. Aber diesmal ist es trotzdem anders; Maria weiß auch, warum: Jesus kommt in die Stadt! Jesus, von dem alle erzählen, dass er die Menschen ändert und Kranke heilt.
   Das stimmt, das weiß Maria, sie hat es selbst erfahren. Früher ging es ihr nicht gut. Manchmal war sie so traurig und müde, dass sie stundenlang nur da saß und sich zu nichts aufraffen konnte. Dann hatte sie so schlimme Wutanfälle, dass alle erschrocken waren. „Das ist bestimmt ein böser Geist, der Maria beherrscht", murmelten die Leute hinter ihrem Rücken. Und sie wollten nichts mit Maria zu tun haben. Als Jesus kam und Maria freundlich begrüßte, da spürte sie, dass in ihrem Herzen Frieden einkehrte. Und Maria wusste, dass sie mit Jesus gehen wollte, so wie seine Jünger. Maria wollte Jesus begleiten und hören, was er von Gott erzählte. Sie staunte jedes Mal, wie er von Gott sprach. „Er ist Gottes Sohn", sagten viele, und davon war auch Maria überzeugt. Jesus war Gott so nahe wie ein Sohn seinem Vater.
   Maria ist ganz in Gedanken versunken durch die Stadt gegangen, doch nun wird sie auf zwei Frauen aufmerksam, die sich über Jesus unterhalten. Die eine strahlt über das ganze Gesicht, sie hat Büschel von Zweigen in der Hand und ruft: „Bald ist es soweit! Jesus kommt! Wie ich mich freue! Nun wird alles anders!" „Was wird anders?", fragt die andere. „Jesus wird alle Kranken gesund und alle bösen Menschen gut machen! Keiner wird mehr Not leiden, es wird sein wie im Paradies! Und natürlich wird er die Römer aus dem Land jagen und wir müssen keine Steuern mehr bezahlen! Alles wird gut!"

„Oh, das hört sich toll an, was du sagst!", stimmt die zweite Frau zu. „Komm, jetzt kann ich es auch nicht mehr erwarten, Jesus zu sehen!"
Maria sieht den beiden nach. Sie ist ziemlich beeindruckt von dem, was die Frauen gesagt haben. Aber sie kommt nicht dazu, darüber nachzudenken, denn nun hört sie einen Mann laut schimpfen. „Er soll wieder verschwinden, dieser Angeber!" „Wen der wohl meint?", überlegt Maria. Nun sieht sie den Mann, der auf einen zweiten Mann einredet. Beide schauen wütend. „Er verstößt gegen die Gebote, er geht zu bösen und ungläubigen Menschen, zu Betrügern, zu Zöllnern!" „Lange wird er das nicht mehr machen können", stößt der zweite zwischen den Zähnen hervor. „Die Römer ärgern sich, dass dieser Jesus so viele Freunde hat. Sie werden ihn schon schnappen!" Nun gehen sie um die Ecke, und Maria versteht nichts mehr. Erschrocken steht sie da. Warum sind die Männer auf Jesus böse? Sie beeilt sich, um Jesus und die anderen zu treffen.

Vor den Toren der Stadt findet sie Jesus, aber da ist so ein Trubel, dass sie niemandem erzählen kann, was sie gehört hat. Jesus sitzt auf einem Esel und reitet in die Stadt.

„Das ist kein Angeber!", denkt Maria. „Keiner lebt so einfach wie er. Er schaut wirklich nicht auf das, was jemand hat. Er ist so freundlich zu allen!" Und sie stimmt in den Jubel und den Gesang der Leute mit ein ...

Das Abendmahl

Am Abend werden überall in der ganzen Stadt die Vorbereitungen für das Passahmahl getroffen. Das ist das größte Fest des jüdischen Volkes; es erinnert an die Rettung aus Ägypten. Schon seit vielen hundert Jahren wird es gefeiert, und immer auf die gleiche Weise: Es wird gebetet, es wird die Geschichte erzählt, es wird ein Lamm geschlachtet so wie damals, es werden Brot und Wein ausgeteilt.

Auch Maria feiert das Passahfest, sie ist bei ihrer Familie zu Besuch. Aber später geht sie wieder, um bei Jesus zu sein. Sie weiß, wo er mit den Jüngern das Passahfest gefeiert hat. Vor dem Haus trifft sie Petrus, der dort sitzt und den Kopf in die Hände gestützt hat. Weint er? „Petrus, was ist los?", fragt Maria erschrocken. Petrus sieht sie an, Verzweiflung liegt in seinem Blick. Maria setzt sich zu ihm. „Erzähl doch!", bittet sie.

„Es war alles ganz anders als sonst", beginnt Petrus. „Jesus hat so seltsame Sachen gesagt. Er hat gesagt ... dass er sterben wird!" Maria meint, ihr Herz bleibt stehen vor Schreck, aber sie will Petrus zuhören. Sie merkt, wie schwer es ihm fällt zu sprechen.

„Als Jesus das Brot nahm und dankte, es brach und es uns gab, da sagte er: ‚Nehmt und esst: Das ist mein Leib, der für euch gegeben wird. Sooft ihr das tut, denkt an mich.' Und dann nahm er auch den Kelch mit Wein, dankte, gab ihn uns und sagte: ‚Nehmt und trinkt alle daraus. Das ist mein Blut, das für euch vergossen wird, ein Zeichen des neuen Bundes zwischen Gott und den Menschen. Sooft ihr das tut, denkt an mich.' – Maria, das sind nicht die Worte, die beim Passahfest gesprochen werden! Jesus hat wirklich von seinem Tod geredet!" „Ein neuer Bund zwischen Gott und den Menschen?", fragt Maria. „Aber das ist noch nicht alles", murmelt Petrus bedrückt. „Jesus hat angekündigt, dass einer von uns zwölf Jüngern ihn bei seinen Feinden verraten wird! Alle sind aufgesprungen und haben gerufen: ‚Nein, niemals!' Doch Jesus hat es noch einmal gesagt: ‚Einer von euch wird mich verraten. Und das ist noch nicht alles.' Und dann, dann hat er auf mich gezeigt, und er hat gesagt: ‚Du, Petrus, wirst drei Mal behaupten, dass du mich nicht kennst!' Ich konnte gar nicht glauben, dass er mich meint. Ich bin doch sein bester Freund! Und ich habe ihm widersprochen: ‚Jesus! Eher würde ich sterben, als dich verleugnen!' Doch Jesus sah mich an und sagte: ‚Noch ehe der Hahn kräht, wirst du das tun.'"

Nun kann Petrus nicht mehr, er sitzt da wie ein Häufchen Elend. Maria legt tröstend einen Arm um ihn. Beide schweigen eine Weile. Schließlich meint Maria: „Woher weiß Jesus das alles? Und: Wenn er es weiß – warum verhindert er es nicht? Warum verschwindet er nicht einfach?"

Gefangennahme, Petrus verleugnet Jesus, Verurteilung
Während Maria und Petrus noch da sitzen, tritt Jesus aus dem Haus mit einigen Jüngern. „Kommt!", sagt er nur und geht voran. Maria denkt an das, was Petrus ihr erzählt hat, und beobachtet Jesus ängstlich. Er wirkt nachdenklich, auch traurig, aber ruhig und nicht verzweifelt. „Wohin gehen wir jetzt, in der Nacht?", fragt sich Maria. Doch sie folgt Jesus mit Petrus und den anderen schweigend. Jesus durchquert die Stadt und lässt das Stadttor hinter sich. Er hält nicht

an, bis sie den Garten Getsemane erreichen. Maria kennt den Platz, der am Ölberg liegt. Hier wachsen viele Olivenbäume. Tagsüber ist es ein schöner Garten, doch jetzt kommt Maria alles unheimlich und fremd vor. Nun bleibt Jesus stehen, dreht sich zu ihnen um und sagt: „Wartet hier!" Er steigt noch ein Stück weiter den Berg hinauf, Maria kann ihn kaum noch erkennen. Sie setzt sich mit den anderen unter den Bäumen nieder und denkt nach. „Bestimmt betet Jesus jetzt, das hat er oft getan. Jesus, wenn du tatsächlich sterben wirst, dann hast du jetzt Angst. Dann brauchst du jetzt Kraft. Bitte, Gott, gib ihm Kraft!" Nun hat Maria selbst die Hände gefaltet und betet.

Doch plötzlich hört sie Geräusche und Schritte den Berg heraufkommen. Das sind ja Soldaten mit Fackeln! Entsetzt erkennt Maria, dass Judas bei ihnen ist. Die anderen Jünger springen auf, voll Furcht verstecken sie sich. Die Soldaten haben Jesus schon gefunden. „Judas verrät ihnen, wo Jesus ist!", durchfährt es Maria. Im Schein der Fackeln erkennt sie, dass Judas sich zu Jesus beugt, um ihn mit einem Kuss zu begrüßen. Nun zögern die Soldaten nicht länger. Sie packen Jesus, sie fesseln ihm die Hände und zerren ihn mit sich. „Sie behandeln Jesus wie einen Verbrecher! Aber er wehrt sich gar nicht!" Maria ist vor Schreck wie gelähmt. Sie beobachtet, wie die Gruppe den Ölberg verlässt und wieder auf die Stadt zugeht. Nun endlich fasst sich Maria ein Herz und läuft hinterher. „Maria!", ruft es da; das ist Petrus. „Komm, wir müssen sehen, was sie mit Jesus machen!" Und beide beeilen sich, um den Fackelschein nicht aus den Augen zu verlieren.

Später kauern sie im Hof des Hohepriesters. Dorthin haben sie Jesus geschleppt. „Das ist der ärgste Feind von Jesus!", sagt Maria. „Der meint, dass Jesus die Gebote nicht hält. Der regt sich auf, dass Jesus mit bösen und kranken Menschen zusammen ist. Aber ich weiß, dass er Jesus nicht verurteilen kann. Das ist Sache der Römer, weil sie bestimmen." Doch da spricht ein Mann Petrus an: „Du, dich kenne ich doch! Du bist doch ein Jünger von dem Jesus!" „Nein! Du irrst dich!", antwortet Petrus. Maria wird kalt, als sie das hört, denn sie spürt, dass Petrus fürchterliche Angst hat. „Doch, ich hab dich auch mit ihm gesehen!", stimmt eine Frau zu. „Nein! Wie kommt ihr darauf?", ruft Petrus. „Aber das hört man doch. Du sprichst wie dieser Jesus!", mischt sich noch ein Dritter ein. Nun schreit Petrus: „Ich kenne ihn nicht!" – und er läuft weg, aus dem Hof hinaus. Da kräht der Hahn. „Den hat Petrus noch gehört!", denkt Maria. „Oh nein! Es ist alles so, wie Jesus es angekündigt hat! Muss er jetzt sterben?" Da sitzt sie, ganz alleine, und weint vor Verzweiflung.

Da sieht sie, dass die Soldaten mit Jesus wiederkommen. „Auf! Zu Pilatus!", befiehlt ein Römer und stößt Jesus vor sich her. Der Hohepriester und einige anderen folgen, und auch Maria stolpert hinterher.

Pilatus haben die Römer geschickt, damit er über das Land herrscht. Er steht vorne und spricht Jesus an. Doch es sind so viele Feinde von Jesus da. Sie rufen laut und immer wieder: „Kreuzige ihn!" Auch der Hohepriester redet auf Pilatus ein. Pilatus sieht Jesus an, doch der verteidigt sich nicht. Schließlich wird das Geschrei so laut, dass Pilatus mit einer Handbewegung für Ruhe sorgt und mit lauter Stimme verkündet: „Das Urteil lautet: Tod am Kreuz!"

Jesus stirbt am Kreuz
Marias Herz fühlt sich an, als müsste es vor Schmerz zerspringen. Und keiner ist da, der sie tröstet. Da ist Jesus! Er muss sein Kreuz selber tragen. Aber er schafft das gar nicht mehr, er ist so erschöpft und schwach, er kann sich kaum auf den Beinen halten. Die Soldaten befehlen einem vorbeikommenden Mann, Jesus das Kreuz abzunehmen. Jesus! Du musst so viel erleiden!

Später weiß Maria kaum mehr, wie sie auf den Berg Golgata gelangt ist. Sie haben Jesus ans Kreuz gehängt. Er ist gestorben, und der Himmel hat sich verdunkelt. Immer noch kauert Maria in einiger Entfernung auf dem Boden. Sie betet und weint, aber nichts kann sie trösten. Sie fühlt sich einsam und verzweifelt wie noch nie zuvor in ihrem Leben.

Er ist auferstanden!
Lange hatte Maria auf dem Boden gehockt und konnte nicht gehen. Sie wollte doch immer bei Jesus bleiben. Was sollte nun aus ihr werden?

Nach einer Weile beobachtet Maria, wie ein Mann mit einigen anderen kommt. Sie nehmen Jesus vom Kreuz, legen ihn auf Tücher und schaffen ihn fort. „Werden sie ihn in ein Grab legen?", fragt sich Maria. Sie geht hinterher. „Das ist sogar ein Felsengrab, bestimmt gehört es einem vornehmen Mann." Die Männer bringen Jesus in das Grab, dann wälzen sie den vorbereiteten Stein vor den Eingang.

„Morgen ist Sabbat, aber übermorgen komme ich wieder her", sagt sich Maria. Noch immer fühlt sich ihr Herz wie der schwere Stein an. Sie will nur am Grab sitzen und trauern.

Maria macht sich langsam auf den Heimweg. Am Sonntag in aller Früh kommt Maria wieder. Sie weint, der Kummer wird immer schlimmer. Beim Grab möchte sie von Jesus Abschied nehmen. Doch der Stein ist weggerollt. Maria schaut in die Grabhöhle, aber Jesus liegt nicht dort. Maria dreht sich um, da steht jemand vor ihr. Er sagt: „Maria!" – und in dem Moment spürt Maria, dass Jesus zu ihr spricht. „Geh zu meinen Brüdern und sage ihnen, ich gehe hinauf zu meinem Vater und zu eurem Vater, zu meinem Gott und zu eurem Gott."

Nun ist nichts mehr zu sehen. Aber Maria weiß mit einem Mal: Jesus ist bei mir, er ist nicht tot! Eine unbändige Freude breitet sich in ihrem Inneren aus. Und sie weiß: Ich muss zu den anderen gehen, ihnen das erzählen, damit sie sich mit mir freuen können! Jesus lebt in uns! Er ist uns ganz nah! Mein Herz fühlt sich wieder ganz froh an! Jesus, du bist auferstanden! Das merke ich genau!

Sie läuft los. Maria kann es kaum erwarten, den Jüngern die gute Nachricht zu erzählen.

Was halten Sie von Jesus?

Inhalt: *Es werden befragt: ein Schriftgelehrter, dem missfällt, dass Jesus die Gebote nicht beachtet, eine Frau, die den Messias erwartet hat und von Jesus enttäuscht ist, und ein Römer, der Jesus als Aufständischen betrachtet.*

Stichworte: *Palästina, Zeit Jesu, Jesus, römische Herrschaft, Messiaserwartung, Schriftgelehrter*

➠ *Relifix 3, S. 49*

Der Schriftgelehrte antwortet:
Schon lange weiß ich, was ich von Jesus zu halten habe: Ich hasse ihn! Er macht alles anders und meint auch noch, im Recht zu sein! Er

hält sich nicht an das Sabbatgebot! Für uns ist es sehr wichtig, am Sabbat nicht zu arbeiten. Wir zeigen damit, wie sehr wir Gott ehren. Jesus setzt sich einfach darüber hinweg, ihm ist das egal! Genauso ist es mit den bösen und ungläubigen Menschen. Wir halten uns von ihnen fern. Was macht Jesus? Genau zu diesen Menschen geht er hin, die sich bestimmt keine Mühe geben, es Gott recht zu machen. Aber das Schlimmste ist, dass Jesus nun auch behauptet hat, der Messias zu sein! Ausgerechnet er! Wie kann er den Namen unseres heiligen Gottes so missbrauchen! Diese Gotteslästerung ist das schlimmste Verbrechen für uns und muss mit dem Tod bestraft werden!

Eine Frau antwortet:
Gestern habe ich Jesus zugejubelt, als er nach Jerusalem kam. Ich habe mich wirklich gefreut! Wir hatten so viel von ihm gehört: Dass er Kranke heilt und Menschen hilft, die in Not sind. Es geschieht so viel Schlimmes auf der Welt. Ich dachte, dass Jesus die Welt verbessert, weil er doch der Messias ist. Wir werden von den Römern unterdrückt. Wir wollen endlich wieder frei sein. Jesus sollte unser neuer König sein! Und was war? Jesus lässt sich festnehmen und von Pontius Pilatus verurteilen. Das habe ich mir aber wirklich etwas anders vorgestellt. So ein Angeber! Er lässt sich als Messias bejubeln und hält dann nicht, was wir uns von ihm versprechen. Ein Betrüger ist das! Er hat seine Strafe verdient!

Der römische Soldat antwortet:
Immer wieder habe ich von diesem Jesus gehört. Ich gebe zwar zu, dass er niemals etwas gegen uns Römer gesagt hat. Man hat ihn auch nie mit einer Waffe erwischt. Trotzdem: Viele Menschen haben ihn für den neuen König gehalten. Überall im Land schimpfen die Leute über uns Römer. Es fehlte ihnen nur noch ein Anführer, dann hätten sie uns alle zum Teufel gejagt. Ich dachte, Jesus wäre dieser Anführer. Ich hielt ihn für gefährlich. Dann hat er ja auch noch bei Pontius Pilatus zugegeben, dass er der König der Juden ist. Er hat wohl vergessen, dass der römische Kaiser der Herrscher ist! Es ist gut, dass Pilatus ihn verurteilt hat!

Sankt Martin 377

Ich kenne sie kaum

Inhalt: *Peter verleugnet seine Freundin Vera.*

Stichworte: *verleugnen, Freundschaft*

⏵ *Relifix 3, S. 67*

Eigentlich sind Vera und Peter die besten Freunde. Sie wohnen im selben Haus und kennen sich schon ewig. Fast jeden Tag spielen sie miteinander im Hof. Wenn Peter die Hausaufgaben fertig hat, klingelt er bei Vera, dann kommt sie gleich herunter. Diesmal hat Peter vorgeschlagen, auf den Spielplatz in der Nähe zu gehen. Auf dem Weg dorthin kommen sie an der Wiese vorbei, wo die großen Kinder Fußball spielen. Denen fehlt gerade noch jemand, und weil einer davon Peter kennt, ruft er ihm zu: „He, Peter, willst du mitspielen?" Peter ist stolz, dass die Großen ihn dabei haben wollen: „Ja, klar!", meint er, lässt Vera stehen und rennt auf die Fußballwiese, wo ihn Moritz begrüßt: „Na, ist die Kleine da deine Freundin?" „Quatsch", antwortet Peter, „die wohnt bloß bei uns im Haus."

Sankt Martin

Inhalt: *Lebensgeschichte: Der Soldat Martin teilt den Mantel mit dem Bettler. Er wird Christ, gründet ein Kloster, wird zum Bischof von Tours.*

Stichworte: *Sankt Martin, Lebensgestaltung, selbstlose Hilfe, Laterne, Teilen, Hilfsbereitschaft*

⏵ *Relifix 1, S. 25*

„Sankt Martin, Sankt Martin, Sankt Martin ritt durch Schnee und Wind ..." so geht ein Lied, das viele Kinder beim Laternenumzug singen.
Heute hört ihr die Lebensgeschichte vom Heiligen Martin von Anfang an. Sie beginnt im Jahr 316 in der Stadt Sabaria im heutigen Ungarn; da wurde Martin geboren; später lebte seine Familie in Ita-

lien. Sein Vater war ein römischer Offizier, und auch für Martin war klar, dass er einmal Soldat werden wollte. Das war so üblich, und das war ihm auch recht, denn alles, was mit Kämpfen, Waffen und Reiten zusammenhing, interessierte ihn brennend.

Es gab aber auch noch etwas anderes, was in seinem Leben wichtig war. Einmal kam Martin zufällig in eine Kirche, als dort Gottesdienst gefeiert wurde. Er hörte das erste Mal von Jesus, und er hörte das wichtigste Gebot: „Du sollst Gott lieben von ganzem Herzen, und du sollst deinen Nächsten lieben wie dich selbst!" Martin vergaß das nie mehr. Obwohl er damals noch kein Christ war, lebte er auch danach: Er versuchte, mit allen gut auszukommen, er war ein gerechter Mann und war zu allen freundlich, auch zu den Dienern. Die anderen Soldaten redeten kaum mit den Knechten, weil sie meinten, etwas Besseres zu sein, aber nicht so Martin: Er lud seinen Diener sogar ein, mit ihm zusammen zu essen.

Ab und zu ging er in die Kirche, um mehr von Jesus zu hören. Gleichzeitig war er aber immer noch Soldat. Zu der Zeit mussten die Soldaten immer wieder in den Krieg ziehen. „Tötet eure Feinde!", wurde ihm als Soldat befohlen. Aber Jesus hatte gesagt: „Liebt auch eure Feinde!" Langsam ließ die Begeisterung für sein Leben als Soldat nach: Das Töten und den Krieg fand Martin nicht richtig.

Nun beginnt der Abschnitt der Geschichte, den viele kennen: Der Kaiser befahl, dass Martin nach Frankreich reiten sollte. Das war ein weiter, beschwerlicher Weg, über die Berge, im Winter. Viele Tage waren sie unterwegs, erschöpft und frierend. Auch an dem Tag, als sie an ihrem Ziel, der Stadt Amiens, ankamen, war es bitterkalt. Endlich da! Alle freuten sich auf ein warmes Haus und etwas zu essen. Martin ritt mit seinem Trupp durch das Stadttor, um nach einem Wirtshaus Ausschau zu halten. „Bitte, eine kleine Gabe!", vernahm er plötzlich eine leise Stimme. „Hau ab!", schimpfte ein anderer Soldat, der den Mann bemerkt hatte: „Arbeite lieber, anstatt hier im Weg herumzustehen!" Martin hingegen achtete nicht auf die unfreundlichen Worte. Er hatte sofort gesehen, dass der arme Mann in Not war. Er trug nur Lumpen; er hatte keinen Mantel. Und es war doch so eisig! Ohne zu zögern, nahm er sein Schwert, zog den warmen, roten Umhang von seinem Rücken und teilte ihn mit dem Schwert. Er reichte dem Bettler die eine Hälfte, schenkte ihm ein Lächeln und ritt weiter, ohne auf einen Dank zu warten. Der Bettler stand da, sah ihm nach und fand keine Worte. Er fühlte nur den kostbaren Stoff zwischen den Händen. Erst langsam begriff er, dass dieser edle Reiter gerade mit ihm, dem nichtsnutzigen Bettler, seinen Mantel geteilt hatte. Da beugte sich Martins Diener zu ihm und flüsterte: „Das war Martin! Er ist ein guter Mann!" – Bald hatte sich die Geschichte von Martins Tat in der ganzen Stadt verbreitet.

Und so wusste auch der Priester, den Martin später aufsuchte, Bescheid über Martin. Martin kam zu ihm, weil er gern ein Christ werden wollte. Der Priester sprach lächelnd: „So wie du handelst – bist du schon ein Christ!" Eine Weile später ließ sich Martin von ihm taufen. Und wiederum einige Zeit später beschloss Martin endgültig, dass er nicht mehr Soldat sein wollte. Der Kaiser war wütend und auch die anderen Soldaten verstanden das nicht. Sie drängten ihn: „Martin, was soll das? Du bist ein Feigling, wenn du nicht mehr kämpfen willst!" Aber Martin ließ sich nicht beirren. Er wollte nie mehr einen Menschen töten. Er wollte stattdessen den Menschen Gutes tun.

So wanderte er, ohne Rüstung, nur mit einem einfachen Gewand bekleidet, in die Nähe von Tours, wo er sich eine Hütte baute. Bald fassten die Bauern in der Nähe Vertrauen zu ihm. Martin half, wo er nur konnte; er kümmerte sich um Menschen und um Tiere, um Kinder, um Alte und Kranke. Er besaß nicht viel; es war ihm nicht wichtig, Geld zu haben oder ein schönes Haus. Er freute sich, wenn er sich nützlich machen konnte. Er spürte: „Das ist sinnvoll! So will ich leben! Das ist besser, als Soldat zu sein!" Aber das Beste war, dass sich andere fanden, die ebenso wie Martin Gutes tun wollten. Ein paar Jahre später gründeten sie eine Gemeinschaft und erbauten ein Haus. Das wurde das erste Kloster in Europa.

Wieder sprach sich herum, was für ein freundlicher und guter Mann dort lebte. Und eines Tages kamen Boten, die verkündeten: „Der Bischof von Tour ist gestorben. Wir brauchen einen neuen Bischof, und wir möchten sehr gern, dass Martin unser Bischof wird!" Das wurde Martin berichtet. „Bischof werden? In Tours in einem schönen Haus wohnen? Nein, ich will nicht mächtig und wichtig sein, ich will ein einfacher Mann bleiben!" Martin erschrak, als er hörte, warum die Boten aus Tours gekommen waren. Die Leute erzählten, dass er sich sogar in einem Gänsestall versteckte, um nicht gefunden zu werden. Als die Männer kamen, die Martin suchten, schnatterten die Gänse laut und verrieten dadurch, dass da jemand war. „Bitte, Martin! Du bist der Richtige! Wir wollen einen guten Bischof haben!" Die Leute ließen nicht locker. Martin bat um Bedenkzeit. Er musste sich das überlegen. Vor allem wollte er Gott fragen, ob er dieses Amt übernehmen sollte. Martin war die ganze Nacht wach und betete. Er horchte aufmerksam in sich hinein, und schließlich spürte er ganz deutlich Gottes Antwort: Für diese Aufgabe war er bestimmt.

So wurde Martin Bischof von Tours. Die Bewohner freuten sich und jubelten ihm zu. Viele Jahre lang arbeitete Martin als Bischof und wurde nicht müde, Gutes zu tun, sich um Arme und Kranke zu kümmern und sich für Menschen einzusetzen, die zu Unrecht im Gefängnis saßen. Mutig stellte er die reichen Leute zur Rede, die im Überfluss lebten, während andere hungerten.

Martin wurde 80 Jahre alt. Er starb am 11. November 397; das ist der Martinstag. Er wird als Sankt Martin, der Heilige Martin, verehrt. Und weil er so vielen Menschen ein Hoffnungslicht in der Dunkelheit gebracht hat, ziehen jedes Jahr überall auf der Welt Kinder mit ihren Laternen durch die Straßen und singen: „Sankt Martin, Sankt Martin ..."

Die schönste Laterne

Inhalt: *Leo bastelt eine Laterne für Toni, dem seine eigene misslungen ist.*

Stichworte: *Sankt Martin, Laterne, Teilen, Hilfsbereitschaft*

▶   *Relifix 1, S. 26*

„Das ist eine wunderschöne Laterne!", stellt die Mama fest, als Leo aus der Schule kommt. „Das hat die Lehrerin auch gesagt", erzählt Leo stolz und dreht die Laterne, damit die Mama sie von allen Seiten bewundern kann. „Das war sicher gar nicht so einfach", meint die Mama. „Da muss man schon geschickt sein, um das so hinzukriegen!" „Ja, der Toni hat es nicht geschafft. Obwohl die Lehrerin geholfen hat und ihm noch ein zweites Blatt gegeben hat, hat er immer zu weit geschnitten und am Ende konnte man es nicht zusammenkleben." Leo lacht, als er daran denkt, wie die Lehrerin vor Tonis Platz stand, sich die Haare raufte und rief: „Toni, oh weh! Du hast es wieder falsch gemacht und jetzt habe ich kein Blatt mehr!" „Das ist doch nicht zum Lachen!", tadelt die Mama. „Doch, du hättest auch gelacht", verteidigt sich Leo. „Dieser zerknitterte, zerschnittene Papierhaufen sah wirklich nicht wie eine Laterne aus." „Armer Toni", seufzt die Mutter. „Kann er denn jetzt nicht mitgehen zum Laternenumzug heute Abend? Bastelt er sich zu Hause eine Laterne?" „Der Toni hat keine Bastelsachen zu Hause." Das weiß Leo, der ihn einmal besucht hat. „Das ist eigentlich logisch, deswegen hat er ja auch so wenig Übung mit Schere und Kleber", meint die Mama und schaut Leo an. Leo fängt ihren Blick auf und weiß sofort, was die Mama sagen will: „Du meinst, ich habe Bastelsachen daheim …?" „Hast du Lust?", fragt die Mama. „Eine zweite Laterne für den Toni zu basteln?" Leo grinst: „Eigentlich keine schlechte Idee." Er ist schon halb auf dem Weg in sein Zimmer, da bittet er die Mama: „Rufst du bei Tonis Mama an und sagst, dass wir ihn nachher abholen?" Statt einer Antwort greift die Mutter lächelnd nach dem Telefon. Später kommt sie zu Leo ins Kinderzimmer, sieht ihm beim Basteln zu und hilft ein bisschen. „Das ist wirklich lieb von dir!", lobt sie ihn. „Und es passt auch gut zum Heiligen Martin. Er hat dem Bettler den halben Mantel geschenkt und du schenkst Toni eine Laterne. Der Bettler hat sich sicher sehr über den Mantel gefreut – und was meinst du, wie Toni sich freuen wird!" „Ja, das glaub ich auch", stimmt Leo zu. Und seine Mutter fügt hinzu: „Wenn ich sehe, wie viel Mühe du dir gibst, dann scheint mir: Du freust dich auch?! Es ist schön, jemandem zu helfen, nicht wahr?" „Ja", antwortet Leo. „Das wird die allerschönste Laterne!"

Konfessionen, Religionen

Martin Luther

Inhalt: Die Lebensgeschichte Martin Luthers und die Entstehung des Protestantismus.

Stichworte: Martin Luther, Reformation, 95 Thesen, Konfession, evangelisch, katholisch

▐▶ Relifix 4, S. 65–71

Das 15. Jahrhundert und Martin Luthers Geburt

Vor 500 Jahren sah es in Deutschland ganz anders aus als heute: Die Menschen lebten in einfachen Häusern, es gab keinen Strom, kein fließendes Wasser und nur schlechte Straßen für Kutschen und Fußgänger. In die Schule gingen nur wenige Kinder. Fürsten regierten das Land, der Kaiser bestimmte über alles und der Papst in Rom hatte als Herrscher über die Kirche sehr viel mehr Macht als heute. Es war eine unruhige Zeit mit vielen Kriegen. Es gab keine Ärzte und Krankenhäuser, aber viele schlimme Krankheiten, vor allem die Pest, die man nicht heilen konnte. Viele Menschen mussten früh sterben, und viele Menschen hatten Angst vor dem Tod. Was kommt nach dem Tod? Das beschäftigte die Menschen sehr. Die Kirche erklärte das damals so: Wer in seinem Leben Gutes getan hat, der kommt in den Himmel. Wer aber ein böses Leben geführt hat, der kommt ins Fegefeuer und in die Hölle und muss für immer leiden. Die Priester sagten: Ihr müsst Gutes tun und ihr müsst beten. Wer es ganz besonders gut machen wollte, der ging ins Kloster, wurde Mönch oder Nonne und verbrachte sein Leben damit, Gott und den Menschen zu dienen.

Das ist die Zeit, in der am 10. November 1483 Martin Luther im Städtchen Eisleben in Sachsen-Anhalt geboren wird. Sein Vater arbeitet in einem Bergwerk. Später schafft er es, selbst einen Schmelzofen zu pachten und mehr Geld zu verdienen. Er wird ein angesehener Bürger der Stadt.

Ein Blitz schlägt ein

Der Vater legt großen Wert darauf, dass Martin in die Schule geht. Im Gymnasium lernt er Latein, die Sprache der Gelehrten. Der ganze Unterricht wird in lateinischer Sprache gehalten. Martin ist ein schlauer Junge, das Lernen fällt ihm leicht. 1501 schafft er ein sehr gutes Abitur, worauf der Vater sehr stolz ist. Nun soll Martin studieren und Richter oder Bürgermeister werden. So stellt es sich der Vater vor, und Martin ist einverstanden, denn er ist ein fleißiger und wissbegieriger Schüler. In Erfurt beginnt er sein Studium.

Doch es gibt auch eine andere Seite in seinem Leben. Manchmal ist er sehr nachdenklich und auch traurig. Dann denkt er über den Tod nach: „Wer weiß, wie lange ich noch lebe? Wer weiß, was nach dem Tod auf mich wartet? Wozu lerne ich so viel? Nutzt mir das etwas, wenn ich tot bin?" – Und dann passiert etwas, was sein Leben ganz und gar verändert:

Luther besucht seine Eltern. Wie es damals üblich ist, legt er die ungefähr 100 Kilometer zu Fuß zurück. Er überquert gerade ein großes Feld. Es sieht nach einem Gewitter aus, und so beeilt er sich, um den nächsten Ort zu erreichen. Aber der Himmel wird dunkel und dunkler, der Wind fegt über das Feld, jeden Moment kann es losgehen. Martin Luther sieht sich um. Ein Gewitter auf dem Feld ist nicht ungefährlich, aber weit und breit ist kein Unterschlupf in Sicht. Was tun?

Doch da leuchtet schon der erste Blitz, und ein Donner kracht, dass Luther vor Schreck fast das Herz stehen bleibt. Er kauert sich auf die Erde und zieht den Kopf ein. Es blitzt! Es donnert! „Muss ich jetzt sterben?" Luther faltet die Hände. Todesängste steht er aus! Da! Ein paar Meter neben ihm schlägt der Blitz ein, mit so einer Wucht, dass die Erde zittert. „Heilige Anna, hilf! Ich will ein Mönch werden!", stößt Luther verzweifelt hervor und duckt sich und hört nur noch das Gewitter toben. Da sitzt er und zittert und weiß nicht, ob er das überlebt ...

Erst einige Zeit später wagt er, den Kopf zu heben. Langsam steht er auf, sieht sich um, sieht an sich herunter und stellt fest: „Es ist mir nichts passiert! Ich lebe noch! – Heilige Anna! Ich danke dir für die Rettung! Du hast mir geholfen, nun will ich auch mein Versprechen halten. Ich werde Mönch, ich gehe ins Kloster!"

Luther im Kloster
„Was? Du willst Mönch werden? Mit deinem Studium aufhören? Das ganze Lernen umsonst? Das viele Geld, das ich für deine Schule ausgegeben habe, umsonst? Das kann nicht dein Ernst sein!" Der

Vater tobt, als er von Martins Entschluss hört. Auch die Freunde versuchen, ihn umzustimmen: „Martin, an ein Versprechen, das man in Todesangst gegeben hat, muss man sich nicht halten. Das sagt sogar die Kirche. Es wäre ein Jammer, wenn du nicht weiter studierst. Du hast so viel gelernt, du hast die beste Prüfung gemacht! Das willst du alles aufgeben?" Aber Martins Entschluss steht fest: „Ich werde Mönch!" So klopft Luther am frühen Morgen des 17. Juli 1505 an die Tür des Augustinerordens und bittet um Aufnahme.

In einem Kloster ist man erst ein Jahr lang zur Probe, damit man prüfen kann, ob es einem wirklich ernst ist mit dieser Entscheidung. Aber Luther hat keine Zweifel daran, dass dieser Schritt richtig ist, und wird ein Jahr später in das Kloster aufgenommen. Er legt die drei Gelübde ab: Armut, Keuschheit und Gehorsam – bis zum Tod. (Ihr wisst, was Armut und Gehorsam sind; Keuschheit bedeutet, dass er keine Frau haben darf.)

Das Leben im Kloster ist einfach und streng geregelt. Luther lebt in einem kleinen Zimmer, kahl und ungeheizt. Der Tagesablauf ist durch Gebetszeiten und die Gottesdienste eingeteilt.

Dazwischen lesen die Mönche in Lehrbüchern und in der Bibel. Das ist wichtig zu wissen: Obwohl Luther ein gläubiger Christ ist, hat er vor seiner Klosterzeit noch nie eine Bibel in der Hand gehabt. Und das ist normal, denn es gibt kaum Bücher. Damals mussten Bücher abgeschrieben werden! Deswegen sind sie sehr wertvoll und kaum jemand besitzt sie. Das Kloster aber schon, deswegen kann Luther hier viel lesen, und, vor allem, er lernt endlich die Bibel richtig kennen. Sie ist auf Lateinisch geschrieben, aber das macht Luther nichts, denn er kann gut Latein.

Was müssen die Mönche noch tun? Hundert Tage im Jahr müssen sie fasten, das heißt, dass man nichts essen darf. Die Mönche dürfen nicht lachen, nur das Nötigste reden; man soll sich gemessen, das heißt langsam bewegen und die Augen zu Boden richten. Das alles drückt aus, dass man Gott achtet und nicht an sich denkt.

Luther macht es nichts aus, diese Regeln einzuhalten. Im Gegenteil: Er macht noch viel mehr: Er fastet noch zusätzliche Tage, er schläft oft auf dem Boden in seinem Zimmer.

Luther denkt: „Nun führe ich doch ein Leben, das Gott gefällt! Aber: Reicht das? Hat Gott mich wirklich lieb? Oder muss ich mich noch mehr bemühen?! Es heißt auch: Gott straft diejenigen, die Böses tun. Tue ich das nicht doch immer wieder? Ich muss zur Beichte gehen!" Beichten, das geht damals so: Man geht zum Priester und sagt alles, was man Böses getan hat. Der Priester spricht den Mensch dann frei und sagt, was man dafür tun muss, zum Beispiel dreimal das Vaterunser beten. Luther geht ständig zur Beichte, beichtet jede Kleinigkeit: Dass er neidisch geschaut hat, wenn der Mönch vor ihm ein größeres Stück Brot bekommen hat als er oder so etwas. Immer hat er Angst, dass er etwas falsch machen könnte.

Im Jahr 1507 wird Luther feierlich zum Priester geweiht. Er darf nun selber Gottesdienste halten und die Beichte hören. Der Leiter des Klosters, Staupitz, der Luther schätzt und mag, gibt ihm die Aufgabe, Studenten in Wittenberg zu unterrichten. Er meint, dass es Luther gut tut, wenn er etwas zu tun hat, und gibt ihm den Rat, sich auf das Studium der Heiligen Schrift, der Bibel, zu konzentrieren. Das macht Luther auch mit großem Eifer und lernt die griechische und hebräische Sprache, um die Bibel in der Sprache, in der sie aufgeschrieben wurde, lesen zu können.

Um für das Kloster einige Angelegenheiten zu regeln, unternimmt Luther mit einem anderen Mönch im Jahr 1510 eine Reise nach Rom. Auch die 1200 Kilometer bis dahin werden, wie es damals üblich ist, zu Fuß zurückgelegt; über ein Jahr lang sind sie unterwegs! Dort angekommen, erledigt Luther seinen Auftrag. Es geht um die Regeln im Kloster. Doch Luther ist enttäuscht. Jede Auskunft kostet Geld, und alle haben es eilig. Den Papst sieht er nie, er führt Krieg gegen den König von Frankreich. Reich ist er, der Papst. 56 Tonnen Gold soll er besitzen. Seine Mitarbeiter sind prächtig gekleidet. Das wundert Luther schon. Wozu hat er geschworen, arm zu sein? Gold hilft doch nicht, um in den Himmel zu kommen!? – Trotzdem nutzt Luther den Besuch in Rom. Einiges gilt als gutes Werk. Er rutscht auf Knien die heilige Treppe hinauf und betet auf jeder Stufe das Vaterunser. Und doch ist er nicht so zufrieden, wie er es gehofft hat, als er vier Wochen später den Heimweg antritt.

Zurück in Wittenberg, arbeitet Luther weiter in der Universität, lernt immer mehr und schafft es mit 27 Jahren, ein Doktor der Theologie zu werden; das heißt, dass er sehr viel über die Bibel weiß. Die Vorlesungen, die er den Studenten hält, sind sehr beliebt. Und doch, immer noch, plagen ihn Zweifel. Obwohl er so sehr an Gott glaubt und so viel über die Bibel weiß, wird er niemals ruhig. Er ist sich nicht sicher, ob Gott ihn lieb hat.

Einmal sitzt Luther in seinem Turmzimmer und arbeitet. Es ist eigentlich nur ein kurzer Satz aus der Bibel: „Der Gerechte wird aus Glauben leben." Über diesen Satz aus einem Paulusbrief grübelt er nun schon tagelang. „Gott belohnt die Guten, er bestraft die Bösen. Also muss ich möglichst viel Gutes tun ... Aber – vielleicht ist es ja anders gemeint? ‚Der Gerechte wird aus Glauben leben.' – Aus Glauben ... Moment! Das heißt doch, dass wir nur glauben müssen! Gottes Liebe ist ein Geschenk, das wir nur annehmen, nicht verdienen müssen! Natürlich, so ist die ganze Bibel gemeint!" Luther springt von seinem Stuhl auf: „Jetzt ist mir das mit einem Mal klar! Was für eine einfache Lösung!"

Ablass
In der Schlosskirche von Wittenberg wird gerade, wie in jedem Jahr, die Reliquiensammlung des Kurfürsten ausgestellt. Was gibt es da zu sehen? Zum Beispiel ein Nagel vom Kreuz Christi, vier Haare von Maria, der Mutter von Jesus, ein Stück der Windel Jesu. Viele hundert solcher Gegenstände werden in kostbaren Behältern aufbewahrt. Wer sie anschaut, kann Ablass erwerben. Das bedeutet, dass man von den Strafen für die Sünden, die man begangen hat, erlöst wird. Viele Menschen sind froh, dass sie Ablass bekommen. So haben sie weniger Angst vor dem Tod.

Inzwischen braucht der Papst in Rom Geld, denn der Neubau der Peterskirche ist teuer. Und da gibt es nun etwas Neues: Eine wunderschöne Kirche zu Gottes Ehren ist doch etwas Gutes! Das gefällt Gott bestimmt. Also, wer Geld für den Bau der Kirche spendet, der hat etwas Gutes getan. Das gleicht aus, was man vorher falsch gemacht hatte.

Und so tönt es in der nächsten Zeit: „Kauft Ablass! Legt euer Geld in diesen Kasten! Kauft euch von euren Sünden los, kauft euch einen Platz im Himmel! Wenn das Geld im Kasten klingt, die Seele aus dem Fegefeuer springt!"

Das mit dem Ablass passt Luther nicht. Besser gesagt, Luther findet, dass der Ablass nicht zu dem passt, was in der Bibel steht. Es passt nicht zu dem, was er erkannt hat und worüber er sich jetzt ganz sicher ist: Gott liebt die Menschen, einfach so und auf jeden

Fall, ohne dass wir uns das verdienen müssen. Vor allem: ohne dass wir uns das erkaufen müssen! Wir brauchen keinen Ablass! Es genügt, wenn wir an Gott glauben und es wirklich bereuen, wenn wir etwas Falsches getan haben. – Das sagt Luther den Menschen, die in die Kirche kommen, das sagt er seinen Studenten.

Doch im Gegenteil wollen die Menschen unbedingt Ablass kaufen. Wenn Luther die Beichte abnimmt, hört er immer öfter: „Hier, ich habe einen Ablassbrief! Sprich mich von meinen Sünden frei, ich habe viel Geld dafür bezahlt!"

31. Oktober 1517: Reformationstag
Luther ist entsetzt. Er denkt: „Der Ablass ist falsch! So ist das nicht gemeint! Die Leute bereuen es gar nicht mehr, wenn sie etwas Böses getan haben!" Luther liest noch einmal nach, was in den Büchern der Kirche steht. Er bespricht sich mit seinen Freunden. Er denkt lange nach. Schließlich schreibt er 95 Sätze über den Ablass auf; diese Sätze nennt man auch „Thesen". Zum Beispiel heißt es: Es „irren alle die Ablassprediger, die sagen, dass der Mensch durch den Ablass des Papstes von aller Strafe frei werde." Oder: „Jeder Christ, der seine Sünden aufrichtig bereut, hat den vollkommenen Nachlass von Strafe und Schuld, auch ohne Ablassbrief." Luther will den Menschen klar machen, dass der Ablass, so wie er damals verkauft wird, nicht richtig ist. Deshalb hängt er das Blatt mit den 95 Thesen an das Tor der Wittenberger Schlosskirche.

Das ist ein Platz, wo viele Menschen es sehen und lesen können. Gleichzeitig schickt er das Blatt, zusammen mit einem langen Brief, an den Erzbischof von Mainz, der dort für den Ablasshandel zuständig ist. – In dieser Zeit wurde der Buchdruck erfunden, und Luther gibt die Thesen auch einer Druckerei. Es dauert nur 14 Tage, und die Thesen sind in ganz Deutschland bekannt. Viele finden sie gut, zum Beispiel die Menschen, die nicht so viel Geld haben und sich keinen Ablass kaufen können. Sonst passiert erst einmal wenig. Der Erzbischof tut, als ob nichts wäre.

So schreibt Luther, der Hartnäckige, an Papst Leo X. einen Brief. Er bittet ihn, die Thesen zu überprüfen. Daraufhin schickt ihm ein Mitarbeiter des Papstes ein Schreiben, in dem es heißt: „Der Papst ist unfehlbar!" – das heißt, er kann sich nicht irren. „Wer sagt, der Ablass des Papstes sei falsch, hat Unrecht." Das sind klare Worte und

Luther weiß, dass es nicht ratsam ist, sich mit der mächtigen Kirche anzulegen. Es droht sogar das Gefängnis. Um die Angelegenheit zu regeln, wird Luther zum Verhör nach Augsburg geladen. Mit gemischten Gefühlen reist Luther dorthin. Was wird ihn erwarten? Cajetan, der Gesandte des Papstes, stellt klar: Luther muss widerrufen, das heißt, er muss zurücknehmen, was er behauptet hat. Doch Luther lässt sich nicht beeindrucken. Er sagt: „Beweist mir mit der Bibel, dass ich Unrecht habe! Der Papst kann sich irren. Ich widerrufe nicht!"

Damit hat Cajetan nicht gerechnet. Er ärgert sich. Ein einzelner unwichtiger Mönch will ihm etwas erklären? Er hat in der Kirche viel mehr zu bestimmen! Cajetan spricht mit Staupitz, Luthers Freund und Chef. Er soll Luther zur Vernunft bringen. Doch Staupitz kennt Luther gut – das versucht er gar nicht. Was er aber macht, ist, Luther aus dem Kloster zu entlassen.

„Das ist das Beste für dich!", sagt er. „Solange du Mönch bist, musst du gehorchen. Aber ich weiß, dass du bei dieser Sache nicht gehorchen kannst. Geh deinen Weg, viel Glück!"

Nun vergeht einige Zeit, denn es wird ein neuer Kaiser gewählt. Aber im Juni 1520 kommt ein Brief vom Papst. Nun droht er Luther mit dem Bann der Kirche, das heißt, dass er aus der Kirche ausgeschlossen wird und niemand mehr mit ihm zu tun haben darf. Und Luthers Schriften sollen verbrannt werden. Was tut nun Luther? Wird er nachgeben?

„Was, der Papst ruft die Leute dazu auf, meine Schriften zu verbrennen? Na, das kann ich auch!", sagt Luther, der sich nicht einschüchtern lässt. Und er macht bekannt, dass er die Bücher der Kirche verbrennen wird. Viele Leute kommen herbei. Das Feuer brennt schon. „Der Papst meint, dass ich mich irre. Ich meine allerdings, dass die Kirche sich irrt und den Ablass abschaffen muss! Der Papst hat mir den Bann angedroht, hier ist sein Brief! Und das ist meine Antwort!"

Was macht Luther? Er verbrennt die Bannandrohung! Einige klatschen Beifall, aber die meisten erschrecken fürchterlich. Vor allem die Freunde Luthers machen sich große Sorgen. Das wird sich der Papst nicht gefallen lassen! – Das Verbrennen des Bannbriefes ist nun endgültig das Zeichen dafür, dass Luther sich von der katholischen Kirche trennt. Es gibt keine Einigung mehr. Im Januar 1521

wird der Bann über Martin Luther verhängt. Nun ist er aus der Kirche ausgeschlossen.
Inzwischen ist sogar der vielbeschäftigte Karl V., der Kaiser des Deutschen Reiches, auf Luther aufmerksam geworden. Beim Reichstag in Worms will er Luther zur Rede stellen. Luther wird zugesichert, dass er nicht festgenommen wird, aber er muss sich entscheiden: Wenn er seine Behauptungen nicht zurücknimmt, droht ihm, zusätzlich zum Bann der Kirche, auch die Reichsacht, das heißt, dass er auch aus dem Land ausgeschlossen wird. Für Luther gibt es jedoch kein Zurück. Beim Reichstag sagt er den berühmten Satz: „Hier stehe ich, Gott helfe mir, ich kann nicht anders, Amen!"
Der damalige Landesfürst von Sachsen ist Friedrich der Weise. Er ist ein Freund Luthers und kennt ihn gut genug, um diese Antwort vorauszusehen. Nun ist Luther wirklich in Gefahr. Deshalb hat sich Friedrich einen Plan ausgedacht: Auf dem Rückweg von Worms lässt er Luther zum Schein entführen und auf die Wartburg bringen.
Sie liegt so abgelegen, dass Luther, wenn er sich dort unter falschem Namen versteckt hält, in Sicherheit ist. Nur der Hauptmann der Burg ist eingeweiht. – Luther bleibt ein Jahr lang auf der Wartburg. Allerdings – faulenzen kann Luther nicht. Er macht sich an die Arbeit und übersetzt die Bibel ins Deutsche. Er denkt: „Jeder soll die Bibel lesen können. Jeder soll verstehen, was in der Bibel steht." Nach nur vier Monaten ist er mit dem Neuen Testament fertig. Ein paar Jahre später wird Luthers Bibel gedruckt. Sie ist eins der ersten Bücher überhaupt. Die Bibel wird sofort ein Bestseller: Die ersten 5000 Stück werden innerhalb von acht Wochen verkauft.

Protestanten und das Ende der Geschichte
Seit Luther verschwunden ist, geht in Wittenberg alles drunter und drüber. Viele wollen mit Gewalt etwas ändern. Immer wieder kommen Boten in die Wartburg und berichten Luther. Schließlich hält es Luther nicht mehr aus. „Ich muss da hin!", beschließt er. „Ich muss mit den Leuten reden und sie zur Vernunft bringen. So habe ich das nicht gemeint!" – Obwohl er immer noch geächtet ist, kehrt Luther nach Wittenberg zurück. Am Sonntag predigt er in der Stadtkirche vor vielen Menschen. Er sagt: „Der Glaube verändert sich. Das ist gut so. Aber: Nicht mit Gewalt! Das steht in der Bibel!" Tatsächlich hören die Leute auf Luther. In Wittenberg wird es wieder ruhig.

Doch leider hält das nicht. Es folgen Jahre mit Krieg und Zerstörung. Der neue Glaube breitet sich aus. Auch viele Fürsten unterstützen Luther; einige sind von Luthers Ideen überzeugt, andere sind gegen den Papst. Luther hat nun so viele Anhänger, dass keiner wagt, ihm etwas anzutun. So lebt Luther trotz Bann und Reichsacht weiter in Wittenberg.

Es ist Zeit, den Gottesdienst zu ändern: Er wird nun in deutscher Sprache gehalten.

Im Jahr 1525 heiratet Luther. Das ist ungewöhnlich, denn er hatte als Mönch geschworen, keine Frau zu haben. Aber Luther stellt fest: „In der Bibel steht das nicht. Warum sollte ein Priester nicht heiraten?" Daher kommt es, dass evangelische Pfarrerinnen und Pfarrer heiraten dürfen, katholische Priester bis heute nicht. Luthers Ehefrau ist Katharina von Bora, die früher Nonne gewesen war. Sie bekommen sechs Kinder: Johannes, Elisabeth, Magdalena, Martin, Paul und Margarethe.

Luther schreibt Bücher, in denen die Bibel und der Glaube erklärt werden. Er reist, hält Vorträge und arbeitet an der Übersetzung des Alten Testamentes.

Mit der neuen evangelischen Konfession geht es so weiter: Auf dem Reichstag wird festgelegt, dass jeder Fürst bestimmen kann, ob sein Land evangelisch oder katholisch ist. Später fordern Vertreter des Papstes, dass diese Regelung wieder aufgehoben wird. Dagegen protestieren Luthers Anhänger, und daher kommt der Name „Protestanten"; so nennt man die Evangelischen auch.

Ein wichtiges Datum ist noch zu erwähnen: Luther und andere Theologen schreiben alles über ihre neue Lehre auf und stellen diese Schrift beim Reichstag 1530 in Augsburg vor. Die Veröffentlichung der „Confessio Augustana" ist sozusagen der richtige Geburtstag der evangelischen Kirche.

Doch allmählich verlassen Luther seine Kräfte. Er ist oft krank und leidet unter Herzbeschwerden. Am 18. Februar 1546 stirbt er. Er wird begraben in der Schlosskirche in Wittenberg.

Die ganzen Ereignisse sind 500 Jahre her, aber nicht in Vergessenheit geraten. Heute gibt es auf der Welt ungefähr 70 Millionen Menschen mit evangelisch-lutherischem Bekenntnis.

Mittwoch, 5./6. Stunde: Reli (Teil 1)

Inhalt: *Fiona und Theresa stellen fest, dass sie in katholischer und evangelischer Religionslehre das gleiche Thema durchnehmen.*

Stichworte: *Konfession, evangelisch, katholisch*

▻ *Relifix 4, S. 65*

„Nach der Pause ist Reli", stellt Fiona fest. „Also, falls wir uns nicht mehr sehen: Tschüs bis morgen!" „Ja! Aber Frau Gonaus ist noch nicht da; schau: Sie spricht gerade da drüben mit deinem Herrn Bethke – wir haben es also noch nicht eilig", meint Theresa. „Spielt Herr Bethke immer auf der Gitarre?", fragt sie, weil sie die Gitarrentasche auf seinem Rücken bemerkt hat. „Ja, und das Singen macht echt Spaß!", antwortet Fiona. „Besonders ‚Laudato si', das singen wir nachher wieder." „Ach, echt?", wundert sich Theresa. „Wir auch!" „Na so was! Und was ist bei euch gerade dran?", will Fiona nun wissen. „Die Zehn Gebote. – Äh, was ist denn?" Theresa blickt erstaunt auf ihre Freundin, die sich lachend auf die Schenkel klopft. „Bei uns auch!", prustet Fiona. „Kannst du mir bitte mal erklären, warum ich in den evangelischen Religionsunterricht gehe und du in den katholischen – wenn wir doch das Gleiche lernen?"

„Mama, ich will katholisch werden."

Inhalt: Die evangelische Fiona ist beeindruckt von den Vorbereitungen für die katholische Erstkommunion ihrer Freundin Theresa. Ihre Mutter erklärt ihr einige Grundsätze der evangelischen Konfession.

Stichworte: Konfession, evangelisch, katholisch, Erstkommunion, Martin Luther, Reformation

▶ *Relifix 4, S. 72*

„Mama, ich will katholisch werden!", eröffnet Fiona ihrer Mutter. „Na sag!", erwidert die Mutter lächelnd, denn sie ahnt den Grund und auch, warum Fiona gerade jetzt darauf zu sprechen kommt.

Gerade durchqueren sie mit dem Auto auf dem Weg zur Tante Resi ein Dorf, und wie es auf dem Land üblich ist, weisen Hinweisschilder am Ortseingang auf die Kirchen und Gottesdienste hin: Gelbe Kirchen stehen für die katholischen Gottesdienste, die Kirchen, die auf die evangelischen Gottesdienste hinweisen, sind lila. Das hat Fiona gerade wieder entdeckt. Was die Schilder bedeuten, weiß Fiona schon lange; sie weiß auch, dass sie evangelisch ist, aber was sie nicht weiß, fragt sie jetzt: „Warum bin ich eigentlich evangelisch?"

„Weil dein Papa und ich beschlossen haben, dich evangelisch taufen zu lassen", erklärt die Mutter. „Wenn du tatsächlich katholisch werden willst, könntest du das tun, aber erst, wenn du 14 Jahre alt bist; dann ist man ‚religionsmündig' und kann selber entscheiden, ob man zu einer Religion dazugehören will oder nicht. – Aber das meinst du nicht. Du möchtest jetzt katholisch werden, weil du gerne die Erstkommunion miterleben möchtest, wie Theresa, nicht wahr?" Ob die Mutter Gedanken lesen konnte? „Na ja, schon", gibt Fiona zu. „Das, was Theresa erzählt, hat mir gut gefallen: der Kommunionunterricht, die Vorbereitung in der Kirche, und dass Theresa dann Ministrantin sein kann, auch der festliche Gottesdienst und die große Familienfeier ... Das hat sich alles so ... so besonders angehört! Und wir haben gar nichts! Wenn Theresa später Firmung hat, gibt es bei uns die Konfirmation, das weiß ich, aber so etwas wie die Erstkommunion fehlt doch bei uns." Die Mutter lacht: „Oh, das fehlt? Nun ja, es gibt Schlimmeres, denke ich. Möchtest du denn bei Theresas Erstkommunion dabei sein? Ich würde gern mit dir hingehen!" „Oh ja, gern!", freut sich Fiona. Eine Weile lang schweigt sie, aber das Thema geht ihr immer noch im Kopf herum. Schließlich will sie wissen: „Warum gibt es überhaupt Evangelische und Katholische?" „Das ist eine mittellange Geschichte", beginnt die Mutter. „Aber wir haben ja Zeit, bis wir bei Tante Resi angekommen sind. Auf Martin Luther geht die evangelische Konfession zurück. Er ist vierzehnhundertnochwas geboren und war Mönch. Damals verkaufte die katholische Kirche Ablass, das heißt, dass man sich von seinen Sünden freikaufen konnte." „Ablass? Sünden?" Fiona versteht gar nichts mehr. „Weißt du, damals hat die Kirche gesagt: Wer Gutes tut, kommt in den Himmel, aber wer Böses tut, kommt in die Hölle und ins Fegefeuer. Und natürlich hat jeder Mensch irgendwann mal etwas Böses getan. Das musste man dann ausgleichen. Damals ließ nun der Papst in Rom die große neue Peterskirche erbauen. Dafür brauchte er viel Geld. Aber die Kirche war ja für Gott, also war es etwas Gutes, Geld für die Kirche zu geben. Ablass bedeutete also: Wer etwas Böses getan hatte, gab Geld, dann hatte er sich von der Strafe in der Hölle freigekauft." „Auch, wenn er etwas ganz Schlimmes gemacht hatte?", will Fiona wissen. „Wahrscheinlich. Manche Ablassprediger verkauften sogar Ablass für Menschen, die schon gestorben waren, und Ablass für das Böse, was man erst in der Zukunft machte! – Die Grundidee kann ich sogar noch nachvollziehen, aber was da zur Zeit Luthers an Missbrauch getrieben wurde, muss wirklich arg gewesen sein. Luther hat es vor allem gestört, dass man das, was man falsch gemacht hatte, gar nicht mehr bereuen musste, wenn man den Ablass gekauft hatte." „Und was hat er dann gemacht?" Fiona findet die Geschichte wirklich interessant. „Er hat 95 Thesen – Thesen, das sind Sätze – aufgeschrieben, gegen den Ablass, und hat sie an die Tür der Wittenberger Schlosskirche geheftet. Das war am 31. Oktober 1517. Das ist ein sehr wichtiges Datum für uns Evangelische – wenn du es dir merken würdest, könntest du Pfarrer Bethke im Religionsunterricht sicher beeindrucken." Mutter zwinkert Fiona zu. „Aber ernst: Das ist der ‚Reformationstag'. ‚Reformation' nennt man nämlich das, was damals passiert ist. Eigentlich wollte Luther die katholische Kirche nur ‚zurückformen', das ist die Wortbedeutung: ‚reformieren', oder erneuern; er wollte, dass sie etwas gegen die Missstände unternimmt. Der Papst war aber keineswegs einsichtig, sondern fürchterlich wütend auf Luther und darauf, was der sich herausnahm. Es kam zu einem Streit. Der Papst drohte in einem Brief, Luther zu bannen – aber Luther verbrannte den Brief, und zwar öffentlich! Luther wurde vom Gesandten des Papstes, dann auch vom Kaiser aufgefordert zu widerrufen, das heißt, er sollte zurücknehmen, was er gesagt hatte." „Und? Hat er das getan?", fragt Fiona. „Nein: ‚Ich stehe hier. Ich kann nicht anders. Gott helfe mir. Amen.' Das hat Luther gesagt; das ist ein ganz berühmtes Zitat." „Ja, und haben sie ihn denn dann ins Gefängnis gesteckt?" „Das hätten sie wohl getan, aber Luther hatte einen Freund, einen Fürsten, Friedrich den Weisen. Der ließ Luther zum Schein entführen und an einen geheimen Ort bringen, auf die Wartburg!" „Echt?" Diese Geschichte ist ja total spannend! „Dort blieb Luther dann eine Weile. Und diese Zeit hat er, sozusagen nebenbei, genutzt, um etwas zu tun, wofür er heute noch berühmt ist: Er hat die Bibel ins Deutsche übersetzt."

Fiona ist beeindruckt. So viel hat sie von der Mutter gehört. Darüber muss sie erst einmal nachdenken. „Kurz und gut: Seitdem gibt es die Evangelischen", schließt die Mama, die merkt, dass es in Fionas Kopf arbeitet. „Wir sind gleich angekommen, aber wenn es dich interessiert, kann ich dir auf der Rückfahrt noch mehr darüber erzählen."

„Mama?" „Ja, mein Schatz?" „Ich bleibe doch evangelisch."

Theresas Erstkommunion

Inhalt: *Fiona und ihre Mutter erleben Theresas Erstkommunion in der katholischen Kirche mit.*

Stichworte: katholisch, Erstkommunion, Kirche, Gottesdienst, Konfession, evangelisch

▶ Relifix 4, S. 72

Die Kirche ist überfüllt am Tag der Erstkommunion. Fiona und ihre Mutter haben nur einen Stehplatz bekommen. Aber immerhin sehen sie von hier aus alles sehr gut. „Mama, müssen wir auch Finger ins Weihwasser tauchen und ein Kreuzzeichen und eine Kniebeuge machen?", fragt Fiona leise, die die anderen Gottesdienstbesucher beobachtet. „Nein, denn wir sind evangelisch", antwortet die Mutter. „Wir sind Gäste; wir sehen respektvoll zu." – Es ist so", flüstert sie, weil sie noch etwas Zeit haben. „Das Weihwasser erinnert an die Taufe. Wir beide sind auch getauft, deswegen wäre es in Ordnung, wenn wir das auch machen. Die Kniebeuge allerdings, die ist tatsächlich katholisch. Schau!", sie zeigt zum Tabernakel. „Dorthin neigen sich die Kirchenbesucher, weil im Tabernakel die übrigen Hostien aufbewahrt werden. Diese Hostien sind geweiht, sind heilig, weil in ihnen Jesus selbst da ist; so glauben es die Katholiken. Auch das Ewige Licht dort weist darauf hin." Theresa betrachtet die kleine Flamme und den kunstvoll gestalteten Tabernakel. Sie weiß, was eine Hostie ist: ein kleines, besonderes Stück Brot. Sie weiß auch, warum die Hostien ausgeteilt werden, das hatte ihr Religionslehrer, Pfarrer Bethke, erklärt: Am letzten Abend, an dem Jesus mit seinen Jüngern zusammen war, bevor er am Kreuz starb, hatte Jesus das Brot geteilt und die Jünger auch vom Wein trinken lassen. „Sooft ihr das tut, denkt an mich", hatte Jesus gesagt. Fiona hat sich gut gemerkt, was Herr Bethke gesagt hat: „Gott hat mit den Menschen dadurch einen Bund geschlossen, der im Gottesdienst erneuert wird. Deswegen wird in der evangelischen Kirche das Abendmahl gefeiert. Bei den Katholiken natürlich auch, da heißt es ‚Kommunion', das bedeutet ‚Gemeinschaft'; und, übrigens: Eure katholischen Mitschülerinnen und Mitschüler feiern bald Erstkommunion: Da werden sie zum ersten Mal an der Kommunion teilnehmen." Fiona hat gleich erwähnt, dass sie dabei sein möchte. Zuletzt hat Herr Bethke hinzugefügt: „Das Austeilen der Hostien und des Weines hat noch einen anderen Namen: ‚Eucharistie'." „Wirklich?", hat da Elena ausgerufen. „Bei uns in Griechenland heißt ‚evcharisto' ‚danke', das klingt ja ganz ähnlich!"

Daran denkt Fiona, als nun die Orgel zu spielen beginnt. Alle stehen auf. „Schau, da kommen sie!" Aufgeregt stupst Fiona ihre Mutter an. Ein weiß gekleideter Ministrant geht vornweg und trägt das Kreuz. Danach ziehen die Kinder und der Pfarrer feierlich in die Kirche ein. Sie sind festlich angezogen; alle tragen über ihrer Kleidung ein schlichtes weißes Gewand, eine Albe. Sie halten vorsichtig eine große, brennende Kerze in der Hand. Die haben die Kinder selbst gestaltet; jede schaut anders aus. Fiona kennt die meisten Kinder;

jetzt hat sie auch Theresa, ihre beste Freundin, entdeckt. Sie schaut freudig, stolz und aufgeregt. Nachdem die Kinder durch den Mittelgang nach vorn gegangen sind und in der vordersten Reihe Platz genommen haben, begrüßt der Pfarrer, Pater Günter, die Kinder und die Gemeinde. „Bevor wir anfangen", sagt er, „stellt erst einmal eure Kerzen ab, und dann dreht euch um. Habt ihr schon eure Familie entdeckt? Winkt ihnen zu!" Das machen die Kinder eifrig. Auf ein Zeichen von Pater Günter kehrt Stille ein und es wird ein Gebet gesprochen. Das Lied „Halte zu mir, guter Gott", kennt Fiona auch, das singt sie mit. Anderes, was im Gottesdienst gesprochen und gemacht wird, ist ihr nicht vertraut. Fiona hört aufmerksam zu. „Alles ist so feierlich, so heilig", denkt sie und sieht sich in der Kirche um.

Eine Frau erzählt eine Geschichte und es wird wieder gesungen. Danach wird aus der Bibel vorgelesen: „Ich bin der Weinstock, ihr seid die Reben", steht dort. Pater Günter hält die Predigt. Er redet so, dass ihn die Kinder verstehen; es gefällt Fiona sehr. Dass die Rebe nicht allein wachsen kann, sondern nur Frucht bringt, wenn sie beim Weinstock bleibt, das leuchtet Fiona ein. „Und so ist es mit den Menschen: Bleibt mit eurem Herzen bei Jesus Christus, dann wird euer Leben Früchte tragen", sagt Pater Günter. „Ihr habt diese Geschichte schon gehört und selber Weinreben gestaltet." Er zeigt auf einen großen Zweig, der neben dem Altar in einer Vase steht. Daran sind gemalte Reben befestigt. Und auf jeder Weintraube hat ein Erstkommunionkind seinen Namen geschrieben. Theresa hatte schon erzählt, dass sie sich viele Wochen lang im Kommunionunterricht auf dieses Ereignis vorbereitet hatten; da hatten sie sich mit dem Bibeltext beschäftigt und die Reben gemalt. Auch die Beichte gehört zur Vorbereitung auf die Erstkommunion; beichten heißt, dass man zugibt, was man Böses gesagt, gedacht oder getan hat und dass es einem leidtut. Heutzutage findet die Beichte als Gespräch statt. Theresa hatte ein bisschen Angst davor gehabt, weil sie tatsächlich etwas gemacht hatte, was nicht in Ordnung gewesen war. „Aber es war dann nicht schlimm, im Gegenteil. Es tut gut, wenn es dann raus ist", meinte sie. „Pater Günter hat am Ende gesagt, dass Gott uns liebt und annimmt mit allem, was wir können und gut machen, und genauso mit dem, was schief läuft und was wir falsch gemacht haben. Die Beichte heißt deswegen: ‚Feier der Versöhnung'. Hinterher hab ich mich total erleichtert gefühlt. Außerdem verstehe ich das: Bei der

Erstkommunion soll man nicht solche alten belastenden Gedanken mit sich herum schleppen." Wieder wird ein Lied gesungen. Fionas Aufmerksamkeit wird abgelenkt durch eine Frau, die mit laut klappernden Stöckelschuhen aus der Kirche hinausgeht. Ihr Blick fällt auf einen Mann, der Kaugummi kaut. In der Kirche! „Wissen die Leute denn nicht, wie man sich in der Kirche benimmt?", denkt Fiona mit gerunzelter Stirn.

Doch gleich ist sie mit ihren Gedanken wieder beim Gottesdienst, denn nun steht der große Moment bevor. Pater Günter stellt den Kindern feierlich drei Fragen:
„In der Taufe seid ihr Kinder Gottes geworden. Gott liebt uns und sorgt für uns. Glaubt ihr an Gott, den Vater, den Schöpfer des Himmels und der Erde?" „Ja, ich glaube", antworten die Kinder gemeinsam. „In der Taufe seid ihr mit Jesus Christus verbunden worden. Jesus hat uns Gottes Liebe gezeigt. Er ist für uns gestorben und von den Toten auferstanden. Glaubt ihr an Jesus Christus, den Sohn Gottes?" Wieder bestätigen die Kinder feierlich: „Ja, ich glaube." „In der Taufe wurde euch der Heilige Geist geschenkt. Er ist die Kraft Gottes. Durch diese Kraft können wir glauben, hoffen und lieben. Glaubt ihr an den Heiligen Geist?" Fiona spricht in Gedanken mit: „Ja, ich glaube!", denn diese Fragen kann auch sie von ganzem Herzen bejahen.

Der Pfarrer bereitet nun alles für die Feier der Eucharistie vor. Er holt die Hostien und auch den Kelch, in den er etwas Wein gießt. Er spricht die Worte, die Jesus beim letzten Abendmahl zu seinen Jüngern gesprochen hat. Die Heilige Wandlung bedeutet, dass in Brot und Wein Jesus selbst für uns da ist. Ministranten läuten mit kleinen Glocken. Mit der ganzen Gemeinde und Theresa und dem Pfarrer betet Fiona das Vaterunser, das gemeinsame Gebet aller Christen auf der Welt. Danach teilt Pater Günter an jedes Kind eine Hostie aus und spricht dazu: „Der Leib Christi", worauf jedes antwortet: „Amen." In der Kirche ist es still. Fiona kann ihre Freundin nicht sehen, aber sie fühlt mit, dass das ein ganz besonderer Moment ist. Die Kinder bekommen die Hostie und essen sie dann gemeinsam, so wie es Jesus gesagt hat.

Anschließend lädt Pater Günter auch die anderen Gottesdienstbesucher zur Kommunion ein. Viele gehen nach vorn. Fionas Mutter bleibt an ihrem Platz. Fiona weiß, dass das gemeinsame Abendmahl von Katholischen und Evangelischen nicht üblich ist. Einiges ist anders als in ihrer evangelischen Hoffnungskirche. Ihr Blick fällt auf die Statue der Heiligen Katharina. Das ist die Namenspatronin der Kirche St. Katharina. Das ist noch ein Unterschied: In der katholischen Kirche gibt es Heilige; auch Maria, die Mutter von Jesus, wird verehrt. „Aber das meiste ist doch gleich", überlegt Fiona. „Sogar heute, bei diesem katholischen Fest." Als Pater Günter vorhin die Fragen gestellt hat, hat sie das ganz deutlich gespürt, auch beim Vaterunser, und überhaupt: Hier ist sie doch in einer christlichen Kirche!

Später bekommt jedes Erstkommunionskind ein Kreuz geschenkt, eine Ministrantin teilt sie aus. Pater Günter erzählt, dass er die Kreuze extra für sie aus Rom mitgebracht hat, wo sie vom Papst selbst gesegnet worden sind.

Beim nächsten Lied singt Fiona wieder kräftig mit. Als Pater Günter am Ende den Segen spricht, denkt Fiona wieder an ihre Freundin und dass es bestimmt auch für sie ein schöner und ganz besonderer Gottesdienst war. Sie kann es kaum erwarten, Theresa zu begrüßen und ihr zu gratulieren.

Halleluja-Gottesdienst

Inhalt: *Die evangelische Fiona lädt ihre katholische Freundin Theresa zu einem Gottesdienst ein, in dem der 200. Geburtstag der evangelischen Kirche in Bayern gefeiert wird. Sie stellen Unterschiede und Gemeinsamkeiten der Konfessionen fest.*

Stichworte: Gottesdienst, Konfession, evangelisch, katholisch, Martin Luther

▮▶ *Relifix 4, S. 72*

Wie verabredet, wartet Fiona mit ihrer Mutter am Sonntag vor dem Eingang der Hoffnungskirche. „Da sind sie!" Freudig begrüßt Fiona ihre Freundin Theresa und ihren Vater. Vor ein paar Wochen war Fiona zu Theresas Erstkommunion in der katholischen Kirche gewesen, und „zum Ausgleich", wie sie sagte, beziehungsweise eigentlich, weil es sie interessierte, wollte nun Theresas Familie einen evangelischen Gottesdienst miterleben. Das Thema ist: „Die evangelische Kirche in Bayern feiert ihren 200. Geburtstag". Ein „Halleluja-Gottesdienst" ist angekündigt. „Das ist ein besonderer Gottesdienst", erklärt Fiona. „Eine Band macht Musik und die Predigt ist meist mit einer Theaterszene oder so. Und", sie zeigt auf ein Mädchen, das bunte Zettel austeilt, „wenn du eine Fürbitte aufschreiben möchtest und sie nachher vom Pfarrer vorgelesen werden soll, dann kannst du den Zettel dort vorn in das Körbchen legen." Theresa sieht sich um. Sie kennt die kleine, moderne Kirche von den Schulgottesdiensten. Die vordere Wand ist bemalt, es sieht aus wie ein breiter Fluss, dort hängt ein großes Kreuz. Neben dem Altar stehen Kerzen und Blumen. Auf dem Ambo, dem Lesepult, liegt die Bibel. Das kennt sie aus der katholischen St. Katharina-Kirche. Aber es gibt keinen Nebenaltar, kein Bild der Heiligen Maria, auch kein Weihwasserbecken, kein ewiges Licht und keinen Tabernakel. Sie entdeckt aber den Taufstein. „Natürlich", sagt sie zu sich, „getauft werden alle christlichen Kinder, egal ob evangelisch oder katholisch oder orthodox."

Nun beginnt der Gottesdienst, die Band macht Musik und ein kleiner Chor singt dazu. Das gefällt den Mädchen sehr. Der Text wird eingeblendet und sie singen mit, so gut sie können. Es wird gebetet, aus der Bibel vorgelesen und wieder gesungen, und dann erzählt Pfarrer Liepold: „Die evangelische Kirche feiert in diesem Jahr Geburtstag! Eigentlich denkt man zuerst an Martin Luther, der im Jahr 1517 die 95 Thesen an die Tür der Schlosskirche von Wittenberg hängte; oder auch an die ‚Confessio Augustana', als 1530 die Grundlagen der evangelischen Konfession aufgeschrieben wurden. Aber Luther wirkte in Wittenberg, das ist in Sachsen, im Osten Deutschlands. Während sich dort die evangelisch-lutherische Konfession verbreitete, blieb unsere bayerische Heimat noch lange katholisch. Erst als 1806 Bayern zum Königreich und Maximilian zum König ausgerufen wurden, kam mit seiner zweiten Frau Karoline die erste Evangelische nach München. Sie durfte ihren Prediger mitbringen, und so kam es zur Gründung der ersten kleinen evangelischen Gemeinde in Bayern. Deswegen feiern wir in diesem Jahr den 200. Geburtstag der evangelischen Kirche in Bayern." Frau Benicke, die den Gottesdienst mit vorbereitet hat, nimmt einen Bilderrahmen in die Hand und blickt hindurch. Sie stellt die Königin Karoline dar und erzählt, was die ersten Evangelischen damals in Bayern erlebt hatten. Auch ihre Schwiegertochter Therese, das ist die, die mit der Theresienwiese und dem Oktoberfest zu tun hat, war evangelisch. Der Bilderrahmen wird weitergereicht; auf diese Weise werden verschiedene Personen vorgestellt, die mit der Geschichte der evangelischen Kirche in Bayern zu tun hatten. Das ist interessant. Nach dem nächsten Lied stellt der zweite Pfarrer, Herr Ellinger, fest, dass zu einem Geburtstag doch auch ein Geburtstagsgeschenk gehöre. Deswegen hatten sich die Gemeinden in Bayern etwas Besonderes ausgedacht: Es gibt eine große Kiste, und jede Gemeinde legt ein Geschenk hinein und darf sich ein anderes dafür aussuchen. Die Kinder kommen nach vorn, um die zur Auswahl stehenden Geschenke zu begutachten. Auch Fiona und Theresa sind dabei. „Die evangelische Gemeinde vom Tegernsee lädt zehn Leute zu einer Bootsfahrt auf dem Tegernsee ein", steht auf einer Karte. Auch schöne Bücher, eine Altardecke und eine Schachtel mit zehn Paketen Transfair-Kaffee liegen in dem Kasten. „Unser Chor kommt zu Ihrer Gemeinde zu Besuch und gibt ein Konzert", liest Fiona, und Theresa kann auch ein verlockendes Angebot bekannt geben: „Es gibt je zwei Paar Würstchen, ein Brötchen und ein Getränk für alle, die zu unserem Gemeindefest am 11. Juli nach Schweidtenkirchen kommen". Als Nächstes wird darüber abgestimmt, welches Geschenk man nehmen will: Der Tegernsee ist am beliebtesten. Pfarrer Ellinger kündigt an, dass der Termin im Schaukasten und Internet bekanntgegeben würde. „Aber: Nun darf natürlich unser Geschenk nicht fehlen!", meint er und zeigt eine Schachtel mit bemalten bunten Holzkreuzen. „Das sind Kreuze aus El Salvador", erklärt er. „Wie Sie wissen, wird durch den Verkauf dieser Kreuze dort ein Krankenhaus finanziert. Unsere Konfirmanden bekommen so ein Kreuz geschenkt, und wir möchten für die Konfirmanden einer anderen Gemeinde zwanzig Kreuze in die Geburtstagskiste legen; wenn es zu wenige sind, werden natürlich welche nachgeliefert." Jetzt ist wieder ein Lied mit der Band an der Reihe. Als die Fürbitten gesprochen werden, liest Pfarrer Liepold die Zettel vor: „Guter Gott, hilf, dass ich mehr Geduld mit meinen Kindern habe", hat jemand geschrieben und ein anderer: „Eine wichtige Entscheidung steht an. Bitte, Gott, hilf, dass ich das Richtige mache." Als die Zettel vorgelesen sind, beten alle gemeinsam das Vaterunser. Zum Schluss macht die Band noch einmal Musik.

„Das war spannend!", meint Theresa hinterher. „Mit meiner Erstkommunion kann man diesen Gottesdienst natürlich gar nicht vergleichen, aber ich glaube, auch sonst ist der Gottesdienst bei uns feierlicher als bei euch, kann das sein?" „Nun, das war kein normaler Gottesdienst, weil keine Bibelstelle im Mittelpunkt stand", antwortet Fionas Mutter. „Aber so im Großen und Ganzen würde ich sagen, dass du recht hast: Wir Evangelischen feiern keine Messe, es gibt keine Ministranten und keinen Weihrauch; die Gottesdienste sind einfacher. Weißt du, zu Luthers Zeit, vor 500 Jahren, gab es die Bibel nur in lateinischer Sprache und in den katholischen Kirchen wurde auch die Messe in lateinischer Sprache gefeiert. Luther hat die Bibel übersetzt und den Gottesdienst in deutscher Sprache eingeführt. Daher kommt es, dass den Evangelischen die Predigt sehr wichtig ist und was gesprochen wird. Die evangelischen Kirchen sind auch meist schlichter, weniger prachtvoll, damit man sich auf das Wesentliche, nämlich Gottes Wort, konzentrieren kann. – Aber heute trifft diese Unterscheidung so nicht mehr zu. Katholische und Evangelische sind sich in vielem ähnlich und einig." In diesem Moment tritt Frau Ellinger zu ihnen, die Frau des Pfarrers. Sie hat gehört, was Fionas Mutter gesagt hat. Sie begrüßt sie und stimmt zu: „Da haben Sie recht; die Gemeinsamkeiten sind groß. – Wissen Sie eigentlich, dass ich katholisch bin?" Alle staunen; nein, das hat keiner gewusst: „Die Frau eines evangelischen Pfarrers ist katholisch?" „Ja, das geht noch nicht lange, aber zum Glück ist das jetzt möglich", lacht Frau Ellinger. „Sonst hätten wir ein Problem gehabt." „Pater Günter darf doch gar nicht heiraten, oder?", fragt Fiona. „Nein", antwortet Theresas Papa. „Das darf er nicht. ‚Zölibat' nennt man das." „Stimmt es, dass es evangelische Pfarrerinnen gibt?", will nun Theresa wissen. „Ja", entgegnet Frau Ellinger. „Aber bevor ich weiter antworte, eine Gegenfrage zwischendurch: Möchten Sie noch zum Essen bleiben? Unsere Konfirmanden haben anlässlich der Geburtstagsfeier eine Brotzeit vorbereitet. Und Kuchen gibt es auch." „Mit 200 Kerzen?", fragt Theresa.

Lea kann am Freitag nicht

Inhalt: *Die jüdische Lea kann nicht zu Annabels Geburtstagsfeier am Freitagabend kommen, weil sie mit ihrer Familie den Sabbat feiert. Sie erzählt von jüdischen Traditionen. Ihre Oma hat als Mädchen den Holocaust überlebt.*

Stichworte: *Judentum, Sabbat, Synagoge, Hitler, Nationalsozialismus, Judenverfolgung, Drittes Reich, Holocaust, Konzentrationslager*

▬▶ *Relifix 3, S. 57*

Damals wusste Annabel noch nicht so gut Bescheid über die jüdischen Traditionen, deswegen begrüßte sie ihre Freundin Lea eines Morgens und sagte: „Hallo Lea! Am 1. Juli habe ich doch Geburtstag! Du bist herzlich zur Geburtstagsparty eingeladen!" „Oh, wie nett, danke!", antwortete Lea, aber dann zögerte sie und fragte: „Was ist das denn für ein Wochentag?" „Ein Freitag", erwiderte Annabel. „Wieso?" „Da kann ich nicht kommen", erklärte Lea. „Du weißt doch, dass wir Juden sind. In jeder jüdischen Familie wird am Freitag nach Sonnenuntergang der Sabbat gefeiert." „Ach so, natürlich." Eigentlich hätte Annabel das wissen können; sie hatte das in Religion schon gelernt. Sie beschlossen, sich nicht böse zu sein; Lea Annabel nicht, weil sie trotzdem feierte, Annabel Lea nicht wegen der Absage. „Nächstes Jahr fällt mein Geburtstag nicht ausgerechnet auf einen Freitag"; meinte Annabel. „Aber Lea: Erzähl doch, wie ihr den Sabbat feiert! Das interessiert mich!"

„Gern!", meinte Lea und begann: „Es fängt damit an, dass alles gründlich geputzt wird, die ganze Wohnung wird aufgeräumt, alles blitzt und blinkt und duftet sauber. Nicht nur die Wohnung wird vorbereitet: Auch wir duschen, waschen uns die Haare und ziehen uns frische schöne Kleider an. Der Tisch ist festlich gedeckt, alles steht bereit, die ganze Familie ist da. Dann, mit der Dämmerung, beginnt der Sabbat. Die Mutter zündet die Kerzen an und sagt: ‚Gelobt seist Du, Ewiger, unser Gott, König der Welt, der uns mit seinen Geboten geheiligt und uns befohlen hat, das Sabbatlicht anzuzünden.' Der Vater begrüßt den Sabbat mit dem Friedensgruß. Er liest Texte aus der Tora und spricht den Segen über einen Becher mit

Wein. Wir erinnern uns daran, dass Gott die Welt erschaffen hat, und an den Auszug aus Ägypten. Alle trinken von dem Wein. Als Nächstes segnet der Vater das Sabbat-Brot, bricht es in Stücke und verteilt es ..." „Das ist ja in der Kirche beim Abendmahl auch so!", rief Annabel aus. „Oder, genauer gesagt, das geht ja auf das letzte Abendmahl von Jesus und mit seinen Jüngern zurück; die haben also den Sabbat gefeiert?! Ich dachte immer, das sei das Passafest gewesen?" „Beides", antwortete Lea. „Denn das Passafest beginnt mit dem Sabbat." „Aber entschuldige, dass ich dich unterbrochen habe; bitte erzähle weiter!", forderte Annabel die Freundin auf.
„Wir singen dann ein Tischgebet miteinander", fuhr Lea fort. „Und danach sitzen wir beieinander, essen und unterhalten uns. So klingt der Freitag aus. Am Samstagmorgen gehen wir dann alle miteinander in die Synagoge zum Gottesdienst. Die Hauptsache bei diesem Gottesdienst ist, dass die Torarolle aus ihrem kostbaren Schrein, der hinter einem dicken Vorhang verborgen ist, herausgeholt wird. Feierlich wird sie durch die Synagoge getragen und schließlich auf ein Lesepult gelegt. Dort wird sie ausgerollt, und jemand liest dann daraus vor. Die Torarolle ist so kostbar, dass man sie niemals anfassen darf. Deswegen ist sie in Tücher gehüllt und man benutzt so eine Art Zeigestab. Später wird sie wieder zurückgetragen und fest verschlossen. Beim Gottesdienst wird auch noch die Tora erklärt, gesungen und gebetet, auf Hebräisch. Übrigens sitzen die Männer und Frauen getrennt, und die Männer tragen die Kippa; das hast du bestimmt schon einmal gesehen." Annabel nickt. „Danach wird wieder gegessen; am Nachmittag sitzen wir zusammen oder gehen spazieren; es ist der Ruhetag; so wie bei euch der Sonntag." „Was macht ihr dann am Sonntag?", will Annabel wissen. „Also, in jüdischen Ländern wird da normal gearbeitet. Aber in christlichen Ländern ist das ein Problem; weniger euer Sonntag, aber der Sabbat am Samstag, weil wir ja dann sozusagen einen Ruhetag mehr hätten. Und die meisten Juden sind dort, wo sie leben, in der Minderheit. Es gibt gar nicht so viele Juden. Viele lebten, wie du weißt, in Deutschland und Europa, als Hitler 1933 an die Macht kam. Da hat er die Juden gezwungen, auch am Sabbat zu arbeiten. Aber das war ja nur der Anfang." „Sind auch Verwandte deiner Eltern im Konzentrationslager umgekommen?", fragte Annabel vorsichtig. „Fast alle", nickte Lea. „Es ist ein

Wunder, dass überhaupt welche überlebt haben. Meine Oma war damals ein Mädchen; sie wurde von einer Familie versteckt." Nach einer Pause begann Lea erneut: „Es gibt heutzutage ungefähr dreizehn Millionen Juden auf der Welt, und im Dritten Reich wurden sechs Millionen umgebracht. Hitler hat wirklich einen großen Teil unseres Volkes vernichtet. Aber: Das hat uns zusammengeschweißt! Weißt du, Annabel: Es war eigentlich schon immer so, dass die Juden überall auf der Welt verstreut lebten. Deswegen mussten wir immer fest zusammenhalten und unsere Traditionen bewahren. Das hat sich nach der Nazizeit noch verstärkt: Deswegen ist uns der Sabbat so wichtig. Wenn wir nicht auf diese Weise zu unserem jüdischen Glauben stehen würden, hätte sich das Judentum schon lange in Luft aufgelöst. Ich finde es gut, dass unsere Religion mein Volk und meine Familie zusammenhält."

Mittwoch, 5./6. Stunde: Reli (Teil 2)

Inhalt: *Hanife hat Islamunterricht, der sich vom evangelischen und katholischen Unterricht unterscheidet. Fiona und Theresa sind gespannt darauf, mehr über den muslimischen Glauben zu erfahren.*

Stichworte: *Religionen, Islam, Muslime, Koran*

▸   *Relifix 4, S. 76*

„Und du, Hanife, du hast auch Religion, aber bei Herrn Onal?" Fiona und Theresa stellen sich am Mittwoch nach der zweiten Pause mit Hanife zusammen an. „Fiona und ich haben nämlich kürzlich festgestellt, dass der evangelische und katholische Religionsunterricht fast dasselbe ... nein, so kann man es nicht sagen, hat Frau Gonaus gemeint, aber dass evangelische und katholische Christen viel gemeinsam haben. Trotzdem haben wir getrennt Reli. Und du?" „Bei mir ist das nicht ‚fast dasselbe'", antwortet Hanife. „Ich bin ja Muslima! Das ist eine andere Religion!" „Und was macht ihr? Singt ihr denn auch?" „Nein, eigentlich nicht. Die Hauptsache ist, dass wir den Koran kennenlernen", erwidert Hanife. „Das kann ich aber nicht so nebenbei erklären." „Frau Gonaus hat gesagt, dass der Islam auch in der vierten Klasse drankommt und wir einmal in die Moschee gehen werden", erinnert sich Theresa. „Da hören wir ja dann mehr darüber. Darauf bin ich schon gespannt!"

Besuch in der Moschee

Inhalt: Die vierte Klasse besucht die Moschee. Fiona und Theresa lassen sich alles erklären.

Stichworte: Islam, Muslime, Koran, Moschee, Mohammed, Minarett, Muezzin, Imam, rituelles Gebet, rituelle Waschung, Mittagsgebet, fünf Säulen des Islam, Schahada, Sure, Fatiha, Gebetsteppich, Fastenmonat, Ramadan, Zakat, Hadsch, Bayram, Mekka, Medina, muslimisches Gebet

⟹ Relifix 4, S. 78

„Morgen Moschee", steht zur Erinnerung im Mitteilungsheft. „Denkt daran, einen Rucksack mit Brotzeit mitzunehmen", sagt die Lehrerin, Frau Engl. „Und vor allem: Wir sind erst um halb drei wieder da! Aber das stand ja alles schon im Elternbrief; eure Eltern wissen Bescheid, denke ich." „Ich bin schon gespannt!", meint Fiona. „Ich war noch nie in einer Moschee." „Ich habe mal Bilder in der Zeitung gesehen", fügt Theresa hinzu. „Aber in echt habe ich das auch noch nie gesehen." „Wenn ihr etwas wissen wollt, erkläre ich es euch", bietet Hanife an. Sie ist Muslima und besucht den Islamunterricht, wenn Fiona und Theresa Religion haben.

Am nächsten Tag nach der Pause geht es los und die ganze Klasse 4b macht sich auf den Weg. Auch der muslimische Lehrer, Herr Onal, und Hanifes Mutter sind dabei. Sie müssen mit dem Bus fahren, umsteigen und ein Stück laufen, aber schließlich sind sie da. Während die Kinder im Aufenthaltsraum etwas essen und trinken, erzählen Herr Onal und ein Mitarbeiter der Moschee, Herr Akkaya, etwas über den Islam. „Wie viele muslimische Kinder gehen in eure Klasse und woher kommen sie?", will er zuerst wissen. „Hanife, Elif, Süha und ich sind aus der Türkei", antwortet Murat. „Es sind insgesamt zehn", weiß Frau Engl. „Atefa kommt aus Afghanistan, drei Kinder aus dem Kosovo und zwei aus Bosnien." Herr Onal erklärt: „Der Islam wurde von Gottes Gesandtem Mohammed überliefert, der von 571 bis 634 lebte. Auch Adam, Noah, Abraham, Jakob, Josef, Mose und Jesus sind für die Muslime Gesandte Gottes; Mohammed ist der letzte Gesandte. Ihm offenbarte Allah den Koran, die Heilige Schrift. 23 Jahre lang sprach Allah durch einen Engel zu Mohammed, der alles, was er gehört hatte, aufschreiben ließ. Der Koran ist in arabischer Sprache geschrieben und umfasst 114 Suren.

Nun möchte ich euch die fünf Säulen des Islam erklären: Die erste Pflicht ist das Glaubensbekenntnis, die Schahada: Den Glauben an Allah bekräftigt der Moslem durch folgenden Satz: ‚Es gibt keinen Gott außer Allah, und Mohammed ist sein Gesandter.'" Er sagt diesen Satz mit den muslimischen Kindern auch auf Arabisch, bevor er die Erklärung fortsetzt: „Die zweite Pflicht ist das Gebet, Salat *(Anmerkung: Das wird „Sallat" ausgesprochen, mit Betonung auf dem ersten a.)*: Für jeden Muslim ist es Pflicht, fünf Mal am Tag zu beten. Die Gebetszeiten sind genau festgelegt und über den ganzen Tag verteilt: von der Stunde vor Sonnenaufgang, über Mittag, Nachmittag, die Stunde nach Sonnenuntergang bis zum Einbruch der Nacht. Jetzt, heute um 13.20 Uhr, findet bald das Mittagsgebet statt. Im Gebetsraum hängt eine Uhr, auf der man die Zeiten ablesen kann, denn weil sie sich nach der Sonne richten, sind sie an jedem Tag und an jedem Ort verschieden. Man kann das Gebet auch nachholen. Vor dem Beten wird der Körper in einer festgelegten Reihenfolge gereinigt. – Das werdet ihr nachher sehen. Auch das Gebet und die Bewegungen dabei sind immer gleich. Der Platz, auf dem gebetet wird, muss rein sein. Die Kleidung muss Körper, Arme und Beine bedecken. Es wird auch eine Kopfbedeckung getragen. Männer und Frauen beten getrennt voneinander. Beim Beten stehen und knien Muslime auf einem Gebetsteppich und neigen sich in die Richtung, in der Mekka, unsere Heilige Stadt, liegt. Es wird in arabischer Sprache gebetet. Als Erstes wird die Fatiha, die ‚eröffnende' Sure gebetet, danach bestimmte andere Suren.

Die dritte Pflicht ist das Fasten: Bestimmt habt ihr – die muslimischen Kinder sowieso – schon einmal etwas vom Ramadan gehört. So heißt der Fastenmonat der Muslime. Während dieser Zeit essen und trinken Muslime nichts von Sonnenaufgang bis Sonnenuntergang. Kinder, alte und kranke Menschen sind von dieser Pflicht ausgenommen. Das Fest am Ende des Ramadan ist das größte Fest der Muslime, es heißt Bayram, Ramadanfest, das Fest des Fastenbrechens. Die vierte Pflicht ist die Armensteuer, Zakat: Die Muslime haben die Pflicht zu spenden: Von dem Geld oder den Gütern, die man im vergangenen Jahr übrig hatte oder zusätzlich verdient hat, sollte man etwas abgeben, und zwar den vierzigsten Teil. Das Geld ist für arme, bedürftige Menschen bestimmt. Die fünfte Pflicht ist die Pilgerfahrt, Hadsch: Jeder Muslim, der dazu in der Lage ist, sollte einmal in seinem Leben zur Heiligen Stadt Mekka reisen, die in Saudi-Arabien liegt. – So", schließt er, „nun habe ich viel erklärt. Bevor wir euch die rituellen Waschungen zeigen und nach oben gehen, will ich euch noch dringend bitten, euch im Gebetsraum angemessen zu verhalten: Seid leise und rennt nicht herum. Besonders, wenn wir beten, bitten wir euch, uns euren Respekt zu erweisen." Das nehmen sich die Kinder fest vor.

Anschließend dürfen sie zusehen, wie sich die Muslime Gesicht, Nase, Ohren, Mund, Arme und Füße waschen, um für das Gebet rein zu sein. Fiona und Theresa sind beeindruckt; das kennen sie von ihrem christlichen Glauben gar nicht. Nun bindet sich Hanife ein Kopftuch um. Sie erklärt: „Weil ich ein Kind bin, brauche ich es in der Schule nicht zu tragen, aber beim Gebet schon." Vor dem Gebetsraum werden die Schuhe abgestellt. „Da gibt es ja gar keine Sitzbänke wie in der Kirche, und überall ist Teppich!", staunt Fiona. Sie sieht sich um. Der ganze Raum ist mit schönen Kacheln ausgeschmückt, auf denen Muster und kunstvolle Schriftzeichen aufgemalt sind. Nun hat sie auch die Uhr entdeckt, von der Herr Onal gesprochen hatte; es bleibt noch eine halbe Stunde bis zum Beginn des Mittagsgebetes. Nun zeigt Herr Akkaya alles: „In der Moschee kommen Muslime jeden Tag, vor allem aber am Freitag, zum Gebet zusammen. Man erkennt sie an der halbrunden Kuppel und oft mehreren schmalen, spitzen Türmen. So ein Turm heißt Minarett. In islamischen Ländern ruft der Muezzin, der Gebetsrufer, von dort aus die Gläubigen zum Gebet. In Deutschland sehen die Moscheen oder Gebetsräume von außen aber meist unauffällig aus, so wie unsere. Hier seht ihr die Dikkah, eine erhöhte Galerie. Von da aus wird zum Gebet gerufen. Vorn in der Moschee ist der Mihrab, eine halbrunde Nische; er zeigt in die Richtung der Kaaba in Mekka, dem wichtigsten

Heiligtum der Muslime; dorthin richten sich die Muslime beim Gebet. Das ist der Platz für den Vorbeter, den Imam. Die Kursi ist ein Vorlesepult, von dort aus wird gesprochen. Es gibt auch das erhöhte Minbar; es wird am Freitag, während des Ramadan und am Opferfest benutzt und entspricht der Kanzel in der Kirche. Schrifttafeln mit arabischen Schriftzeichen gehören zur Moschee; das zum Beispiel ist eine Sure." Herr Akkaya zeigt und übersetzt, und die Kinder schauen und staunen und hören aufmerksam zu. Danach dürfen sie Fragen stellen. „Stimmt es, dass Sie einen anderen Kalender haben?", will Petra wissen. „Ja, das ist richtig", bestätigt Herr Onal. „Der islamische Kalender beginnt mit der Auswanderung des Propheten nach Medina im Jahr 622 n. Chr. Er wird nach dem Mondjahr berechnet. Da das Mondjahr 10 Tage kürzer ist als das Sonnenjahr, beginnt das Jahr – aus Sicht des christlichen Kalenders – immer an einem anderen Tag, und in 36 christlichen Jahren sind 37 islamische Jahre vergangen. Deswegen sind die Feste auch jedes Jahr an einem anderen Datum."

„Kann man auch daheim beten?", fragt Fiona. „Und wenn ja, wie?" Hanifes Mutter antwortet ihr: „Ja, selbstverständlich. Das läuft genauso ab: Die Zeiten, die Waschungen, die Vorschriften, der Ablauf des Gebetes sind gleich. Wir breiten Gebetsteppiche aus."

Doch nun ist es Zeit; das Mittagsgebet beginnt gleich. Fiona, Theresa, Frau Engl und die anderen Gäste setzen sich hinten im Gebetsraum hin; sie sehen und hören respektvoll zu, während sich die Muslime in Reihen aufstellen.

Zuerst wird zum Gebet gerufen, in arabischer Sprache. Es ist eine Mischung aus Rufen und Singen und klingt für Fiona ungewohnt. Aber sie sieht, dass Hanife alle Worte und Bewegungen vertraut sind. Die Betenden sprechen zum Teil leise nach, was der Imam vorbetet, zum Teil betet jeder für sich. Alles hat eine ganz bestimmte Reihenfolge, alle beten dasselbe und auf die gleiche Weise.

Fiona denkt: „So beten Muslime! Eigentlich weiß ich sehr wenig über Hanifes Religion. Ich muss sie bitten, mir noch mehr zu erzählen."

Unterschriften für die Moschee

Inhalt: *In der Schule wird Integration praktiziert und politisches Bewusstsein gefördert. Die Viertklässler setzen sich mit einer Unterschriftensammlung für den Bau einer Moschee in ihrem Stadtviertel ein.*

Stichworte: *Islam, Muslime, Moschee, Klassenrat, Demokratie, Politik, Unterschriftensammlung, Vorurteile, Integration*

Wie jeden Freitag, so findet auch heute in der 4d der Klassenrat statt. Er wird geleitet von Petra oder Yunus, das sind die Klassensprecher, und dazu noch jede Woche von einem anderen Kind. Die Lehrerin, Frau Krohn, hat am Anfang noch ab und zu eingreifen müssen, aber inzwischen kennen die Schülerinnen und Schüler sich gut aus: Unter der Woche kann man Zettel ans Pinnbrett hängen. Dort gibt es drei Überschriften: „Das müssen wir besprechen", „Vorschläge" und „Unsere Beschlüsse". Wenn es dann losgeht, halten sich alle an die Gesprächsregeln und folgen einem bestimmten Ablauf, damit es kein Durcheinander gibt und ein Beschluss herauskommt.

Frau Krohn hat der 4d erklärt, was Demokratie bedeutet: „‚Demos' heißt auf griechisch ‚Volk', und ‚kratos' bedeutet ‚Macht, Herrschaft'. Wir leben in einer Demokratie, also ‚Volksherrschaft', das heißt, dass die Bürgerinnen und Bürger mitbestimmen können. Mindestens können sie zur Wahl gehen. Es gibt aber noch viele andere Möglichkeiten, sich einzubringen. Für die Angelegenheiten, die die Stadt oder den Staat betreffen, gibt es übrigens auch ein griechisches Wort, das kennt ihr alle, es heißt: ‚Politik'." „Wirklich?", staunt Elif. „Das heißt Politik?" „Manche, sogar viele Leute interessieren sich leider nicht für Politik", sagt Frau Krohn. „Aber ich hoffe, dass ihr die Möglichkeiten nutzt, die ihr habt! Auch dafür ist der Klassenrat gut: Da kann man das Einmischen üben." Die Lehrerin lässt keinen Zweifel daran, dass sie das wichtig findet. Ausführlich hatte die 4d auch im Heimat- und Sozialkundeunterricht über die Aufgaben der Gemeinde gesprochen, und bald stand auch noch ein Besuch im Rathaus auf dem Programm.

Es gibt noch etwas anderes, was Frau Krohn wichtig findet: dass deutsche und nicht-deutsche, muslimische und christliche Kinder lernen, friedlich miteinander zu leben. Daher hatte sie sich gerne bei der „muslimisch-christlichen Begegnung" beteiligt, die von den Religions- und Ethiklehrkräften initiiert worden war. Alle gemeinsam hatten eine Moschee, eine katholische und eine evangelische Kirche besucht und sich gegenseitig über ihre Religion befragt und informiert. „Das hat wirklich etwas gebracht", berichtet Frau Krohn ihrer Kollegin. „Wenn die Kinder miteinander ins Gespräch kommen und die andere Religion kennenlernen, löst sich so manches Vorurteil, das sie von daheim mitbringen, in Luft auf."

Das ist die Situation in der 4d: Es läuft gut. Wenn etwas nicht gut läuft, kann es beim Klassenrat vorgebracht werden. Beim letzten Mal hatte sich zum Beispiel Rukiye beschwert: „Ich finde oft meine Hausschuhe nicht, weil manche Kinder an der Garderobe Sachen herumwerfen." Im Klassenrat stellten alle fest, dass jeder gerne die Sachen dort finden möchte, wo er sie abgestellt hat. So wurde einstimmig der Beschluss gefasst: „Bitte haltet an der Garderobe Ordnung und lasst fremde Sachen in Ruhe!"

Heute hängt bei den „Vorschlägen" ein ungewöhnlicher Zettel, den Yunus geschrieben hat. Auf dem steht: „Es gibt Pläne, dass in unserem Stadtviertel eine Moschee gebaut werden soll. Meine Familie ist dafür. Ich möchte eine Unterschriftensammlung machen und sie dem Bürgermeister geben, wenn wir im Rathaus sind." Frau Krohn liest den Zettel und denkt: „Holla, jetzt wollen die Kinder große Politik machen. So war der Klassenrat eigentlich nicht gedacht." Trotzdem hält sie sich zurück, als der Klassenrat eröffnet wird.

Heute sind Petra und Salim an der Reihe, den Klassenrat zu leiten. „Wie immer geht es damit los, dass wir prüfen, ob der Beschluss vom letzten Mal eingehalten wurde", beginnt Petra. „Rukiye, was sagst du?" „Es hat gut geklappt", berichtet sie. „Meine Hausschuhe waren immer da, und die anderen Sachen genauso." Auch die anderen Kinder finden, dass der Beschluss beachtet worden ist. „Dann ist jetzt Yunus dran mit seinem Vorschlag."

Yunus hat sich vorbereitet und trägt nun den anderen seine Argumente vor: „Als wir die Kirchen und die Moschee besucht haben, ist mir aufgefallen, dass wir zu beiden Kirchen zu Fuß gehen konnten, aber zur Moschee weit mit dem Bus fahren mussten", stellt er fest. „Als ich mit meinen Eltern darüber sprach, haben die mir erzählt, dass es tatsächlich Pläne gibt, ein muslimisches Zentrum in der Nähe zu bauen, beim Industriegebiet. Dort soll es eine Moschee geben, aber auch anderes, zum Beispiel Räume, wo man sich treffen kann." Meine Eltern sagen, dass viele dafür sind, aber auch viele dagegen. Meine Familie und ich, wir finden es natürlich gut. Ich dachte: Wenn ihr einverstanden seid, könnten wir eine Unterschriftensammlung machen". „Mein Vater hat auch darüber in der Zeitung gelesen", bestätigt Johanna. „Ich glaube, er würde unterschreiben." „Meine Eltern garantiert nicht!", wirft Jan ein. „Mein Papa sagt, wenn Leute nach Deutschland kommen, dann sollen sie sich danach richten, was in Deutschland üblich ist." „... und ihre Religion ablegen?", fragt Yunus, etwas verärgert. „Nein, er meint: Daheim kann jeder machen, was er will. Nur halt nicht in der Öffentlichkeit. Papa sagt, wir sind halt ein christliches Land mit Kirchen und die Türkei ein muslimisches Land mit Moscheen." „Aber Frau Krohn hat uns doch die Zahlen vorgelesen: In unserer Schule gibt es mehr Muslime als Christen", entgegnet Elif. „Weiß dein Papa das?" „Das würde an seiner Meinung nichts ändern", vermutet Jan. „Hört mal", ergreift Salim das Wort. „Eins ist klar: Auch wenn wir die Unterschriftensammlung machen: Es muss niemand unterschreiben! Natürlich kann man auch dagegen sein. Ich habe aber eine Frage an Frau Krohn: Dürfen wir so etwas machen?" Die Lehrerin hebt die Schultern, grinst ein bisschen und meint: „Ich darf das sicherlich nicht. Aber ihr seid freie Bürgerinnen und Bürger ..." Yunus lächelt; er hat zwischen den Zeilen das Lob von Frau Kohn gehört und merkt, dass sie seinen Vorschlag gut findet.

„Es ist nicht als Aktion von der Schule gemeint", stellt er klar. „Schaut: Meine Eltern und ich haben es so gedacht." Er zeigt einen Zettel, auf dem oben ein Zeitungsartikel aufgeklebt ist. „Da kann man sich informieren", meint er. „Es ist auch eine Internetadresse angegeben, damit jeder weiß, was er unterschreibt. Und darunter steht: ‚Wir, die Familie Köklü, wohnhaft im Lilli-Schwarz-Weg 7, 80888 München, sind für den Bau der Moschee im Industriegebiet. Wir bitten andere Familien, uns durch ihre Unterschrift zu unterstützen. Wenn die Klasse 4d im Mai ins Rathaus geht, sollen die gesammelten Unterschriften dem Bürgermeister überreicht werden.' So!", schließt er zufrieden und fügt hinzu: „Das würde meine Mama auch selbst kopieren. Ich bitte euch um eine Abstimmung: Darf ich diese Zettel austeilen?"

„Möchte noch jemand seine Meinung sagen?", will Petra wissen. „Wenn nicht, ist jetzt Abstimmung: Wer dafür ist, dass Yunus die Unterschriftensammlung machen darf, hebt die Hand!" Die meisten Kinder melden sich und freuen sich zusammen mit Yunus und den muslimischen Kindern über den Erfolg. Salim notiert auch die Gegenstimmen und Enthaltungen. Als die Stunde zu Ende ist, drängen sich viele Kinder um Yunus: „Tolle Idee!", meint Elif, und Jan bemerkt: „Ich bin gespannt, was meine Eltern dazu sagen." Frau Krohn klopft Yunus anerkennend auf die Schulter und sagt: „Gut gemacht, Yunus. Du hast das Zeug zum Politiker. Vergiss nicht, mir am Montag einen Zettel zu geben!"

Das Sandkorn-Gefühl

Inhalt: Jenni fühlt sich manchmal verloren in Raum und Zeit.

Stichworte: Große Fragen, Sinn des Lebens

IIII▶ *Relifix 5, S. 54*

Da ist es wieder: das komische Gefühl. Jenni sieht aus dem Fenster und ihre Gedanken fangen zu wandern an. Ein eigenartiges Gefühl. Jenny weiß nicht genau, was es ist und wie sie es beschreiben soll. Vielleicht könnte man es „Sandkorn-Gefühl" nennen: Denn es ist das Gefühl, ein winzigkleines Sandkorn zu sein, verloren in Raum und Zeit ... Sie ist nur ein Mensch; in diesem Bus sitzen ungefähr vierzig Personen, doch wie viele Menschen auf der ganzen Welt sitzen jetzt in Bussen und fahren nach Hause? Das sind doch bestimmt Millionen? Und wie viele davon haben auch gerade das Gefühl, ein kleines Sandkorn zu sein, das völlig unwichtig ist, weil es noch so viele andere davon gibt? Ein seltsamer Gedanke!

Nun muss Jenni aussteigen. Sie schlendert die Straße entlang und bleibt vor dem Drogeriemarkt stehen. Und dann noch das mit der Zeit! Diesen Drogeriemarkt gibt es, seit Jenni denken kann. Ihre Familie wohnt allerdings schon seit Langem in dieser Gegend. Ihre Mutter hat ihr erzählt, dass früher in diesem Laden das Edeka-Geschäft von Herrn Mittermeier war, wo es für zwei Pfennige Kirsch-

lutscher gab, von denen man eine knallrote Zunge bekam. Und ihr Opa hat miterlebt, dass das Haus im Zweiten Weltkrieg von einer Bombe getroffen und später wieder aufgebaut wurde. Und noch früher? Eine Straßenecke weiter steht ein uralter Baum auf einem Platz; es ist der älteste Baum der Stadt. Jenni steht davor und liest das Schild, obwohl sie es bestimmt schon tausend Mal gelesen hat und längst auswendig kennt: „Röthlinde – Im Gedenken an Philipp Röth, Landschaftsmaler. Es wird verbürgt, dass der Baum hier steht seit 1450 A.D."
So eine lange Zeit! Wie viele Kinder sind hier schon auf ihrem Schulweg stehengeblieben? Was hatten sie an? Haben sie sich auch aufs Mittagessen gefreut? Und vor allem: Haben sie auch so viel nachgedacht? Plötzlich stellt sich Jenni vor, dass ein Mädchen fünfhundert Jahre später hier stehen würde. Aber dann wird es den Baum bestimmt nicht mehr geben. Aber wer weiß? Das Mädchen im Jahr 1450 hätte wohl auch nicht gedacht, dass sie, Jenni, im Jahr 2010 da stehen würde. Jenni seufzt. Jetzt wurde es wieder kompliziert. Das war oft so, dass die Gedanken in ihrem Kopf sich verknäulten. Wie die Wolle, wenn sie mit ihrem Kater Tiger spielte. Tiger schleuderte das Wollknäuel hin und her, kreuz und quer durchs Zimmer, und am Ende war es so verwickelt und verfranst, dass man keinen Anfang und kein Ende mehr fand. Genau wie mit ihren Gedanken: Kein Anfang und kein Ende waren zu erkennen.

Wenn Jenni an der Kirche vorbeikommt, stellt sie sich oft ganz nahe an den Kirchturm, legt den Kopf in den Nacken und schaut vorbei an der Kirchturmspitze bis in Himmel hinauf. Und schon wieder kommt ihr so ein unendlicher Gedanke in den Sinn: was hinter dem Himmel ist und wie unvorstellbar weit das Universum reicht ...

Jenni ist daheim. Ihre Mutter ist auch gerade aus der Arbeit gekommen und beeilt sich nun, das Mittagessen aufzuwärmen. „In zehn Minuten können wir essen, mein Schatz", sagt sie und drückt ihr einen Begrüßungskuss auf die Stirn. „Deckst du bitte den Tisch?" „Klar", antwortet Jenni. „Gleich!", und geht, um Tiger zu begrüßen. Der schläft zusammengerollt auf dem Sofa. „Na, du faules Katertier!" Jenni hockt sich vor das Sofa und krault Tiger den Kopf. Der beginnt zu schnurren. „Du bist ein Zufriedener, was?", meint Jenni. „Fressen, schlafen, gekrault werden, ab und zu spazieren gehen, und deine Welt ist in Ordnung! Das kennst du nicht, verwickelte Gedanken ohne Anfang und Ende? Und das Sandkorn-Gefühl, wo man sich so ... verloren vorkommt?" Tiger schnurrt weiter und Jenni krault ihn, bis die Mutter zum Essen ruft. Etwas später sitzt sie mit ihrer Mutter am Tisch und lässt es sich schmecken. „An was denkst du gerade?", fragt plötzlich ihre Mutter und sieht Jenni ins Gesicht. „Du wirkst so gedankenverloren?" „Ach, nichts!", erwidert Jenni und bemüht sich um ein unbeschwertes Lächeln. „Ich find es nur witzig, mir vorzustellen, was Tiger wohl denkt ..."

Jenny betet

Inhalt: *Jenni betritt eine offen stehende Kirche und liest an einer Pinnwand Aussagen über das Beten. Das berührt sie; zum ersten Mal versucht sie selbst zu beten.*

Stichworte: *Große Fragen, Gebet, Kirche, einschlafen, Gott*

▻ *Relifix 5, S. 55*

Am nächsten Tag ist Jenni wieder auf dem Heimweg. Sie kommt an der Kirche vorbei und wirft wieder einen Blick hinauf in den Himmel. Als sie wieder hinuntersieht, bemerkt sie, dass heute die Tür der Kirche weit offen steht. Eine Pinnwand mit vielen Zetteln steht im Eingangsbereich: Ein weißer Zettel ist auf einem blauen Blatt und das blaue Blatt auf einem schwarzen Blatt befestigt. Was das zu bedeuten hat? Jenni wird neugierig und tritt heran.

Als Überschrift steht da: „Wir beten ..."

Ihr Blick fällt auf einen Zettel, auf dem steht: „Lieber Gott, manchmal habe ich das Gefühl, ein Sandkorn zu sein, verloren in Raum und Zeit. Aber dann spüre ich, dass du bei mir bist, immer und überall."

Jenni traut ihren Augen nicht. Sie geht näher hin. Und fängt zu lesen an:

„Lieber Gott, abends mache ich mir immer so viele Gedanken. Dann bete ich. Ich erzähle dir alles, was los war und was ich denke. Dann fühle ich mich geborgen und kann einschlafen."

„Ich fass es nicht!", flüstert Jenni. „Das Sandkorn-Gefühl!! Die Gedanken am Abend? Die anderen kennen es auch!! Und sie ... beten?! Beten?! Zu Gott?!"
Auf den anderen Zetteln steht:
– Gott, dir kann ich alles sagen. Ich weiß, du hörst mir zu.
– Wenn ich traurig bin, bete ich. Ich fühle, dass Gott mich tröstet.
– Lieber Gott, ich komme zur Ruhe, wenn ich Musik höre. Danke, dass es die Musik gibt.
– Lieber Gott, du hältst die Welt und die Zeit in deiner Hand. Lieber Gott, ich fühle mich geborgen in deiner Hand!
– Wenn ich bete, wird mir vieles von allein klarer. Das ist, als ob Gott mir antwortet.
– Beim Beten werde ich ganz ruhig. Ich fühle einen Frieden tief in mir.
– Wenn ich bete, fühle ich mich nicht allein.
– Ich bete gern in der Kirche. Besonders, wenn sie ganz leer ist. Dann spüre ich, dass Gott mir nahe ist.
Jenni wirft einen Blick in den leeren Kirchenraum. Niemand ist zu sehen. Es ist ganz still und auf eine schöne Art feierlich. Noch einmal blickt sie um sich. Sie möchte nicht gesehen werden. Aber nichts und niemand stört sie. Die ruhige Kirche scheint sie einzuladen. Da wird Jenni ganz friedlich zumute. Sie setzt sich in die Bank, faltet die Hände, sitzt da eine Weile ... und plötzlich kommen die Worte ganz von selbst:
„Lieber Gott! Ich habe lang nicht mehr gebetet. Nicht mehr richtig, höchstens das Gebet im Religionsunterricht mitgesprochen. Ich hab da ein Problem: das Sandkorn-Gefühl. Ich fühle mich so verloren in dieser Welt. Kannst du mir helfen?" Ihr kommt der Zettel auf der Pinnwand in den Sinn: „Lieber Gott, ich fühle mich geborgen in deiner Hand!" – „Ob ich mich bei dir geborgen fühlen kann? Du bist doch gar nicht da, nicht so richtig? Aber ich hab schon das Gefühl, dass du mir zuhörst, lieber Gott. Meine Freundinnen hören mir manchmal nicht so gut zu. Oder sie verstehen mich nicht oder lachen sogar. – Lieber Gott, ich wünsche mir etwas: Bitte sei bei mir, damit ich mich nicht verloren fühle!", betet sie. „Amen." Eine Weile sitzt sie noch da, wartet und genießt die beruhigende Stille um sie herum. Sie atmet tief und merkt, dass sie sich wohlfühlt.
Am Ende fällt ihr noch etwas ein: „Lieber Gott, danke, dass ich

heute zufällig in die Kirche geschaut habe. Das hat wirklich gut getan. Vielleicht schaue ich mal wieder vorbei."
Plötzlich kommt ihr ein total verrückter Gedanke: „Zufall? Vielleicht war das ja kein Zufall? Vielleicht hat das Gott so eingerichtet, gerade hier und heute, extra für mich?" Jenni schüttelt den Kopf und springt auf. „Nein, das geht zu weit. Das kann ich nicht glauben", denkt sie auf dem Heimweg. Allerdings ... *(Pause)* ... die anderen glauben es scheinbar schon ... *(Pause)* ... Dass Gott bei ihnen ist, wirklich immer und überall ... Und sie sich nicht verloren fühlen müssen. Dass eben nicht alles nur Zufall ist ... Und sie beten ... Ich probier es nochmal, heute Abend."

Gebet bei den Muslimen

Inhalt: *Jennis Freundin Aylin erklärt, wie Muslime beten.*

Stichworte: *Islam, Muslime, muslimisches Gebet, fünf Säulen des Islam, Mohammed*

▶ *Relifix 5, S. 57*

Jenni klingelt am Nachmittag bei ihrer Schulfreundin Aylin. „Hallo Jenni!", begrüßt sie Aylin. „Du, leider passt es gerade schlecht. Es ist Zeit für das Gebet." Jenni weiß, dass Aylins Familie muslimisch ist, die Eltern sind vor vielen Jahren aus der Türkei nach Deutschland gekommen. „Kann ich warten?", fragt Jenni. „Wenn ich in deinem Zimmer ein bisschen Musik höre, störe ich euch doch nicht?" „Gut, wenn du magst", stimmt Aylin zu.

„Ich muss Aylin mal fragen, wie Muslime beten", denkt sich Jenni. „Ob sie das so macht wie ich gestern?" Noch einmal wandern ihre Gedanken zurück zu der stillen Kirche. Am Abend hat sie noch einmal gebetet. Spät in der Nacht war sie aufgewacht und hatte festgestellt, dass sie mit gefalteten Händen eingeschlafen war. „Beten ist sehr beruhigend", hatte sie gemurmelt und war gleich wieder eingeschlafen.

Etwas später kommt Aylin ins Zimmer. „Du, magst du mir erzählen, wie ihr betet?", fragt Jenni gleich. „Oh! Das interessiert dich?", antwortet Aylin erfreut. „Gern! Also, das ist so: Für jeden Muslim ist es Pflicht, fünf Mal am Tag zu beten. Die Gebetszeiten sind genau festgelegt und über den ganzen Tag verteilt: von der Stunde vor Sonnenaufgang, über Mittag, Nachmittag, die Stunde nach Sonnenuntergang bis zum Einbruch der Nacht. Vor dem Beten waschen wir uns Gesicht, Hände und Füße; wie, das ist festgelegt. Auch das Gebet und die Bewegungen dabei sind immer gleich. Beim Beten knien wir auf einem Gebetsteppich und neigen uns in die Richtung, in der Mekka liegt, unsere Heilige Stadt." Jenni staunt. „Das ist ja ganz anders als bei uns! Wir haben keine festen Gebetszeiten. Und so oft!" „Für mich ist das schön", meint Aylin. „Der Tag hat einen festen Ablauf, und es ist beruhigend, immer die gleichen, vertrauten Worte zu sprechen. Weißt du …", sie sucht nach Worten, „manchmal fühlt man sich so …" „… verloren in der Welt und in der Zeit?", ergänzt Jenni leise. Die zwei Mädchen sehen sich an und spüren, dass die eine die andere gut versteht. Aylin nickt: „Und da tut es gut zu beten. Das ist wie eine Haltestelle. Wenn ich die nicht hätte, wüsste ich nicht, wo ich hin muss. – Ja und du? Betest du auch? Wie ist das bei euch Christen?" „Ja, ich bete schon", antwortet Jenni und wundert sich über sich selbst, dass sie das so zugeben kann. „Aber einfach so für mich. Es ist kein bestimmtes Gebet und keine feste Zeit. Es gibt aber schon feste Gebete: Das Vaterunser und das Glaubensbekenntnis. Das wird im Gottesdienst gebetet." „Aylin?" Ihr Bruder Emrah streckt in diesem Augenblick den Kopf zur Tür herein. „Ach, du hast Besuch!", sagt er und will wieder verschwinden. „Warte mal, du störst uns nicht, bleib doch da!", ruft Aylin und erklärt ihrem Bruder: „Jenni möchte etwas über unsere Religion wissen." „Ach so", Emrah tritt ein. „Erklären wir ihr doch einmal die fünf Säulen", schlägt Aylin vor, „dann weiß sie schon das Wichtigste." „Das haben wir im Religionsunterricht auch schon in der 4. Klasse durchgenommen! – Wartet, die erste Säule ist doch das Glaubensbekenntnis, oder?" „Genau!", bestätigt Aylin. „Wir sagen, auf Deutsch übersetzt: ‚Es gibt keinen Gott außer Allah, und Mohammed ist sein Gesandter.' Mohammed wurde im Jahr 570 geboren, und als er vierzig Jahre alt war, erschien ihm ein Engel, der ihm den Auftrag gab, Gottes Botschaft aufzuschreiben. Es dauerte zwanzig Jahre, bis er alles aufgeschrieben hatte, und das ist bis heute unsere Heilige Schrift, der Koran. – Die zweite Pflicht ist eben das Gebet fünf Mal am Tag. Die dritte

Pflicht ist das Fasten im Monat Ramadan. Am Ende feiern wir Beyram, das Fest des Fastenbrechens, das ist ein großer Feiertag. Da dürfen wir in der Schule fehlen. Die vierte Pflicht ist die Armensteuer", erklärt Emrah. „Wer genug verdient, muss einmal im Jahr den 40. Teil seines Geldes abgeben. Und die fünfte Pflicht ist die Pilgerfahrt nach Mekka, die man einmal im Leben unternehmen sollte." „Davon hast du bestimmt schon Bilder in der Zeitung gesehen", meint Aylin. „Sag mal, und warum trägt eure Mutter eigentlich das Kopftuch und die langen Kleider?", will Jenni nun noch wissen. „Das ist Vorschrift und auch Tradition", antwortet Aylin. „Es steht im Koran und Mama sagt, sie fühlt sich wohler so. Aber es ist nicht so, wie viele von euch meinen, dass die Frauen nichts zu sagen hätten. Und meine Eltern wollen auch, dass ich mich in der Schule anstrenge und später mal eine Ausbildung mache, auch, wenn ich ein Mädchen bin." „Meistens werden unsere Vorschriften anerkannt", meint Emrah. „Auch die, dass wir kein Schweinefleisch essen dürfen." „Ach, deswegen gibt es beim Schulfest immer extra Putenwiener! – Da merke ich, dass ich Hunger habe!", sagt Jenni lachend. „Ich muss heim! Danke, Aylin und Emrah! Das war spannend! Tschüs, bis bald!"

Christen beten

Inhalt: *Aylin und Jenni machen sich Gedanken darüber, wie Christen beten.*

Stichworte: *christliches Gebet, Vaterunser, Kirche*

⏵ *Relifix 5, S. 60*

„Also, es ist so", gibt Jenni zu. „Ich bete nicht so oft. Bei den Christen ist das nicht so mit festgelegten Gebetszeiten. Und meine Mama geht auch nicht zur Kirche. Ich bin eigentlich keine ‚gute Christin'. Gott und Jesus sind für mich im Leben nicht so wichtig. Nur ...", es kostet Jenni Überwindung, davon zu sprechen, aber Aylin hört aufmerksam zu. „Weißt du noch, du hast auch gesagt, dass du das kennst: dieses Gefühl, so verloren zu sein. Und da bin ich kürzlich mal bei der Kirche vorbeigekommen, und da standen auf einer Pinnwand so tolle Sachen übers Beten. Dann habe ich es probiert und es ... hat gut getan." „Was stand da?", erkundigt sich Aylin. „Dass wir uns manchmal wie ein Sandkorn fühlen und Gott uns in seiner Hand hält", antwortet Jenni sofort. „Aber die anderen Zettel weiß ich nicht mehr." „Wollen wir einfach noch einmal hingehen?", schlägt Aylin vor. „Ach ... Warum eigentlich nicht?" – Es ist nicht weit; ein paar Minuten später stehen sie in der Kirche, und die Pinnwand ist tatsächlich noch da. „Leise! Da vorn sitzt eine Frau", flüstert Jenni. Die Mädchen lesen die Zettel. Jenni denkt: „Es ist wirklich unglaublich, wie gut das für mich gepasst hat!" Da zupft Aylin an ihrem Ärmel: Auf der anderen Seite sind noch mehr Zettel. Die hatte Jenni gar nicht entdeckt. Dort steht:

- Mir gibt das Beten Kraft. Ich kann diese Kraft weitergeben, wenn ich für jemanden bete.
- Ich bete gern in der Kirche. Wenn alle miteinander das Vaterunser beten, gehöre ich zur Gemeinschaft. Dann bin ich nicht allein.
- Ich bete eigentlich immer, den ganzen Tag über; immer, wenn ich die Hände frei habe, um sie zu falten. Ich rede mit Gott und erzähle ihm alles, was ich denke.
- Als der Tsunami passiert ist, habe ich gebetet. Ich wusste nicht, was ich sonst tun sollte.
- Es ist beruhigend, in die Kerzenflamme zu sehen.
- Beim Beten rede ich zugleich mit Gott und mit mir selber.
- Wir beten vor dem Essen. Das finde ich gut, denn es ist nicht selbstverständlich, dass wir etwas zu essen haben. Meine Oma im Krieg hatte nicht genug zu essen, und viele arme Menschen auf der Welt hungern.
- Beten ist danken und bitten. Ich danke für alles Schöne im Leben. Ich bitte um Kraft, Trauriges zu ertragen. Ich bitte um Kraft, mein Leben zu gestalten.
- Lieber Gott, ich bete für Marlon, der einen Unfall hatte. Bitte mach ihn wieder gesund!
- In der Natur fühle ich Gottes Nähe.
- Ein glitzernder See bei Sonnenuntergang. Ein sonniger, duftender Wald. Dann bete ich.
- Ich denke nicht lange nach, ob Beten etwas nützt. Ich mache es einfach.

- So ist beten: Geteiltes Leid ist halbes Leid. Ich teile mein Leid mit Gott und es wird mir leichter ums Herz.
- Geteilte Freude ist doppelte Freude. Ich erzähle Gott, was mich freut, und es ist, als ob sich ein Freund mit mir freut.
- Lieber Gott, ich danke dir, dass mir beim Ausfragen die Vokabeln eingefallen sind.

„Das ist ja eine ganz andere Art zu beten! Aber es gefällt mir gut: Ihr redet mit Gott wie mit einer Freundin", meint Aylin, als sie etwas später vor der Kirchentür stehen. „Ihr denkt nach, was ihr sagt, und jeder sagt etwas anderes." „Aber es gibt schon auch Gebete, die gemeinsam gesprochen werden", antwortet Jenni. „Auf einem Zettel stand es: das Vaterunser. Es geht so:
‚Vater unser im Himmel! Geheiligt werde dein Name. Dein Reich komme. Dein Wille geschehe, wie im Himmel, so auf Erden. Unser tägliches Brot gib uns heute. Und vergib uns unsere Schuld, wie auch wir vergeben unseren Schuldigern. Und führe uns nicht in Versuchung, sondern erlöse uns von dem Bösen. Denn dein ist das Reich und die Kraft und die Herrlichkeit in Ewigkeit. Amen.'"
Jenni hat das Vaterunser noch nie allein gesprochen, immer nur mitgebetet. Aber sie stellt fest, dass sie es auswendig kann; die Worte sind ihr irgendwie ganz vertraut. „Und ihr braucht keinen Gebetsteppich dazu? Sondern?" „Nein, wir falten nur die Hände", antwortet Jenni und zeigt es ihr. „Aber unserem Religionslehrer ist ganz wichtig, dass wir ruhig sind und uns konzentrieren." „Ist doch klar!", meint Aylin ganz entrüstet. „Das würde keinem Muslim einfallen, beim Gebet Unsinn zu machen!" „Na ja", denkt Jenni. „Meistens sind wir schon ruhig." Und sie schämt sich ein bisschen. Da sagt Aylin plötzlich: „Du, Jenni, ich finde schon, dass du eine ‚gute Christin' bist. Wie du mir das alles erklärst! Das könntest du doch sonst gar nicht." „Meinst du?"

Der Rosenkranz

Inhalt: *Aylin und Jenni sehen in der Kirche eine Frau, die den Rosenkranz betet. Sie erklärt den Mädchen, was der Rosenkranz bedeutet.*

Stichworte: *christliches Gebet, Rosenkranz, Ave Maria, Kirche*

➡ *Relifix 5, S. 61*

„Sag mal, was hat die Frau in der Kirche gemacht? Sie hatte so eine Art Perlenkette in der Hand?", fragt Jenni. „Eine Gebetskette haben wir in der Moschee auch", erklärt Aylin. „Das habe ich dir vergessen zu erzählen. Die sieht so ähnlich aus. Bestimmt hat die Frau sie auch zum Beten benutzt." – Als hätte sie es gehört, kommt in diesem Augenblick die ältere Frau aus der Kirche heraus. Jenni nimmt ihren ganzen Mut zusammen und spricht sie an: „Entschuldigen Sie, darf ich Sie etwas fragen? Was haben Sie in der Kirche gemacht?" Die Frau schaut Jenny einen Augenblick verwundert an, dann muss sie lachen. „Was für eine erstaunliche Frage!", meint sie dann. „Was macht man denn in der Kirche? Ich habe eine Kerze angezündet und gebetet." „Ja, aber: die Perlenkette?" „Perlenkette? Ihr seid wohl nicht katholisch, dass ihr das nicht wisst?" „Nein, ich bin evangelisch", antwortet Jenni. „Und ich bin Muslima", erklärt Aylin. „Ach so, dann war eure Frage ganz ernst gemeint. Ja, das kann ich euch schon beantworten. Das ist ein Rosenkranz." Die Frau holt ihn aus ihrer Tasche und hält ihn den Mädchen hin. „Seht, das halte ich beim Beten in der Hand. Für das Kreuz bete ich ein Glaubensbekenntnis, für jede große Perle ein Vaterunser, für jede kleine Perle bete ich ein Ave Maria. Immer wenn ich ein Gebet fertig habe, dann nehme ich die nächste Perle." „Wie geht das Ave Maria?", fragt Jenni. Die Frau zögert einen Moment, dann schlägt sie vor: „Würde es euch etwas ausmachen, wenn wir noch einmal in die Kirche gehen? Hier auf der Straße passt das nicht so gut." Die Mädchen nicken beide. Sie betreten die Kirche, die Frau taucht die Finger in ein Becken mit Wasser, macht eine Kniebeuge zum Tabernakel hin und bekreuzigt sich. Dann setzen sie sich gemeinsam vor einem Seitenaltar hin. „Schaut!", sagt die Frau leise. „Dort ist eine Figur der Maria. Und davor brennen viele Kerzen; auch ich habe vorhin eine angezündet. Und dann

bete ich einen Rosenkranz, da gehört das Ave Maria dazu. ‚Ave' ist lateinisch und heißt: ‚Sei gegrüßt!'; so beginnt das Gebet. Es geht so: Gegrüßet seist Du, Maria, voll der Gnade, der Herr ist mit Dir. Du bist gebenedeit unter den Frauen und gebenedeit ist die Frucht Deines Leibes, Jesus. Heilige Maria, Mutter Gottes, bitte für uns Sünder jetzt und in der Stunde unseres Todes. Amen." Jenni und Aylin hören aufmerksam zu, obwohl sie nicht alle Worte verstehen.
„Wie viele kleine Perlen sind denn das?", will Aylin wissen. „Es sind insgesamt dreiundfünfzig." Die Frau zeigt den beiden noch einmal den Rosenkranz. „Seht, erst das Glaubensbekenntnis, das Vaterunser und drei Ave Maria, dann immer ein Vaterunser und zehn Ave Maria." „Das dauert doch lang!", staunt Jenni. „Warum machen Sie das?" „Aber Jenni, das ist doch das Gleiche wie bei uns Muslimen", wirft Aylin ein. „Das habe ich dir doch schon erklärt. Wir ehren Allah mit unserem Gebet. Es ist für den Menschen gut, wenn er ganz fest an Gott denkt." „Ja", stimmt die Frau zu, „und wenn man sich so konzentriert und immer die gleichen Worte spricht, dann wird man ganz ruhig und denkt an gar nichts anderes mehr. Man kann alles loslassen, was einen bedrückt." „Ja, also: vielen Dank für die Erklärung", sagt Jenni, als die Frau geendet hat. „Das ist doch interessant!", stellt schließlich Aylin fest: „Wie verschieden und doch gleich die Menschen beten!"

„Wir haben ein großes Haus geerbt"

Stichworte: *Zusammenleben, Frieden, Integration, Religionen, Konfession, Hautfarbe, Schwarze*

▶   *Relifix 4, S. 80*

„Wir haben ein großes Haus geerbt, ein großes ‚Haus der Welt', in dem wir zusammenleben müssen – Schwarze und Weiße, Morgenländer und Abendländer, Juden und Nichtjuden, Katholiken und Protestanten, Moslems und Hindus – eine Familie, die in Ideen, Kultur und Interessen zu Unrecht getrennt ist, die deshalb lernen muss, in Frieden miteinander auszukommen."   *Martin Luther King*

Stichwortverzeichnis

abhauen 360
Ablehnung 138, 334
Abschied 247
Absturz 26
Achtes Gebot 184
Afrika 81, 138, 268
Aggression 35, 70, 212, 215, 218, 319, 336, 352
Alkohol 26, 54, 366
Allein 33
alleinerziehend 113, 115
Altruismus 188
Amoklauf 177
anders sein wollen 21, 24, 26, 28, 30
Anerkennung 242, 244, 246, 352
angeben 265
angenommen werden 21, 26, 28
Angst 46, 50, 52, 54, 57, 73, 138, 140, 146, 209, 360
Angst überwinden 50, 52, 57
Angst vor Proben 143
Arbeitslosigkeit 315
Ärger 38, 45
ärgern 222
arme Länder 268, 270, 273
Armenviertel 270
Armut 81, 83, 265, 268, 270, 315, 334
artgerechte Tierhaltung 295
Asylanten 357
Auferstehung 262, 370

auf jemanden zugehen 329, 334
Aufmerksamkeit 204, 205
Aufräumen 232
Aufstand 307
Ausdrücke 224
ausgestoßen 366
auslachen 28
Ausländerfeindlichkeit 226, 348, 366
Ausreden 189, 237
Aussehen 21
Außenseiter 175, 177, 209, 218, 313, 319, 329, 334, 348, 352
Ave Maria 423

Baby 119
Babylon 276
Bande 100
Baum 289
Bayram 226, 407
Beerdigung 257
Behinderung 242, 244, 246
Beleidigung 24, 111, 140, 217, 222, 224
Berufstätigkeit 67
Berufswünsche 73, 75, 77
Berufung 81, 83, 88
berühmt 26, 95
beschuldigen 237
beschützen 50
Betriebsrat 165
Betrug 317
Betrunkener 54, 366

Bibel 276, 280
blamieren 140
blind 244
böse 35
Bruder 117, 121
Bürgerrechtsbewegung 88
Bürgerversammlung 165

christliche Grundsätze 311, 325
christlicher Glaube 262
christliches Gebet 420, 423
Clique 209
Computer 65, 152
Computerspiele 70, 71

Dankbarkeit 129, 131, 280
Demokratie 165, 411
demütigen 140
der Klügere gibt nach 215
dick 28
Diebstahl 100, 156, 180, 209, 343
Diskriminierung 88, 104, 224
draußen 62
Drittes Gebot 165, 168
Drittes Reich 85, 404
Dunkelheit 50

Egoismus 159, 188
Ehebruch 179
ehrlich 35
Eifersucht 119, 186
Einbrecher 50
Einbruch 100
Einladung 338
einschlafen 20, 416
Eltern 45, 140, 146

Elternliebe 28
Engel 204
Entstehung der Erde 276, 280
Enttäuschung 357
Erfolg 174
Erinnerung 257, 260, 262, 263
erster Schultag 134
Erstes Gebot 161
Erstkommunion 394, 396
Eskalation 212, 215
evangelisch 384, 393, 394, 396, 400

fairer Handel 273
falsche Freunde 100
Familie 104, 108, 168
Familienrat 108
Fan 26
Fantasie 35, 62, 284
Fastenmonat 226, 407
Fatiha 407
Feiertag 165, 168
Feindesliebe 311
Feriengestaltung 62, 65
fernsehen 65, 70
Frauen 79
Frauenberufe 75
Freiheit 209
Freizeit 60, 62, 65, 71, 168
Freizeitgestaltung 60, 62, 65, 71, 168, 315
Fremdenhass 226
Fremder 54
Freude 38, 45, 338
Freunde 194
freundlich 35, 199

Freundschaft 26, 33, 41, 146, 149, 180, 194, 196, 209, 212, 242, 244, 313, 315, 377
Frieden 222, 424
Friedhof 257, 260
fünf Säulen des Islam 407, 418
Fünftes Gebot 175, 177
geärgert werden 202
Gebet 252, 416
Gebetsteppich 407
Geborgenheit 20
Gebote 189, 302, 304, 306
Geld 67, 265, 317
Gemeinheit 175
Gemeinschaft 338
gerechte Löhne 273
Gerechtigkeit 341
gern mögen 38, 45
Gerüchte 184
Geschlechter 75, 79
Geschwister 117, 119, 341
Geschwisterliebe 24, 50, 121, 125
Geschwisterrivalität 117, 119, 121, 125, 207, 215, 341
Gewalt 38, 215, 218, 307, 319, 352
Gleichberechtigung 75
Gleichgültigkeit 357
glücklich 26, 30
Goldene Regel 159, 311
Gott 20, 161, 276, 280, 416
Gottesdienst 396, 400
Gottesvorstellungen 161
Große Fragen 20, 414, 416
Großeltern 128, 129, 131, 171, 174

Gruppenzwang 209
Gymnasium 73, 143, 149

Hadsch 407
Hauptschule 73, 143, 149
Hautfarbe 88, 138, 424
Heilung 306
Hektik 65
helfen 57, 98, 125, 152, 202
Hilfsaktion 357
Hilfsbereitschaft 159, 174, 188, 196, 199, 204, 205, 313, 348, 377, 380
Himmel 252, 255
Himmelreich 313
Hitler 85, 404
Hoffnung 41, 352, 357, 366
Hoher Rat 306
Hölle 255
Holocaust 85, 404
Homosexualität 104, 224
hübsch 30
Hunger 268, 270, 273

Imam 407
Indien 83
Integration 177, 226, 366, 411, 424
Islam 163, 226, 406, 407, 411, 418

Jesus 309, 325, 336, 366, 375
Judentum 300, 302, 304, 306, 307, 404
Judenverfolgung 85, 404
Jugendgruppe 357
Jungen 75, 79
Jünger 309

katholisch 384, 393, 394, 396, 400
Kinderarbeit 270
Kinderbibeltag 338
Kirche 396, 416, 420, 423
Klassenrat 411
Klimawandel 287, 291
Konfession 384, 393, 394, 396, 400, 424
Konkurrenz 207, 319
Kontakt knüpfen 135, 138
Konzentrationslager 85, 404
Koran 280, 406, 407
Krankheit 95, 121, 196, 270, 366
Kuscheltier 121

Langeweile 62, 65, 168
Laterne 377, 380
Leben ändern 352, 364, 366
Lebensgestaltung 73, 75, 77, 78, 81, 83, 88, 131, 174, 199, 246, 247, 364, 366, 377
lebensnotwendig 315
Lebensweg 20, 73, 75, 77, 143
Lehrerin 140, 246
Leistungsdruck 143
lesbisches Elternpaar 104
Liebe zu den Eltern 171, 174
Lieblingspuppe 232
Lügen 184, 315, 343

Mädchen 75, 79
Magersucht 30
Mama 20, 67, 71, 94, 95, 98, 104, 119, 152, 232, 341
Männer 79
Männerberufe 75

Martin Luther 384, 394, 400
Medina 407
Mekka 407
Messiaserwartung 307, 370, 375
Migration 138, 226, 348, 366
Minarett 407
Mitbestimmung 108
Mittagsgebet 407
Mobbing 28, 175, 209, 222
Mohammed 163, 407, 418
Moschee 407, 411
Muezzin 407
Müll 285
Muslime 163, 226, 280, 406, 407, 411, 418
muslimisches Gebet 407, 418
Mut 46, 50, 52, 57
Mutter s. Mama
Mutterliebe 341, 360
Muttertag 98, 131

Nachhaltigkeit 287, 291
Nächstenliebe 188, 189, 348
Namen 135
Nationalsozialismus 85, 404
Natur 284
Naturkatastrophe 252
Naturschutz 285, 287, 289, 291
Neid 21, 28, 30, 95, 186, 317
neue Freundin des Vaters 179
neuer Freund der Mutter 113
Neugeborenes 119
neu in der Klasse 135, 138, 313
Neuntes und Zehntes Gebot 186
nicht mögen 38, 45

Stichwortverzeichnis 429

Noten 41, 73, 140, 143, 146, 149, 341

Oma 45, 119, 128, 129, 131
Opa 41, 128, 129
Ordnung 156
Ostern 370

Palästina 300, 302, 304, 306, 307, 309, 375
Papa 99, 100, 115, 179, 343
Paradies 284
Passion 370
Patchwork-Familie 113
Petrus 309
Pflege 95
Pflegefall 131, 171
Playstation 70, 71
Politik 411
Pressefreiheit 163
Provokation 54, 215, 218
Prügelei 24, 212, 218, 237
Pubertät 71, 125

Rache 24, 212, 218
Ramadan 226, 407
Realschule 73, 143, 149
Reformation 384, 394
Regeln 156
reich 26, 95, 265
Reich Gottes 313
Reinheitsgebot 302, 304
Religionen 406, 424
rituelles Gebet 407
rituelle Waschung 407
Rohstoffverbrauch 287, 291
Rollen 75, 79
Rollstuhl 196, 242, 246

römische Herrschaft 307, 309, 375
Rosenkranz 423
Rücksicht 189
Rücksicht auf religiöse Gefühle 163
Ruhe haben wollen 44

Sabbat 404
Sabbatgebot 302, 306
Sankt Martin 377, 380
Schahada 407
Scheidung 113, 179
schlank 28
schlechte Laune 44
schlechter Einfluss 100
schlechtes Gewissen 230, 236, 317, 360
schlechte Zeiten 41
Schöpfungsgeschichte 276
Schriftgelehrter 306, 375
Schuld 230, 232, 236, 237, 336, 343, 360
Schule 73, 100, 134, 135, 138, 140, 143, 146, 149, 202, 313
Schultüte 134
Schulweg 54, 125
Schwarze 88, 138, 424
Schwester 117, 121
schwierige Familienverhältnisse 319
schwul 224
Sechstes Gebot 179
Selbstbewusstsein 21, 30, 188, 209
selbstlose Hilfe 81, 83, 95, 377
Selbstmord 175

Selbstwertgefühl 28, 188, 209
Seligpreisungen 325
sich ändern 329
sich um die Kinder
 kümmern 67, 95, 115, 119,
 129
sich wehren 24, 202
Siebtes Gebot 180
Sinn des Lebens 20, 81, 83, 88,
 364, 414
Sinne 37
Sonntag 115, 165, 168
Speisevorschriften 302, 304
Spielsachen 62
spielsüchtig 70, 71
Sprache nicht verstehen 138
Sprechstunde 140
Star bewundern 26
Stärken und Schwächen 143,
 146, 207
Strafe 336, 343
Straßenkinder 270
Streit 24, 38, 117, 207, 212, 215,
 218, 222, 224, 226, 232, 237,
 319, 325, 336, 343, 352
Streit der Eltern 41, 111, 113,
 115
Streit der Geschwister 121,
 125, 215
Streit schlichten 199
Stress 65, 67
Sure 407
Synagoge 404

Talent 207
Taschengeld 71
technisierte Welt 152
Teilen 325, 377, 380

Thesen (95) 384
Tierliebe 45, 250, 295
Tierquälerei 292
Tod 83, 175, 177, 252, 255, 257,
 260, 262, 263
Tod eines Tieres 250
Transfair 273
Trauer 250, 252, 257, 260, 262,
 263
Traurigkeit 38, 41, 44, 45, 115
Trennung 113, 115, 179
Trost 41, 50, 113, 125, 252

Überfluss 62, 265
Überheblichkeit 265
Übertritt 143, 149
Umweltschutz 287, 291
Umweltverschmutzung 285,
 287, 291
ungerecht 140, 341
unsportlich 28
Unterdrückung 209
Unterschriftensammlung 411
Unzufriedenheit 21, 33, 41, 44
Urknall 280
Urlaub 45, 62, 65, 265

Vater s. Papa
Vaterliebe 343
Vaterunser 311, 313, 420
Veränderung 247
Verantwortung 285, 287, 291
Verbote 156
Verdacht 100, 184, 237
Verhalten Fremden
 gegenüber 54
verletzende Worte 217
verleugnen 125, 377

Verlierer (Loser) 24
vermissen 115, 149, 179, 250, 260, 262, 263
Versagen 41, 143, 146, 313, 341
Versöhnung 41, 121, 199, 212, 325, 336
verspotten 24, 212, 222
Verständnis 138, 319
Versuchung 317
verteidigen 57
verwahrlost 319, 334
Verweis 212, 352
verzeihen 319, 343, 360
Verzweiflung 111, 115, 175, 209, 360
Viertes Gebot 171, 174
Vorstellungskraft 35
Vorurteile 226, 242, 244, 334, 411
Vorwürfe 71, 111, 131, 179

Zivilcourage 57
Zöllner 302, 304, 327
Zufall 280
Zufriedenheit 26, 28, 30
Zukunft 20, 73, 75, 77, 78, 152, 287, 291
Zuneigung 21
zurückstecken 33
Zusammenhalt 202, 207
Zusammenleben 108, 156, 424
Zuversicht 77, 78
Zuwendung 129, 152, 319, 352
Zweites Gebot 163
Zwiespalt 35

Wahrheit 184, 189
warten 33
Werbung 62
Wiedergutmachung 184, 232, 237
Wie kann Gott das zulassen? 252
Wut 24, 38, 212, 218

Zakat 407
Zeit für die Kinder 67
Zeit haben 60, 62, 65, 67
Zeit Jesu 300, 302, 304, 306, 307, 309, 325, 375
Zeloten 307
Zeltlager 156
Zeugnis 146

Relifix

Die **Garantie für abwechslungsreichen, lebendigen Unterricht und eine „fixe" Stundenvorbereitung!**

Jeder Band enthält übersichtlich aufgebaute Stundenentwürfe für das ganze Schuljahr, Stoffverteilungspläne, Materialangaben, Erzählungen und Kopiervorlagen. Relifix eignet sich gut für den Einsatz in allen Bundesländern, orientiert sich jedoch am Lehrplan für Bayern. Bei den überarbeiteten Bänden ab 2009 sind anstelle der bisherigen Literaturhinweise völlig neue Geschichten abgedruckt.

Hanna Bogdahn
Stundenbilder fix und fertig aufbereitet für den Religionsunterricht an Grundschulen:

Relifix 1
5. überarbeitete und ergänzte Auflage 2009
ISBN 978-3-532-71163-7

Relifix 2
4. überarbeitete und ergänzte Auflage 2009
ISBN 978-3-532-71164-4

Relifix 3
4. Auflage 2008
ISBN 978-3-532-71166-8

Relifix 4
4. überarbeitete und ergänzte Auflage 2009
ISBN 978-3-532-71167-5

Stundenbilder fix und fertig aufbereitet für den Religionsunterricht an Hauptschulen:

Relifix 5
ISBN 978-3-532-71170-5

www.claudius.de

claudius